高等学校教材

微积分

第二版

上册

浙江大学 卢兴江 陈锦辉 戴俊飞 编

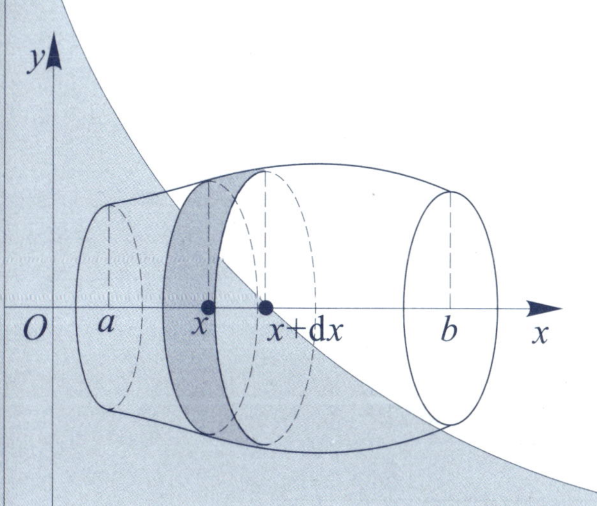

中国教育出版传媒集团
高等教育出版社·北京

内容提要

全书分为上、下两册。上册内容主要为一元函数微分学与积分学，具体包括预备知识、数列的极限、函数的极限与连续性、导数与微分、微分中值定理及导数应用、不定积分、定积分等，其中预备知识的内容大多不是普通高中数学课程标准要求的教学内容，但这些知识是学习大学数学基础课程必不可少的。本书中有些知识（例如函数的一致连续性）非常重要，读者了解它们很有必要，也有意义，但理论性较强，理解有较大难度，本书在相应的标题上打了“*”号，读者可根据自己的情况进行选读。

本书注重数学概念的理解，理论论述严密、分析透彻，重视学生数学思维的训练，启发学生去思考和研究，适合高校理工类和经管类专业本科生使用。

图书在版编目（CIP）数据

微积分. 上册 / 浙江大学等编. -- 2 版. -- 北京：高等教育出版社，2024. 8

ISBN 978-7-04-062188-4

Ⅰ. ①微… Ⅱ. ①浙… Ⅲ. ①微积分 - 高等学校 - 教材 Ⅳ. ① O172

中国国家版本馆 CIP 数据核字（2024）第 095564 号

Weijifen

策划编辑 胡 颖　责任编辑 胡 颖　封面设计 姜 磊　版式设计 杨 树
责任绘图 于 博　责任校对 陈 杨　责任印制 沈心怡

出版发行	高等教育出版社	网　址	http://www.hep.edu.cn
社　址	北京市西城区德外大街 4 号		http://www.hep.com.cn
邮政编码	100120	网上订购	http://www.hepmall.com.cn
印　刷	北京印刷集团有限责任公司		http://www.hepmall.com
开　本	787mm × 1092mm 1/16		http://www.hepmall.cn
印　张	15.25	版　次	2018 年 9 月第 1 版
字　数	310 千字		2024 年 8 月第 2 版
购书热线	010-58581118	印　次	2024 年 12 月第 2 次印刷
咨询电话	400-810-0598	定　价	32.70 元

物 料 号 62188-00

第二版前言

本书自 2018 年 8 月出版以来，在大学本科生微积分课程中使用，特别是在浙江大学的理、工、农、医类专业本科生的微积分课程中得到广泛使用，反响良好。师生们认为本书在保持微积分课程体系的前提下，遵循“基本、常用、精练”的原则，对传统内容进行了精心安排和选择，内容陈述上通俗易懂，概念理论上深入浅出，方法技能上注重实效，难易适中，易教易学，并普遍反映本书在以下几个方面具有特色：

（1）加强了大学与中学数学教学的衔接。在第 0 章中介绍了初等数学中反三角函数、极坐标、参数方程、不等式以及三角函数中和差化积与积化和差等普通高中数学课程标准不要求或没有重点学习的内容，而这些知识在大学数学中是必须掌握的。这对后续微积分课程的学习起到了很大的帮助与促进作用。

（2）强化了微积分课程的理论基础。书中比较翔实地介绍了实数完备性理论中的四个定理：确界原理、单调收敛准则、波尔查诺–魏尔斯特拉斯定理与柯西准则，并利用上述定理系统证明了闭区间上连续函数的性质；增加了实用性很强的达布定理等。在加强常规计算能力培养的同时，也强化了其理论基础，使学生学得更加扎实。

（3）定义、定理等叙述精确，理论证明严谨；注重知识背景的介绍，使读者能够较好地理解知识的本质。

（4）书中的例题与习题，知识点覆盖全，解题方法具有代表性。

（5）本书配套的数字化资源：对一些典型问题配有文字材料，对书中的重点、难点内容配有微视频，对读者理解抽象概念及理论和掌握解题方法等能起到很好的帮助与促进作用。

本书在得到各方面充分肯定的同时，有关专家和教师也对本书提出了宝贵意见。例如，个别概念的名称需要更加规范；部分文字表达需完善，使其简洁流畅，并尽量避免口语化；各个知识点的习题数量与难度应更平衡一些，等等。为此，我们作了相应的修订，希望本书在内容安排选取，理论分析证明，基本方法介绍以及例题、习题编排等各个方面不断优化，更加有利于教与学：

（1）对本书中一些概念名称进行规范化，例如曲线的凹向名称“向上凹”“向下凹”分别改为“凹的”“凸的”等，使其与《全国硕士研究生招生考试数学考试大纲》中采用的名称一致。

（2）对每章习题进行了增补和修改，特别是增加了近几年全国硕士研究生招生考试的高等数学（一）、高等数学（二）和高等数学（三）中微积分部分的试题，使习题内容更加丰富，各章节的习题数量更加合理。

（3）修订了部分内容的文字叙述，避免了个别陈述不够简洁明了和口语化，使表达更加自然顺畅。

衷心感谢蔺宏伟、薛儒英、姜海益、胡贤良和周婷等老师使用本书，并提出非常宝贵的意见。特别感谢清华大学扈志明教授对本书的关心和鼓励！

希望广大读者一如既往地支持本书，不吝指教。

编者

2024 年 1 月

第一版前言

微积分是大学本科生的数学基础课程, 受众面广, 一般高校的理、工、农、医类专业的学生皆要学习微积分。微积分是培养学生学习能力、思维能力的关键课程, 可以说微积分的教学水平和质量对大学人才培养质量有直接的影响; 而且微积分是大学新生的第一门数学课程, 有相当一部分学生对大学的学习不能很好地适应, 特别是对数学的抽象概念及理论的理解和掌握更是困难重重, 因此, 如何抓好微积分等大学数学基础课程的教学是目前大学基础教学研讨的热点和重点。而在微积分这样的课程教学中, 教材无疑扮演着非常重要的角色, 在学生学习过程中起到重要的作用。本书的编者长期工作在本科教学第一线, 有十几年甚至几十年的微积分教学经验。本书是在听取多位具有丰富教学实践经验且对教学有深入研究的专家意见后编写而成的, 可以说是集体智慧的结晶, 凝聚了几代老师的辛勤工作。本书入选“浙江大学理学丛书”, 该丛书旨在展示浙江大学理学学科教学实践与教学改革的优秀成果, 提升理学的教学水平, 力争成为一套具有国内一流水平和较大影响力的系列丛书。

本书采用国际通用的数学符号和语言, 文字表达力求简洁易懂, 其中的定义、定理等叙述精确, 理论证明严谨; 注重有关知识的背景介绍, 使读者能够较好地理解知识的本质, 掌握知识的应用。书中配有丰富的例题, 一是以此介绍典型的解题方法, 二是有利于读者更深刻地领会理论及各知识点的相互关系。另外, 书中还简单介绍了一些著名数学家。

为了更好地衔接中学数学教学, 编者特意编写了一章“预备知识”, 介绍集合与映射、函数等概念及其性质, 特别介绍了反三角函数、极坐标与参数方程等知识, 弥补各地区中学数学教学内容的欠缺; 还简单介绍了实数基本知识, 最后给出了一些常用公式和著名不等式。这些将为读者学习微积分打下更好的基础。

特别地, 本书还配套了数字化资源, 对书中的重点、难点内容配有微视频, 其中微视频以符号 标识; 对一些典型问题配有文字材料, 读者可以扫描书中的二维码进行阅读, 这对读者理解抽象概念及理论和掌握解题方法等起到很好的帮助与促进作用。数字化资源部分均可登录数字课程网站进行学习。

本书分上、下两册。上册从第 0 章到第 6 章, 分别介绍预备知识、数列的极限、函数的极限与连续性、导数与微分、微分中值定理及导数应用、不定积分和定积分等; 下册从第 7 章到第 12 章, 分别介绍级数、向量代数与空间解析几何、多元函数微分学及应用、重积分及其应用、曲线积分和曲面积分 (包括简单场论知识) 等, 其中打 $*$ 号的部分为选读内容。本书可作为各高校非数学类专业微积分课程的教材, 建议上、下册各 80 至 96 学时。

本书第 0 章由陈锦辉、蔡云编写; 第 1 章、第 2 章、第 3 章由蔡云编写; 第 4 章、第 5 章、第 8 章由卢兴江编写; 第 6 章、第 7 章、第 9 章由陈锦辉编写; 第 10 章、第 11 章、第 12 章由戴俊飞编写。全书由卢兴江统稿。由于编者水平有限, 书中难免存在不当之处, 敬请读者批评指正, 万分感谢!

编者

2018 年 4 月于浙江大学求是园

目　　录

第 0 章　预备知识

在介绍微积分知识之前, 我们先介绍一些数学基础知识, 如集合、实数基本知识及映射、函数的概念和性质以及极坐标与参数方程等. 这些知识在学习微积分之前是必须掌握和了解的.

§0.1　集合与映射

一、集合

集合是数学的一切分支的基本概念, 集合论主要是由布尔[①]和康托尔[②]建立起来的, 它对 20 世纪数学的发展有着深远的影响. 集合论统一了许多看似没有关联的数学概念, 满足逻辑要求的集合论是一个相当复杂的理论, 但是它包含的基本概念并不多, 我们可以很快掌握一些在数学上常用的词汇. 首先熟悉一下本书采用的与集合有关的一些符号和词汇.

一个集合是指一些可确定、可分辨的事物构成的整体, 我们常用大写英文字母来表示: $A, B, C, \cdots, X, Y, Z, \cdots$.

下面是经常用到的一些关于数的集合:

$$\begin{aligned}&\mathbb{N}=\text{自然数集 (包括 0)},\\&\mathbb{Z}=\text{整数集},\\&\mathbb{N}_+=\text{正整数集},\\&\mathbb{Q}=\text{有理数集},\\&\mathbb{R}=\text{实数集}.\end{aligned}$$

在初等数学中, 我们知道实数是由有理数与无理数组成的, 即有理数与无理数统称为**实数**.

---

① 布尔 (Boole, 1815—1864), 英国数学家,1847 年出版了 *The mathematical analysis of logic*, 这是他对符号逻辑诸多贡献中的第一次;1854 年出版了 *The laws of thought*, 这是他最著名的著作, 介绍了现在以他的名字命名的布尔代数.

② 康托尔 (Cantor, 1845—1918), 德国数学家, 创立了集合论. 作为实数理论以至整个微积分理论体系的基础, 集合论被誉为 20 世纪最伟大的数学创造, 集合概念大大扩充了数学的研究领域, 给数学结构提供了一个基础. 集合论不仅影响了现代数学, 而且也深深影响了现代哲学和逻辑.

可表示为分数 $\dfrac{p}{q}$ (p,q 为整数且 p,q 互素, $q>0$) 的数称为**有理数**. 在实数的十进制表示中, 一个数为有理数当且仅当它可以表示为有限十进制小数或无限十进制循环小数: 因为我们也可以把有限十进制小数看成无限十进制循环小数, 只要在最后一位数后面加上无限多个零即可, 例如 $1.2=1.200\cdots0\cdots$. 所以我们简单地说"**有理数就是无限循环小数**". 由此, 我们称无限十进制不循环小数为**无理数**.

值得一提的是, 数的十进制表示并不唯一. 例如

$$3.124=3.12399\cdots99\cdots,\ -3.124=-3.12399\cdots99\cdots.$$

一般地, 对于正有限小数 (或正整数) $x=a_0.a_1a_2\cdots a_n$, 其中 a_0 为非负整数, $0\leqslant a_i\leqslant 9\ (1\leqslant i\leqslant n), a_n\neq 0$, 有 $x=a_0.a_1a_2\cdots(a_n-1)99\cdots99\cdots$. 特别地, 当 a_0 为正整数时, $a_0=(a_0-1).99\cdots99\cdots$.

根据上面的约定及我们熟知的两个有理数大小的比较, 可定义两个实数之间的大小关系.

定义 0.1.1 对于给定的两个非负实数

$$x=a_0.a_1a_2\cdots a_n\cdots,\quad y=b_0.b_1b_2\cdots b_n\cdots,$$

其中 a_0,b_0 为非负整数, $a_k,b_k\in\mathbb{N}$, 且 $0\leqslant a_k\leqslant 9$, $0\leqslant b_k\leqslant 9\ (k=1,2,\cdots)$.

(1) 若 $a_k=b_k\ (k=0,1,2,\cdots)$, 则称 x,y **相等**, 记作 $x=y$;

(2) 若 $a_0>b_0$ 或存在 $k\in\mathbb{N}$ 使得 $a_i=b_i\ (i=0,1,\cdots,k), a_{k+1}>b_{k+1}$, 则称 x **大于** y, 或 y **小于** x, 记作 $x>y$ 或 $y<x$.

对于负实数 x 和 y, 根据上面的定义, 如果有 $-x=-y$ 或 $-x<-y$, 那么分别称 x 与 y 相等或 x 大于 y, 记作 $x=y$ 或 $x>y$. 另外, 规定任何非负实数大于任何负实数.

对于实数, 有如下常用的性质, 有关证明可参见一般数学分析教材.

定理 0.1.2 (有理数的可列性) 有理数全体可以和自然数全体建立一一对应关系.

凡是与自然数集可以建立一一对应的集合称为**可列集**. 因此, 有理数集是可列集. 可以证明, 无理数集不是可列集, 所以从某种意义上来说, 无理数要比有理数"多得多".

定理 0.1.3 (有理数的稠密性) 任何两个不同的实数之间一定存在一个有理数, 从而存在无穷多个有理数.

同样, 任何两个不同的实数之间一定存在无穷多个无理数.

定理 0.1.4 任何一个实数都可以用某有理数列逼近. 即 $\forall a\in\mathbb{R}$, 存在有理数列 $\{q_n\}\ (q_n\in\mathbb{Q}, n=1,2,3,\cdots)$, 使得 $\lim\limits_{n\to\infty}q_n=a$.

上面定理中所涉及的极限在本书第 1 章会详细介绍.

组成一个集合的成员是这个集合的元素, 通常用小写英文字母来标记: $a, b, c, x, y, z, \cdots$. “$a \in X$” 表示 a 是 X 的一个元素, 读作 a 属于 X; “$a \notin X$” 表示 a 不是 X 的一个元素, 读作 a 不属于 X.

由有限个元素组成的集合称为**有限集**, 由无限多个元素组成的集合称为**无限集**.

下面给出集合表示的两种常见方法.

(1) 列举法: 列出集合的所有元素. 例如

$$X = \{a, e, i, o, u\}$$

是一个由 5 个元素组成的有限集, 自然数集

$$\mathbb{N} = \{0, 1, 2, 3, \cdots\}$$

是由无穷多个元素组成的无限集.

(2) 描述法: 给出集合中的一切元素所满足的属性. 一般具有形式

$$X = \{x | P(x)\},$$

即表示 X 由满足性质 $P(x)$ 的全体 x 构成. 例如, 有理数集可表示为

$$\mathbb{Q} = \left\{x \,\middle|\, x = \frac{m}{n}, m, n \in \mathbb{Z}, m, n \text{ 互素}, n > 0\right\};$$

又如 $I = \{x | x \in \mathbb{R}, 0 \leqslant x \leqslant 1\}$ 表示由所有大于或等于 0 且小于或等于 1 的实数所组成的集合.

定义 0.1.5 设 A, B 为集合. 如果 $\forall x \in B$, 必有 $x \in A$, 那么称 B 为 A 的**子集**, 也称集合 B 被 A **包含**或 A **包含** B, 记为 $B \subseteq A$.

显然, 上面所介绍的关于数的常见集合有如下包含关系:

$$\mathbb{N}_+ \subseteq \mathbb{N} \subseteq \mathbb{Z} \subseteq \mathbb{Q} \subseteq \mathbb{R}.$$

按以上定义, 每一个集合本身也是它自己的一个子集, 即 $A \subseteq A$. 如果 $B \subseteq A$ 并且 $B \neq A$, 那么称 B 是 A 的**真子集**.

我们称一个不包含任何元素的集合为**空集**, 记为 $\varnothing$. 显然, $\varnothing$ 是任何集合的子集.

定义 0.1.6 设 A, B 为集合, 如果 $A \subseteq B$ 且 $B \subseteq A$, 那么称 A 与 B **相等**, 记作 $A = B$.

显然, A 与 B 相等当且仅当 A 中的元素和 B 中的元素完全相同. 例如 $A = \{x \in \mathbb{R} | x^2 = 4\}$, $B = \{2, -2\}$, 虽然它们的表示形式不一样, 但 A 和 B 包含的元素相同, 所以 $A = B$.

在这里, 为了表示和描述的方便, 规定集合中元素不能重复, 并且集合的表示和元素的次序无关, 例如 $\{1, 2\} = \{2, 1\}$.

根据一些给定的集合, 可以构造出一些新集合, 有时也称为集合的“运算”. 下面是最常用的集合的基本运算.

定义 0.1.7 设 A, B 为集合, 那么有以下的集合运算和记号:

(1) A 与 B 的**并集**是 $A \cup B = \{x | x \in A$ 或者 $x \in B\}$;

(2) A 与 B 的**交集**是 $A \cap B = \{x | x \in A$ 并且 $x \in B\}$;

(3) A 与 B 的**差集**是 $A - B = \{x | x \in A$ 并且 $x \notin B\}$;

(4) 若 $B \subset A$, 也称 $A - B$ 为 B 关于 A 的**补集**或**余集**, 记为 $\complement_A(B)$. 特别, 若记 S 为全集, 则集合 A 关于全集 S 的余集 (简称 A 的余集) 记为 $\bar{A}$, 即 $\bar{A} = S - A$.

以上这些运算可以用图 0.1 来示意, 这种图通常称为维恩 (Venn) 图.

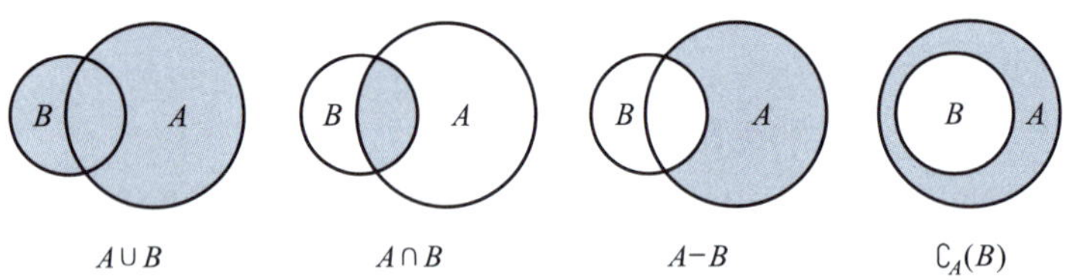

图 0.1　集合运算

集合的运算满足以下运算律:

(1) **交换律:** $A \cup B = B \cup A$, $A \cap B = B \cap A$;

(2) **结合律:** $A \cup (B \cup C) = (A \cup B) \cup C$, $A \cap (B \cap C) = (A \cap B) \cap C$;

(3) **分配律:** $A \cap (B \cup C) = (A \cap B) \cup (A \cap C)$, $A \cup (B \cap C) = (A \cup B) \cap (A \cup C)$;

(4) **幂等律:** $A \cup A = A$, $A \cap A = A$;

(5) **德摩根[①]律:** $C - (A \cap B) = (C - A) \cup (C - B)$,

$$C - (A \cup B) = (C - A) \cap (C - B).$$

特别地, 当 C 为全集时, 即有 $\overline{A \cap B} = \bar{A} \cup \bar{B}$, $\overline{A \cup B} = \bar{A} \cap \bar{B}$.

作为一个证明两个集合相等的例子, 下面我们证明德摩根律的第一条, 其他运算律的证明留给读者自己完成.

证明: $\forall x \in C - (A \cap B)$, 有 $x \in C$ 且 $x \notin A \cap B$. 因此有

$$\text{“}x \in C \text{ 且 } x \notin A\text{”} \quad \text{或} \quad \text{“}x \in C \text{ 且 } x \notin B\text{”},$$

也即“$x \in C - A$”或“$x \in C - B$”. 所以, $x \in (C - A) \cup (C - B)$. 于是

$$C - (A \cap B) \subseteq (C - A) \cup (C - B).$$

① 德摩根 (De Morgan, 1806—1871), 英国数学家, 主要在分析学、代数学、数学史及逻辑学等方面做出重要的贡献. 他亦是最早试图解决四色问题的人, 并对四色问题做了一些推进. 他对现代计算学的贡献之一是德摩根律: AND 语句能够转换成 OR 语句, 反之亦然.

另一方面, $\forall y\in(C-A)\cup(C-B)$, 有

$$\text{“}y\in C \text{ 且 } y\notin A\text{”} \quad \text{或} \quad \text{“}y\in C \text{ 且 } y\notin B\text{”},$$

也即 $y\in C$ 且 $y\notin A\cap B$. 所以, $y\in C-(A\cap B)$. 于是

$$(C-A)\cup(C-B)\subseteq C-(A\cap B).$$

综上可得

$$C-(A\cap B)=(C-A)\cup(C-B).$$

下面介绍一些实数的集合, 为后面介绍函数作准备.

定义 0.1.8 设 $a,b\in\mathbb{R}$, $a<b$.

(1) 称集合

$$(a,b)=\{x|x\in\mathbb{R},a<x<b\}$$

为 $\mathbb{R}$ 的一个开区间, a 和 b 分别是其左端点和右端点, 它们不属于 (a,b).

(2) 称集合

$$[a,b]=\{x|x\in\mathbb{R},a\leqslant x\leqslant b\}$$

为 $\mathbb{R}$ 的一个闭区间, a 和 b 分别是其左端点和右端点, 它们都属于 $[a,b]$.

(3) 称集合

$$[a,b)=\{x|x\in\mathbb{R},a\leqslant x<b\},$$

$$(a,b]=\{x|x\in\mathbb{R},a<x\leqslant b\}$$

为 $\mathbb{R}$ 的半开半闭区间, a 和 b 分别是左端点和右端点, 如图 0.2 所示.

$a<x<b$ $\quad$ $a\leqslant x\leqslant b$ $\quad$ $a\leqslant x<b$ $\quad$ $a<x\leqslant b$

图 0.2 $\mathbb{R}$ 的区间

(4) 引进记号 $+\infty$ (读作正无穷大) 和 $-\infty$ (读作负无穷大), 则记

$$(a,+\infty)=\{x|x\in\mathbb{R},x>a\},$$

$$[a,+\infty)=\{x|x\in\mathbb{R},x\geqslant a\},$$

$$(-\infty,b)=\{x|x\in\mathbb{R},x<b\},$$

$$(-\infty,b]=\{x|x\in\mathbb{R},x\leqslant b\}.$$

以上集合皆称为无穷区间. 特别地, 无穷区间 $(-\infty,+\infty)$ 表示全体实数的集合 $\mathbb{R}$.

(5) 对于 $a\in\mathbb{R}$, $\varepsilon>0$, 称 $(a-\varepsilon,a+\varepsilon)$ 为 a 的ε-邻域, 记作 $U(a,\varepsilon)$; 如果不考虑区间的大小, 可以将 ε 略去, 那么称其为 a 的一个邻域, 记为 $U(a)$.

集合

$$\mathring{U}(a,\varepsilon)=\{x|0<|x-a|<\varepsilon\}=(a-\varepsilon,a)\cup(a,a+\varepsilon)$$

称为 a 的 ε–**去心邻域**; 集合 $(a-\varepsilon,a)$ 和 $(a,a+\varepsilon)$ 分别称为 a 的 ε–**左邻域**和 ε–**右邻域**.

我们还可以用集合构造新的集合, **积集**或**笛卡儿**[①]**积**就是一个构造新集合的方法.

定义 0.1.9 设 A,B 为非空集合, 定义 A 与 B 的**积集**

$$A\times B=\{(x,y)|x\in A,y\in B\},$$

其中 (x,y) 是一个有序对 (也称序偶).

以上非空集合 A,B 的积集 $A\times B$ 中的元素 (x,y) 是有次序的; 两个序偶 (x,y) 与 (x',y') 相等当且仅当 $x=x'$, $y=y'$, 如图 0.3 所示. 我们通常可以用 $\mathbb{R}\times\mathbb{R}$ 来表示平面上的点的集合.

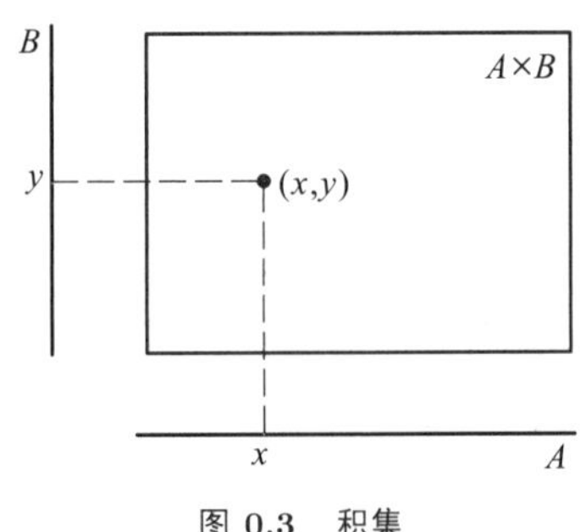

图 0.3 积集

例 0.1.10 设 $A=\{a,b\}$, $B=\{\alpha,\beta,\gamma\}$, 则

$$A\times B=\{(a,\alpha),(a,\beta),(a,\gamma),(b,\alpha),(b,\beta),(b,\gamma)\}.$$

显然, 如果 $A\neq B$, 那么 $A\times B\neq B\times A$.

如果 $A=B$, 那么 $A\times B=A\times A$ 可写成 A^2. 例如, 若 $A=\{x|x\in\mathbb{R},0\leqslant x\leqslant 1\}$, 则 A^2 表示一个边长为 1 的正方形 (包括内部及边界).

取 $A=B=\mathbb{R}$, 则

$$\mathbb{R}^2=\mathbb{R}\times\mathbb{R}=\{(x,y)|x,y\in\mathbb{R}\}$$

就是我们熟知的坐标平面. 同理, 若取 $A=\mathbb{R}^2$, $B=\mathbb{R}$, 则

$$A\times B=\mathbb{R}^2\times\mathbb{R}=\{((x,y),z)|(x,y)\in\mathbb{R}^2,z\in\mathbb{R}\},$$

记为 $\mathbb{R}^3=\{(x,y,z)|x,y,z\in\mathbb{R}\}$, 即为三维空间.

我们学习的微积分将建立在集合 $\mathbb{R}$, $\mathbb{R}^2$ 和 $\mathbb{R}^3$ 内, 分别称为一维、二维和三维欧几里得[②]空间, 简称欧氏空间.

---

① 笛卡儿 (Descartes, 1596—1650), 法国哲学家、物理学家、数学家. 他将几何坐标体系公式化, 所建立的解析几何在数学史上具有划时代的意义, 从而被认为是解析几何之父. 笛卡儿是二元论的代表, 留下名言“我思故我在”, 提出了“普遍怀疑”的主张, 是欧洲近代哲学的奠基人之一. 黑格尔 (Hegel) 称他为“现代哲学之父”. 笛卡儿开拓了所谓“欧陆理性主义”哲学, 堪称 17 世纪欧洲哲学界和科学界最有影响的巨匠之一, 被誉为“近代科学的始祖”.

② 欧几里得 (Euclid, 约公元前 330—前 275), 古希腊数学家, 被称为“几何之父”, 其数学巨著《原本》是一部划时代的著作, 是用公理方法建立起演绎体系的最早典范.

二、映射

一个映射将一个集合 X 的元素对应于另外一个集合 Y 的元素, 但是这种对应需要满足一定条件.

定义 0.1.11 设 X, Y 为非空集合.

(1) 若对于 X 中的每个元素 x, 按照某一法则 f, 在 Y 中有唯一确定的元素 y (记作 $y = f(x)$) 与它对应, 则称 f 为从 X 到 Y 的一个映射, 记为

$$f : X \to Y,$$

称 X 为映射 f 的定义域, Y 为映射 f 的值集.

(2) 称与 $x \in X$ 对应的 $f(x) \in Y$ 为 x 在 f 下的像; 若 $A \subset X$, 则称 $f(A) = \{f(x)|x \in A\} \subset Y$ 为 A 在 f 下的像. 称 $f(X)$ 为 f 的值域.

(3) 称 $G = \{(x, f(x))|x \in X\} \subset X \times Y$ 为映射 f 的图形.

一个映射由三部分组成: (1) 定义域的集合 X; (2) 包含值域的值集 Y; (3) 对应法则 f.

两个映射 $f : X \to Y$ 和 $g : A \to B$ 相等当且仅当 $X = A, Y = B$ 且对任何 $x \in X$, 均有 $f(x) = g(x)$.

映射的概念可用多种简图来说明. 例如在图 0.4(a) 中, 我们将 X 和 Y 看成点的集合, 箭头用来表示 $x \in X$ 是按照法则 f 与 $f(x) \in Y$ 对应; 图 0.4(b) 是将 f 想象为一部机器, 当我们将 $x \in X$ 输入这部机器, 输出唯一的 $f(x) \in Y$.

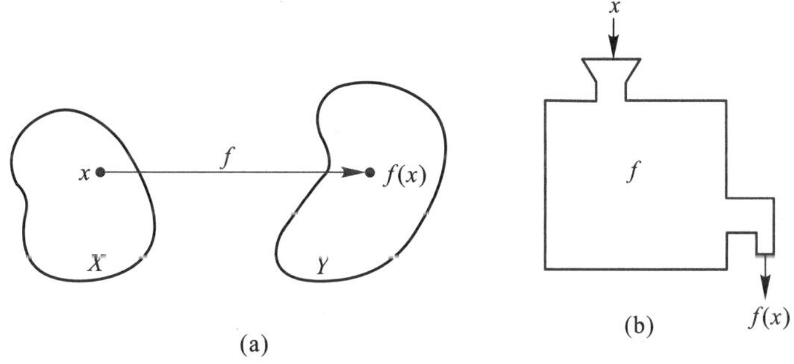

图 0.4 映射

以下是常常碰到的一些特殊映射:

(1) **恒等映射** $I_X : X \to X$, 即 $\forall x \in X$, 有 $I_X(x) = x$.

(2) **常值映射** 固定 $y_0 \in Y$, 对于任意 $x \in X$, 定义 $f(x) = y_0$, 则 $f : X \to Y$ 的值域是 $f(X) = \{y_0\}$.

(3) **投影映射** 集合 X 和 Y 的积集 $X \times Y$ 有两个自然的映射

$$p_1 : X \times Y \to X, \quad p_2 : X \times Y \to Y,$$

其中 $p_1(x, y) = x, p_2(x, y) = y$. 若把 (x, y) 看作平面直角坐标系中的一个点, 则 p_1 将 (x, y) 映射到此点的 x 坐标, 也即将此点投影到 x 轴上; 同样, p_2 将

(x,y) 映射到此点的 y 坐标, 也即将此点投影到 y 轴上. 因此将此映射称为投影映射.

在下面定义中, 我们列出一些具有“良好”性质的映射.

定义 0.1.12 设 $f: X \to Y$ 是映射.

(1) 如果对于任意 $x_1, x_2 \in X$ 且 $x_1 \neq x_2$, 有 $f(x_1) \neq f(x_2)$, 那么称 f 是单射, 或称 f 为一对一的映射, 如图 0.5(a) 所示.

(2) 如果 $f(X) = Y$, 那么称 f 是满射, 或者说 f 是从 X 到 Y 上的映射, 如图 0.5(b) 所示.

(3) 如果 f 同时是单射和满射, 那么称 f 是双射, 或者说 f 是一一对应的映射, 如图 0.5(c) 所示.

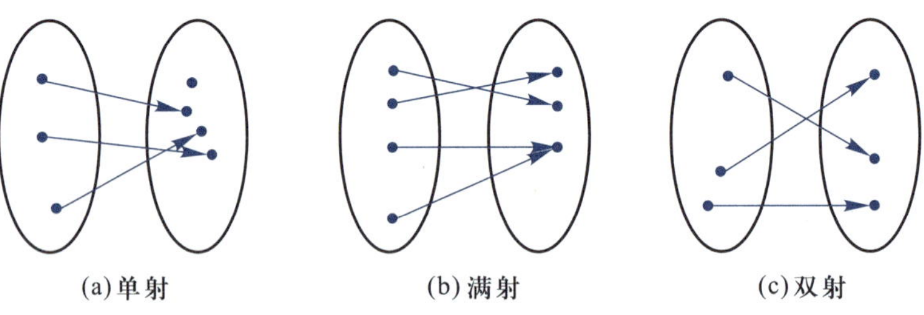

图 0.5 有“良好”性质的映射

如果 f 是一个单射, 那么对于每一个 $y \in f(X)$, 只有一个 $x \in X$ 使得 $f(x) = y$. 也就是说, 与单射等价的条件是: 如果 $f(x_1) = f(x_2)$, 那么 $x_1 = x_2$.

如果 f 是满射, 那么对于每一个 $y \in Y$, 都至少存在一个 $x \in X$ 使得 $f(x) = y$.

如果 f 是双射, 那么 X 和 Y 的元素的“个数”是相等的.

由上述定义易知, 恒等映射是双射, 投影映射是满射. 如果 $f: X \to Y$ 是常值映射, 而且 X 和 Y 都是多于一个元素的集合, 那么 f 既不是单射, 也不是满射.

在适当的条件下, 我们可以从已知的映射构造新的映射. 以下的复合映射和逆映射就是常见的例子.

定义 0.1.13 设 $f: X \to Y$, $g: Y \to Z$ 是映射. f 和 g 的复合映射 $g \circ f: X \to Z$ 是用

$$(g \circ f)(x) = g(f(x))$$

定义的映射, 如图 0.6 所示.

定义 0.1.14 设 $f: X \to Y$ 是双射, 若 $x \in X$, $y \in Y$, $y = f(x)$, 作对应 $f^{-1}(y) = x$, 称这样定义的双射

$$f^{-1}: Y \to X$$

为 f 的逆映射或反映射, 如图 0.7 所示.

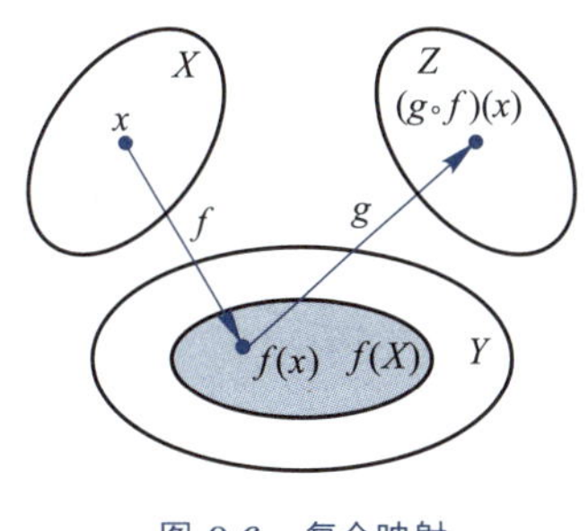

图 0.6　复合映射

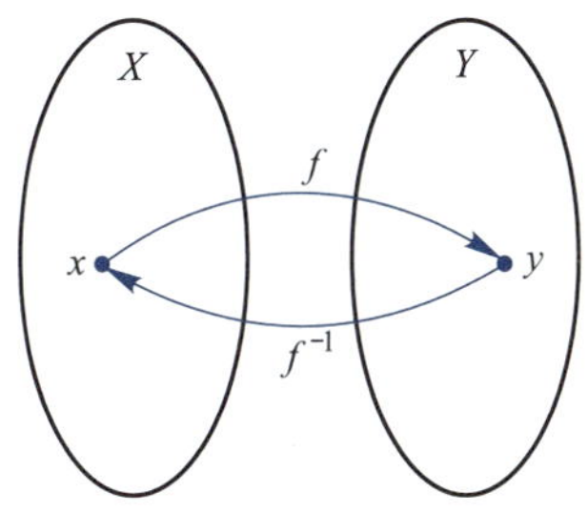

图 0.7　逆映射

一个映射, 若不是双射, 则不存在逆映射.

在不同的数学领域, 映射有不同的名称, 如函数、变换或算子. 在微积分中, 我们习惯地称从 $\mathbb{R}^n$ $(n=1,2,3)$ 的一个子集到 $\mathbb{R}$ 的一个子集内的映射为函数. 在接下来的第二节中, 我们会看到, 和以上构造复合映射和逆映射一样, 复合函数和反函数是构造新函数常用的手段.

§0.2　一元实函数

在这一节里我们主要考虑一元实函数, 即映射

$$f: D \to \mathbb{R},$$

其中 $D \subset \mathbb{R}$. 下面我们给出一元实函数的定义.

一、函数的概念

定义 0.2.1　设非空集合 $D, V \subset \mathbb{R}$, 若 $\forall x \in D$, 按某对应规则 f, 有唯一确定的 $y \in V$ 与之对应, 则称 f 是定义在 D 上的**函数**, 记为

$$y = f(x),\ x \in D \quad 或 \quad f: D \to V,$$

其中 D 称为 f 的**定义域**, $f(D) = \{y | y = f(x), x \in D\}$ 称为 f 的**值域**.

f 的图形是 $G = \{(x, f(x)) | (x, f(x)) \in \mathbb{R}^2, x \in D\}$.

将一个一元实函数图形绘在直角坐标系的二维平面上, 其特点是: 任何垂直于 x 轴的直线和 G 至多相交于一点, 根据函数的定义, 对于每一个给定的 x, 所对应的 $f(x)$ 是唯一的. G 在 x 轴上的投影是 f 的定义域, 在 y 轴上的投影是 f 的值域 (图 0.8).

如果任何平行于 x 轴的直线和 G 至多相交于一点, 那么 f 是一对一的, 如图 0.9 所示; 如果我们将一对一的 f 限制为 $f: D \to f(D)$, 那么它是一一对应的. 图 0.8 表示一个不是一对一的函数的图形, 因为存在 $x_1 \neq x_2$, 而 $f(x_1) = f(x_2)$.

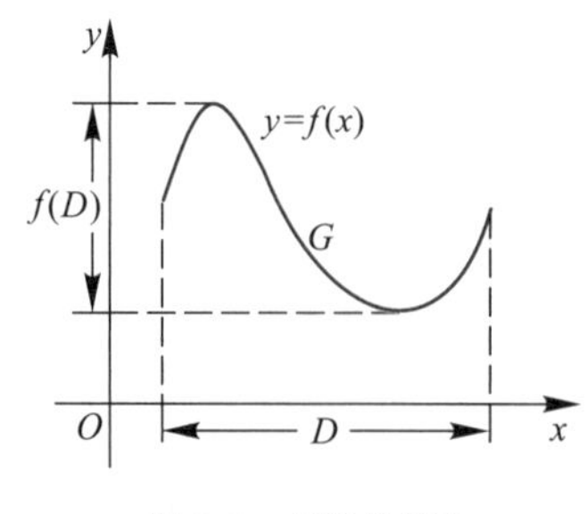

图 0.8　图形的投影

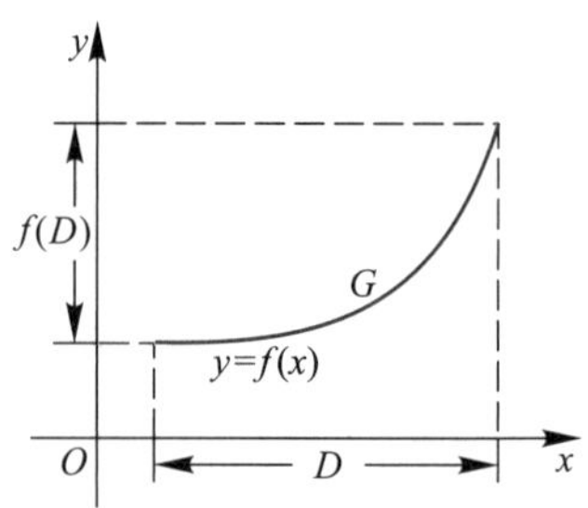

图 0.9　一对一函数的图形

一个函数可用一个式子来表示, 如

$$f:[0,+\infty)\to[0,+\infty), f(x)=\sqrt{x}.$$

大部分时候, 为了避免不必要的重复, 使表达精简, 一般不提函数 f 的定义域. 如果没有特别指出, 一个函数 f 的定义域是全部使 f 的定义 (表达式) 有意义的实数, 我们称之为自然定义域.

例 **0.2.2**　如果只写出函数

$$f(x)=\sqrt{x-1}+\sqrt{2-x},$$

而没有指出 f 的定义域, 我们理解 f 的定义域为 $[1,2]$, 因为使 $\sqrt{x-1}$ 有意义的实数满足 $x-1\geqslant 0$, 使 $\sqrt{2-x}$ 有意义的实数满足 $2-x\geqslant 0$, 所以全部使 f 有意义的实数是 $[1,+\infty)\cap(-\infty,2]=[1,2]$.

但有时如果我们在表示一个函数的式子后同时指明此函数的定义域, 例如

$$f(x)=\frac{1}{x},\quad x\in[-1,1],\quad x\neq 0,$$

就是指明 f 的定义域为 $[-1,1]-\{0\}$.

定义 **0.2.3**　设函数 $y=f(x)$, $x\in D$ 是一一对应的函数, 则 $\forall y\in f(D)$, 有唯一确定的 $x\in D$ 与之对应, 称这样的函数为 f 的反函数, 记为

$$x=f^{-1}(y),\quad y\in f(D)\quad 或\quad f^{-1}:f(D)\to D.$$

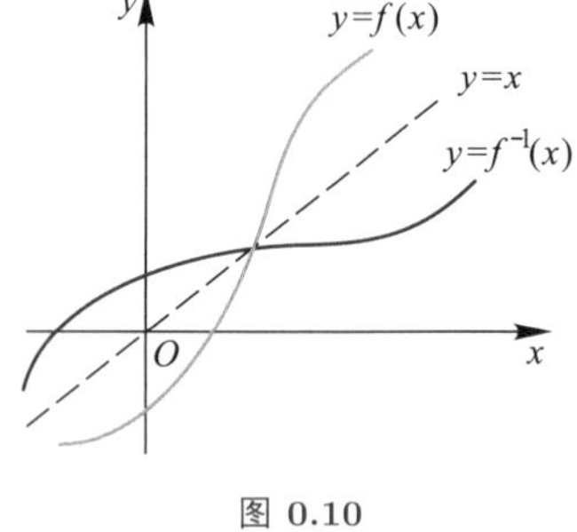

图 0.10

习惯上, 我们用 x 表示自变量, y 表示因变量, 即总是把 y 表示成 x 的函数. 所以, 我们一般称 $y=f^{-1}(x)$ 为 $y=f(x)$ 的反函数. 易知函数 $y=f(x)$ 和函数 $y=f^{-1}(x)$ 的图形关于直线 $y=x$ 对称 (图 0.10).

例 **0.2.4**　(1) 函数 $f(x)=x^3$, $x\in\mathbb{R}$ 的反函数是

$$f^{-1}(x)=\sqrt[3]{x},\quad x\in\mathbb{R};$$

(2) 函数 $f(x)=x^2$, $x\in[0,+\infty)$ 的反函数是

$$f^{-1}(x)=\sqrt{x},\quad x\in[0,+\infty);$$

(3) 指数函数

$$y=a^x,\quad x\in\mathbb{R}\ (a>0,a\neq 1)$$

和对数函数

$$y=\log_a x,\quad x\in(0,+\infty)(a>0,a\neq 1)$$

互为反函数;

(4) 正弦函数 $f(x)=\sin x$, $x\in\mathbb{R}$ 不是一个一一对应的函数, 如果我们取 $\mathbb{R}$ 的一个子集作为定义域, 就可“重新”定义一个正弦函数, 例如

$$y=\sin x,\quad x\in\left[-\frac{\pi}{2},\frac{\pi}{2}\right]$$

是一个一一对应的函数, 它的反函数为

$$y=\sin^{-1}x,\quad x\in[-1,1],$$

或记为

$$y=\arcsin x,\quad x\in[-1,1].$$

正弦函数的反函数称为反正弦函数, 它的值域 $\left[-\frac{\pi}{2},\frac{\pi}{2}\right]$ 称为主值范围. 反正弦函数的图像如图 0.11(a) 所示.

同理, 我们可以通过确定余弦函数、正切函数等的主值范围来定义反余弦函数 $y=\arccos x$、反正切函数 $y=\arctan x$ 等反三角函数. 图 0.11(b) 和 0.11(c) 分别表示反余弦函数 $y=\arccos x$、反正切函数 $y=\arctan x$ 与其原函数 $y=\cos x$, $x\in[0,\pi]$ 与 $y=\tan x$, $x\in\left(-\frac{\pi}{2},\frac{\pi}{2}\right)$ 图像之间的关系.

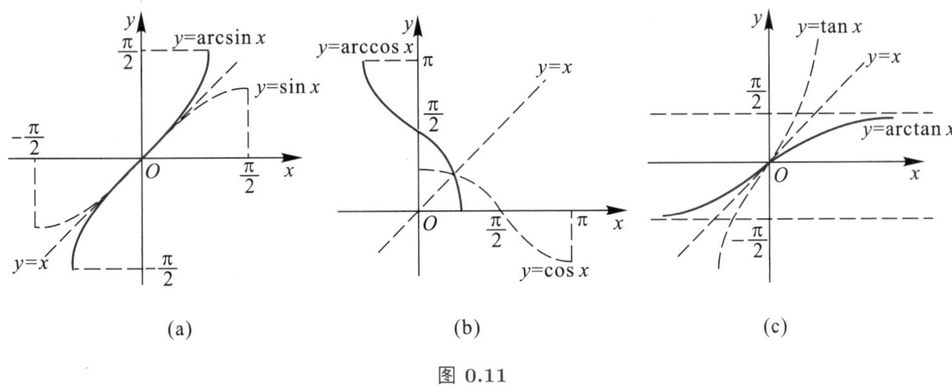

图 0.11

反三角函数有以下常见的性质:

(1) $\arcsin x+\arccos x=\dfrac{\pi}{2}$;

(2) $\arctan x+\operatorname{arccot} x=\dfrac{\pi}{2}$;

(3) 当 $x>0$ 时, 有 $\arctan x+\arctan\dfrac{1}{x}=\dfrac{\pi}{2}$.

下面以 (1) 为例, 由于

$$\sin(\arcsin x)=x,\ \ \sin\left(\frac{\pi}{2}-\arccos x\right)=\cos(\arccos x)=x,$$

而 $\arccos x\in[0,\pi]$, 故 $\dfrac{\pi}{2}-\arccos x\in\left[-\dfrac{\pi}{2},\dfrac{\pi}{2}\right]$. 又 $\arcsin x\in\left[-\dfrac{\pi}{2},\dfrac{\pi}{2}\right]$, 因此, $\arcsin x=\dfrac{\pi}{2}-\arccos x$, 从而 $\arcsin x+\arccos x=\dfrac{\pi}{2}$.

(2) 与 (3) 的证明, 由读者作为练习完成.

下面 6 类函数及其性质是我们非常熟悉的.

(1) **常值函数** $f(x)=c$, $x\in\mathbb{R}$, c 为实常数.

(2) **幂函数** $f(x)=x^{\alpha}$, $\alpha\in\mathbb{R}$ 是固定的. 如果 α 是正整数, 那么 f 的定义域是 $\mathbb{R}=(-\infty,+\infty)$; 其他情况下, f 的定义域视 α 的取值而定; 如果 α 是无理数, 规定 f 的定义域是 $(0,+\infty)$.

(3) **指数函数** $f(x)=a^{x}$, $x\in\mathbb{R}$ ($a>0$ 且 $a\neq1$).

当 $a=\mathrm{e}=2.71828182845\cdots$ 时, 称之为自然指数, 记为 $f(x)=\mathrm{e}^{x}$.

(4) **对数函数** $f(x)=\log_a x$, $x\in(0,+\infty)$ ($a>0$ 且 $a\neq1$).

当 $a=\mathrm{e}=2.71828182845\cdots$ 时, 称之为自然对数, 记为 $f(x)=\ln x$.

(5) **三角函数**

正弦函数: $f(x)=\sin x$, $x\in\mathbb{R}$,

余弦函数: $f(x)=\cos x$, $x\in\mathbb{R}$,

正切函数: $f(x)=\tan x=\dfrac{\sin x}{\cos x}$, $x\in\mathbb{R}$ 且 $x\neq k\pi+\dfrac{\pi}{2}$ ($k\in\mathbb{Z}$),

余切函数: $f(x)=\cot x=\dfrac{\cos x}{\sin x}$, $x\in\mathbb{R}$ 且 $x\neq k\pi$ ($k\in\mathbb{Z}$),

正割函数: $f(x)=\sec x=\dfrac{1}{\cos x}$, $x\in\mathbb{R}$ 且 $x\neq k\pi+\dfrac{\pi}{2}$ ($k\in\mathbb{Z}$),

余割函数: $f(x)=\csc x=\dfrac{1}{\sin x}$, $x\in\mathbb{R}$ 且 $x\neq k\pi$ ($k\in\mathbb{Z}$).

(6) **反三角函数**

反正弦函数: $y=\arcsin x:[-1,1]\to\left[-\dfrac{\pi}{2},\dfrac{\pi}{2}\right]$,

反余弦函数: $y=\arccos x:[-1,1]\to[0,\pi]$,

反正切函数: $y=\arctan x:\mathbb{R}\to\left(-\dfrac{\pi}{2},\dfrac{\pi}{2}\right)$,

反余切函数: $y=\operatorname{arccot} x:\mathbb{R}\to(0,\pi)$.

由于反三角映射是三角映射的逆映射, 我们也记

$$\arcsin x=\sin^{-1}x,\quad \arccos x=\cos^{-1}x,$$
$$\arctan x=\tan^{-1}x,\quad \operatorname{arccot} x=\cot^{-1}x.$$

以上 6 类函数统称为基本初等函数.

重难点讲解 初等函数

由基本初等函数经过有限次四则运算或有限次复合运算所得的函数称为初等函数. 如多项式函数

$$P(x)=a_nx^n+a_{n-1}x^{n-1}+\cdots+a_0,$$

有理函数

$$R(x)=\frac{P(x)}{Q(x)}\ (\text{其中 } P(x) \text{ 和 } Q(x) \text{ 是没有公共因子的多项式}),$$

$f(x)=\dfrac{1}{\sqrt{x^2-1}}\cdot \mathrm{e}^{-x}\arctan\dfrac{1}{x}$, $g(x)=\sin^2\dfrac{1}{x}$ 等都是初等函数.

那些将定义域分割为不相交的子集, 而在每一个子集上相应给出定义的函数, 称为分段函数. 注意分段函数并不是几个函数, 而是一个函数, 只是其在不同区间上函数表达式不同而已.

分段函数一般不是初等函数, 但有的分段函数也是初等函数. 例如, 函数

$$f(x)=|x+2|+|x-4|=\begin{cases}-2x+2, & x<-2,\\ 6, & -2\leqslant x\leqslant 4,\\ 2x-2, & x>4\end{cases}$$

是分段函数, 但 $f(x)$ 也可表示为

$$f(x)=\sqrt{(x+2)^2}+\sqrt{(x-4)^2}.$$

很显然, $f(x)$ 是初等函数.

在微积分中, 经常讨论分段函数的极限、连续性、可导性与可积性, 希望读者能引起足够的重视.

例 0.2.5 符号函数 $\operatorname{sgn}(x)$ (图 0.12):

$$\operatorname{sgn}(x)=\begin{cases}-1, & x<0,\\ 0, & x=0,\\ 1, & x>0.\end{cases}$$

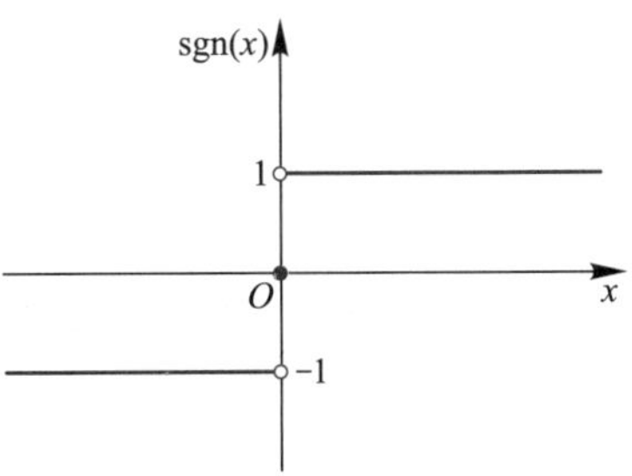

图 0.12

例 0.2.6 取整函数 $[x]$, 表示不超过 x 的最大整数 (图 0.13), 取整函数可表示为

$$f(x)=[x]=n\ (n\leqslant x<n+1, n\in\mathbb{Z}),$$

$g(x)=x-[x]$ 称为非负小数部分函数 (图 0.14).

前面给出的函数的例子 (包括分段函数) 有共同的特点, 都具有形式 $y=f(x)$, 称为显式函数. 通过满足某一方程所确定的变量 y 和 x 之间的对应关系, 称为隐式函数, 这是函数的另一种重要表示形式.

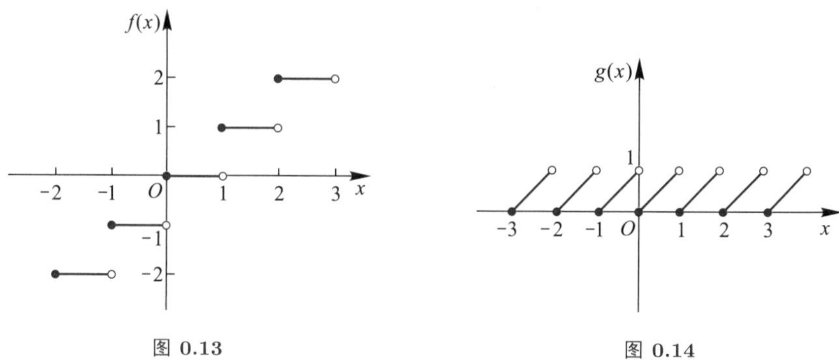

图 0.13 图 0.14

例 0.2.7 天体力学中著名的开普勒①方程

$$y=x+\varepsilon\sin y,$$

$\varepsilon\in(0,1)$ 是一个实常数. 可以证明, 对任给 $x\in\mathbb{R}$, 存在唯一的 y 满足开普勒方程.

二、函数的简单特性

1. 有界性

定义 0.2.8 设 $f:D\to\mathbb{R}$, 若存在常数 M, 对任何 $x\in D$, 均有 $f(x)\leqslant M$, 则称 f 有上界, M 是 f 的一个上界; 若存在常数 m 使得对于任何 $x\in D$ 均有 $f(x)\geqslant m$, 则称 f 有下界, m 是 f 的一个下界. 若 f 既有上界又有下界, 则称 f 是有界函数; 否则, 称 f 为无界函数.

当一个函数有上界 (或者下界) 时, 其上界 (或者下界) 是不唯一的. 事实上, 如果 M 是 f 的一个上界, 那么任何大于 M 的数都是 f 的上界; 如果 m 是 f 的一个下界, 那么任何小于 m 的数都是 f 的下界.

函数 $f(x)$ 在 D 上有界的另一个定义是

$$\text{“存在 } M>0,\ \forall x\in D,\ \text{均有 } |f(x)|\leqslant M.\text{”}$$

容易证明: 这两个定义是等价的.

---

① 开普勒 (Kepler, 1571—1630), 德国天文学家. 他发现了行星运动的三大定律, 分别是轨道定律、面积定律和周期定律, 即: 所有行星分别是在大小不同的椭圆轨道上运行; 在同样的时间里行星向径在轨道平面上所扫过的面积相等; 行星公转周期的平方与它同太阳间距离的立方成正比. 同时他对光学、数学也做出了重要的贡献, 他是现代实验光学的奠基人.

2. 单调性

定义 0.2.9 设 $f: D \to \mathbb{R}$, 若 $\forall x_1, x_2 \in D$, 当 $x_1 < x_2$ 时有 $f(x_1) \leqslant f(x_2)$ (或者 $f(x_1) < f(x_2)$), 则称 f 是单调增加的 (或者严格单调增加的); 若 $\forall x_1, x_2 \in D$, 当 $x_1 < x_2$ 时有 $f(x_1) \geqslant f(x_2)$ (或者 $f(x_1) > f(x_2)$), 则称 f 是单调减少的 (或者严格单调减少的).

例如, 函数 $f(x) = a^x (a > 1)$, $g(x) = \arctan x$ 在定义域内是严格单调增加的; 函数 $f(x) = a^x (0 < a < 1)$, $g(x) = \operatorname{arccot} x$ 在定义域内是严格单调减少的; 而函数 $f(x) = \operatorname{sgn}(x)$, $g(x) = [x]$ 是单调增加的, 但不是严格单调增加的.

由定义知, 一个严格单调增加 (或者减少) 的函数一定是一一对应函数.

关于函数单调性的另一种等价定义:

(1) $f(x)$ 在区间 D 上单调增加当且仅当 $\forall x_1, x_2 \in D$, 恒有

$$(x_1 - x_2)[f(x_1) - f(x_2)] \geqslant 0;$$

(2) $f(x)$ 在区间 D 上单调减少当且仅当 $\forall x_1, x_2 \in D$, 恒有

$$(x_1 - x_2)[f(x_1) - f(x_2)] \leqslant 0.$$

定理 0.2.10 设 $f: D \to \mathbb{R}$ 是严格单调增加 (或者减少) 的函数, 则 $f: D \to f(D)$ 存在反函数 $f^{-1}: f(D) \to D$, 且满足

$$f^{-1} \circ f(x) = x, x \in D, \quad f \circ f^{-1}(y) = y, y \in f(D),$$

而且 f^{-1} 也是严格单调增加 (或者减少) 的函数 (证明请读者自行完成).

很多函数在其自然定义域内不是单调的, 但在其自然定义域的某些子集内具有单调性, 例如, 函数 $f(x) = \sin x$ 在 $\mathbb{R}$ 上不是单调的, 但在区间 $\left[2k\pi - \dfrac{\pi}{2}, 2k\pi + \dfrac{\pi}{2}\right] (k \in \mathbb{Z})$ 上是严格单调增加的, 而在区间 $\left[2k\pi + \dfrac{\pi}{2}, 2k\pi + \dfrac{3}{2}\pi\right] (k \in \mathbb{Z})$ 上是严格单调减少的.

3. 奇偶性

定义 0.2.11 设 $f: D \to \mathbb{R}$, D 关于原点对称, 即当 $x \in D$ 时, $-x \in D$. 如果对于任意 $x \in D$, $f(-x) = f(x)$, 那么称 f 是偶函数; 如果对于任意 $x \in D$, $f(-x) = -f(x)$, 那么称 f 是奇函数.

例如, $f(x) = x^3$, $g(x) = \dfrac{1}{2}(\mathrm{e}^x - \mathrm{e}^{-x})$, $h(x) = \ln(x + \sqrt{x^2 + 1})$ 是奇函数; $f(x) = x^2$, $g(x) = |x + a| + |x - a|$ (a 为实常数), $h(x) = x \ln \dfrac{1 - x}{1 + x}$ 是偶函数; 而函数 $f(x) = \sin x + \cos x$ 既不是偶函数也不是奇函数, 有时也称其为非奇非偶函数.

4. 周期性

定义 0.2.12 设 $f: D \to \mathbb{R}$, 如果存在非零常数 $T \in \mathbb{R}$ 使 $\forall x \in D$, $x+T \in D$ 均有 $f(x+T)=f(x)$, 那么称 f 是周期函数, T 是 f 的一个周期. 如果存在最小的 $T>0$, 使 T 是 f 的一个周期, 那么称 T 是 f 的最小正周期.

显然, 周期函数的周期不是唯一的, 如果 T 是 f 的一个周期, 那么对于任意 $k \in \mathbb{Z}-\{0\}$, kT 也是 f 的一个周期.

例如, $f(x)=\sin x$, $g(x)=\cos x$ 是 $\mathbb{R}$ 上的周期函数, $2k\pi(k \in \mathbb{Z}-\{0\})$ 都是它们的周期, 2π 是它们的最小正周期. 但并不是每个周期函数都有最小正周期.

例 0.2.13 狄利克雷①函数

$$D(x)=\begin{cases}0, & x \text{ 为无理数}, \\ 1, & x \text{ 为有理数}\end{cases}$$

是一个周期函数. 任何非零有理数都是 $D(x)$ 的周期, 因此 $D(x)$ 不存在最小正周期.

图 0.15 给出了一些函数特性的直观说明.

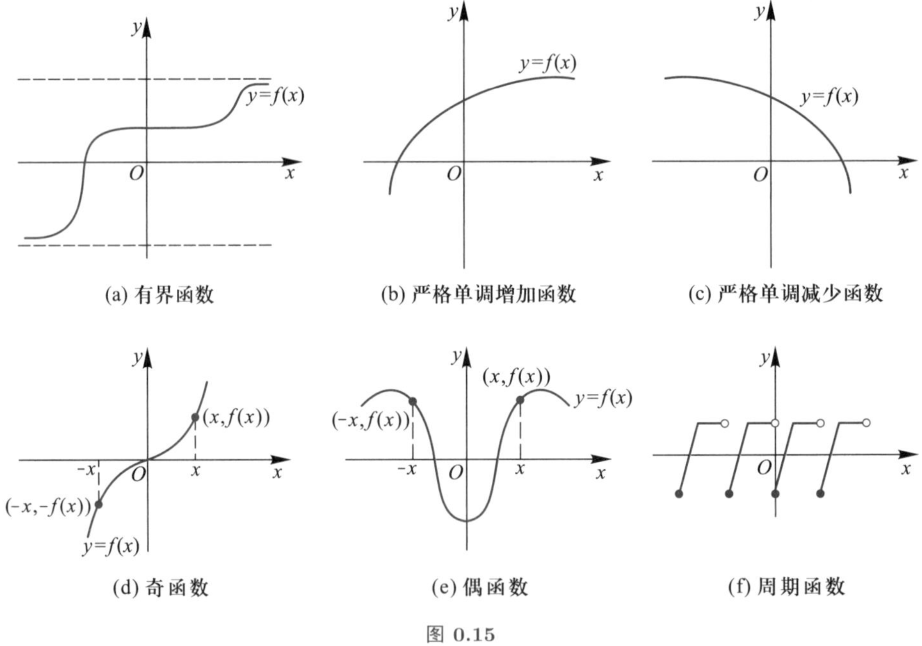

图 0.15

① 狄利克雷 (Dirichlet, 1805—1859), 德国数学家. 他是解析数论的奠基者, 也是现代函数概念的定义者. 他在德国受教育, 后来到法国, 向很多著名数学家学习. 其首篇论文是讨论费马大定理 $n=5$ 的情况 (1825 年证明), 后来亦证明了 $n=14$ 的情况.

§0.3 极坐标系与参数方程

在平面直角坐标系里, 我们用 (x, y) 来表示平面上的一点, 其中 x, y 分别是此点在两个坐标轴上的投影坐标. 但有时直角坐标表示不是最方便的, 例如在海平面上报告某船只的位置, 报告船只的距离与方位要比报告船只在某直角坐标系中的坐标更直接更方便. 以下介绍的极坐标系就是用"距离"和"方位"来表示 (确定) 平面上一点的坐标系.

重难点讲解
极坐标、参数方程与不等式

一、极坐标系

在平面上取定一点 O, 称为**极点**. 从 O 出发引一条射线 Ox, 称为**极轴**. 再取定一个长度单位来表示点到极点的距离; 通常规定角度取逆时针方向为正, 顺时针方向为负. 这样, 平面上任一点 P 的位置就可以用线段 OP 的长度 r 以及从 Ox 到 OP 的角度 θ 来确定. 有序数对 (r, θ) 就称为点 P 的**极坐标**, 记为 $P(r, \theta)$, r 称为点 P 的**极径**, θ 称为点 P 的**极角**, 如图 0.16 所示.

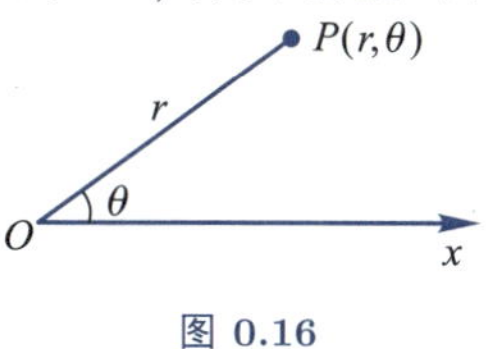

图 0.16

一般规定 $0 \leqslant r < +\infty, 0 \leqslant \theta < 2\pi$ (或 $-\pi \leqslant \theta < \pi$), 这样平面上除极点 O 以外, 其他每一点都有唯一的极坐标表示. 极点的极径为零, 极角任意.

有时为了应用方便, 对 r, θ 不作上述规定, 但这时平面上每一点的极坐标表示就不唯一了. 如果 (r, θ) 是一个点的极坐标, 那么 $(r, 2n\pi+\theta)$ 和 $(-r, (2n+1)\pi+\theta)$ 都可作为它的极坐标 (其中 n 是任意整数).

如果我们将极点取为直角坐标系的原点, 极轴取为直角坐标系的 x 轴, 那么某一点 P 的极坐标 (r, θ) 与平面直角坐标 (x, y) 之间的转换关系为

$$\begin{cases} x = r\cos\theta, \\ y = r\sin\theta \end{cases} \text{或} \begin{cases} r = \sqrt{x^2+y^2}, \\ \theta = \arctan\dfrac{y}{x} + k\pi\ (x \neq 0, k \text{ 的取值根据 } (x, y) \text{ 确定}), \end{cases}$$

当 $x = 0$ 时, 若 $y > 0$, 则 $\theta = \dfrac{\pi}{2}$; 若 $y < 0$, 则 $\theta = \dfrac{3\pi}{2}$.

二、曲线的极坐标方程与参数方程

在平面直角坐标系中, 我们常用 $y = f(x)$ 等形式来表示平面上的曲线, 但有些曲线采用极坐标时, 方程比较简单. 用极坐标系描述的曲线方程称作**极坐标方程**, 通常表示 r 为自变量 θ 的函数.

质点运动的位置 (运动轨迹) 与时间有关, 在平面或空间建立直角坐标系后, 质点的坐标是时间 t 的函数. 若质点在平面上运动, 其坐标与时间之间的关

系为

$$\begin{cases} x = f(t), \\ y = g(t) \end{cases} \quad (0 \leqslant t_1 \leqslant t \leqslant t_2).$$

上式表示的方程称为参数方程. 参数方程在现实中有很广泛的应用.

下面是一些常见的用平面直角坐标方程、极坐标方程和参数方程表示的平面曲线, 希望读者能熟悉并掌握.

例 0.3.1 (1) 以极点 (原点) O 为圆心, $a(a>0)$ 为半径的圆:

直角坐标方程

$$x^2 + y^2 = a^2,$$

极坐标方程

$$r = a \ (0 \leqslant \theta < 2\pi),$$

常见的参数方程为 (θ 为圆心角或极角)

$$\begin{cases} x = a\cos\theta, \\ y = a\sin\theta \end{cases} \quad (0 \leqslant \theta < 2\pi).$$

(2) 以 $(a, 0)$ 为圆心, $a(a>0)$ 为半径的圆:

直角坐标方程

$$(x-a)^2 + y^2 = a^2,$$

极坐标方程

$$r = 2a\cos\theta \ \left(-\frac{\pi}{2} \leqslant \theta \leqslant \frac{\pi}{2}\right),$$

参数方程可表示为

① $\begin{cases} x = 2a\cos^2\theta, \\ y = 2a\cos\theta\sin\theta \end{cases}$ $\left(\text{其中 } \theta \text{ 为极角}, -\frac{\pi}{2} \leqslant \theta \leqslant \frac{\pi}{2}\right)$;

② $\begin{cases} x = a + a\cos\theta, \\ y = a\sin\theta \end{cases}$ (其中 θ 为圆心角, $0 \leqslant \theta \leqslant 2\pi$).

(3) 以 $(0, a)$ 为圆心, $a(a>0)$ 为半径的圆:

直角坐标方程

$$x^2 + (y-a)^2 = a^2,$$

极坐标方程

$$r = 2a\sin\theta \ (0 \leqslant \theta \leqslant \pi),$$

参数方程可表示为

$$
① \begin{cases} x = 2a\sin\theta\cos\theta, \\ y = 2a\sin^2\theta \end{cases} \text{(其中 } \theta \text{ 为极角}, 0 \leqslant \theta \leqslant \pi\text{);}
$$

$$
② \begin{cases} x = a\cos\theta, \\ y = a + a\sin\theta \end{cases} \text{(其中 } \theta \text{ 为圆心角}, 0 \leqslant \theta \leqslant 2\pi\text{).}
$$

从上面的例子可以看出, 一条曲线的参数方程是不唯一的. 在实际应用中, 可根据具体情况, 选择适当的参数, 使计算或应用更简单.

例 0.3.2 心形线: $r = a(1+\cos\theta)$, 其中 $a > 0$ 为常数, 如图 0.17 所示.

双纽线: $r^2 = a\cos 2\theta$, 其中 $a > 0$ 为常数, 如图 0.18 所示.

例 0.3.3 阿基米德[①]螺线: $r = a + b\theta$, 其中 $a, b > 0$ 为常数, 如图 0.19 所示.

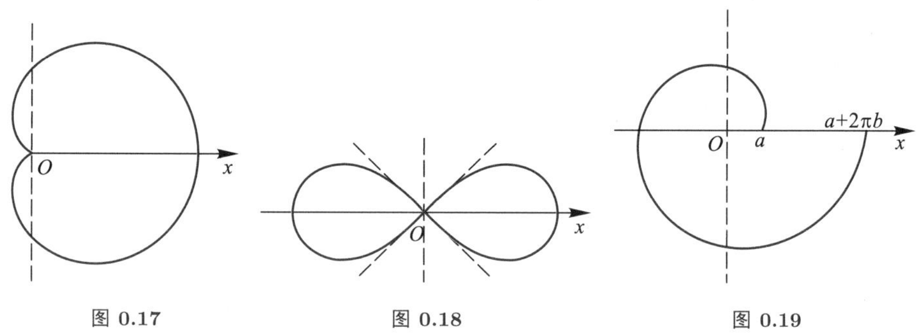

图 0.17　　图 0.18　　图 0.19

许多极坐标方程常用三角函数表示, 因为三角函数具有周期性, 所以极坐标方程表示的曲线经常会表现出不同的对称形式, 请读者自己尝试分析一下.

例 0.3.4 摆线 (外摆线) 的参数方程

$$
\begin{cases} x = a(t - \sin t), \\ y = a(1 - \cos t) \end{cases} (a \text{ 为正常数}, t \geqslant 0).
$$

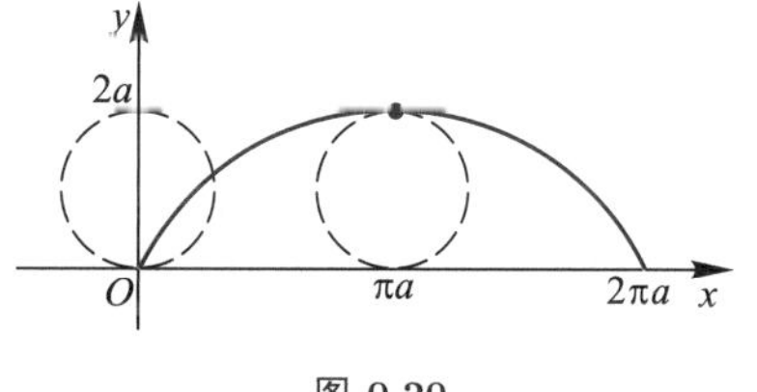

图 0.20

摆线可看成半径为 a 的圆沿直线做无滑动的滚动, 在此运动过程中圆上某定点 P 的运动轨迹. 摆线的图形如图 0.20 所示.

---

① 阿基米德 (Archimedes, 公元前 287—前 212), 古希腊哲学家、数学家、物理学家、力学家, 静态力学和流体静力学的奠基人, 享有"力学之父"的美称. 阿基米德和高斯 (Gauss)、牛顿 (Newton) 并列为世界三大数学家. 阿基米德曾说过: "给我一个支点, 我就能撬起整个地球." 这是他的名言. 阿基米德给出许多求几何图形重心的方法. "物体在液体中所受浮力等于它所排开液体所受的重力" 称为阿基米德原理. 阿基米德还采用不断分割法求椭球体、旋转抛物体等的体积, 这种方法已具有积分计算的雏形.

例 0.3.5 星形线 (内摆线)

$$x^{\frac{2}{3}}+y^{\frac{2}{3}}=a^{\frac{2}{3}} \quad (a\text{ 为正常数}),$$

其参数方程为

$$\begin{cases} x=a\cos^3\theta, \\ y=a\sin^3\theta \end{cases} \quad (0\leqslant\theta<2\pi).$$

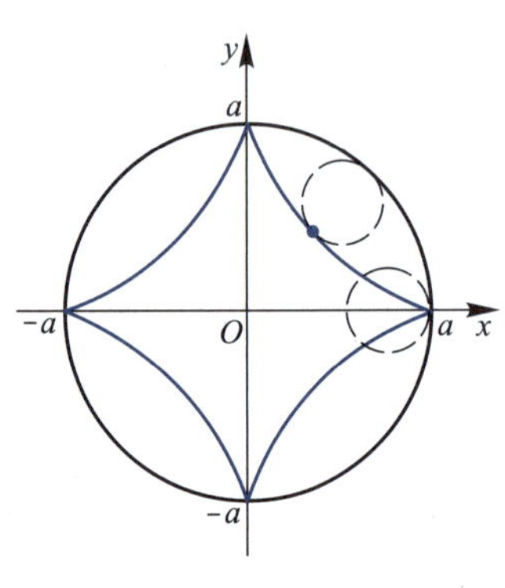

图 0.21

星形线实际上是半径为 $\dfrac{a}{4}$ 的小圆, 在半径为 a 的圆内部沿圆周做无滑动的滚动过程中小圆上某定点的运动轨迹. 星形线的图形如图 0.21 所示.

附: 一些常用的公式

(1) 三角函数公式

倍角公式与半角公式:

$$\sin 2\alpha=2\sin\alpha\cos\alpha,$$

$$\cos 2\alpha=2\cos^2\alpha-1=1-2\sin^2\alpha=\cos^2\alpha-\sin^2\alpha,$$

$$\sin^2\frac{\alpha}{2}=\frac{1-\cos\alpha}{2}, \quad \cos^2\frac{\alpha}{2}=\frac{1+\cos\alpha}{2},$$

$$\tan\frac{\alpha}{2}=\frac{1-\cos\alpha}{\sin\alpha}=\frac{\sin\alpha}{1+\cos\alpha}.$$

和差化积公式:

$$\sin\alpha+\sin\beta=2\sin\frac{\alpha+\beta}{2}\cos\frac{\alpha-\beta}{2},$$

$$\sin\alpha-\sin\beta=2\cos\frac{\alpha+\beta}{2}\sin\frac{\alpha-\beta}{2},$$

$$\cos\alpha+\cos\beta=2\cos\frac{\alpha+\beta}{2}\cos\frac{\alpha-\beta}{2},$$

$$\cos\alpha-\cos\beta=-2\sin\frac{\alpha+\beta}{2}\sin\frac{\alpha-\beta}{2}.$$

积化和差公式:

$$\sin\alpha\cos\beta=\frac{1}{2}[\sin(\alpha+\beta)+\sin(\alpha-\beta)],$$

$$\cos\alpha\sin\beta=\frac{1}{2}[\sin(\alpha+\beta)-\sin(\alpha-\beta)],$$

$$\cos\alpha\cos\beta=\frac{1}{2}[\cos(\alpha+\beta)+\cos(a-\beta)],$$

$$\sin\alpha\sin\beta=-\frac{1}{2}[\cos(\alpha+\beta)-\cos(\alpha-\beta)].$$

万能公式: $\sin\alpha=\dfrac{2\tan\dfrac{\alpha}{2}}{1+\tan^2\dfrac{\alpha}{2}}$, $\cos\alpha=\dfrac{1-\tan^2\dfrac{\alpha}{2}}{1+\tan^2\dfrac{\alpha}{2}}$.

(2) 排列组合公式

正整数 n 的阶乘: $n!=n(n-1)(n-2)\cdot\cdots\cdot3\cdot2\cdot1$. 约定零的阶乘等于 1, 即 $0!=1$.

从 n 个不同元素中取出 k 个元素的排列数 ($k\leqslant n$):

$$\mathrm{A}_n^k=n(n-1)(n-2)\cdots(n-k+1)=\frac{n!}{(n-k)!}.$$

特别地, 当 $k=n$ 时, 即为 n 个不同元素的全排列, 等于 $n!$.

从 n 个不同元素中取出 k 个元素的组合数 ($k\leqslant n$):

$$\binom{n}{k}=\mathrm{C}_n^k=\frac{\mathrm{A}_n^k}{k!}=\frac{n(n-1)(n-2)\cdots(n-k+1)}{k!}=\frac{n!}{k!(n-k)!}.$$

特别地, $\mathrm{C}_n^0=1,\mathrm{C}_n^n=1$, 且有 $\mathrm{C}_n^k=\mathrm{C}_n^{n-k},\mathrm{C}_n^{k-1}+\mathrm{C}_n^k=\mathrm{C}_{n+1}^k$.

(3) 二项式展开公式

对正整数 n 和数 a,b, 有

$$\begin{aligned}(a+b)^n&=\sum_{k=0}^{n}\mathrm{C}_n^k a^{n-k}b^k\\&=a^n+na^{n-1}b+\cdots+\frac{n(n-1)\cdots(n-k+1)}{k!}a^{n-k}b^k+\cdots+b^n.\end{aligned}$$

特别地, 当 $a=1,b=1$ 时, 有

$$\sum_{k=0}^{n}\mathrm{C}_n^k=\mathrm{C}_n^0+\mathrm{C}_n^1+\mathrm{C}_n^2+\cdots+\mathrm{C}_n^n=2^n.$$

(4) 几个常用的不等式

① 三角不等式　对于任意实数 a 和 b, 都有

$$||a|-|b||\leqslant|a+b|\leqslant|a|+|b|.$$

② 伯努利[①]不等式　对于任意正整数 n 和实数 $a\in[-1,+\infty)$, 有

$$(1+a)^n\geqslant1+na.$$

---

① 伯努利 (Bernoulli), 瑞士数学家. 伯努利家族 3 代人中产生了 8 位科学家, 后裔有不少于 120 位, 被人们系统地追溯过, 他们在数学、科学、技术、工程乃至法律、管理、文学、艺术等方面享有名望. 老尼古拉 · 伯努利 (Nicolaus Bernoulli, 1623—1708) 曾在当地政府和司法部门任高级职务, 他有 3 个有成就的儿子: 长子雅各布 · 伯努利 (Jocob Bernoulli, 1655—1705) 和第三个儿子约翰 · 伯努利 (Johann Bernoulli, 1667—1748) 成为著名的数学家, 第二个儿子小尼古拉 · 伯努利 (Nikolaus Bernoulli, 1662—1716) 在成为彼得堡科学院数学界的一员之前, 是伯尔尼的第一个法律学教授.

③ 均值不等式　对于 n 个正数 $a_1, a_2, \cdots, a_n$, 分别称

$$A_n = \frac{a_1 + a_2 + \cdots + a_n}{n}, \quad G_n = \sqrt[n]{a_1 a_2 \cdots a_n}, \quad H_n = \frac{n}{\dfrac{1}{a_1} + \dfrac{1}{a_2} + \cdots + \dfrac{1}{a_n}}$$

为它们的算术平均值、几何平均值及调和平均值. 它们之间有如下关系:

$$H_n \leqslant G_n \leqslant A_n,$$

等号当且仅当 $a_1 = a_2 = \cdots = a_n$ 时成立.

④ 柯西[②]不等式　对于任意 $2n(n \in \mathbb{N}_+)$ 个实数 $a_1, a_2, \cdots, a_n; b_1, b_2, \cdots, b_n$, 有

$$(a_1 b_1 + a_2 b_2 + \cdots + a_n b_n)^2 \leqslant (a_1^2 + a_2^2 + \cdots + a_n^2)(b_1^2 + b_2^2 + \cdots + b_n^2),$$

等号成立当且仅当存在常数 λ, μ 使得 $\lambda a_i + \mu b_i = 0 \ (i = 1, 2, \cdots, n)$.

例 **0.3.6**　证明下面所给的和差化积与积化和差公式:

$$\sin\alpha + \sin\beta = 2\sin\frac{\alpha+\beta}{2}\cos\frac{\alpha-\beta}{2},$$

$$\sin\alpha\cos\beta = \frac{1}{2}[\sin(\alpha+\beta) + \sin(\alpha-\beta)].$$

证明: 由于

$$\sin(\alpha+\beta) = \sin\alpha\cos\beta + \cos\alpha\sin\beta,$$

$$\sin(\alpha-\beta) = \sin\alpha\cos\beta - \cos\alpha\sin\beta,$$

两式相加得

$$\sin\alpha\cos\beta = \frac{1}{2}[\sin(\alpha+\beta) + \sin(\alpha-\beta)].$$

如果记 $\alpha + \beta = x$, $\alpha - \beta = y$, 那么 $\alpha = \frac{1}{2}(x+y)$, $\beta = \frac{1}{2}(x-y)$. 因此

$$\sin x + \sin y = 2\sin\frac{x+y}{2}\cos\frac{x-y}{2}.$$

以 α, β 分别替代 x, y 可得

$$\sin\alpha + \sin\beta = 2\sin\frac{\alpha+\beta}{2}\cos\frac{\alpha-\beta}{2}.$$

其他和差化积与积化和差公式类似可证, 由读者完成.

---

② 柯西 (Cauchy, 1789—1857), 法国数学家、物理学家、天文学家. 柯西是数学分析严格化的开拓者, 是复变函数论的奠基人, 也是弹性力学理论基础的建立者. 柯西是仅次于欧拉 (Euler) 的多产数学家, 发表论文 800 篇以上, 几乎涉及当时所有数学分支.

例 **0.3.7** 设正数 x, y, z 满足

$$\frac{x^2}{a^2}+\frac{y^2}{b^2}+\frac{z^2}{c^2}=1\ (a,b,c>0\ \text{为常数}),$$

求 xyz 的最大值.

解: 由于 $\frac{x^2}{a^2}+\frac{y^2}{b^2}+\frac{z^2}{c^2}=1$, 根据均值不等式, 有

$$1=\frac{x^2}{a^2}+\frac{y^2}{b^2}+\frac{z^2}{c^2}\geqslant 3\sqrt[3]{\frac{x^2y^2z^2}{a^2b^2c^2}}.$$

因此

$$xyz\leqslant\frac{1}{3\sqrt{3}}abc,$$

等号在 $x=\frac{a}{\sqrt{3}}, y=\frac{b}{\sqrt{3}}, z=\frac{c}{\sqrt{3}}$ 时成立.

所以当 $x=\frac{a}{\sqrt{3}}, y=\frac{b}{\sqrt{3}}, z=\frac{c}{\sqrt{3}}$ 时, xyz 取最大值 $\frac{1}{3\sqrt{3}}abc$.

第 0 章习题

习题 0.1

1. 判断下列所给关系是否正确, 并说明理由:

(1) 设 $A=\{1\}$, $B=\{1,2\}$:

(a) $A\subset B$, (b) $A\in B$, (c) $1\in A$, (d) $1\subset B$;

(2) 设 $A=\{1,2\}$, $B=\{\{1\},\{2\}\}$, $C=\{\{1\},\{1,2\}\}$, $D=\{\{1\},\{2\},\{1,2\}\}$:

(a) $A=B$, (b) $A\subset B$, (c) $A\subset C$, (d) $A\in C$, (e) $A\subset D$,

(f) $B\subset C$, (g) $B\subset D$, (h) $B\in D$, (i) $A\in D$.

2. 设集合 $S=\{1,2,3,4\}$, 列出 S 的所有子集.

3. 设 $A=\left\{x\,\middle|\,x\in\mathbb{R}, x(x^2-1)(x-2)\left(x+\frac{1}{4}\right)(x-7)=0\right\}$, $B=\mathbb{N}$, $C=\mathbf{N}_+$, $D=\mathbb{Q}$, 求 $A\cup B$, $A-C$ 及 $A\cap D$.

4. 设 $A=\{x|x\in\mathbb{R}, 1\leqslant x<3\}$, $B=\left\{x\,\middle|\,x\in\mathbb{R}, \frac{1}{2}<x\leqslant 2\right\}$, 求 $A\cup B$, $A\cap B$ 及 $A-B$.

5. 设 A, B, C 为集合, 用草图说明 (验证) 以下集合运算的正确性:

(1) $A\cup\varnothing=A$, $A\cap\varnothing=\varnothing$;

(2) $A\cap B\subset A\subset A\cup B$;

(3) $A\cup(A\cap B)=A$, $A\cap(A\cup B)=A$;

(4) $A-B=A-(A\cap B)=(A\cup B)-B$;

(5) $A\cap(B-C)=(A\cap B)-(A\cap C)$;

(6) $A-(A-B)=A\cap B$.

6. 证明以下等式:

(1) $(A-B)-C=A-(B\cup C)$;

(2) $A-(B-C)=(A-B)\cup(A\cap C)$;

(3) $(A-B)\cap(C-D)=(A\cap C)-(B\cup D)$;

(4) $(A\cup B)-C=(A-C)\cup(B-C)$.

7. 等式 $(A-B)\cup C=A-(B-C)$ 成立的充要条件是什么?

8. 设 $A=\{1,2,3\}$, $B=\{u,v\}$, 写出 $A\times B, A^2, B^2$.

9. 设 $A=\{x|x\in\mathbb{R},0\leqslant x\leqslant 1\}$, 写出 A^3.

10. 下面三个等式指出笛卡儿积对三种运算 "$\cup,\cap,-$" 都服从分配律, 试证之:

(1) $A\times(B\cup C)=(A\times B)\cup(A\times C)$;

(2) $A\times(B\cap C)=(A\times B)\cap(A\times C)$;

(3) $A\times(B-C)=(A\times B)-(A\times C)$.

11. 设 $A=\{1,2,3,4\}$, $B=\{a,b,c,d,e\}$, 试问下面哪些法则 f 定义了从 A 到 B 内的一个映射? 为什么?

(a) $f(1)=b$, $f(2)=c$, $f(3)=d$;

(b) $f(2)=a$, $f(3)=b$, $f(4)=c$, $f(1)=d$, $f(2)=e$;

(c) $f(2)=d$, $f(4)=a$, $f(3)=b$, $f(1)=e$;

(d) $f(1)=a$, $f(2)=a$, $f(3)=c$, $f(4)=d$.

12. 设 $A=\{x,y,z\}$, $B=\{0,1\}$, 试列出所有的从 A 到 B 的映射, 共有多少个?

13. 试找出下列 $f:A\to B$ 映射中的单射、满射、双射. 对双射, 写出其逆映射:

(1) $A=\mathbb{R}$, $B=\{x\in\mathbb{R}|x\geqslant 0\}$, $f(x)=x^2$;

(2) $A=B=\mathbb{Q}$, $f(x)=x+c$, 其中 c 是一个有理数;

(3) $A=\{x\in\mathbb{R}|0\leqslant x\leqslant 1\}$, $B=\{x\in\mathbb{R}|0\leqslant x\leqslant 2\}$, $f(x)=2x$;

(4) $A=B=\mathbb{Z}$, $f(x)=x^3$.

14. 设 $\mathbb{N}_+$ 是正整数全体, $A=\{2,4,6,8,\cdots\}$ 是正偶数全体, 试作一映射 $f:\mathbb{N}_+\to A$, 使之成为双射, 再写出该映射的逆映射.

15. 设 $\mathbb{N}_+$ 是正整数全体, $\mathbb{Z}$ 是整数全体, 试构造一个映射 $f:\mathbf{N}_+\to\mathbb{Z}$, 使之成为双射.

16. 设 A,B 都是有限集, 且 A 的元素个数为 n, B 的元素个数为 m, 试在下面三种情况下分别确定 n 与 m 的大小关系:

(1) 存在一个单射 $f:A\to B$;

(2) 存在一个满射 $f: A \to B$;

(3) 存在一个双射 $f: A \to B$.

17. 设 $A=B=C=\{a,b,c,d\}$, $f: A \to B$, $g: B \to C$ 如下:

$$f(a)=b, \quad f(b)=c, \quad f(c)=d, \quad f(d)=a;$$

$$g(a)=b, \quad g(b)=b, \quad g(c)=c, \quad g(d)=c.$$

试写出复合映射 $g \circ f: A \to C$.

18. 设 $A=\{x \in \mathbb{R} | -1 \leqslant x \leqslant 1\}$, $B=\{x \in \mathbb{R} | 0 \leqslant x \leqslant 2\}$, $C=\{x \in \mathbb{R} | -1 \leqslant x \leqslant 2\}$. 映射 $f: A \to B$ 及 $g: B \to C$ 分别定义为 $f(x)=x^2$, $g(x)=\sqrt{x}$, 试写出复合映射 $g \circ f: A \to C$.

19. 设 A, B 是两个非空集合, $A \times B$ 是积集, 记 $p_1: A \times B \to A$, $p_1(x,y)=x$; $p_2: A \times B \to B$, $p_2(x,y)=y$ 为两个投影, 证明: p_1, p_2 都是满射. 问: p_1 是单射的充要条件是什么? p_2 是单射的充要条件是什么?

20. 证明: $\sqrt{2}$ 是无理数.

21. 若正整数 p 不是完全平方数, 证明: $\sqrt{p}$ 为无理数.

22. 若 p, q 为互异的素数, 证明: $\sqrt{p}+\sqrt{q}$ 为无理数.

习题 0.2

23. 求下列函数的定义域:

(1) $f(x)=\dfrac{1}{|x|-x}$; (2) $f(x)=\dfrac{1}{\sqrt{|x-1|-2}}$;

(3) $f(x)=\ln\left(\sin\dfrac{x}{2}\right)$; (4) $f(x)=\arccos(2^x-3)+\ln(\ln x)$.

24. 求下列函数的反函数, 并指出反函数的定义域:

(1) $f(x)=\dfrac{1}{x}, \quad x>0$; (2) $f(x)=\sqrt{4-x^2}, \quad -2 \leqslant x \leqslant 0$;

(3) $f(x)=\dfrac{2x-1}{x+1}, \quad x \neq -1$; (4) $f(x)=\begin{cases} x^2, & x<0, \\ -x, & 0 \leqslant x \leqslant 1, \\ -x^3, & x>1; \end{cases}$

(5) $f(x)=\sqrt[3]{x+\sqrt{1+x^2}}+\sqrt[3]{x-\sqrt{1+x^2}}, \quad -\infty<x<+\infty$.

25. 已知 $f\left(\dfrac{1}{x}\right)=x+\sqrt{1+x^2}$, 求 $f(x)$ 的表达式.

26. 分析下列函数的单调性:

(1) $f(x)=2x^2, \quad x \in (-\infty, 0)$; (2) $f(x)=x^3, \quad x \in \mathbb{R}$;

(3) $f(x)=\dfrac{|x|-x}{2}, \quad x \in \mathbb{R}$; (4) $f(x)=x^2-2x+1, \quad x \geqslant 1$.

27. 分析下列函数的奇偶性:

(1) $f(x)=\ln(x+\sqrt{x^2+a^2})$ (a 为常数, 且 $a>0$);

(2) $f(x)=\ln\dfrac{1-x}{1+x}$;

(3) $f(x)=|x|+x$;

(4) $f(x)=\operatorname{sgn} x=\begin{cases}1, & x>0,\\ 0, & x=0,\\ -1, & x<0.\end{cases}$

28. 证明下列结论:

(1) 两个偶函数的乘积是偶函数;

(2) 两个奇函数的乘积是偶函数;

(3) 一个偶函数与一个奇函数的乘积是奇函数.

29. 设 f 是定义在 $\mathbb{R}$ 上的函数, 证明: f 可以表示成一个偶函数和一个奇函数之和, 且表示法唯一.

30. 证明: 不存在定义在 $\mathbb{R}$ 上严格单调增加的偶函数.

31. 设 f,g,h 均为 $\mathbb{R}$ 上的单调增加函数, 且满足

$$f(x)\leqslant g(x)\leqslant h(x),\quad \forall x\in\mathbb{R},$$

证明:

$$f(f(x))\leqslant g(g(x))\leqslant h(h(x)),\quad \forall x\in\mathbb{R}.$$

32. 若函数 f,g 在定义域 D 上有界, 证明: $f+g,f-g,f\cdot g$ 也在 D 上有界.

33. 试问: 是否存在两个无界函数, 但它们的乘积是有界函数?

34. 证明: $f(x)=\dfrac{1}{x}$ 在区间 $(0,1)$ 内无界.

35. 设 f,g 均为 $\mathbb{R}$ 上的周期函数, 试问: $f+g$ 是不是 $\mathbb{R}$ 上的周期函数? 为什么?

36. 写出下列周期函数在 $[0,2\pi]$ 上的表达式:

(1) $f(x)=\arcsin(\sin x)$;

(2) $g(x)=\arccos(\cos x)$.

37. 证明关于取整函数 $y=[x]$ 的如下不等式:

(1) 当 $x>0$ 时, $1-x<x\left[\dfrac{1}{x}\right]\leqslant 1$;

(2) 当 $x<0$ 时, $1\leqslant x\left[\dfrac{1}{x}\right]<1-x$.

38. 设 $a,b\in\mathbb{R}$, 证明:

(1) $\max\{a,b\}=\dfrac{1}{2}(a+b+|a-b|)$;

(2) $\min\{a,b\}=\dfrac{1}{2}(a+b-|a-b|)$.

39. 设 $f(x)=x^2, g(x)=2^x$, 求 $f(g(x))$ 及 $g(f(x))$.

40. 将下列函数分解成基本初等函数的四则运算和复合运算:

(1) $f(x)=\arccos[\cos^2(\mathrm{e}^x+\ln x)]$; (2) $f(x)=\mathrm{e}^{-x^2+2\sin x}$;

(3) $f(x)=\sin^2\dfrac{1}{x}$; (4) $f(x)=\cot\sqrt[x]{x}$;

(5) $f(x)=\log_a\left(\dfrac{1}{\sqrt{1+x^2}}\right)+\mathrm{e}^{\tan x^2}\,(a>0,a\neq 1)$.

习题 0.3

41. 画出以下极坐标方程表示的曲线草图:

(1) $r=\dfrac{1}{\cos\theta}$; (2) $r=1-\cos\theta$; (3) $r=\sin 2\theta$;

(4) $r=4\cos 3\theta$; (5) $r=\dfrac{1}{1-\cos\theta}$.

42. 将以下直角坐标方程表示的曲线用极坐标方程表示:

(1) $x+2y-1=0$; (2) $\left(\dfrac{x}{a}+\dfrac{y}{b}\right)^3=xy\ (a>0,b>0)$;

(3) $x^2+(y-4)^2=16$; (4) $(x^2+y^2)^2=a^2(x^2-y^2)\ (a>0)$.

43. 证明柯西不等式:

对于任意 $2n(n\in\mathbb{N}_+)$ 个实数 $a_1,a_2,\cdots,a_n$; $b_1,b_2,\cdots,b_n$, 有

$$(a_1b_1+a_2b_2+\cdots+a_nb_n)^2\leqslant(a_1^2+a_2^2+\cdots+a_n^2)(b_1^2+b_2^2+\cdots+b_n^2),$$

等号成立当且仅当存在常数 λ,μ 使得 $\lambda a_i+\mu b_i=0\ (i=1,2,\cdots,n)$.

44. 证明伯努利不等式:

对于任意正整数 n 和实数 $a\in[-1,+\infty)$, 有

$$(1+a)^n\geqslant 1+na.$$

45. 已知 $x^2+y^2=1$, 求 $z=x^2+y^2+2x+y+1$ 的最大值与最小值.

46. 设正数 x, y, z 满足 $3x+4y+5z=1$.

(1) 证明: $x^2+y^2+z^2 \geqslant \frac{1}{50}$;

(2) 求 $\frac{1}{x+y}+\frac{1}{y+z}+\frac{1}{z+x}$ 的最小值.

47. 设 $x, y \in \mathbb{R}$, 求 $(x-y)^2+(2x-5)^2+4y^2$ 的最小值.

48. 求函数 $y=\sqrt{x^2-8x+25}+\sqrt{x^2+2x+5}$ 的最小值.

49. 设 $a, b, c \in \mathbb{R}_+$ ($\mathbb{R}_+$ 为全体正实数的集合), 证明:

$$\left|\sqrt{a^2+b^2}-\sqrt{a^2+c^2}\right| \leqslant |b-c|,$$

并说明此不等式的几何意义.

50. 设曲线 $r=\frac{ep}{1-e\cos\theta}$, $p>0$, 证明:

(1) 当 $0<e<1$ 时为椭圆;

(2) 当 $e=1$ 时为抛物线;

(3) 当 $e>1$ 时为双曲线.

【注】 椭圆、抛物线和双曲线可以统一定义为: 与一个定点 (焦点) 的距离和一条定直线 (准线) 的距离的比为常数 e (离心率) 的点的轨迹. $r=\frac{ep}{1-e\cos\theta}$ 中的 e 即为离心率, p 为定点 (焦点) 到定直线 (准线) 的距离.

第 0 章
重难点讲解

第 0 章
部分习题参考答案与提示

第 1 章　数列的极限

极限理论是微积分学的重要基础, 用极限的思想和方法来处理和解决变量问题是微积分中的基本方法. 特别是极限中"无穷"的概念, 在学习极限理论中起着关键的作用. 本章主要介绍数列极限的概念、理论和运算方法, 这是学习微积分的第一步.

§1.1　数　列

一、数列及其极限的概念

极限过程是微积分的核心思想, 它的主要特征之一是与无穷的概念密切相关, 而数列是分析极限过程的主要工具. 所谓数列, 顾名思义是指一个接着一个并且永无止境的数的排列. 例如

$$1, 2, 3, 4, \cdots, n, \cdots,$$

$$1, q, q^2, q^3, \cdots, q^{n-1}, \cdots,$$

$$1, -1, 1, -1, \cdots, (-1)^{n-1}, \cdots,$$

$$1, 0, 2, 0, 3, 0, \cdots, \frac{1+(-1)^{n-1}}{2} \cdot \frac{n+1}{2}, \cdots$$

都是数列, 以下我们给出数列的一般定义.

定义 1.1.1　定义域是正整数集 $\mathbb{N}_+$ 的一个函数 $f: \mathbb{N}_+ \to \mathbb{R}$ 称为一个**数列**, 记为 $a_1, a_2, \cdots, a_n, \cdots$ 或者 $\{a_n\}$, 其中 $a_n = f(n)$ 称为**通项**. 若 f 是有界函数, 则称 $\{a_n\}$ 是**有界数列**; 否则称 $\{a_n\}$ 是**无界数列**.

给出一个数列最常见的方法是给出决定通项的法则或公式, 如

$$1, \frac{1}{2}, \frac{1}{3}, \frac{1}{4}, \cdots, \frac{1}{n}, \cdots$$

是由通项 $a_n = \dfrac{1}{n}$ 决定的数列.

给出数列的另一种方法是用递推公式表示, 如著名的斐波那契[①]数列: $a_1 = a_2 = 1, a_{n+1} = a_n + a_{n-1}, n \geqslant 2$. 它的前几项是

$$1,1,2,3,5,8,13,21,34.$$

对数列 $\{a_n\}$, 若

$$a_n \leqslant a_{n+1}\ (\text{或 } a_n \geqslant a_{n+1}), \quad n = 1,2,3,\cdots,$$

则称 $\{a_n\}$ 为**单调增加数列** (或**单调减少数列**).

单调增加数列和单调减少数列统称为**单调数列**.

如果上述不等号严格成立, 那么称 $\{a_n\}$ 为**严格单调增加数列** (或**严格单调减少数列**).

在数列中, 所谓有极限的数列特别得到重视, 有极限的数列也称为收敛数列. 收敛数列粗略地讲是指当 n 越来越大时, a_n 会和某个数无限地接近. 例如, 数列

$$1, \frac{1}{2}, \frac{1}{3}, \frac{1}{4}, \cdots, \frac{1}{n}, \cdots,$$

当 n 越来越大时, $a_n = \dfrac{1}{n}$ 越来越接近于常数 0; 数列

$$\frac{1}{2}, \frac{2}{3}, \frac{3}{4}, \frac{4}{5}, \cdots, \frac{n}{n+1}, \cdots,$$

当 n 越来越大时, $a_n = \dfrac{n}{n+1}$ 越来越接近于常数 1, 等等.

显然, "越来越大" "越来越接近" 并不是严谨的数学语言. 对于上述严格单调减少数列 $\left\{\dfrac{1}{n}\right\}$ 和严格单调增加数列 $\left\{\dfrac{n}{n+1}\right\}$,这样表达还容易接受, 但如果一个收敛数列不是单调数列, 那么这样表述极限就很不"精确"了. 下面我们给出数列收敛的准确定义.

定义 1.1.2 设 $\{a_n\}$ 是 $\mathbb{R}$ 中的一个数列. 如果存在 $a \in \mathbb{R}$, 使得 $\forall \varepsilon > 0$, $\exists N \in \mathbb{N}_+$, 当 $n \geqslant N$ 时, 都有

重难点讲解
数列极限的定义

$$|a_n - a| < \varepsilon,$$

就称数列 $\{a_n\}$ 是**收敛**的并且**收敛于** a (或**趋于** a), 记为

$$\lim_{n\to\infty} a_n = a \quad \text{或者} \quad \text{当 } n \to \infty \text{ 时}, \ a_n \to a.$$

这时称 a 是数列 $\{a_n\}$ 的**极限**. 如果上述条件不成立, 就称 $\{a_n\}$ 是**发散**的或者**不收敛**.

---

① 斐波那契 (Fibonacci, 1170—1250), 意大利数学家, 斐波那契在《算盘书》中提出了一个有趣的兔子问题, 从而得到著名的斐波那契数列 1,1,2,3,5,8,13,21,$\cdots$. 他是西方第一个研究斐波那契数列的人, 并将现代书写数和乘数的位值表示法系统引入欧洲.

根据数列极限的定义, 容易得到常数列 $\{a_n\}$, $a_n=c\ (c\in\mathbb{R})$ 的极限为 c, 即 $\lim\limits_{n\to\infty} c=c$

需要特别指出的是, 在定义 1.1.2 中, ε 是任意给定的, 即不管 ε 多么小, 总可以找到正整数 N, 使得当 $n\geqslant N$ 时, a_n 与 a 的距离都小于 ε. 当然, 满足条件的 N 不是唯一的, 如果 N 对于某个 ε 是合适的, 那么任何比 N 大的整数对于这个 ε 也是合适的. 一般来说, N 依赖于 ε 的选取, ε 越小, 满足条件的最小 N 就可能越大.

由于 ε 的任意性, 对于常数 $c>0$, 我们可将定义 1.1.2 中的不等式 $|a_n-a|<\varepsilon$ 换作 $|a_n-a|<c\varepsilon$, 也就是说, 定义中的 $|a_n-a|<\varepsilon$ 写成 $|a_n-a|<c\varepsilon$ 是等价的. 这在以后的有关分析证明中会很方便.

从定义 1.1.2 可以知道, 任意改变数列 $\{a_n\}$ 的有限项并不会改变它的敛散性和极限. 因此, 一个数列的"前面"部分并不重要, 重要的是它的"后面"部分. 换句话说, 一个数列是否收敛或极限是多少与数列的前面有限多项没有关系.

我们常常用定义 1.1.2 来证明一个数列的极限存在, 并且数列收敛到某个数. 在证明中, 关键是对任意的正数 ε, 要找到一个满足条件的 N, 但这个 N 只要找到就行, 不需要一定是最小的那个. 当然, 对于这个 ε, 其实只要考虑"任意小"的正数即可, 但要注意这个任意性, 而不是某个很小的数就可以.

例 1.1.3 证明数列 $\left\{\dfrac{n}{n+1}\right\}$ 收敛于 1.

证明: 因为 $|a_n-1|=\dfrac{1}{n+1}$, 所以对于任意 $\varepsilon>0$, 取正整数 $N=\left[\dfrac{1}{\varepsilon}\right]+1$, 则当 $n\geqslant N$ 时, 有

$$|a_n-1|=\frac{1}{n+1}<\frac{1}{n}\leqslant\frac{1}{N}=\frac{1}{\left[\dfrac{1}{\varepsilon}\right]+1}<\frac{1}{\dfrac{1}{\varepsilon}}=\varepsilon.$$

因此, 数列 $\left\{\dfrac{n}{n+1}\right\}$ 收敛于 1.

例 1.1.4 证明数列 $0.3, 0.33, 0.333, \cdots, 0.\underbrace{33\cdots3}_{n\text{ 个 }3}, \cdots$ 的极限为 $\dfrac{1}{3}$.

证明: 设 $a_n=0.\underbrace{33\cdots3}_{n\text{ 个 }3}$, 则

$$\left|a_n-\frac{1}{3}\right|=\left|0.\underbrace{33\cdots3}_{n\text{ 个 }3}-0.333\cdots3\cdots\right|=\frac{1}{3\times10^n}.$$

所以, 对于任意 $\varepsilon > 0$, 可以取正整数 $N = \left[\frac{1}{\varepsilon}\right] + 1$, 当 $n \geqslant N$ 时,

$$\left|a_n - \frac{1}{3}\right| = \frac{1}{3 \times 10^n} < \frac{1}{10^n} < \frac{1}{n} \leqslant \frac{1}{N} < \varepsilon.$$

因此, 数列 $0.3, 0.33, 0.333, \cdots, 0.\underbrace{33\cdots3}_{n \text{ 个 } 3}, \cdots$ 的极限为 $\frac{1}{3}$.

例 1.1.5 证明数列 $\left\{\frac{1}{n^\alpha}\right\}$ $(\alpha > 0)$ 收敛于 0.

证明: 因为 $|a_n - 0| = \frac{1}{n^\alpha}$, 所以对于任意 $\varepsilon > 0$, 可以取到正整数 N 使 $N > \frac{1}{\varepsilon^{\frac{1}{\alpha}}}$, 此时 $N^\alpha > \frac{1}{\varepsilon}$. 因此, 当 $n \geqslant N$ 时, $|a_n - 0| = \frac{1}{n^\alpha} \leqslant \frac{1}{N^\alpha} < \varepsilon$, 即数列 $\left\{\frac{1}{n^\alpha}\right\}$ 收敛于 0.

下面的定理是收敛数列的一个几何解释.

定理 1.1.6 数列 $\{a_n\}$ 收敛于 a 当且仅当对于 a 的任何 ε 邻域 $U(a,\varepsilon)$, 除有限多项以外, $\{a_n\}$ 中其余的项都包含在 $U(a,\varepsilon)$ 内.

证明: 设 $\lim\limits_{n\to\infty} a_n = a, U(a,\varepsilon)$ 是 a 的 ε 邻域. 对此 $\varepsilon > 0$, $\exists N > 0$, 当 $n \geqslant N$ 时, 有

$$|a_n - a| < \varepsilon,$$

即 $a_n \in U(a,\varepsilon)$. 因此只有 $a_1, a_2, \cdots, a_{N-1}$ 可能不在 $U(a,\varepsilon)$ 内.

反过来, 假设 a 的任意 ε 邻域 $U(a,\varepsilon)$ 包含除有限多个以外的全部 $\{a_n\}$ 的项, 那么对于任意 $\varepsilon > 0$, 只有有限多项不在 $U(a,\varepsilon)$ 内, 记为 $a_{n_1}, a_{n_2}, \cdots, a_{n_k}$. 取 $N = \max\{n_1, n_2, \cdots, n_k\} + 1$, 则当 $n \geqslant N$ 时, $a_n \in U(a,\varepsilon)$, 即 $|a_n - a| < \varepsilon$, 所以

$$\lim_{n\to\infty} a_n = a.$$

例 1.1.7 以下是几个常用的极限:

(1) 如果 $\alpha > 0$, 那么 $\lim\limits_{n\to\infty} \frac{1}{n^\alpha} = 0$;

(2) 如果 $|a| < 1$, 那么 $\lim\limits_{n\to\infty} a^n = 0$;

(3) 如果 $a > 0$, 那么 $\lim\limits_{n\to\infty} \sqrt[n]{a} = 1$;

(4) $\lim\limits_{n\to\infty} \sqrt[n]{n} = 1$.

证明: 上述极限中, (1) 已由例 1.1.5 证明; (2), (3) 的证明留给读者; 以下我们给出 (4) 的证明.

当 $n \geqslant 2$ 时, 有 $\sqrt[n]{n} > 1$. 记 $\sqrt[n]{n} = 1 + a_n$ $(a_n > 0, n = 2, 3, \cdots)$, 因此

$$n = (1 + a_n)^n = 1 + na_n + \frac{n(n-1)}{2}a_n^2 + \cdots + a_n^n > \frac{n(n-1)}{2}a_n^2,$$

即

$$0<a_n<\sqrt{\frac{2}{n-1}}.$$

令 $\sqrt{\frac{2}{n-1}}<\varepsilon$, 得 $n>\frac{2}{\varepsilon^2}+1$, 即只要 $n>\frac{2}{\varepsilon^2}+1$, 就有 $a_n<\sqrt{\frac{2}{n-1}}<\varepsilon$.

因此, $\forall\varepsilon>0,\exists N=\max\left\{2,\left[\frac{2}{\varepsilon^2}+1\right]+1\right\}$, 当 $n\geqslant N$ 时,

$$\left|\sqrt[n]{n}-1\right|=a_n<\sqrt{\frac{2}{n-1}}<\varepsilon.$$

所以

$$\lim_{n\to\infty}\sqrt[n]{n}=1.$$

二、收敛数列的性质与极限的四则运算法则

重难点讲解
数列极限的性质

定理 1.1.8 (唯一性) 如果数列 $\{a_n\}$ 收敛, 那么其极限是唯一的.

证明: (反证法) 如果收敛数列 $\{a_n\}$ 有两个极限 a,b, 且 $a\neq b$, 即 $\lim\limits_{n\to\infty}a_n=a,\lim\limits_{n\to\infty}a_n=b$, 那么对 $\varepsilon=\frac{1}{2}|b-a|>0$, 由 $\lim\limits_{n\to\infty}a_n=a$ 知, 存在正整数 N_1, 当 $n\geqslant N_1$ 时,

$$|a_n-a|<\varepsilon. \qquad ①$$

由 $\lim\limits_{n\to\infty}a_n=b$ 知, 存在正整数 N_2, 当 $n\geqslant N_2$ 时,

$$|a_n-b|<\varepsilon. \qquad ②$$

取 $N=\max\{N_1,N_2\}$, 则当 $n\geqslant N$ 时, ①式和②式同时成立. 因而

$$|a-b|\leqslant|a-a_n|+|a_n-b|<2\varepsilon=|a-b|,$$

矛盾, 从而可知收敛数列的极限是唯一的.

定理 1.1.9 (有界性) 如果数列 $\{a_n\}$ 收敛, 那么 $\{a_n\}$ 有界, 即存在 $M>0$, 使得对于所有的 $n\in\mathbb{N}_+$, 均有 $|a_n|\leqslant M$.

证明: 设 $\lim\limits_{n\to\infty}a_n=a$. 由数列极限的定义可知, 对于 $\varepsilon=1$, 存在正整数 N, 当 $n\geqslant N$ 时,

$$|a_n-a|<\varepsilon=1,$$

即

$$|a_n|\leqslant|a_n-a|+|a|<1+|a|.$$

取 $M=\max\{1+|a|,|a_1|,|a_2|,\cdots,|a_{N-1}|\}$, 则对于任意 $n\geqslant1$,

$$|a_n|\leqslant M.$$

收敛数列的有界性告诉我们, 若数列为无界数列, 则必是发散的. 例如斐波那契数列是无界的, 因此它是发散的.

定理 1.1.10 (保号性) 如果 $\lim\limits_{n\to\infty} a_n = a > 0$, 那么 $\forall p \in (0,a)$, $\exists N > 0$, 当 $n \geqslant N$ 时, 有 $a_n > p > 0$.

证明: 对 $\varepsilon = a - p > 0$, 存在正整数 N, 当 $n \geqslant N$ 时, 有 $|a_n - a| < \varepsilon$. 即

$$p < a_n < 2a - p.$$

因此, $\forall p \in (0,a)$, $\exists N > 0$, 当 $n \geqslant N$ 时, 有 $a_n > p > 0$.

在实际应用中, 经常取 $p = \dfrac{a}{3}$ 或 $p = \dfrac{a}{2}$.

同理, 我们可以得到

若 $\lim\limits_{n\to\infty} a_n = a < 0$, 则 $\forall -p \in (a,0)$ $(p > 0)$, $\exists N > 0$, 当 $n \geqslant N$ 时, 有 $a_n < -p < 0$. 从而也可得到以下推论.

推论 1.1.11 若数列 $\{a_n\}$ 满足: 当 $n \geqslant N \in \mathbb{N}_+$ 时, $a_n \geqslant 0$, 且 $\{a_n\}$ 收敛于 a, 则 $a \geqslant 0$.

值得一提的是, 上述推论中,即使数列 $\{a_n\}$ 满足: 对所有的 $n \in \mathbb{N}$, $a_n > 0$ 且有极限 a, 也不能得出 $a > 0$. 例如: 数列 $\left\{\dfrac{1}{n}\right\}$ 满足 $\dfrac{1}{n} > 0$, 但其极限为零而非大于零.

例 1.1.12 证明存在正整数 N, 当 $n \geqslant N$ 时数列 $\left\{\dfrac{n^3}{c^n}\right\}$ $(c > 1)$ 严格单调减少.

证明: 设 $a_n = \dfrac{n^3}{c^n}$, 记 $b_n = \dfrac{a_{n+1}}{a_n}$, 易得

$$\lim_{n\to\infty} b_n = \lim_{n\to\infty} \frac{1}{c}\left(1 + \frac{1}{n}\right)^3 = \frac{1}{c} < 1,$$

即

$$\lim_{n\to\infty} (b_n - 1) = \frac{1}{c} - 1 < 0.$$

由数列极限的保号性可得, 存在正整数 N, 当 $n \geqslant N$ 时, $b_n - 1 < 0$, 即 $a_{n+1} < a_n$, 所以数列 $\left\{\dfrac{n^3}{c^n}\right\}$严格单调减少.

从以上例题可以看出, 利用数列极限的定义来证明数列收敛与否或计算一个收敛数列的极限是非常不方便的. 它首先要求猜出极限值, 然后再证明这个值就是数列的极限. 为此, 我们需要给出一些求极限的方法和公式. 以下极限的四则运算法则, 将会给求极限带来许多方便.

定理 1.1.13 (四则运算法则) 设 $\{a_n\},\{b_n\}$ 为收敛数列, $c\in\mathbb{R}$ 为常数. 若 $\lim\limits_{n\to\infty}a_n=a$, $\lim\limits_{n\to\infty}b_n=b$, 则

(1) $\lim\limits_{n\to\infty}(a_n+b_n)=\lim\limits_{n\to\infty}a_n+\lim\limits_{n\to\infty}b_n=a+b$;

(2) $\lim\limits_{n\to\infty}ca_n=c\lim\limits_{n\to\infty}a_n=ca$;

(3) $\lim\limits_{n\to\infty}a_nb_n=\left(\lim\limits_{n\to\infty}a_n\right)\left(\lim\limits_{n\to\infty}b_n\right)=ab$;

(4) 如果 $b\neq 0$, 那么 $\lim\limits_{n\to\infty}\dfrac{a_n}{b_n}=\dfrac{\lim\limits_{n\to\infty}a_n}{\lim\limits_{n\to\infty}b_n}=\dfrac{a}{b}$.

我们只给出 (1) 的证明, 其他证明请读者自己完成.

证明: 因为 $\lim\limits_{n\to\infty}a_n=a$, $\lim\limits_{n\to\infty}b_n=b$, 所以 $\forall\varepsilon>0$, 存在正整数 N_1,N_2,

$$\text{当 } n\geqslant N_1 \text{ 时, 有 } |a_n-a|<\frac{\varepsilon}{2};$$

$$\text{当 } n\geqslant N_2 \text{ 时, 有 } |b_n-b|<\frac{\varepsilon}{2}.$$

取 $N=\max\{N_1,N_2\}$, 则当 $n\geqslant N$ 时, 有

$$|(a_n+b_n)-(a+b)|\leqslant|a_n-a|+|b_n-b|<\varepsilon.$$

所以

$$\lim_{n\to\infty}(a_n+b_n)=\lim_{n\to\infty}a_n+\lim_{n\to\infty}b_n=a+b.$$

由上述数列极限的四则运算法则可知, 若 $\lim\limits_{n\to\infty}a_n=a$, 则 $\forall k\in\mathbb{N}_+$, 有

$$\lim_{n\to\infty}(a_n)^k=\lim_{n\to\infty}a_n\cdot\lim_{n\to\infty}a_n\cdot\cdots\cdot\lim_{n\to\infty}a_n=a^k.$$

例 1.1.14 计算下列极限:

(1) $\lim\limits_{n\to\infty}\left(\dfrac{n-1}{2n+7}\right)^4$; (2) $\lim\limits_{n\to\infty}\dfrac{\mathrm{e}^n-4^{n+1}}{2\cdot 4^n+5}$; (3) $\lim\limits_{n\to\infty}\sqrt[n]{2n}$.

解: (1)
$$\begin{aligned}\lim_{n\to\infty}\left(\frac{n-1}{2n+7}\right)^4&=\left(\lim_{n\to\infty}\frac{n-1}{2n+7}\right)^4\\&=\left(\lim_{n\to\infty}\frac{1-\frac{1}{n}}{2+\frac{7}{n}}\right)^4\\&=\left[\frac{\lim\limits_{n\to\infty}\left(1-\frac{1}{n}\right)}{\lim\limits_{n\to\infty}\left(2+\frac{7}{n}\right)}\right]^4\end{aligned}$$

$$= \left(\frac{1 - \lim\limits_{n\to\infty} \frac{1}{n}}{2 + 7 \lim\limits_{n\to\infty} \frac{1}{n}} \right)^4$$

$$= \left(\frac{1}{2}\right)^4 = \frac{1}{16}.$$

(2) $\lim\limits_{n\to\infty} \dfrac{\mathrm{e}^n - 4^{n+1}}{2 \cdot 4^n + 5} = \lim\limits_{n\to\infty} \dfrac{\left(\frac{\mathrm{e}}{4}\right)^n - 4}{2 + 5 \cdot \frac{1}{4^n}} = \dfrac{\lim\limits_{n\to\infty} \left(\frac{\mathrm{e}}{4}\right)^n - 4}{2 + 5 \lim\limits_{n\to\infty} \left(\frac{1}{4}\right)^n} = -2.$

(3) $\lim\limits_{n\to\infty} \sqrt[n]{2n} = \lim\limits_{n\to\infty} \left(\sqrt[n]{2} \cdot \sqrt[n]{n}\right) = \left(\lim\limits_{n\to\infty} \sqrt[n]{2}\right) \cdot \left(\lim\limits_{n\to\infty} \sqrt[n]{n}\right) = 1.$

定理 1.1.15 (夹逼定理) 设数列 $\{a_n\}, \{b_n\}, \{c_n\}$ 满足当 $n \geqslant N_0 \in \mathbb{N}_+$ 时, 有 $b_n \leqslant a_n \leqslant c_n$, 并且 $\lim\limits_{n\to\infty} b_n = \lim\limits_{n\to\infty} c_n = a$, 则数列 $\{a_n\}$ 也是收敛的, 并且 $\lim\limits_{n\to\infty} a_n = a$.

证明: $\forall \varepsilon > 0$, 因为 $\lim\limits_{n\to\infty} b_n = a$, 所以 $\exists N_1 \in \mathbb{N}_+$, 当 $n \geqslant N_1$ 时, 有

$$|b_n - a| < \varepsilon,$$

即

$$a - \varepsilon < b_n < a + \varepsilon.$$

又因为 $\lim\limits_{n\to\infty} c_n = a$, 所以 $\exists N_2 \in \mathbb{N}_+$, 当 $n \geqslant N_2$ 时, 有

$$|c_n - a| < \varepsilon,$$

即

$$a - \varepsilon < c_n < a + \varepsilon.$$

记 $N = \max\{N_0, N_1, N_2\}$, 则当 $n \geqslant N$ 时,

$$a - \varepsilon < b_n \leqslant a_n \leqslant c_n < a + \varepsilon,$$

即

$$|a_n - a| < \varepsilon.$$

所以数列 $\{a_n\}$ 也是收敛的, 并且 $\lim\limits_{n\to\infty} a_n = a$.

例 1.1.16 求 $\lim\limits_{n\to\infty} \dfrac{\sin n\alpha}{n}, \alpha \in \mathbb{R}$.

解: 注意到 $-\dfrac{1}{n} \leqslant \dfrac{\sin n\alpha}{n} \leqslant \dfrac{1}{n}$, 且易得

$$\lim_{n\to\infty} \left(-\frac{1}{n}\right) = \lim_{n\to\infty} \frac{1}{n} = 0.$$

由夹逼定理可得

$$\lim_{n\to\infty}\frac{\sin n\alpha}{n}=0.$$

例 1.1.17 求 $\lim\limits_{n\to\infty}\left(\sqrt{n^2+n}-n\right)$.

解: 因为

$$\frac{n}{2n+1}=\frac{n}{\sqrt{n^2+2n+1}+n}\leqslant\sqrt{n^2+n}-n=\frac{n}{\sqrt{n^2+n}+n}\leqslant\frac{n}{2n}=\frac{1}{2},$$

且

$$\lim_{n\to\infty}\frac{n}{2n+1}=\lim_{n\to\infty}\frac{1}{2+\frac{1}{n}}=\frac{1}{2},$$

所以根据数列极限的夹逼定理可得

$$\lim_{n\to\infty}\left(\sqrt{n^2+n}-n\right)=\frac{1}{2}.$$

例 1.1.18 求 $\lim\limits_{n\to\infty}\left(\frac{1}{n^2+1}+\frac{2}{n^2+2}+\cdots+\frac{n}{n^2+n}\right)$.

解: 因为

$$\begin{aligned}\frac{1}{2}=\frac{1+2+3+\cdots+n}{n^2+n}&\leqslant\frac{1}{n^2+1}+\frac{2}{n^2+2}+\cdots+\frac{n}{n^2+n},\\&\leqslant\frac{1+2+3+\cdots+n}{n^2}=\frac{1}{2}\left(1+\frac{1}{n}\right),\end{aligned}$$

且

$$\lim_{n\to\infty}\frac{1}{2}\left(1+\frac{1}{n}\right)=\frac{1}{2},$$

所以根据数列极限的夹逼定理可得

$$\lim_{n\to\infty}\left(\frac{1}{n^2+1}+\frac{2}{n^2+2}+\cdots+\frac{n}{n^2+n}\right)=\frac{1}{2}.$$

三、无穷大数列

有一类发散数列有着特殊的性质, 我们称其为无穷大数列.

定义 1.1.19 设 $\{a_n\}$ 是 $\mathbb{R}$ 中的一个数列, 如果 $\forall M>0$, $\exists N\in\mathbb{N}_+$, 当 $n\geqslant N$ 时, $|a_n|>M$, 那么称 $\{a_n\}$ 为**无穷大数列**, 或称 $\{a_n\}$ **趋于** ∞, 记为 $\lim\limits_{n\to\infty}a_n=\infty$.

特别地, 如果 $\forall M>0$, $\exists N\in\mathbb{N}_+$, 当 $n\geqslant N$ 时, $a_n>M$ (或者 $a_n<-M$), 就称 $\{a_n\}$ 趋于 $+\infty$ (或者 $-\infty$), 记为

$$\lim_{n\to\infty}a_n=+\infty\ (\text{或者}\ \lim_{n\to\infty}a_n=-\infty).$$

容易证明, 数列 $\{n\}$ 趋于 $+\infty$, 数列 $\{-n\}$ 趋于 $-\infty$, 而数列 $\left\{(-1)^{n-1}\cdot n\right\}$ 趋于 ∞.

定理 1.1.20 数列 $\{a_n\}$ 为无穷大数列当且仅当 $\lim\limits_{n\to\infty}\dfrac{1}{a_n}=0$.

从无穷大数列的定义可知, 无穷大数列必为无界数列. 但要注意的是, 无界数列不一定是无穷大数列. 例如, 数列

$$0,2,0,4,\cdots,\frac{1+(-1)^n}{2}n,\cdots$$

是一个无界数列, 但它显然不是无穷大数列.

无穷大数列是发散的, 但它是一种特殊的发散情况, 有时我们习惯地说无穷大数列的极限为无穷大.

§1.2 确界原理

实数集是由有理数集和无理数集 "合并" 而成的. 实数有一些特殊的性质, 例如任何两个实数都可以比较大小; 任何两个不同的实数之间, 既有无穷多个有理数, 也有无穷多个无理数; 还有一些运算性质等. 下面介绍实数的一个重要原理, 即所谓的确界原理, 这个确界原理也是实数连续性的一种表现.

定义 1.2.1 设 S 是一个由实数组成的非空集合.

(1) 如果存在 $M\in\mathbb{R}$ 使得

$$\forall x\in S,\quad x\leqslant M\ (\text{或 } x\geqslant M),$$

那么称 S **有上界** (或**有下界**), 称 M 为 S 的一个**上界** (或**下界**).

如果 S 既有上界又有下界, 那么称 S 为**有界集合**, 否则称为**无界集合**.

(2) 如果 (i) $M\in\mathbb{R}$ 是 S 的一个上界 (或下界); (ii) 任何小 (大) 于 M 的实数都不是 S 的上界 (或下界), 那么称 M 是 S 的**上确界** (或**下确界**), 我们分别用 $\sup S$ 和 $\inf S$ 表示 S 的上确界和下确界.

(3) 如果 $\sup S\in S$ (或 $\inf S\in S$), 那么分别称为 S 的**最大元** (或**最小元**), 记为 $\max S$ (或 $\min S$).

【注 1】 非空实数集的上 (下) 界不是唯一的. 事实上, 如果 M_0 是 S 的上界, 那么任何 $M>M_0$ 都是 S 的上界; 如果 m_0 是 S 的下界, 那么任何 $m<m_0$ 都是 S 的下界. 但非空实数集的上 (下) 确界是唯一的. 因为假设 M_1,M_2 为 S 的上确界, 如果 $M_1<M_2$, 从上确界的定义知 M_1 不是 S 的上界, 故 M_1 不是 S 的上确界, 矛盾, 所以上确界是唯一的. 同理可得下确界是唯一的.

【注 2】 上确界和下确界的记号分别来自英文 supremum 和 infimum. 实数集 S 若有上界, 则其上确界即是 S 的最小的上界; 若 S 有下界, 则其下确界即是 S 的最大的下界. 最大元和最小元的符号分别来源于英文 maximum 和 minimum.

【注 3】以下是非空实数集 S 的上确界和下确界的等价定义:

(1) 实数 M 是 S 的上确界当且仅当满足

① $\forall x \in S,\ x \leqslant M$;

② $\forall \varepsilon > 0$, 存在 $x_0 \in S$, 使得 $x_0 > M - \varepsilon$.

(2) 实数 m 是 S 的下确界当且仅当满足

① $\forall x \in S,\ x \geqslant m$;

② $\forall \varepsilon > 0$, 存在 $x_0 \in S$, 使得 $x_0 < m + \varepsilon$.

例 1.2.2 设 $S = \mathbb{R}_+$. S 没有上界, 任何 $M < 0$ 是 S 的下界, 0 是 S 的下确界, 但 0 不是 S 的最小元, 因为 $0 \notin \mathbb{R}_+$.

例 1.2.3 设 $S = \{x \in \mathbb{R} | -1 \leqslant x < 1\}$. S 是有界集, 任何 $M_1 \leqslant -1$ 是 S 的下界,-1 是 S 的下确界, 同时也是 S 的最小元; 任何 $M_2 \geqslant 1$ 是 S 的上界,1 是 S 的上确界, 但 1 不是 S 的最大元.

显然, 若实数集 S 的元素只有有限个, 则其上确界即为 S 中最大的那个元素的值, 下确界即为 S 中最小的那个元素的值. 若实数集 S 的元素有无穷多个, 则即使 S 是有界集, 也不一定有最小的数或最大的数. 例如, 开区间 $(0,1)$ 内的所有实数组成的集合是一个有界集, 但没有最小的数和最大的数. 我们已经知道, 一个有上界的集合, 其上界有无穷多个, 从而所有上界组成的集合是一个无穷集; 同样, 一个有下界的集合的所有下界组成的集合也是一个无穷集. 下面的确界原理告诉我们, 这两个无穷集分别有最小元和最大元.

定理 1.2.4 (确界原理) 任何 $\mathbb{R}$ 的有上 (下) 界的非空子集都有上 (下) 确界.

确界原理告诉我们: 若 S 是 $\mathbb{R}$ 的非空子集, 而且 S 有上界 (或下界), 则存在 $M \in \mathbb{R}$ (或 $m \in \mathbb{R}$) 使得 $M = \sup S$ (或 $m = \inf S$).

由收敛数列的有界性知, 收敛数列必为有界数列, 那么有界数列是否一定收敛呢? 回答是否定的. 例如数列 $\{(-1)^n\}$ 显然是有界的, 但没有极限, 是发散的. 但对单调数列, 情况就不一样了.

例 1.2.5 (1) 数列 $\left\{\dfrac{n+2}{n+1}\right\}$ 为严格单调减少且有界的数列, 易知此数列收敛到 1;

(2) 设数列 $\{S_n\}$, 其中 $S_n = 1 + \dfrac{1}{2^2} + \dfrac{1}{3^2} + \cdots + \dfrac{1}{n^2}, n = 1,2,3,\cdots$, 显然此数列为严格单调增加数列. 又因为

$$\begin{aligned}0 < S_n &< 1 + \frac{1}{1\cdot 2} + \frac{1}{2\cdot 3} + \cdots + \frac{1}{(n-1)n}\\&= 1 + \left(1 - \frac{1}{2}\right) + \left(\frac{1}{2} - \frac{1}{3}\right) + \cdots + \left(\frac{1}{n-1} - \frac{1}{n}\right)\\&< 2 - \frac{1}{n} < 2,\end{aligned}$$

所以 $\{S_n\}$ 有界. 下面的定理 1.2.6 阐明了单调有界数列必收敛, 所以此数列是收敛的. 但是要求出此数列 $\{S_n\}$ 的极限却并非易事.

定理 1.2.6 (单调收敛准则) 若单调数列 $\{a_n\}$ 有界, 则 $\{a_n\}$ 必收敛.

证明: 不妨设 $\{a_n\}$ 单调增加并且有界, 即有上界, 由确界原理知必有上确界. 记 a 为有界集 $S=\{a_1,a_2,\cdots,a_n,\cdots\}$ 的上确界, 则 $\forall\varepsilon>0$, $a-\varepsilon$ 不是 S 的上确界, 所以存在正整数 N 使得

$$a-\varepsilon<a_N\leqslant a.$$

因为 $\{a_n\}$ 单调增加, 所以对于任何 $n\geqslant N$, 有

$$a-\varepsilon<a_N\leqslant a_n\leqslant a<a+\varepsilon,$$

即 $\forall\varepsilon>0, \exists N\in\mathbb{N}_+$, 当 $n\geqslant N$ 时, 有 $|a_n-a|<\varepsilon$. 因此 $\lim\limits_{n\to\infty}a_n=a$.

由上面证明可知, 单调增加数列 $\{a_n\}$ 收敛于数集 $\{a_1,a_2,\cdots,a_n,\cdots\}$ 的上确界. 同样, 如果 $\{a_n\}$ 单调减少且有界, 即有下界, 类似地可证明数列 $\{a_n\}$ 收敛于 $\{a_1,a_2,\cdots,a_n,\cdots\}$ 的下确界.

【注 4】 要证明单调增加数列 $\{a_n\}$ 收敛, 我们只要证明 $\{a_n\}$ 有上界即可, 因为 a_1 明显是 $\{a_n\}$ 的下界. 同样, 要证明单调减少数列 $\{a_n\}$ 收敛, 我们只要证明 $\{a_n\}$ 有下界即可, 因为 a_1 明显是 $\{a_n\}$ 的上界.

【注 5】 因为数列收敛与否和数列的前面有限项没有关系, 所以数列的单调性不需要从一开始就满足, 只要存在 $N\in\mathbb{N}_+$ 使数列 $\{a_n\}_{n=N}^{\infty}$ 是单调的就可以了.

单调收敛准则是判断一个数列收敛的一种重要手段, 但求出一个数列的极限, 往往仍是一件不太容易的事. 但当数列满足一个递推关系时, 如果此数列收敛, 那么往往可以通过等式两边取极限来得到极限值, 请见例 1.2.11—1.2.13.

例 1.2.7 证明: 数列 $\{S_n\}$ 收敛, 其中

$$S_n=1+\frac{1}{1!}+\frac{1}{2!}+\frac{1}{3!}+\cdots+\frac{1}{n!},$$

且有

$$2<\lim_{n\to\infty}S_n\leqslant 3.$$

证明: 显然 $\{S_n\}$ 是严格单调增加的. 由单调收敛准则, 只需证明 $\{S_n\}$ 有上界.

对于 $n\geqslant 2, n!\geqslant 2^{n-1}$, 因此当 $n>3$ 时, $S_n>S_2=\dfrac{5}{2}$,

$$S_n=1+\frac{1}{1!}+\frac{1}{2!}+\frac{1}{3!}+\cdots+\frac{1}{n!}\leqslant 1+1+\frac{1}{2}+\frac{1}{2^2}+\cdots+\frac{1}{2^{n-1}}<3.$$

所以数列 $\{S_n\}$ 单调增加且有上界, 从而数列 $\{S_n\}$ 收敛, 并且

$$2<\frac{5}{2}<\lim_{n\to\infty}S_n\leqslant 3.$$

例 **1.2.8** 证明数列 $\left\{\left(1+\dfrac{1}{n}\right)^n\right\}$ 收敛, 且 $2<\lim\limits_{n\to\infty}\left(1+\dfrac{1}{n}\right)^n\leqslant 3$.

证明: 记 $a_n=\left(1+\dfrac{1}{n}\right)^n$, 我们证明 $\{a_n\}$ 严格单调增加且有上界, 然后由单调收敛准则得到 $\{a_n\}$ 收敛.

根据二项式展开, 有

$$
\begin{aligned}
a_n&=\left(1+\frac{1}{n}\right)^n\\
&=1+\frac{n!}{(n-1)!}\frac{1}{n}+\frac{n!}{2!\,(n-2)!}\left(\frac{1}{n}\right)^2+\cdots+\\
&\quad\frac{n!}{k!\,(n-k)!}\left(\frac{1}{n}\right)^k+\cdots+\frac{n!}{n!}\left(\frac{1}{n}\right)^n\\
&=1+1+\frac{1}{2!}\left[\frac{n\,(n-1)}{n^2}\right]+\cdots+\frac{1}{k!}\left[\frac{n\,(n-1)\cdots(n-k+1)}{n^k}\right]+\frac{n!}{n!}\left(\frac{1}{n}\right)^n\\
&=1+1+\frac{1}{2!}\left(1-\frac{1}{n}\right)+\cdots+\frac{1}{k!}\left(1-\frac{1}{n}\right)\cdots\left(1-\frac{k-1}{n}\right)+\cdots+\\
&\quad\frac{1}{n!}\left(1-\frac{1}{n}\right)\left(1-\frac{2}{n}\right)\cdots\left(1-\frac{n-1}{n}\right),\\
a_{n+1}&=\left(1+\frac{1}{n+1}\right)^{n+1}\\
&=1+1+\frac{1}{2!}\left(1-\frac{1}{n+1}\right)+\cdots+\frac{1}{k!}\left(1-\frac{1}{n+1}\right)\cdots\left(1-\frac{k-1}{n+1}\right)+\cdots+\\
&\quad\frac{1}{n!}\left(1-\frac{1}{n+1}\right)\left(1-\frac{2}{n+1}\right)\cdots\left(1-\frac{n-1}{n+1}\right)+\\
&\quad\frac{1}{(n+1)!}\left(1-\frac{1}{n+1}\right)\left(1-\frac{2}{n+1}\right)\cdots\left(1-\frac{n}{n+1}\right).
\end{aligned}
$$

比较 a_{n+1} 和 a_n 的展开式各项, 立即可以看出, 对于全部 $n\geqslant 1$, 有 $a_n<a_{n+1}$, 所以 $\{a_n\}$ 严格单调增加.

另外, 由上述展开式和例 1.2.7 易知, 当 $n\geqslant 2$ 时,

$$
2<\frac{9}{4}=a_2\leqslant a_n\leqslant 1+\frac{1}{1!}+\frac{1}{2!}+\cdots+\frac{1}{k!}+\cdots+\frac{1}{n!}<3.
$$

因此数列 $\left\{\left(1+\dfrac{1}{n}\right)^n\right\}$ 收敛, 且 $2<\lim\limits_{n\to\infty}\left(1+\dfrac{1}{n}\right)^n\leqslant 3$.

我们记这个极限为 $\mathrm{e}=\lim\limits_{n\to\infty}\left(1+\dfrac{1}{n}\right)^n$, 称为自然对数的底. 可以证明 e

是一个无理数, 其值为 $e = 2.718\ 281\ 828\ 459\ 0\cdots$.

例 1.2.9 证明: $\lim\limits_{n\to\infty}\left(1+\dfrac{1}{1!}+\dfrac{1}{2!}+\cdots+\dfrac{1}{n!}\right)=\lim\limits_{n\to\infty}\left(1+\dfrac{1}{n}\right)^n=e$.

证明: 记 $a_n=\left(1+\dfrac{1}{n}\right)^n, S_n=1+\dfrac{1}{1!}+\dfrac{1}{2!}+\cdots+\dfrac{1}{n!}$, 则 $\lim\limits_{n\to\infty}a_n=e$.

固定 $k\in\mathbb{N}_+$, 对于全部 $n\geqslant k$, 从例 1.2.8 的证明中的展开式可知

$$a_n\geqslant 1+1+\frac{1}{2!}\left(1-\frac{1}{n}\right)+\cdots+\frac{1}{k!}\left(1-\frac{1}{n}\right)\left(1-\frac{2}{n}\right)\cdots\left(1-\frac{k-1}{n}\right).$$

当 $n\to\infty$ 时, 得到

$$\lim_{n\to\infty}a_n\geqslant 1+\frac{1}{1!}+\frac{1}{2!}+\cdots+\frac{1}{k!}=S_k.$$

从而对任意正整数 n, 有 $S_n\leqslant e$

由例 1.2.8 的证明可得

$$a_n\leqslant S_n.$$

所以对于全部 $n\in\mathbb{N}_+$, 有

$$a_n\leqslant S_n\leqslant\lim_{n\to\infty}a_n=e.$$

因此, 由数列极限的夹逼定理有

$$\lim_{n\to\infty}S_n=\lim_{n\to\infty}a_n=\lim_{n\to\infty}\left(1+\frac{1}{n}\right)^n=e.$$

我们可以用 e 的定义来计算一些极限.

例 1.2.10 计算极限 $\lim\limits_{n\to\infty}\left(1+\dfrac{1}{n+3}\right)^{2n}$.

解:
$$\begin{aligned}\lim_{n\to\infty}\left(1+\frac{1}{n+3}\right)^{2n}&=\lim_{n\to\infty}\left(1+\frac{1}{n+3}\right)^{2(n+3)-6}\\&=\left[\lim_{n\to\infty}\left(1+\frac{1}{n+3}\right)^{n+3}\right]^2\cdot\lim_{n\to\infty}\left(1+\frac{1}{n+3}\right)^{-6}\\&=e^2.\end{aligned}$$

例 1.2.11 数列 $\{a_n\}$ 由递推公式 $a_1=1,\ a_{n+1}=\sqrt{3a_n}$ 来定义, 试证明 $\{a_n\}$ 收敛, 并求它的极限.

解: (a) 显然 $a_n>0, a_1=1<3, a_2=\sqrt{3}<3$. 用数学归纳法, 假设 $a_n<3$, 则有 $a_{n+1}=\sqrt{3a_n}<\sqrt{3\cdot 3}=3$, 所以由归纳假设得 $\{a_n\}$ 有上界.

又因为 $a_{n+1}-a_n=\sqrt{3a_n}-a_n=\dfrac{(3-a_n)a_n}{\sqrt{3a_n}+a_n}>0\ (n=1,2,\cdots)$, 所以数列 $\{a_n\}$ 单调增加. 由单调收敛准则, 数列 $\{a_n\}$ 收敛.

(b) 记 $\{a_n\}$ 的极限为 a. 从 $a_{n+1}=\sqrt{3a_n}$ 得 $a_{n+1}^2=3a_n$. 注意到 $\lim\limits_{n\to\infty}a_{n+1}=\lim\limits_{n\to\infty}a_n$, 有 $a^2=3a$. 因此, $a=0$ 或 $a=3$. 但是 $a_n\geqslant a_1=1$, 因此 0 不可能是 $\{a_n\}$ 的极限, 所以 $\{a_n\}$ 的极限是 3.

例 1.2.12 对于 $a\in\mathbb{R}$, 证明: $\lim\limits_{n\to\infty}\dfrac{a^n}{n!}=0$.

证明: 我们先证明 $\lim\limits_{n\to\infty}\dfrac{|a|^n}{n!}=0$.

当 $a=0$ 时, 显然成立.

当 $a\neq 0$ 时, 令 $b_n=\dfrac{|a|^n}{n!}$, 则当 $n\geqslant|a|$ 时,$\dfrac{b_{n+1}}{b_n}=\dfrac{|a|}{n+1}<1$. 所以, 除开始的有限多项外, $\{b_n\}$ 单调减少. 显然 0 是 $\{b_n\}$ 的下界, 由单调收敛准则, $\{b_n\}$ 收敛.

设 $\lim\limits_{n\to\infty}b_n=b$, 注意到 $b_{n+1}=\dfrac{|a|}{n+1}b_n$, 当 $n\to\infty$ 时, 有 $b=0\cdot b=0$, 即 $\lim\limits_{n\to\infty}\dfrac{|a|^n}{n!}=0$. 由不等式 $-\dfrac{|a|^n}{n!}\leqslant\dfrac{a^n}{n!}\leqslant\dfrac{|a|^n}{n!}$ 和数列极限的夹逼定理可得

$$\lim_{n\to\infty}\frac{a^n}{n!}=0.$$

例 1.2.13 已知数列 $\{u_n\}$ 满足: $u_1>0$, $u_{n+1}=3+\dfrac{4}{u_n}$ $(n=1,2,\cdots)$, 证明数列 $\{u_n\}$ 收敛并求其极限.

【分析】 由已知条件易知 $u_n>3$ $(n=2,3,\cdots)$, 如果 $\lim\limits_{n\to\infty}u_n$ 存在, 记其极限为 $A(>0)$, 等式 $u_{n+1}=3+\dfrac{4}{u_n}$ 两边取极限, 有 $A=3+\dfrac{4}{A}$. 因此

$$A=4 \text{ 或 } A=-1 \text{ (舍去)}.$$

解: (方法一) 先证明极限 $\lim\limits_{n\to\infty}u_n$ 存在. 其实, 数列 $\{u_n\}$ 并不是单调数列, 其单调性与数列第一项 u_1 的取值有关.

$$u_{n+1}-4=\frac{4-u_n}{u_n}=\frac{4-\left(3+\dfrac{4}{u_{n-1}}\right)}{3+\dfrac{4}{u_{n-1}}}=\frac{u_{n-1}-4}{3u_{n-1}+4}.$$

① 若 $u_1>4$, 则 $u_{2n+1}>4$, $n=1,2,\cdots$, 即 $\{u_{2n+1}\}$ 有下界.

② 若 $u_1<4$, 则 $u_{2n+1}<4$, $n=1,2,\cdots$, 即 $\{u_{2n+1}\}$ 有上界.

因为 $u_{n+1}-u_{n-1}=\dfrac{-3\left(u_{n-1}+1\right)\left(u_{n-1}-4\right)}{3u_{n-1}+4}$, 所以

若 $u_1>4$, 则 $\{u_{2n+1}\}$ 单调减少, 且由①知 $\{u_{2n+1}\}$ 有下界, 故 $\{u_{2n+1}\}$ 收敛.

若 $u_1 < 4$, 则 $\{u_{2n+1}\}$ 单调增加, 且由②知 $\{u_{2n+1}\}$ 有上界, 故 $\{u_{2n+1}\}$ 收敛.

若 $u_1 = 4$, 由递推关系即知 $u_n = 4\ (n = 1, 2, \cdots)$.

因此, $\lim\limits_{n\to\infty} u_{2n+1} = 4$. 又因为 $u_{2n} = 3 + \dfrac{4}{u_{2n-1}}$, 所以 $\lim\limits_{n\to\infty} u_{2n} = 4$.

总之, $\lim\limits_{n\to\infty} u_n = 4$.

(方法二) 由已知条件易知 $u_n > 3$, $n = 2, 3, \cdots$, 所以

$$\begin{aligned}0 < |u_{n+1} - 4| &= \frac{|u_n - 4|}{u_n} < \frac{1}{3}|u_n - 4| \\ &< \frac{1}{3^2}|u_{n-1} - 4| < \cdots < \frac{1}{3^n}|u_1 - 4|.\end{aligned}$$

因为 $|u_1 - 4|$ 为一个常数, 所以 $\lim\limits_{n\to\infty} \dfrac{1}{3^n}|u_1 - 4| = 0$, 由夹逼定理知 $\lim\limits_{n\to\infty} u_n = 4$.

§1.3 柯西准则

在数列收敛的定义中, 我们要知道 (或猜到) 这个数列的极限, 才能证明其收敛, 这在具体应用时非常不方便. 有时候我们只关心这个数列是否收敛而不需知道它的极限, 况且事实上有些收敛数列的极限是无法人工计算的. 柯西准则很好地解决了这方面的问题. 在介绍柯西准则之前, 我们先来介绍子数列的概念.

定义 1.3.1 设 $\{a_n\}$ 是 $\mathbb{R}$ 中的一个数列, $\{n_k\}$ 是 $\mathbb{N}_+$ 的无限子集, 且满足

$$n_1 < n_2 < \cdots < n_k < \cdots,$$

称 $\{a_{n_k}\}$ 是 $\{a_n\}$ 的一个子数列或子列.

例如, 数列 $\left\{\dfrac{1}{4n-1}\right\}$ 为数列 $\left\{\dfrac{1}{n}\right\}$ 的一个子列. 事实上, 子列就是原数列按顺序选出无穷多项组成的新数列. 当然, 按以上定义, 数列本身也是其子列.

定理 1.3.2 数列 $\{a_n\}$ 收敛的充要条件是 $\{a_n\}$ 的任一子列都收敛且收敛于相同的极限.

证明: 因为 $\{a_n\}$ 本身是 $\{a_n\}$ 的一个子列, 所以充分性是显然的. 下面证明必要性.

设 $\lim\limits_{n\to\infty} a_n = a$, 要证对于任何子列 $\{a_{n_k}\}$, $\lim\limits_{n\to\infty} a_{n_k} = a$.

对于任意 $\varepsilon > 0$, 由 $\lim\limits_{n\to\infty} a_n = a$, 存在正整数 N, 当 $n \geqslant N$ 时, 有

$$|a_n - a| < \varepsilon.$$

由于 $n_1 < n_2 < \cdots < n_j < \cdots$, 显然有 $j \leqslant n_j$ 对于所有 $j \geqslant 1$ 成立. 因此当 $k \geqslant N$ 时, $n_k \geqslant k \geqslant N$, 有 $|a_{n_k} - a| < \varepsilon$, 即 $\lim\limits_{n\to\infty} a_{n_k} = a$.

定理 1.3.2 常被用来证明数列的发散性: (1) 如果我们找到 $\{a_n\}$ 的一个子列是发散的, 那么 $\{a_n\}$ 必然是发散的, 例如$a_n = \dfrac{1+(-1)^n}{2}\cdot n, \{a_{2n}\}$ 无界, 所以发散, 因此 $\{a_n\}$ 是发散的; (2) 如果我们找到 $\{a_n\}$ 的两个子列, 一个收敛于 a, 另一个收敛于 b, 而且 $a \neq b$, 那么 $\{a_n\}$ 必然是发散的, 例如 $a_n = \sin\dfrac{n\pi}{2}, \{a_{4n}\}$ 收敛于 0, $\{a_{4n+1}\}$ 收敛于 1, 因此 $\{a_n\}$ 是发散的.

前面我们已经知道, 有界数列不一定收敛, 但有界数列一定有收敛的子列, 这就是以下的波尔查诺[①]–魏尔斯特拉斯[②]定理, 其证明可见一般的数学分析教材, 这里我们不加证明.

定理 1.3.3 (波尔查诺–魏尔斯特拉斯定理) 设 $\{a_n\}$ 是 $\mathbb{R}$ 中的一个有界数列, 则数列 $\{a_n\}$ 中存在收敛的子列.

定义 1.3.4 设 $\{a_n\}$ 是 $\mathbb{R}$ 中一个数列. 若对于任意 $\varepsilon > 0$, 存在正整数 N, 当 $m, n \geqslant N$ 时,$|a_m - a_n| < \varepsilon$, 则称 $\{a_n\}$ 是柯西数列, 简称柯西列.

定理 1.3.5 (柯西准则) 设 $\{a_n\}$ 是 $\mathbb{R}$ 中的一个数列, 则 $\{a_n\}$ 收敛当且仅当 $\{a_n\}$ 是柯西数列.

* **证明:** 设 $\lim\limits_{n\to\infty} a_n = a$, 则对于任意 $\varepsilon > 0$, 存在正整数 N, 当 $n \geqslant N$ 时,

$$|a_n - a| < \frac{1}{2}\varepsilon.$$

因此当 $m, n \geqslant N$ 时, 同时有$|a_n - a| < \dfrac{1}{2}\varepsilon$ 和 $|a_m - a| < \dfrac{1}{2}\varepsilon$, 从而

$$|a_m - a_n| \leqslant |a_m - a| + |a - a_n| < \varepsilon,$$

即 $\{a_n\}$ 是柯西数列.

反之, 假设 $\{a_n\}$ 是柯西数列. 我们先证明数列 $\{a_n\}$ 是有界的. 对于 $\varepsilon = 1$, 由柯西数列的定义, 存在正整数 N, 当 $m \geqslant N$ 时, $|a_m - a_N| < 1$, 有 $|a_m| < 1 + |a_N|$. 取

$$M = \max\{|a_1|, |a_2|, \cdots, |a_{N-1}|, 1 + |a_N|\},$$

则对于任意正整数 n, $|a_n| \leqslant M$, 即 $\{a_n\}$ 有界.

由定理 1.3.3, $\{a_n\}$ 存在收敛的子列 $\{a_{n_k}\}$, 记 a 为 $\{a_{n_k}\}$ 的极限. 我们证明 a 是数列 $\{a_n\}$ 的极限. 对于任意 $\varepsilon > 0$, 由于 $\{a_n\}$ 是柯西数列, 故存在正整数 N_1, 当 $m, n \geqslant N_1$ 时,

$$|a_m - a_n| < \frac{1}{2}\varepsilon.$$

---

① 波尔查诺 (Bolzano, 1781—1848), 捷克数学家. 他 1796 年入布拉格大学哲学院攻读哲学、物理学和数学, 1800 年又入神学院, 1805 年任该校宗教哲学教授, 1815 年成为波希米亚皇家学会的会员, 1818 年任该校哲学院院长. 波尔查诺的主要数学成就涉及分析学的基础问题, 对建立无穷集合理论也有重要见解.

② 魏尔斯特拉斯 (Weierstrass, 1815—1897), 德国数学家, 被誉为"现代分析之父". 他建立了函数极限的严格定义, 这是他对数学的一个贡献. 他是数学分析算术化的完成者, 是解析函数论的奠基人, 同时是一位卓越的大学数学教师.

因为 $\lim\limits_{n\to\infty} a_{n_k}=a$, 对于上述 $\varepsilon>0$, 存在正整数 N_2, 当 $k\geqslant N_2$ 时,

$$|a_{n_k}-a|<\frac{1}{2}\varepsilon.$$

取 $N=\max\{N_1,N_2\}$, 当 $n\geqslant N$ 时, 取 $k\geqslant N$, 则 $n_k\geqslant k\geqslant N$, 且同时有不等式

$$|a_n-a_{n_k}|<\frac{1}{2}\varepsilon,\quad |a_{n_k}-a|<\frac{1}{2}\varepsilon.$$

因此,$|a_n-a|\leqslant|a_n-a_{n_k}|+|a_{n_k}-a|<\varepsilon$. 所以

$$\lim_{n\to\infty} a_n=a.$$

柯西准则表明: 如果 m 和 n 充分大时, a_m 和 a_n 的距离可以任意小, 那么 $\{a_n\}$ 收敛. 它的优点是不需要知道 $\{a_n\}$ 的极限, 只要根据 $\{a_n\}$ 自身的特征就可以判断其收敛性.

例 1.3.6 对于 $\theta\in\mathbb{R}$, 设 $a_n=\dfrac{\sin\theta}{2}+\dfrac{\sin\theta^2}{2^2}+\cdots+\dfrac{\sin\theta^n}{2^n}$, 证明 $\{a_n\}$ 收敛.

证明: 对任意 $m,n\in\mathbb{N}_+$, $m\geqslant n$, 有

$$\begin{aligned}|a_m-a_n|&=\left|\frac{\sin\theta^{n+1}}{2^{n+1}}+\cdots+\frac{\sin\theta^{m-1}}{2^{m-1}}+\frac{\sin\theta^m}{2^m}\right|\\&\leqslant\frac{1}{2^{n+1}}\left(1+\frac{1}{2}+\cdots+\frac{1}{2^{m-n-1}}\right)\\&=\frac{1}{2^{n+1}}\left(2-\frac{1}{2^{m-n-1}}\right)<\frac{1}{2^n}.\end{aligned}$$

对任意给定的 $\varepsilon>0$, 必可取到正整数 N, 满足 $2^N>\dfrac{1}{\varepsilon}$, 所以对于任意的 $m,n\geqslant N$, 有

$$|a_m-a_n|<\frac{1}{2^n}<\frac{1}{2^N}<\varepsilon$$

成立. 这说明 $\{a_n\}$ 是柯西数列, 因此 $\{a_n\}$ 收敛.

例 1.3.7 证明数列 $\left\{1+\dfrac{1}{2}+\cdots+\dfrac{1}{n}\right\}$ 发散.

证明: 设 $a_n=1+\dfrac{1}{2}+\cdots+\dfrac{1}{n}$, 则对任意 $n\in\mathbb{N}_+$, 取 $m=2n$, 有

$$\begin{aligned}|a_m-a_n|&=\frac{1}{n+1}+\frac{1}{n+2}+\cdots+\frac{1}{n+n}\\&\geqslant\frac{1}{n+n}+\frac{1}{n+n}+\cdots+\frac{1}{n+n}=\frac{1}{2}.\end{aligned}$$

所以对 $\varepsilon=\dfrac{1}{2}$, 不存在整数 N, 使得对于所有 $m,n\geqslant N$, 有 $|a_m-a_n|<\dfrac{1}{2}$. 因此数列 $\{a_n\}$ 不是柯西数列, 故数列 $\{a_n\}$ 发散.

第 1 章习题

习题 1.1

1. 若对于无穷多个正数 ε, 存在正整数 N, 使得当 $n \geqslant N$ 时, $|a_n - a| < \varepsilon$, 能否断定 $\{a_n\}$ 以 a 为极限? 为什么?

2. 若对于任意的正数 $\varepsilon > 0$, 存在正整数 N, 使得有无穷多个 $n > N$, $|a_n - a| < \varepsilon$, 能否断定 $\{a_n\}$ 以 a 为极限? 为什么?

3. 若对于任意的正整数 k, 存在正整数 N, 使得当 $n \geqslant N$ 时, $|a_n - a| < \dfrac{1}{k}$, 能否断定 $\{a_n\}$ 以 a 为极限, 为什么?

4. 用 $\varepsilon - N$ 语言完整地叙述: $\{a_n\}$ 不以 a 为极限.

5. 设 $\{a_n\}$ 为一个数列, 证明: $a_n \to a$ 的充要条件是 $a_n - a \to 0$.

6. 用定义证明下列极限:

(1) $\lim\limits_{n\to\infty} \dfrac{n+1}{n} = 1$; (2) $\lim\limits_{n\to\infty} \dfrac{\sin n}{n} = 0$;

(3) $\lim\limits_{n\to\infty} \dfrac{(-1)^n}{\sqrt{n+1}} = 0$; (4) $\lim\limits_{n\to\infty} \dfrac{n}{5+3n} = \dfrac{1}{3}$;

(5) $\lim\limits_{n\to\infty} 0.\underbrace{99\cdots9}_{n\text{ 个}} = 1$;

(6) $\lim\limits_{n\to\infty} r_n = 1$, 其中 $r_n = \begin{cases} \dfrac{n-1}{n}, & n \text{ 为偶数}, \\ \dfrac{n+1}{n}, & n \text{ 为奇数}. \end{cases}$

7. 设数列 $\{x_n\}, \{y_n\}$ 收敛, $\lim\limits_{n\to\infty} x_n = a$, $\lim\limits_{n\to\infty} y_n = b$, 且 $a > b$, 证明: 存在正整数 N, 当 $n \geqslant N$ 时, $x_n > y_n$.

8. 若 $a_n > b_n, n = 1, 2, \cdots$, 且 $\lim\limits_{n\to\infty} a_n = a$, $\lim\limits_{n\to\infty} b_n = b$, 证明: $a \geqslant b$.

9. 证明: 若 $a_n \to a\,(n \to \infty)$, 则对任一自然数 k, $a_{n+k} \to a\,(n \to \infty)$.

10. 证明: 若 $a_n \to a$, 则 $|a_n| \to |a|$. 反之是否成立?

11. 设数列 $\{x_n\}$ 收敛于 0, 而数列 $\{y_n\}$ 有界, 证明: $\lim\limits_{n\to\infty} x_n y_n = 0$. 当 $\{y_n\}$ 无界时, 情况如何? 举出合适的例子说明.

12. 若 $\{a_n^3\}$ 收敛, 问 $\{a_n\}$ 是否收敛? 并说明理由.

13. 设 $\{a_n\}$ 为非负数列, 且 $a_n \to a > 0$, 证明: $\sqrt{a_n} \to \sqrt{a}$.

14. 若 $a_{2n-1} \geqslant b_{2n-1}, a_{2n} \leqslant b_{2n}, n = 1, 2, \cdots$, 且 $\lim\limits_{n\to\infty} a_n = a$, $\lim\limits_{n\to\infty} b_n = b$, 证明: $a = b$.

15. 利用夹逼定理计算下列极限:

(1) $\lim\limits_{n\to\infty} \sqrt[n]{n+a}, a > 0$; (2) $\lim\limits_{n\to\infty} \sqrt[n]{1+2+\cdots+n}$;

(3) $\lim\limits_{n\to\infty}\left[\frac{1}{n^2}+\frac{1}{(n+1)^2}+\cdots+\frac{1}{(2n)^2}\right]$; (4) $\lim\limits_{n\to\infty}\sqrt[n]{1^n+2^n+\cdots+9^n}$;

(5) $\lim\limits_{n\to\infty}\frac{n!}{n^n}$; (6) $\lim\limits_{n\to\infty}\frac{1\cdot3\cdot5\cdot\cdots\cdot(2n-1)}{2\cdot4\cdot6\cdot\cdots\cdot(2n)}$.

16. 求极限 $\lim\limits_{n\to\infty}\left(1+\frac{1}{n^2}\right)\left(1+\frac{2}{n^2}\right)\cdots\left(1+\frac{n}{n^2}\right)$.

17. 利用极限运算法则计算下面数列的极限:

(1) $\lim\limits_{n\to\infty}\frac{1000n}{n^2+1}$; (2) $\lim\limits_{n\to\infty}\frac{3n^3+2n^2-n+1}{2n^3+3n^2+2}$;

(3) $\lim\limits_{n\to\infty}\frac{\sqrt[3]{n^2}\sin n!}{n+1}$; (4) $\lim\limits_{n\to\infty}\frac{\left(\sqrt{n^2+1}+n\right)^2}{\sqrt[3]{n^6+1}}$;

(5) $\lim\limits_{n\to\infty}\frac{(-2)^n+3^n}{(-2)^{n+1}+3^{n+1}}$; (6) $\lim\limits_{n\to\infty}\left(\sqrt{n+1}-\sqrt{n}\right)$;

(7) $\lim\limits_{n\to\infty}\left[\sqrt{(n+a)(n+b)}-n\right], a,b\in\mathbb{R}$; (8) $\lim\limits_{n\to\infty}n\left(1-\sqrt[5]{1-\frac{1}{n}}\right)$;

(9) $\lim\limits_{n\to\infty}\left(\frac{1+2+\cdots+n}{n+2}-\frac{n}{2}\right)$;

(10) $\lim\limits_{n\to\infty}\left[\frac{1}{1\cdot2}+\frac{1}{2\cdot3}+\cdots+\frac{1}{(n-1)n}\right]$.

18. (1) 设 $\{x_n\},\{y_n\}$ 发散, $\{x_n+y_n\}$ 是否发散? 为什么?

(2) 设 $\{x_n\},\{y_n\}$ 发散, $\{x_ny_n\}$ 是否发散? 为什么?

(3) 设 $\{x_n\}$ 收敛, $\{y_n\}$ 发散, $\{x_n+y_n\}$ 是否发散? 为什么?

19. 设 $\lim\limits_{n\to\infty}x_ny_n=0$, 能否推出 $\lim\limits_{n\to\infty}x_n=0$ 或 $\lim\limits_{n\to\infty}y_n=0$? 为什么?

20. 设数列 $\{a_n\}$ 满足 $a_n\neq0$, $n=1,2,\cdots$, 且 $\lim\limits_{n\to\infty}a_n=a$, 是否有 $\lim\limits_{n\to\infty}a_{n+1}=a$? 能否据此推断 $\lim\limits_{n\to\infty}\frac{a_n}{a_{n+1}}=1$?

21. 研究极限 $\lim\limits_{n\to\infty}\frac{a_0+a_1n+\cdots+a_pn^p}{b_0+b_1n+\cdots+b_qn^q}$ 的收敛性, 其中 p,q 为正整数, $a_p\neq0,b_q\neq0$.

习题 1.2

22. 证明下列数列收敛, 并求其极限:

(1) $a_1=\sqrt{2}, a_n=\sqrt{2a_{n-1}}\ (n=2,3,\cdots)$;

(2) $a_1=\sqrt{c}, a_n=\sqrt{c+a_{n-1}}$, 其中 c 是正常数;

(3) $a>0,\ a_1=\frac{1}{2}\left(a+\frac{1}{a}\right), a_{n+1}=\frac{1}{2}\left(a_n+\frac{2}{a_n}\right)\ (n=1,2,\cdots)$.

23. 设 $0<x_0<\frac{\pi}{2}$, 作迭代序列 $x_n=\sin x_{n-1}, n=1,2,\cdots$, 证明:

$\lim\limits_{n\to\infty} x_n = 0$.

24. 证明下列数列 $\{a_n\}$ 收敛:

(1) $a_n = \left(1-\dfrac{1}{2}\right)\left(1-\dfrac{1}{2^2}\right)\cdots\left(1-\dfrac{1}{2^n}\right)$;

(2) $a_n = \dfrac{1}{3+1}+\dfrac{1}{3^2+1}+\cdots+\dfrac{1}{3^n+1}$;

(3) $a_n = \dfrac{10}{1}\cdot\dfrac{11}{3}\cdot\cdots\cdot\dfrac{n+9}{2n-1}$;

(4) $a_n = \dfrac{n^k}{c^n}$ (其中 $c>1$, k 为正整数).

25. 设 $a_n = \dfrac{1}{n^2}+\dfrac{1}{n^2+1}+\cdots+\dfrac{1}{n^2+2n}$, 证明 $\{a_n\}$ 单调减少.

26. 设 $\{a_n\}$ 单调增加, $\{b_n\}$ 单调减少, 且 $\lim\limits_{n\to\infty}(a_n-b_n)=0$, 证明 $\{a_n\}$ 和 $\{b_n\}$ 收敛且极限相等.

27. (1) 证明数列 $a_n = \left(1+\dfrac{1}{n}\right)^{n+1}$ 严格单调减少有下界, 并求 $\lim\limits_{n\to\infty} a_n$;

(2) 证明不等式 $\left(1+\dfrac{1}{n}\right)^n < \mathrm{e} < \left(1+\dfrac{1}{n}\right)^{n+1}$ $(n=1,2,\cdots)$;

(3) 证明不等式 $\dfrac{1}{n+1} < \ln\left(1+\dfrac{1}{n}\right) < \dfrac{1}{n}$ $(n=1,2\cdots)$;

(4) 利用夹逼定理证明 $\lim\limits_{n\to\infty}\left(\dfrac{1}{n}+\dfrac{1}{n+1}+\cdots+\dfrac{1}{2n}\right)=\ln 2$;

(5) 利用单调收敛准则证明下面极限存在:

$$\lim_{n\to\infty}\left(1+\frac{1}{2}+\frac{1}{3}+\cdots+\frac{1}{n}-\ln n\right).$$

28. 设数列 $\{u_n\}$ 由下式定义: $u_1=2, u_{n+1}=\dfrac{u_n\left(u_n^2+3\right)}{3u_n^2+1}(n=1,2,\cdots)$. 证明数列 $\{u_n\}$ 收敛, 并求其极限.

29. 求下列极限:

(1) $\lim\limits_{n\to\infty}\left(1+\dfrac{1}{n}\right)^{2n-1}$;

(2) $\lim\limits_{n\to\infty}\left(1-\dfrac{1}{n}\right)^{n}$;

(3) $\lim\limits_{n\to\infty}\left(1+\dfrac{1}{2n}\right)^{6n}$;

(4) $\lim\limits_{n\to\infty}\left(1-\dfrac{1}{n^2}\right)^{n}$;

(5) $\lim\limits_{n\to\infty}\left(1-\dfrac{1}{n-2}\right)^{n+1}$;

(6) $\lim\limits_{n\to\infty}\left(\dfrac{n+1}{n+2}\right)^{n}$;

(7) $\lim\limits_{n\to\infty} na^n$ (a 为常数, 且 $|a|<1$);

(8) $\lim\limits_{n\to\infty}\dfrac{n^3}{a^n}$ ($a>1$ 为常数).

习题 1.3

30. 证明数列 $\{2+(-1)^n\}$ 是发散的.

31. 找出数列 $\left\{n^{(-1)^n}\right\}$ 的一个收敛的子列.

32. 设 $\{a_n\}$ 是单调增加数列, 证明: 如果存在 $\{a_n\}$ 的一个子列 $\{a_{n_k}\}$ 收敛于 a, 那么 $\{a_n\}$ 也收敛于 a.

33. 证明数列 $\left\{\dfrac{1}{1^\alpha}+\dfrac{1}{2^\alpha}+\dfrac{1}{3^\alpha}+\cdots+\dfrac{1}{n^\alpha}\right\}$ $(\alpha>1)$ 收敛.

34. 用 $\varepsilon-N$ 语言完整地叙述: 数列 $\{a_n\}$ 不是柯西数列.

35. 利用柯西准则讨论下列数列 $\{S_n\}$ 的收敛性:

(1) $S_n=a_0+a_1q+a_2q^2+\cdots+a_nq^n, |q|<1, |a_n|\leqslant M$ (常数);

(2) $S_n=1+\dfrac{\sin 1}{2}+\dfrac{\sin 2}{2^2}+\cdots+\dfrac{\sin n}{2^n}$;

(3) $S_n=\dfrac{\cos 1!}{1\cdot 2}+\dfrac{\cos 2!}{2\cdot 3}+\cdots+\dfrac{\cos n!}{n(n+1)}$;

(4) $S_n=1+\dfrac{1}{2^2}+\dfrac{1}{3^2}+\cdots+\dfrac{1}{n^2}$.

36. 证明: 数列 $\{a_n\}$ 收敛的充要条件是: 对任意正整数 k, 存在 N, 当 $n\geqslant N$ 时, 对任意 m 有 $|a_n-a_{n+m}|<\dfrac{1}{k}$.

37. 证明: 如果有界数列 $\{a_n\}$ 不收敛, 那么必存在两个子列 $\left\{a_{n_k}^{(1)}\right\}$ 与 $\left\{a_{n_k}^{(2)}\right\}$, 使 $a_{n_k}^{(1)}\to A_1$, $a_{n_k}^{(2)}\to A_2$, 而 $A_1\neq A_2$.

38. 设数列 $\{a_n\}$ 满足: 对任意 $n\geqslant 1$, 有 $|a_{n+2}-a_{n+1}|\leqslant\dfrac{1}{2}|a_{n+1}-a_n|$, 证明 $\{a_n\}$ 收敛.

39. 证明: 对数列 $\{a_n\}$, 若存在常数 $c>0$, 使对任何 n, 有

$$|a_2-a_1|+|a_3-a_2|+\cdots+|a_{n+1}-a_n|\leqslant c,$$

则 $\{a_n\}$ 收敛.

40. 证明数列 $\{\sin n\}$ 发散.

41. 设数列 $\{a_n\}$ 满足条件 $|a_{n+1}-a_n|\leqslant cq^n$ $(c>0, 0<q<1)$, 证明 $\{a_n\}$ 收敛.

第 1 章
重难点讲解

第 1 章
部分习题参考
答案与提示

第 2 章　函数的极限与连续性

函数是微积分学研究的主要对象, 本章将在数列极限的基础上, 介绍函数的极限理论, 并讨论一类函数——连续函数的性质和特征. 这也是微积分学的重要基础.

§2.1　函数的极限

在第 1 章里, 我们介绍了数列的极限, 现在我们来讨论另一种更为重要的极限, 即函数的极限, 它与数列的极限有本质的不同, 但又有非常密切的联系. 研究函数的极限, 粗略地说, 就是要讨论当自变量 x 无限趋于某个值 x_0 (或 $|x|$ 的值越来越大) 时, 对应的函数值 $f(x)$ 是否无限地趋于某个实数. 下面我们给出函数极限的严格数学定义.

定义 2.1.1　设 $f: D \to \mathbb{R}$, D 是 $\mathbb{R}$ 的子集且包含 x_0 的某去心邻域. 如果存在 $A \in \mathbb{R}$, 使得对于任意的 $\varepsilon > 0$, $\exists \delta > 0$, 当 $x \in \mathring{U}(x_0, \delta) \cap D$ 时, 有

$$|f(x) - A| < \varepsilon,$$

就称**当 x 趋于 x_0 时, $f(x)$ 趋于 A**, 记为

$$\lim_{x \to x_0} f(x) = A \quad 或者 \quad f(x) \to A, x \to 0.$$

此时称 A 是 f 在 x_0 处的**极限**. 如果不存在满足要求的 A, 就称 f 在 x_0 处的极限不存在.

【注 1】 定义 2.1.1 中, 我们不要求 f 在 x_0 处有定义. 即使 f 在 x_0 处有定义, 极限 A 也不一定与 $f(x_0)$ 相等.

【注 2】 定义 2.1.1 中, "当 $x \in \mathring{U}(x_0, \delta) \cap D$ 时" 可写为 "在 D 内当 $0 < |x - x_0| < \delta$ 时".

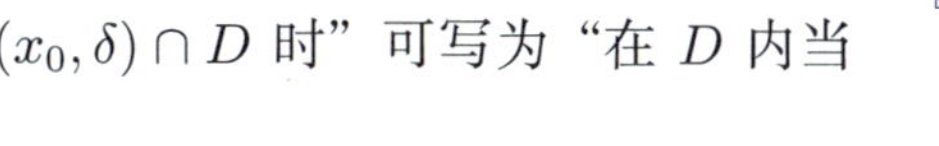

函数在某一点 x_0 有极限 A 的意思是: 对任意给出的一个正数 ε, 能够找到一个正数 δ, 当 x 落在 x_0 的 δ 去心邻域内时, 相应的 $f(x)$ 落在 A 的 ε 邻域内. 所以, 一般情况 δ 随 ε 的变化而变化, ε 越小, δ 越小. 从函数极限的定义中也可以看出, 函数 f 在 x_0 处是否有极限和极限值等于多少, 只取决于 f

在 x_0 的充分小的去心邻域内的性质, 而与 f 在 x_0 点和其他 "远处" 的值无关. 也就是说, 函数极限是函数的局部性质.

根据函数极限的定义, 容易得到: 常值函数 $f(x)=c$ 在任何一点处的极限为 c, 即 $\lim\limits_{x\to x_0} c=c$.

例 2.1.2 设 $f(x)=x\sin\dfrac{1}{x}$ (图 2.1), 证明: $\lim\limits_{x\to 0} f(x)=0$.

证明: 对任意给定的 $\varepsilon>0$, 取 $\delta=\varepsilon$. 对于任意 $x\in(-\delta,\delta)-\{0\}$, 即当 $0<|x-0|<\delta$ 时, 有

$$|f(x)-0|=\left|x\sin\frac{1}{x}\right|=|x|\left|\sin\frac{1}{x}\right|\leqslant|x|<\delta=\varepsilon,$$

所以

$$\lim_{x\to 0} x\sin\frac{1}{x}=0.$$

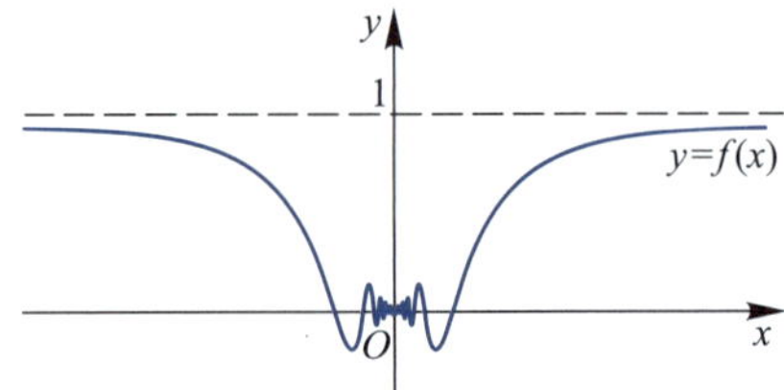

图 2.1 $f(x)=x\sin\dfrac{1}{x}$ 的图形

例 2.1.3 设 $f(x)=\sqrt{x}, x_0\in(0,+\infty)$, 证明: $\lim\limits_{x\to x_0} f(x)=\sqrt{x_0}$.

证明: 因为 $x_0>0$, $\forall\varepsilon>0$, 可取 $\delta=\min\{x_0,\sqrt{x_0}\varepsilon\}$. 当 $0<|x-x_0|<\delta$ 时, 有

$$|f(x)-\sqrt{x_0}|=|\sqrt{x}-\sqrt{x_0}|=\left|\frac{x-x_0}{\sqrt{x}+\sqrt{x_0}}\right|\leqslant\frac{|x-x_0|}{\sqrt{x_0}}<\varepsilon,$$

所以

$$\lim_{x\to x_0} f(x)=\lim_{x\to x_0}\sqrt{x}=\sqrt{x_0}.$$

利用函数极限的定义证明函数极限时, 就是要对任意给定的 ε, 找到一个满足条件的 δ. 这个 δ 显然不是唯一的, 因为没有要求要找到满足条件的最大的 δ, 所以一旦找到了一个 δ, 那么小于这个 δ 的任何正数都是合适的. 因此, 我们在利用极限定义证明极限时, 经常先限定 δ 大小以简化计算过程, 给证明带来方便.

例 2.1.4 证明: $\lim\limits_{x\to 1}\dfrac{x^2-1}{x^2+2x-3}=\dfrac{1}{2}$.

证明: 先限定 $0<|x-1|<1$, 即 $0<x<2, x\neq 1$, 则 $\forall\varepsilon>0$, 要使得

$$\left|\frac{x^2-1}{x^2+2x-3}-\frac{1}{2}\right|=\left|\frac{x+1}{x+3}-\frac{1}{2}\right|=\left|\frac{x-1}{2(x+3)}\right|\leqslant\frac{|x-1|}{6}<\varepsilon,$$

只要 $|x-1|<6\varepsilon$ 即可. 因此, $\forall \varepsilon>0$, 取 $\delta=\min\{1,6\varepsilon\}$, 那么当 $0<|x-1|<\delta$ 时, 有

$$\left|\frac{x^2-1}{x^2+2x-3}-\frac{1}{2}\right|<\varepsilon.$$

所以

$$\lim_{x\to 1}\frac{x^2-1}{x^2+2x-3}=\frac{1}{2}.$$

定理 2.1.5 (归结原理) 设 $f: D\subset\mathbb{R}\to\mathbb{R}, \exists \overset{\circ}{U}(x_0)\subset D$, 则 $\lim\limits_{x\to x_0}f(x)=A$ 的充要条件是: 对于任意满足 $\lim\limits_{n\to\infty}x_n=x_0, x_n\neq x_0, n=1,2,3,\cdots$ 的数列 $\{x_n\}$, 其对应的函数值数列 $\{f(x_n)\}$ 均有 $\lim\limits_{n\to\infty}f(x_n)=A$.

证明: (必要性) 假设 $\lim\limits_{x\to x_0}f(x)=A$, $\{x_n\}$ 是收敛于 x_0 的数列, 且 $x_n\in D-\{x_0\}$, 则 $\forall\varepsilon>0$, $\exists\delta>0$, 当 $0<|x-x_0|<\delta$ 时, 有 $|f(x)-A|<\varepsilon$. 因为 $\lim\limits_{n\to\infty}x_n=x_0$ 且 $x_n\neq x_0$, 所以对于上述 $\delta>0$, 存在正整数 N, 当 $n\geqslant N$ 时, $|x_n-x_0|<\delta$, 即 $0<|x_n-x_0|<\delta$. 因此 $|f(x_n)-A|<\varepsilon$, 即

$$\lim_{n\to\infty}f(x_n)=A.$$

(充分性) 用反证法. 如果 $f(x)$ 在 x_0 处不以 A 为极限, 那么 $\exists\varepsilon_0>0, \forall\delta>0$, 存在 x, 虽然 $0<|x-x_0|<\delta$, 但是 $|f(x)-A|\geqslant\varepsilon_0$, 即

对 $\delta_1=1$, 存在 x_1 满足 $0<|x_1-x_0|<1$, 使得 $|f(x_1)-A|\geqslant\varepsilon_0$;

对 $\delta_2=\dfrac{1}{2}$, 存在 x_2 满足 $0<|x_2-x_0|<\dfrac{1}{2}$, 使得 $|f(x_2)-A|\geqslant\varepsilon_0$;

对 $\delta_3=\dfrac{1}{3}$, 存在 x_3 满足 $0<|x_3-x_0|<\dfrac{1}{3}$, 使得 $|f(x_3)-A|\geqslant\varepsilon_0$;

$$\cdots$$

对 $\delta_n=\dfrac{1}{n}$, 存在 x_n 满足 $0<|x_n-x_0|<\dfrac{1}{n}$, 使得 $|f(x_n)-A|\geqslant\varepsilon_0$;

$$\cdots$$

这样, 我们得到数列 $\{x_n\}$, 显然满足 $\lim\limits_{n\to\infty}x_n=x_0$ 且 $x_n\neq x_0$, 但数列 $\{f(x_n)\}$ 不以 A 为极限, 矛盾. 充分性得证.

定理 2.1.5 揭示了函数极限与数列极限之间的内在联系, 将函数的极限归结为数列的极限, 因而被称为"归结原理". 它使得我们可以很自然地把关于数列极限的结果"引"到函数极限情形. 在后面研究函数极限的性质和运算时, 请读者注意和数列极限相比较, 找出它们的共同点和区别之处.

注意到定理 2.1.5 中数列 $\{x_n\}$ 的任意性, 归结原理经常被用来证明函数在某一点 x_0 处的极限不存在:

如果在 $D-\{x_0\}$ 内找到一个收敛于 x_0 的数列 $\{x_n\}$ 使得 $\{f(x_n)\}$ 极限不存在, 或者找到两个收敛于 x_0 的数列 $\{x_n'\}$ 和 $\{x_n''\}$ 使得 $\{f(x_n')\}$ 和 $\{f(x_n'')\}$ 收敛于不同的值, 那么 f 在 x_0 处的极限不存在.

例 2.1.6 考察函数 $f(x)=\sin\dfrac{1}{x}$ 在 $x_0=0$ 处的极限 (图 2.2).

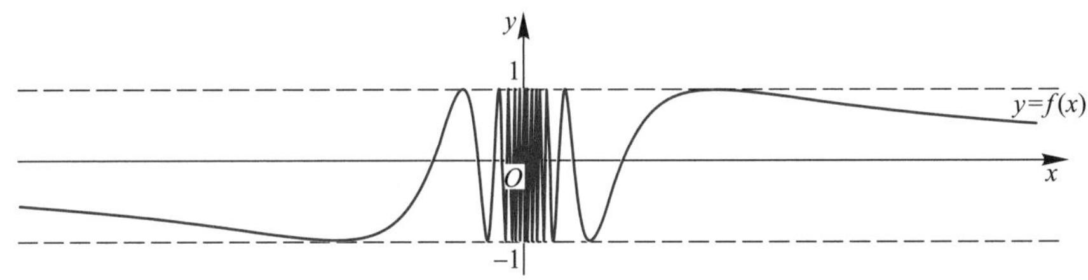

图 **2.2** $f(x)=\sin\dfrac{1}{x}$ 的图形

解: 令 $a_n=\dfrac{1}{2n\pi}, b_n=\dfrac{1}{2n\pi+\dfrac{\pi}{2}}$, 则 $\{a_n\}$ 与 $\{b_n\}$ 都收敛于 0. 但是 $\{f(a_n)\}$ 是恒等于 0 的常值数列, $\{f(b_n)\}$ 是恒等于 1 的常值数列, 即 $\{f(a_n)\}$ 和 $\{f(b_n)\}$ 的极限不相等. 由归结原理知, $f(x)$ 在 $x_0=0$ 处的极限不存在.

若函数在某点有极限, 则此函数及其极限有着和收敛数列类似的一些性质 (包括运算性质). 这些性质的证明可以参考相应的数列极限性质的证明, 或者利用归结原理.

定理 2.1.7 (唯一性) 若函数在某点有极限, 则极限是唯一的.

定理 2.1.8 (局部有界性) 设 $f: D\subset\mathbb{R}\to\mathbb{R}$, $\lim\limits_{x\to x_0}f(x)$ 存在, 则 $f(x)$ 在 x_0 的某去心邻域内有界, 即存在常数 $M>0$ 及 $\delta>0$, 当 $0<|x-x_0|<\delta$ 时, 有 $|f(x)|<M$.

定理 2.1.9 (局部保号性)

(1) 如果 $\lim\limits_{x\to x_0}f(x)=A>0$, 那么 $\forall p\in(0,A)$, $\exists\delta>0$, $\forall x\in\mathring{U}(x_0,\delta)$, 有 $f(x)>p>0$;

(2) 如果 $\lim\limits_{x\to x_0}f(x)=A<0$, 那么 $\forall -p\in(A,0)$, $\exists\delta>0$, $\forall x\in\mathring{U}(x_0,\delta)$, 有 $f(x)<-p<0$.

推论 2.1.10 (1) 设 $\lim\limits_{x\to x_0}f(x)=A$, $\lim\limits_{x\to x_0}g(x)=B$, $A>B$, 则在 x_0 的某去心邻域内有 $f(x)>g(x)$;

(2) 设在 x_0 的某去心邻域内有 $f(x)>g(x)$, 且 $\lim\limits_{x\to x_0}f(x)=A$, $\lim\limits_{x\to x_0}g(x)=B$, 则 $A\geqslant B$.

定理 2.1.11 (夹逼定理) 设 $f,g,h: D\subset\mathbb{R}\to\mathbb{R}$, D 包含 x_0 的某去心邻域 $\mathring{U}(x,\delta)$ $(\delta>0)$. 如果 $\forall x\in\mathring{U}(x,\delta)$, 有 $g(x)\leqslant f(x)\leqslant h(x)$, 且满足 $\lim\limits_{x\to x_0}g(x)=\lim\limits_{x\to x_0}h(x)=A$, 那么 $\lim\limits_{x\to x_0}f(x)=A$.

定理 2.1.12 (四则运算法则) 设 $f,g: D\subset\mathbb{R}\to\mathbb{R}$. 若 $\lim\limits_{x\to x_0} f(x)=A$, $\lim\limits_{x\to x_0} g(x)=B$, 则

(1) $\lim\limits_{x\to x_0}[f(x)+g(x)]=\lim\limits_{x\to x_0} f(x)+\lim\limits_{x\to x_0} g(x)=A+B$;

(2) $\lim\limits_{x\to x_0} cf(x)=c\lim\limits_{x\to x_0} f(x)=cA$, 其中 $c\in\mathbb{R}$ 是常数;

(3) $\lim\limits_{x\to x_0} f(x)g(x)=\left(\lim\limits_{x\to x_0} f(x)\right)\left(\lim\limits_{x\to x_0} g(x)\right)=AB$;

(4) 当 $g(x)\neq 0$ 且 $B\neq 0$ 时, $\lim\limits_{x\to x_0}\dfrac{f(x)}{g(x)}=\dfrac{\lim\limits_{x\to x_0} f(x)}{\lim\limits_{x\to x_0} g(x)}=\dfrac{A}{B}$.

我们可以利用以上的极限四则运算法则和函数极限的夹逼定理等来方便地求一些函数的极限.

例 2.1.13 设 $P_n(x)=a_0+a_1x+a_2x^2+\cdots+a_nx^n$ 是 $\mathbb{R}$ 上的 n 次多项式 $(a_n\neq 0)$, 计算 $\lim\limits_{x\to x_0} P_n(x)$.

解: 由运算法则 (1), (2) 和 (3) 得

$$
\begin{aligned}
\lim_{x\to x_0} P_n(x) &= \lim_{x\to x_0}\left(a_0+a_1x+a_2x^2+\cdots+a_nx^n\right)\\
&= \lim_{x\to x_0} a_0+\lim_{x\to x_0} a_1x+\lim_{x\to x_0} a_2x^2+\cdots+\lim_{x\to x_0} a_nx^n\\
&= a_0+a_1\lim_{x\to x_0} x+a_2\left(\lim_{x\to x_0} x\right)^2+\cdots+a_n\left(\lim_{x\to x_0} x\right)^n\\
&= a_0+a_1x_0+a_2x_0^2+\cdots+a_nx_0^n=P_n(x_0).
\end{aligned}
$$

两个多项式相除的函数称为有理函数, 由除法法则, 对于有理函数

$$
R(x)=\frac{P_n(x)}{Q_m(x)}=\frac{a_nx^n+a_{n-1}x^{n-1}+\cdots+a_1x+a_0}{b_mx^m+b_{m-1}x^{m-1}+\cdots+b_1x+b_0}\ (a_n\neq 0, b_m\neq 0),
$$

容易得到以下极限: 对任何一点 x_0, 有

$$
\lim_{x\to x_0} R(x)=\frac{\lim\limits_{x\to x_0} P_n(x)}{\lim\limits_{x\to x_0} Q_m(x)}=\frac{P_n(x_0)}{Q_m(x_0)}=R(x_0),\ \text{其中 } Q_m(x_0)\neq 0.
$$

例 2.1.14 求 $\lim\limits_{x\to 1}\left(\dfrac{1}{x-1}-\dfrac{3}{x^3-1}\right)$.

解: 因为当 $x\neq 1$ 时, 有

$$
\begin{aligned}
\frac{1}{x-1}-\frac{3}{x^3-1} &= \frac{1}{x-1}-\frac{3}{(x-1)(x^2+x+1)}\\
&= \frac{x^2+x-2}{(x-1)(x^2+x+1)}
\end{aligned}
$$

$$= \frac{(x-1)(x+2)}{(x-1)(x^2+x+1)}$$
$$= \frac{x+2}{x^2+x+1},$$

所以

$$\lim_{x\to1}\left(\frac{1}{x-1}-\frac{1}{x^3-1}\right)=\lim_{x\to1}\frac{x+2}{x^2+x+1}=\frac{\lim\limits_{x\to1}(x+2)}{\lim\limits_{x\to1}(x^2+x+1)}=1.$$

例 **2.1.15** 证明: (1) $\lim\limits_{x\to0}\sin x=0$, $\lim\limits_{x\to0}\cos x=1$; (2) $\lim\limits_{x\to0}\dfrac{\sin x}{x}=1$.

证明: 在图 2.3 所示的四分之一的单位圆中, 设 $\angle AOB$ 的弧度值为 x, $0<x<\dfrac{\pi}{2}$. 由于

$$\triangle OAB \text{ 的面积} < \text{扇形 } OAB \text{ 的面积} < \triangle OBC \text{ 的面积},$$

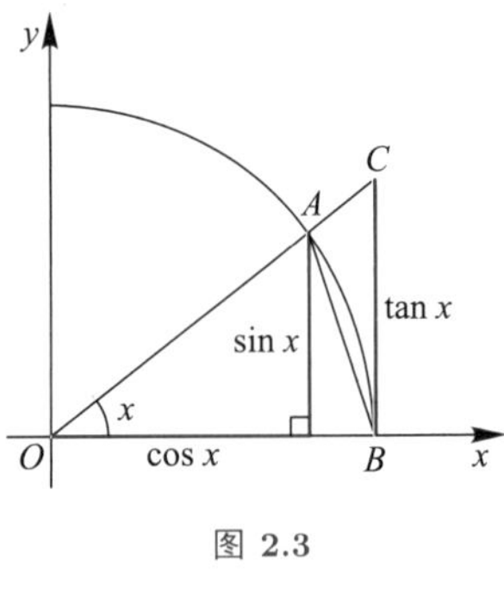

图 2.3

故当 $x\in\left(0,\dfrac{\pi}{2}\right)$ 时, 有 $\sin x<x<\tan x$. 而当 $x\in\left(-\dfrac{\pi}{2},0\right)$ 时, $\tan x<x<\sin x$. 因此当 $x\in\left(-\dfrac{\pi}{2},\dfrac{\pi}{2}\right)$ 时, $|\sin x|\leqslant|x|$.

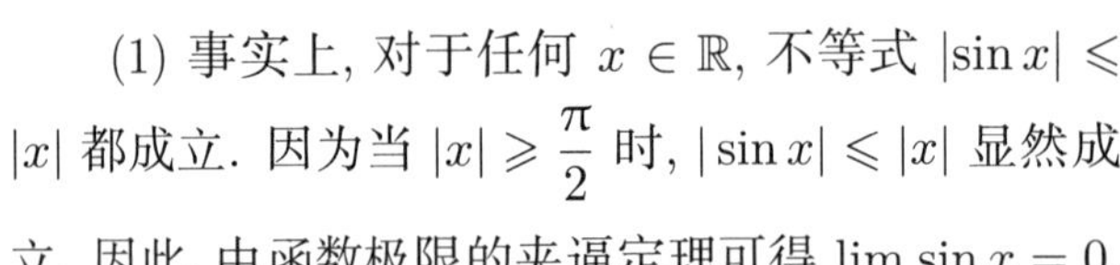

(1) 事实上, 对于任何 $x\in\mathbb{R}$, 不等式 $|\sin x|\leqslant|x|$ 都成立. 因为当 $|x|\geqslant\dfrac{\pi}{2}$ 时, $|\sin x|\leqslant|x|$ 显然成立. 因此, 由函数极限的夹逼定理可得 $\lim\limits_{x\to0}\sin x=0$.

又因为$|\cos x-1|=2\sin^2\dfrac{x}{2}\leqslant\dfrac{1}{2}x^2$, 即 $-\dfrac{1}{2}x^2\leqslant\cos x-1\leqslant\dfrac{1}{2}x^2$, 由函数极限的夹逼定理得 $\lim\limits_{x\to0}(\cos x-1)=0$, 即 $\lim\limits_{x\to0}\cos x=1$.

(2) 当 $x\in\left(-\dfrac{\pi}{2},\dfrac{\pi}{2}\right)-\{0\}$ 时, $1<\dfrac{x}{\sin x}<\dfrac{1}{\cos x}$, 即 $1>\dfrac{\sin x}{x}>\cos x$, 由函数极限的夹逼定理可得 $\lim\limits_{x\to0}\dfrac{\sin x}{x}=1$.

以后我们经常利用极限 $\lim\limits_{x\to0}\dfrac{\sin x}{x}=1$ 来计算其他相关极限, 例如

$$\lim_{x\to0}\frac{1-\cos x}{x^2}=\lim_{x\to0}\frac{2\sin^2\frac{x}{2}}{x^2}=\frac{1}{2}\lim_{x\to0}\left(\frac{\sin\frac{x}{2}}{\frac{x}{2}}\right)^2$$
$$=\frac{1}{2}\left(\lim_{x\to0}\frac{\sin\frac{x}{2}}{\frac{x}{2}}\right)^2=\frac{1}{2}.$$

在 $\lim\limits_{x\to x_0} f(x)=A$ 的定义中,x 可以按任意的方式趋于 x_0. 但有时候, f 只在 x_0 的一侧 (左侧或者右侧) 有定义, 或者需要分别研究 f 在 x_0 两侧的状态. 因此有必要引入单侧极限的概念.

定义 2.1.16 设 $f: D\subset\mathbb{R}\to\mathbb{R}$, $A\in\mathbb{R}$.

(1) 若 $\forall\varepsilon>0$, $\exists\delta>0$, 当 $-\delta<x-x_0<0$, 即 $x\in(x_0-\delta,x_0)$ 时, 有

$$|f(x)-A|<\varepsilon,$$

则称 f 在 x_0 处有左极限, A 是 f 在 x_0 处的左极限, 记为 $\lim\limits_{x\to x_0^-} f(x)=A$;

(2) 若 $\forall\varepsilon>0$, $\exists\delta>0$, 当 $0<x-x_0<\delta$, 即 $x\in(x_0,x_0+\delta)$ 时, 有

$$|f(x)-A|<\varepsilon,$$

则称 f 在 x_0 处有右极限, A 是 f 在 x_0 处的右极限, 记为 $\lim\limits_{x\to x_0^+} f(x)=A$.

$f(x)$ 在 x_0 处的左、右极限有时也分别记为 $f(x_0-0)$, $f(x_0+0)$ 或 $f_-(x_0)$, $f_+(x_0)$. 由函数极限的定义, 容易证明

f 在 x_0 处有极限当且仅当 f 在 x_0 处的左、右极限都存在并且相等, 即

$$\lim_{x\to x_0} f(x)=A \Leftrightarrow \lim_{x\to x_0^-} f(x)=\lim_{x\to x_0^+} f(x)=A.$$

例 2.1.17 设 $f:\mathbb{R}-\{0\}\to\mathbb{R}$, $f(x)=\dfrac{x}{|x|}$, 分析 f 在 $x_0=0$ 处的极限.

解: 当 $x<0$ 时, $|x|=-x$. 此时, $f(x)=-1$, $\lim\limits_{x\to 0^-} f(x)=-1$.

当 $x>0$ 时, $|x|=x$. 此时, $f(x)=1$, $\lim\limits_{x\to 0^+} f(x)=1$.

f 在 $x_0=0$ 处的左、右极限都存在但不相等, 所以 f 在 $x_0=0$ 处没有极限.

以上我们讨论的是当 x 无限趋于某个实数 x_0 时函数的极限情况, 下面我们引入函数极限过程的其他形式. 当 x 在一个无穷区间, 例如 $(a,+\infty)$ 内向 $+\infty$ 变化时, 我们也可以定义相应的极限概念, 等等.

定义 2.1.18 设 $f: D\subset\mathbb{R}\to\mathbb{R}, A\in\mathbb{R}, a\in\mathbb{R}$.

(1) 若 $D\supset(a,+\infty)$, $\forall\varepsilon>0$, $\exists M>0$, 当 $x>M$ 时, 有

$$|f(x)-A|<\varepsilon,$$

则称 A 是 f 当 x 趋于 $+\infty$ 时的极限, 记为 $\lim\limits_{x\to+\infty} f(x)=A$;

(2) 若 $D\supset(-\infty,a)$, $\forall\varepsilon>0$, $\exists M>0$, 当 $x<-M$ 时, 有

$$|f(x)-A|<\varepsilon,$$

则称 A 是 f 当 x 趋于 $-\infty$ 时的极限, 记为 $\lim\limits_{x\to-\infty} f(x)=A$;

(3) 若 $D \supset (-\infty, -a) \cup (a, +\infty)(a > 0)$, $\forall \varepsilon > 0$, $\exists M > 0$, 当 $|x| > M$ 时,

$$|f(x) - A| < \varepsilon,$$

则称 A 是 f 当 x 趋于 ∞ 时的极限, 记为 $\lim\limits_{x \to \infty} f(x) = A$.

显然, $\lim\limits_{x \to \infty} f(x) = A \Leftrightarrow \lim\limits_{x \to +\infty} f(x) = \lim\limits_{x \to -\infty} f(x) = A$.

请读者自行完成当 $x \to \infty$ $(x \to +\infty, x \to -\infty)$ 时的极限性质 (唯一性、局部有界性、局部保号性和夹逼定理) 及极限四则运算法则的叙述和证明.

例 2.1.19 证明: $\lim\limits_{x \to +\infty} \arctan x = \dfrac{\pi}{2}$, $\lim\limits_{x \to -\infty} \arctan x = -\dfrac{\pi}{2}$.

证明: $\forall \varepsilon > 0$, 不妨设 $0 < \varepsilon < \dfrac{\pi}{2}$, 取 $M = \tan\left(\dfrac{\pi}{2} - \varepsilon\right) > 0$. 由于 $\arctan x$ 是严格单调增加且以 $\dfrac{\pi}{2}$ 为上界的函数, 故当 $x > M$ 时, $\arctan x > \arctan M = \dfrac{\pi}{2} - \varepsilon$, 即有 $\left|\arctan x - \dfrac{\pi}{2}\right| = \dfrac{\pi}{2} - \arctan x < \varepsilon$. 所以

$$\lim_{x \to +\infty} \arctan x = \frac{\pi}{2}.$$

由于 $\arctan x$ 是奇函数, 故

$$\begin{aligned} \lim_{x \to -\infty} \arctan x &= \lim_{x \to -\infty} [-\arctan(-x)] = \lim_{t \to +\infty} (-\arctan t) \\ &= -\lim_{t \to +\infty} \arctan t = -\frac{\pi}{2}. \end{aligned}$$

我们可以用 $x = \dfrac{1}{t}$ 将无穷处的极限转化为在 $x_0 = 0$ 处的极限:

$$\lim_{x \to +\infty} f(x) = A \Leftrightarrow \lim_{t \to 0^+} f\left(\frac{1}{t}\right) = A,$$

$$\lim_{x \to -\infty} f(x) = A \Leftrightarrow \lim_{t \to 0^-} f\left(\frac{1}{t}\right) = A,$$

$$\lim_{x \to \infty} f(x) = A \Leftrightarrow \lim_{t \to 0} f\left(\frac{1}{t}\right) = A.$$

这样有时会给计算某些极限带来方便.

例 2.1.20 求 $\lim\limits_{x \to \infty} \dfrac{\sin x}{x}$.

解: 我们将上面极限化为 $\lim\limits_{t \to 0} t \sin \dfrac{1}{t}$. 由例 2.1.2 知 $\lim\limits_{x \to \infty} \dfrac{\sin x}{x} = 0$.

我们曾用数列极限定义了 $\mathrm{e} = \lim\limits_{n \to \infty} \left(1 + \dfrac{1}{n}\right)^n$. 现在我们证明 e 也可以用

函数的极限来定义.

例 2.1.21 证明: $\mathrm{e}=\lim\limits_{x\to\infty}\left(1+\dfrac{1}{x}\right)^x$.

证明: 我们要证明 $\lim\limits_{x\to+\infty}\left(1+\dfrac{1}{x}\right)^x=\mathrm{e}$, $\lim\limits_{x\to-\infty}\left(1+\dfrac{1}{x}\right)^x=\mathrm{e}$.

(a) 利用归结原理和夹逼定理. 设 $\{x_k\}$ 是任何一个趋于 $+\infty$ 的数列, 不妨设 $x_k>1$. 对于每一个 k, 存在唯一的正整数 n_k, 使得 $n_k\leqslant x_k<n_k+1$, 则 $\{n_k\}$ 趋于 $+\infty$, 因此

$$\left(1+\frac{1}{n_k+1}\right)^{n_k}<\left(1+\frac{1}{x_k}\right)^{x_k}<\left(1+\frac{1}{n_k}\right)^{n_k+1},$$

$$\left(1+\frac{1}{n_k+1}\right)^{n_k+1}\left(1+\frac{1}{n_k+1}\right)^{-1}<\left(1+\frac{1}{x_k}\right)^{x_k}<\left(1+\frac{1}{n_k}\right)^{n_k}\left(1+\frac{1}{n_k}\right).$$

因为 $\mathrm{e}=\lim\limits_{n\to\infty}\left(1+\dfrac{1}{n}\right)^n$, 在上式中令 $k\to\infty$, 有 $\lim\limits_{k\to\infty}\left(1+\dfrac{1}{x_k}\right)^{x_k}=\mathrm{e}$. 根据归结原理,

$$\lim_{x\to+\infty}\left(1+\frac{1}{x}\right)^x=\mathrm{e}.$$

(b) 令 $t=-x$, 当 $x\to-\infty$ 时, 有 $t\to+\infty$, 所以

$$\begin{aligned}\lim_{x\to-\infty}\left(1+\frac{1}{x}\right)^x&=\lim_{t\to+\infty}\left(1-\frac{1}{t}\right)^{-t}=\lim_{t\to+\infty}\left(\frac{t}{t-1}\right)^t\\&=\lim_{t\to+\infty}\left(1+\frac{1}{t-1}\right)^{t-1}\cdot\lim_{t\to+\infty}\left(1+\frac{1}{t-1}\right)=\mathrm{e}.\end{aligned}$$

综上所述, $\mathrm{e}=\lim\limits_{x\to\infty}\left(1+\dfrac{1}{x}\right)^x$.

显然, 此极限又有形式 $\lim\limits_{x\to0}(1+x)^{\frac{1}{x}}=\mathrm{e}$. 我们也常常利用这个极限来计算某些特殊类型函数的极限.

例 2.1.22 求 $\lim\limits_{x\to0}\left(\dfrac{1+3x}{1-4x}\right)^{\frac{1}{x}}$.

解: $\lim\limits_{x\to0}\left(\dfrac{1+3x}{1-4x}\right)^{\frac{1}{x}}=\lim\limits_{x\to0}\left(1+\dfrac{7x}{1-4x}\right)^{\frac{1}{x}}$, 令 $t=\dfrac{7x}{1-4x}\to0$, 有

$$\lim_{x\to0}\left(\frac{1+3x}{1-4x}\right)^{\frac{1}{x}}=\lim_{t\to0}(1+t)^{\frac{7+4t}{t}}=\left[\lim_{t\to0}(1+t)^{\frac{1}{t}}\right]^7\cdot\lim_{t\to0}(1+t)^4=\mathrm{e}^7.$$

§2.2 连续函数

连续性是函数的一个重要性质, 连续函数是微积分中的重要研究对象. 函数连续性源自对函数图像的直观认识, 如 $f(x)=x^2$ 的图像是一条抛物线, 图

像上的点“连接”在一起而没有“间断”, 形成直观上“连续”的一条曲线; 而取整函数 $f(x)=[x]$ 在整数点处出现了“间断”, 直观上“不连续”. 下面我们给出函数连续的严格定义.

定义 2.2.1 设 $f: D\subset\mathbb{R}\to\mathbb{R}, D$ 包含 x_0 的某个邻域. 如果

$$\lim_{x\to x_0} f(x)=f\left(x_0\right),$$

就称 f 在 x_0 处**连续**.

f 在 x_0 处连续也可以用“$\varepsilon-\delta$”语言表述如下:

$$\forall\varepsilon>0, \exists\delta>0, \text{当 } |x-x_0|<\delta \text{ 时, 有 } |f(x)-f\left(x_0\right)|<\varepsilon.$$

在例 2.1.3 中, 我们证明了 $\lim\limits_{x\to x_0}\sqrt{x}=\sqrt{x_0}$, 所以 $f(x)=\sqrt{x}$ 在任意点 x_0 $(x_0>0)$ 处连续. 设开区间 $I=(a,b)$ 或者 $(a,+\infty)$ 或者 $(-\infty,b)$, 那么有以下函数在开区间 I 上连续的定义.

定义 2.2.2 设 f 在开区间 I 上有定义且在 I 内的每一点都连续, 则称 f 是开区间 I 内的**连续函数**.

例 2.2.3 证明函数 $f(x)=\dfrac{1}{x}$ 在区间 $(0,+\infty)$ 内连续.

极限与连续问题

证明: 因为对于 $(0,+\infty)$ 内的任何一点 x_0, 有

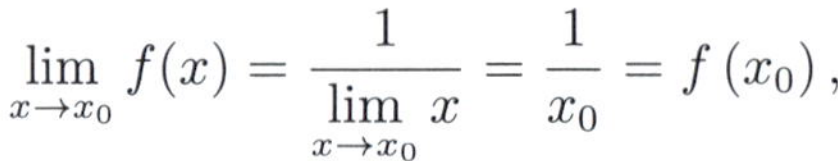
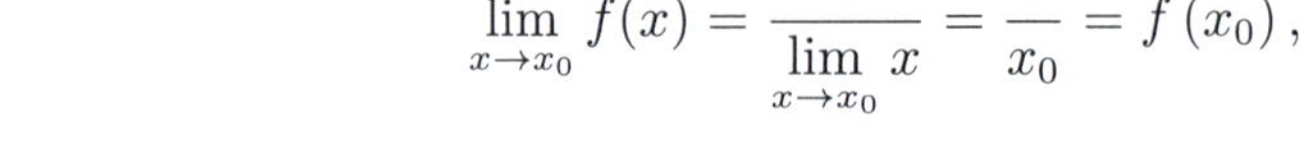

$$\lim_{x\to x_0} f(x)=\frac{1}{\lim\limits_{x\to x_0} x}=\frac{1}{x_0}=f\left(x_0\right),$$

所以函数 f 在 x_0 处连续. 因此 $f=\dfrac{1}{x}$ 是 $(0,+\infty)$ 内的连续函数.

例 2.2.4 证明函数 $f(x)=\sin x$ 在 $\mathbb{R}$ 上连续.

证明: 对于任意 $x_0\in\mathbb{R}$, 因为

$$|\sin x-\sin x_0|=2\left|\cos\frac{x+x_0}{2}\sin\frac{x-x_0}{2}\right|\leqslant 2\cdot 1\cdot\frac{|x-x_0|}{2}=|x-x_0|,$$

所以, $\forall\varepsilon>0$, 取 $\delta=\varepsilon$, 当 $|x-x_0|<\delta=\varepsilon$ 时, 有

$$|f(x)-f\left(x_0\right)|=|\sin x-\sin x_0|\leqslant|x-x_0|<\delta=\varepsilon,$$

因此函数 $f(x)=\sin x$ 在 $\mathbb{R}$ 上连续.

例 2.2.5 证明函数 $f(x)=\ln x$ 在定义域 $(0,+\infty)$ 内连续.

证明: 我们首先证明: $\lim\limits_{t\to 1}\ln t=0$.

$\forall\varepsilon>0$, 取 $\delta=\min\left\{\mathrm{e}^{\varepsilon}-1, 1-\mathrm{e}^{-\varepsilon}\right\}$, 当 $|t-1|<\delta$ 且 $t>0$ 时,

$$\mathrm{e}^{-\varepsilon}-1\leqslant-\delta<t-1<\delta\leqslant\mathrm{e}^{\varepsilon}-1.$$

因此, $-\varepsilon<\ln t<\varepsilon$, $|\ln t|<\varepsilon$, 从而 $\lim\limits_{t \to 1} \ln t=0$.

对于任何 $x_0 \in(0,+\infty)$, $\ln x=\ln \dfrac{x}{x_0}+\ln x_0$, 有

$$\lim_{x \to x_0} \ln x=\lim_{x \to x_0}\left(\ln \frac{x}{x_0}+\ln x_0\right)=\lim_{t \to 1} \ln t+\ln x_0=\ln x_0,$$

所以函数 $f(x)=\ln x$ 在定义域 $(0,+\infty)$ 内连续.

因为函数在某点连续, 即为在此点函数的极限等于函数值, 所以由极限的四则运算法则即可得连续函数经四则运算后所得函数的连续性.

定理 2.2.6 设函数 f 和 g 在 x_0 处连续, 则 $f \pm g$ 和 $f \cdot g$ 在 x_0 处连续. 如果再设 $g\left(x_0\right) \neq 0$, 那么 $\dfrac{f}{g}$ 在 x_0 处连续.

定理 2.2.7 (复合函数的连续性) 设 $y=f(x)$ 在 x_0 处连续, $y_0=f(x_0)$, $z=g(y)$ 在 y_0 处连续, 则复合函数 $z=g(f(x))$ 在 x_0 处连续.

证明: 我们利用 $\varepsilon-\delta$ 语言证明而将定义域略去. 由于 $z=g(y)$ 在 y_0 处连续, 故 $\forall \varepsilon>0$, $\exists \delta>0$, 当 $|y-y_0|<\delta$ 时, 有

$$|g(y)-g(y_0)|<\varepsilon .$$

对于上述 δ, 由 $y=f(x)$ 在 x_0 处连续知, $\exists \eta>0$, 当 $|x-x_0|<\eta$ 时,

$$\left|f(x)-f\left(x_0\right)\right|<\delta,$$

即 $|y-y_0|<\delta$. 因此, $\forall \varepsilon>0$, $\exists \eta>0$, 当 $|x-x_0|<\eta$ 时, $|g(f(x))-g(f(x_0))|<\varepsilon$. 所以, 复合函数 $z=g\left(f(x)\right)$ 在 x_0 处连续.

为了定义和讨论函数在闭区间上的连续性, 我们需要引入单侧连续的概念.

定义 2.2.8 如果 $\lim\limits_{x \to x_0^+} f(x)=f\left(x_0\right)$, 就称 $f(x)$ 在 x_0 处右连续; 如果 $\lim\limits_{x \to x_0^-} f(x)=f\left(x_0\right)$, 就称 $f(x)$ 在 x_0 处左连续.

从定义中易知, 当函数在某点的某邻域内有定义时, 函数在此点连续当且仅当函数在此点既左连续亦右连续.

定义 2.2.9 设 $f:[a, b] \rightarrow \mathbb{R}$ $(a<b)$. 如果 f 在开区间 (a, b) 内连续, 在 a 处右连续, 在 b 处左连续, 就称 f 在闭区间 $[a, b]$ 上连续.

同理可以定义函数在半开半闭区间上连续. 有限闭区间上的连续函数具有非常好的性质, 我们将随后给予介绍.

定理 2.2.10 (反函数的连续性) 设 $I \subset \mathbb{R}$ 是一个区间, $f: I \rightarrow \mathbb{R}$ 是严格单调增加 (或者减少) 的连续函数, 则其反函数 $f^{-1}: f(I) \rightarrow I$ 是严格单调增加 (或者减少) 的连续函数.

可以证明, 所有基本初等函数在其定义域内是连续的, 而初等函数是由以上基本初等函数经过有限次四则运算及复合运算而得, 所以由上述定理有下面结果.

定理 2.2.11 初等函数在定义区间内是连续函数.

按照函数连续的定义, f 在 x_0 处连续必须满足下面三个条件:

(1) 函数 f 在 x_0 处有定义, 即 $f(x_0)$ 取有限值;

(2) 函数 f 在 x_0 处有左极限, 且 $\lim\limits_{x\to x_0^-} f(x) = f(x_0)$;

(3) 函数 f 在 x_0 处有右极限, 且 $\lim\limits_{x\to x_0^+} f(x) = f(x_0)$.

否则, 称 x_0 是 f 的不连续点或间断点. 对照上述三个条件, 我们可以对间断点进行分类.

定义 2.2.12 (1) 如果左极限 $\lim\limits_{x\to x_0^-} f(x)$ 和右极限 $\lim\limits_{x\to x_0^+} f(x)$ 都存在但 f 在 x_0 处不连续, 就称 x_0 是 f 的第一类间断点. 特别地, 如果左极限 $\lim\limits_{x\to x_0^-} f(x)$ 和右极限 $\lim\limits_{x\to x_0^+} f(x)$ 都存在但不相等, 就称 x_0 是 f 的跳跃间断点; 如果极限 $\lim\limits_{x\to x_0} f(x)$ 存在, 但极限值不等于 $f(x_0)$ 或者 f 在 x_0 处没有定义, 就称 x_0 是 f 的可去间断点;

(2) 如果 f 在 x_0 处的左极限和右极限至少有一个不存在, 就称 x_0 是 f 的第二类间断点.

例如, 函数 $f(x) = x\sin\dfrac{1}{x}$, 由于 $\lim\limits_{x\to 0} f(x) = 0$, 但 f 在 $x = 0$ 处没有定义, 故 $x = 0$ 是 f 的可去间断点; 对符号函数 $\operatorname{sgn}(x) = \begin{cases} 1, & x > 0, \\ 0, & x = 0, \\ -1, & x < 0, \end{cases}$ 因为 $\lim\limits_{x\to 0^-} \operatorname{sgn}(x) = -1$, $\lim\limits_{x\to 0^+} \operatorname{sgn}(x) = 1$, 左极限和右极限都存在但不相等, 所以 $x = 0$ 是其跳跃间断点; 而函数 $g(x) = \sin\dfrac{1}{x}$, 因为 $\lim\limits_{x\to 0} \sin\dfrac{1}{x}$ 不存在, 所以 $x = 0$ 是 g 的第二类间断点.

例 2.2.13 分析下列函数的间断点及其类型:

(1) $f(x) = \dfrac{\mathrm{e}^{\frac{1}{x}} - 1}{\mathrm{e}^{\frac{1}{x}} + 1}$; (2) $f(x) = \lim\limits_{n\to+\infty} \dfrac{x^{2n-1} + x^2 - 2x}{x^{2n} + 1}$.

解: (1) 因为初等函数在定义域内为连续函数, 所以只要考虑 $x = 0$ 处即可. 易知 $\lim\limits_{x\to 0^-} \mathrm{e}^{\frac{1}{x}} = 0$, 有

$$\lim_{x\to 0^-} f(x) = \lim_{x\to 0^-} \frac{\mathrm{e}^{\frac{1}{x}} - 1}{\mathrm{e}^{\frac{1}{x}} + 1} = -1, \quad \lim_{x\to 0^+} f(x) = \lim_{x\to 0^+} \frac{1 - \mathrm{e}^{\frac{1}{-x}}}{1 + \mathrm{e}^{\frac{1}{-x}}} = 1,$$

因此 $x = 0$ 为跳跃间断点.

(2) 因为

$$f(x)=\lim_{n\to+\infty}\frac{x^{2n-1}+x^2-2x}{x^{2n}+1}=\begin{cases}\dfrac{1}{x}, & |x|>1,\\ x^2-2x, & |x|<1,\\ 1, & x=-1,\\ 0, & x=1,\end{cases}$$

所以 $\lim\limits_{x\to(-1)^-}f(x)=-1$, $\lim\limits_{x\to(-1)^+}f(x)=3$; $\lim\limits_{x\to1^-}f(x)=-1$, $\lim\limits_{x\to1^+}f(x)=1$. 故 $x=-1, x=1$ 皆为跳跃间断点.

* 函数的一致连续性

前面我们所说的函数在某区间上连续, 指的是函数在此区间上每一点都连续, 也即对任意一点 x_0, $\forall\varepsilon>0, \exists\delta>0$, 当 $|x-x_0|<\delta$ 时, $|f(x)-f(x_0)|<\varepsilon$. 一般地, 对不同的点 x_0, 对给定的同一个 ε, δ 是不相同的. 也可以说, δ 一般是随着 x_0 和 ε 的变化而变化的. 我们还知道, δ 一旦找到, 比它小的正数都是合适的, 那么对某个区间上的所有点, 对任意给定的 ε, 能否找到一个共同的合适的 δ 呢? 要回答这个问题, 我们就要介绍所谓一致连续的概念.

定义 2.2.14 设函数 $f: I\to\mathbb{R}$, 如果 $\forall\varepsilon>0, \exists\delta>0$, 使得 $\forall x_1, x_2\in I$, 当 $|x_1-x_2|<\delta$ 时, 都有 $|f(x_1)-f(x_2)|<\varepsilon$, 就称函数 f 在区间 I 上是一致连续的.

从一致连续的定义可以看出, 若 f 在区间 I 上一致连续, 则 f 在区间 I 上一定是连续的, 而反之不然.

例 2.2.15 证明函数 $f(x)=\sqrt{x}$ 在 $[0,+\infty)$ 上是一致连续的.

证明: 对任何 $x_2\geqslant x_1\geqslant 0$, 有 $x_2\geqslant|x_2-x_1|$, 因此

$$\sqrt{x_1}+\sqrt{x_2}\geqslant\sqrt{x_2}\geqslant\sqrt{|x_2-x_1|}.$$

于是当 $x_2\neq x_1$ 时, 有

$$|\sqrt{x_1}-\sqrt{x_2}|=\frac{|x_2-x_1|}{\sqrt{x_1}+\sqrt{x_2}}\leqslant\frac{|x_2-x_1|}{\sqrt{|x_2-x_1|}}=\sqrt{|x_2-x_1|}.$$

所以 $\forall\varepsilon>0$, 取 $\delta=\varepsilon^2$, $\forall x_1, x_2\in[0,+\infty)$, 当 $|x_2-x_1|<\delta$ 时, 有

$$|\sqrt{x_1}-\sqrt{x_2}|\leqslant\sqrt{|x_2-x_1|}<\sqrt{\delta}=\varepsilon.$$

这就证明了 $f(x)=\sqrt{x}$ 在 $[0,+\infty)$ 上是一致连续的.

例 2.2.16 证明函数 $y=\sin x$ 和 $y=\cos x$ 在 $\mathbb{R}$ 上是一致连续的.

证明: 因为对任何 x_1, x_2, 有以下不等式成立:

$$|\sin x_1-\sin x_2|=\left|2\cos\frac{x_1+x_2}{2}\sin\frac{x_1-x_2}{2}\right|\leqslant|x_1-x_2|,$$

$$|\cos x_1 - \cos x_2| = \left| -2\sin\frac{x_1+x_2}{2}\sin\frac{x_1-x_2}{2} \right| \leqslant |x_1 - x_2|,$$

于是 $\forall \varepsilon > 0$, 取 $\delta = \varepsilon$, $\forall x_1, x_2 \in \mathbb{R}$, 当 $|x_2 - x_1| < \delta$ 时, 有

$$|\sin x_1 - \sin x_2| \leqslant |x_1 - x_2| < \delta = \varepsilon, \quad |\cos x_1 - \cos x_2| \leqslant |x_1 - x_2| < \delta = \varepsilon.$$

因此, 函数 $y = \sin x$ 和 $y = \cos x$ 在 $\mathbb{R}$ 上都是一致连续的.

由函数一致连续的定义, 我们可以写出函数 $f(x)$ 在区间 I 上不一致连续的精确描述:

$\exists \varepsilon_0 > 0$, $\forall \delta > 0$, 都可以找到两点 $x_1, x_2 \in I$, 满足 $|x_1 - x_2| < \delta$, 但是 $|f(x_1) - f(x_2)| \geqslant \varepsilon_0$.

为了使判断函数不一致连续比较容易一点, 以下给出一个和上述等价的函数不一致连续的描述:

$\exists \varepsilon_0 > 0$, 对每一个 $n \in \mathbb{N}_+$, 都可以找到两点 $a_n, b_n \in I$, 虽然有 $|a_n - b_n| < \dfrac{1}{n}$, 但是 $|f(a_n) - f(b_n)| \geqslant \varepsilon_0$.

例 **2.2.17** 证明: 在区间 $[0, +\infty)$ 上,

(1) 函数 $f(x) = x$ 一致连续; (2) 函数 $f(x) = x^2$ 不一致连续.

证明: (1) 的证明比较简单, 只要取 $\delta = \varepsilon$ 即可.

(2) 取 $\varepsilon_0 = 1$, 对任何 $n \in \mathbb{N}_+$, 在 $[0, +\infty)$ 上取两点:

$$a_n = n, \quad b_n = n + \frac{1}{2n},$$

此时 $|a_n - b_n| = \left| n - \left(n + \dfrac{1}{2n} \right) \right| = \dfrac{1}{2n} < \dfrac{1}{n}$, 但是

$$|f(a_n) - f(b_n)| = |a_n^2 - b_n^2| = 1 + \frac{1}{4n^2} > 1 = \varepsilon_0.$$

所以 $f(x) = x^2$ 在 $[0, +\infty)$ 上不一致连续.

例 **2.2.18** 证明函数 $f(x) = \dfrac{1}{x}$

(1) 在区间 $(0, +\infty)$ 内不一致连续;

(2) 在区间 $[\sigma, +\infty)$ 上一致连续, 其中 $\sigma > 0$ 为常数.

证明: (1) 取 $\varepsilon_0 = 1$, 对任何 $n \in \mathbb{N}_+$, 在 $(0, +\infty)$ 内取两点:

$$a_n = \frac{1}{n}, \quad b_n = \frac{1}{n+2},$$

此时 $|a_n - b_n| = \left| \dfrac{1}{n} - \dfrac{1}{n+2} \right| = \dfrac{2}{n^2 + 2n} < \dfrac{1}{n}$, 但是

$$|f(a_n) - f(b_n)| = |n - (n+2)| = 2 > 1 = \varepsilon_0.$$

所以 $f(x)=\dfrac{1}{x}$ 在 $(0,+\infty)$ 内不一致连续.

(2) 任取 $x_1,x_2\in[\sigma,+\infty)$, 有

$$|f(x_1)-f(x_2)|=\left|\frac{1}{x_1}-\frac{1}{x_2}\right|=\frac{|x_1-x_2|}{x_1x_2}\leqslant\frac{1}{\sigma^2}|x_1-x_2|.$$

所以 $\forall\varepsilon>0$, 取 $\delta=\sigma^2\varepsilon$, $\forall x_1,x_2\in[\sigma,+\infty)$, 当 $|x_1-x_2|<\delta$ 时, 有

$$|f(x_1)-f(x_2)|\leqslant\frac{1}{\sigma^2}|x_1-x_2|<\frac{1}{\sigma^2}\delta=\varepsilon.$$

因此 $f(x)=\dfrac{1}{x}$ 在区间 $[\sigma,+\infty)$ 上一致连续.

对于有限闭区间上的连续函数, 我们有以下重要的康托尔定理, 定理的证明省略, 读者可以参考一般的数学分析教材.

定理 2.2.19 (康托尔定理) 设函数 $f(x)$ 在有限闭区间 $[a,b]$ 上连续, 则 $f(x)$ 在 $[a,b]$ 上一致连续.

§2.3 无穷小和无穷大

重难点讲解
无穷小量

定义 2.3.1 如果 $\lim\limits_{x\to x_0}f(x)=0$, 就称 $f(x)$ 是当 $x\to x_0$ 时的无穷小量, 简称无穷小.

显然, 当 $\lim\limits_{x\to x_0}f(x)=A$ 时, $g(x)=f(x)-A$ 是当 $x\to x_0$ 时的无穷小.

定义 2.3.2 如果 $\dfrac{1}{f(x)}$ 有定义, 并且当 $x\to x_0$ 是无穷小, 就称 $f(x)$ 是当 $x\to x_0$ 时的无穷大量, 简称无穷大.

从以上定义可知, 无穷小和无穷大互为倒数.

我们也可以如下定义当 $x\to x_0$ 时的无穷大:

$$\forall M>0,\exists\delta>0,\text{ 当 }0<|x-x_0|<\delta\text{ 时, 有 }|f(x)|>M.$$

请读者证明此定义与定义 2.3.2 是等价的.

无穷小和无穷大是两个非常重要的概念, 因为它具有特别的极限情形. 无穷小就是极限为零的变量. 若 $f(x)$ 是当 $x\to x_0$ 时的无穷大, 我们也称当 $x\to x_0$ 时 $f(x)$ 的极限为无穷大. 但要注意的是, $f(x)$ 的极限为无穷大只是说明 $f(x)$ 的一种变化趋势, 并非是极限存在.

同样是无穷小, 趋于零的"速度"是不一样的; 同样是无穷大, 函数值的绝对值增大的"速度"也是不一样的. 因此, 对于两个无穷小, 引入无穷小的比较是有必要的; 同样, 对两个无穷大亦是如此.

定义 2.3.3 (无穷小的比较) 设 $f(x)$ 和 $g(x)$ 是当 $x\to x_0$ 时的无穷小, 且 $g(x)\neq0$.

(1) 若 $\lim\limits_{x\to x_0}\dfrac{f(x)}{g(x)}=0$, 则称当 $x\to x_0$ 时, $f(x)$ 是比 $g(x)$ 高阶的无穷小, $g(x)$ 是比 $f(x)$ 低阶的无穷小, 记为 $f(x)=o(g(x))\ (x\to x_0)$;

(2) 若 $\lim\limits_{x\to x_0}\dfrac{f(x)}{g(x)}=A\neq 0$, 则称当 $x\to x_0$ 时, $f(x)$ 与 $g(x)$ 是同阶无穷小, 记为 $f(x)=O(g(x))\ (x\to x_0)$.

特别地, 若 $\lim\limits_{x\to x_0}\dfrac{f(x)}{g(x)}=1$, 则称当 $x\to x_0$ 时, $f(x)$ 和 $g(x)$ 是等价无穷小, 记为 $f(x)\sim g(x)\ (x\to x_0)$.

例如, 当 $x\to 0$ 时, $x,x^2,x^{\frac{1}{3}},\sin x$ 均是无穷小, 由上述定义易知 x^2 是比 x 高阶的无穷小, $x^{\frac{1}{3}}$ 是比 x 低阶的无穷小, $\sin x$ 与 x 是等价无穷小.

对于无穷大, 我们也可以进行比较, 有相应于定义 2.3.3 的定义.

定义 2.3.4 (无穷大的比较) 设 $f(x)$ 和 $g(x)$ 是当 $x\to x_0$ 时的无穷大.

(1) 若 $\lim\limits_{x\to x_0}\dfrac{f(x)}{g(x)}=0$, 则称 $f(x)$ 是比 $g(x)$ 低阶的无穷大, $g(x)$ 是比 $f(x)$ 高阶的无穷大;

(2) 若 $\lim\limits_{x\to x_0}\dfrac{f(x)}{g(x)}=A\neq 0$, 则称 $f(x)$ 与 $g(x)$ 是同阶无穷大.

特别地, 若 $\lim\limits_{x\to x_0}\dfrac{f(x)}{g(x)}=1$, 则称 $f(x)$ 与 $g(x)$ 是等价无穷大.

同阶无穷小也可以用以下定义: 设当 $x\to x_0$ 时, $f(x),g(x)$ 皆为无穷小, 且 $\lim\limits_{x\to x_0}\dfrac{f(x)}{g(x)}\neq 0$, 若 $\exists M>0$, 使得 $\forall x\in \mathring{U}(x_0)$, $\dfrac{|f(x)|}{g(x)}<M$, 则 $f(x)$ 与 $g(x)$ 为同阶无穷小.

有时我们用 $f(x)=o(1)$ 来表示 $f(x)$ 为无穷小, 用 $f(x)=O(1)$ 来表示 $f(x)$ 有界.

定义 2.3.5 (无穷小的阶) 设 $f(x)$ 和 $g(x)$ 是当 $x\to x_0$ 时的无穷小, 且 $g(x)>0$, 若 $\lim\limits_{x\to x_0}\dfrac{f(x)}{g^k(x)}=A\neq 0\ (k>0)$, 则称 $f(x)$ 是当 $x\to x_0$ 时关于 $g(x)$ 的 k 阶无穷小. 特别地, 当 $\lim\limits_{x\to x_0^+}\dfrac{f(x)}{(x-x_0)^k}=A\neq 0\ (k>0)$ 时, 称 $f(x)$ 是当 $x\to x_0$ 时关于 $(x-x_0)$ 的 k 阶无穷小.

例如, 当 $x\to 0$ 时, $f(x)=1-\cos x$ 是关于 x 的二阶无穷小, $g(x)=x\sin\sqrt{x}$ 是关于 x 的 $\dfrac{3}{2}$ 阶无穷小. 类似地, 我们可以定义无穷大的阶.

等价无穷小 (或者无穷大) 满足乘法运算关系, 但不满足加法运算关系. 如果当 $x\to x_0$ 时, $f(x)\sim\alpha(x),g(x)\sim\beta(x)$, 有

$$f(x)g(x)\sim\alpha(x)\beta(x)\ (x\to x_0),$$

但 $f(x)+g(x)\sim\alpha(x)+\beta(x)$ $(x\to x_0)$ 不一定成立. 例如

$$f(x)=x+x^3,\quad \alpha(x)=x+x^2,\quad g(x)=\beta(x)=-x,$$

当 $x\to 0$ 时, $f(x)\sim\alpha(x), g(x)\sim\beta(x)$, 但 $f(x)+g(x)\sim\alpha(x)+\beta(x)$ 不成立.

例 2.3.6 证明下列极限:

(1) $\lim\limits_{x\to 0}\dfrac{\tan x}{x}=1$;　　(2) $\lim\limits_{x\to 0}\dfrac{\ln(1+x)}{x}=1$;

(3) $\lim\limits_{x\to 0}\dfrac{\mathrm{e}^x-1}{x}=1$;　　(4) $\lim\limits_{x\to 0}\dfrac{(1+x)^\alpha-1}{x}=\alpha,\ \alpha\in\mathbb{R}$.

证明: (1) $\lim\limits_{x\to 0}\dfrac{\tan x}{x}=\lim\limits_{x\to 0}\left(\dfrac{\sin x}{x}\cdot\dfrac{1}{\cos x}\right)=\lim\limits_{x\to 0}\dfrac{\sin x}{x}\cdot\lim\limits_{x\to 0}\dfrac{1}{\cos x}=1.$

(2) 利用对数函数的连续性,

$$\lim_{x\to 0}\frac{\ln(1+x)}{x}=\lim_{x\to 0}\ln(1+x)^{\frac{1}{x}}=\ln\left[\lim_{x\to 0}(1+x)^{\frac{1}{x}}\right]=\ln\mathrm{e}=1.$$

(3) 令 $\mathrm{e}^x-1=t$, 则 $x=\ln(1+t)$, 且当 $x\to 0$ 时 $t\to 0$. 所以

$$\lim_{x\to 0}\frac{\mathrm{e}^x-1}{x}=\lim_{t\to 0}\frac{t}{\ln(1+t)}=1.$$

(4) 令 $\alpha\ln(1+x)=t$, 则当 $x\to 0$ 时 $t\to 0$. 所以

$$\begin{aligned}\lim_{x\to 0}\frac{(1+x)^\alpha-1}{x}&=\lim_{x\to 0}\left[\frac{\mathrm{e}^{\alpha\ln(1+x)}-1}{\alpha\ln(1+x)}\cdot\frac{\alpha\ln(1+x)}{x}\right]\\&=\lim_{t\to 0}\frac{\mathrm{e}^t-1}{t}\cdot\lim_{x\to 0}\frac{\alpha\ln(1+x)}{x}=\alpha.\end{aligned}$$

请读者得出此例中相应的无穷小的比较.

当 $x\to 0$ 时, 我们有以下常用的等价无穷小:

(1) $\sin x\sim x, 1-\cos x\sim\dfrac{1}{2}x^2, \tan x\sim x$;

(2) $\ln(1+x)\sim x$;

(3) $\mathrm{e}^x-1\sim x$;

(4) $(1+x)^\alpha-1\sim\alpha x$;

(5) $\arcsin x\sim x, \arctan x\sim x$.

我们可以利用等价无穷小来简化函数极限的计算, 这是一个非常有效的计算函数极限的方法.

定理 2.3.7 设 f,g,α,β 当 $x\to x_0$ 时是无穷小, 且 $f\sim\alpha, g\sim\beta$. 如果 $\lim\limits_{x\to x_0}\dfrac{\alpha(x)}{\beta(x)}$ 存在, 那么 $\lim\limits_{x\to x_0}\dfrac{f(x)}{g(x)}$ 存在, 且 $\lim\limits_{x\to x_0}\dfrac{f(x)}{g(x)}=\lim\limits_{x\to x_0}\dfrac{\alpha(x)}{\beta(x)}$.

证明: 因为 $\dfrac{f(x)}{g(x)}=\dfrac{\alpha(x)}{\beta(x)}\cdot\dfrac{\beta(x)}{g(x)}\cdot\dfrac{f(x)}{\alpha(x)}$, 由极限的乘法法则, 有

$$\lim_{x\to x_0}\frac{f(x)}{g(x)}=\lim_{x\to x_0}\frac{\alpha(x)}{\beta(x)}\cdot\lim_{x\to x_0}\frac{\beta(x)}{g(x)}\cdot\lim_{x\to x_0}\frac{f(x)}{\alpha(x)}=\lim_{x\to x_0}\frac{\alpha(x)}{\beta(x)}.$$

例 2.3.8 求 $\lim\limits_{x \to 0} \dfrac{\tan x - \sin x}{(\sin x)^3}$.

解: 当 $x \to 0$ 时, $\tan x - \sin x = \tan x(1 - \cos x) \sim \dfrac{1}{2}x^3$. 于是

$$\lim_{x \to 0} \frac{\tan x - \sin x}{(\sin x)^3} = \lim_{x \to 0} \frac{\frac{1}{2}x^3}{x^3} = \frac{1}{2}.$$

例 2.3.9 求 $\lim\limits_{x \to a} \dfrac{a^x - a^a}{x - a}, a > 0$ 且 $a \neq 1$.

解: $a^x - a^a = a^a\left(a^{x-a} - 1\right)$, 令 $x - a = t$, 则

$$\begin{aligned}\lim_{x \to a} \frac{a^x - a^a}{x - a} &= \lim_{x \to a}\left(a^a \cdot \frac{a^{x-a} - 1}{x - a}\right) = a^a \lim_{t \to 0} \frac{a^t - 1}{t} = a^a \lim_{t \to 0} \frac{\mathrm{e}^{t \ln a} - 1}{t} \\ &= a^a \lim_{t \to 0} \frac{t \ln a}{t} = a^a \ln a.\end{aligned}$$

例 2.3.10 求 $\lim\limits_{x \to 1} \dfrac{x^\alpha - 1}{x - 1}$, $\alpha \in \mathbb{R}$.

解: 令 $x - 1 = t$, 则 $x = 1 + t$, 且当 $x \to 1$ 时 $t \to 0$. 于是

$$\lim_{x \to 1} \frac{x^\alpha - 1}{x - 1} = \lim_{t \to 0} \frac{(1 + t)^\alpha - 1}{t} = \lim_{t \to 0} \frac{\alpha t}{t} = \alpha.$$

同样, 我们可以定义和讨论当 $x \to \infty$ 时的无穷小和无穷大, 有非常类似的性质, 请读者自己叙述和应用.

§2.4 有限闭区间上连续函数的性质

函数连续的概念是按点定义的, 即在某点 $x = x_0$ 处连续, 可以说是一种局部或微观的性质. 如果函数在一个有限闭区间上连续, 我们可以得到整体或宏观的信息, 它们具有一些非常重要的性质, 在理论上有很多应用.

重难点讲解
连续函数及其性质

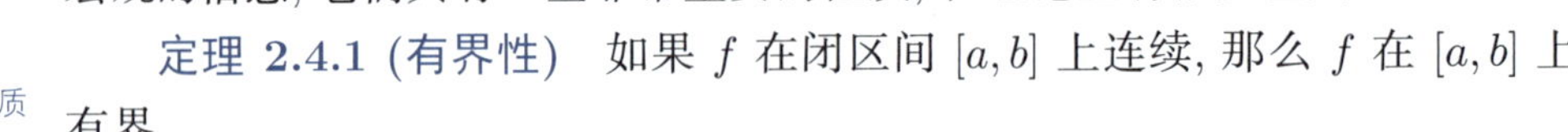

定理 2.4.1 (有界性) 如果 f 在闭区间 $[a, b]$ 上连续, 那么 f 在 $[a, b]$ 上有界.

证明: 反证法. 假设 f 在 $[a, b]$ 上没有上界, 则任取 $x_1 \in [a, b]$, 存在 $x_2 \in [a, b]$ 使得 $f(x_2) \geqslant f(x_1) + 1$. 我们可以归纳地选出 $[a, b]$ 中的数列 $\{x_n\}$, 使对每一个正整数 n, 均有 $f(x_{n+1}) \geqslant f(x_n) + 1$.

由于 $\{x_n\}$ 是 $[a, b]$ 中的数列, 故 $\{x_n\}$ 是有界的. 由波尔查诺–魏尔斯特拉斯定理, $\{x_n\}$ 有收敛的子列 $\{x_{n_k}\}$, 设 $\lim\limits_{k \to \infty} x_{n_k} = x_0$, 则 $x_0 \in [a, b]$. 由 f 的连续性, 有 $\lim\limits_{k \to \infty} f(x_{n_k}) = f(x_0)$, 但是

$$f\left(x_{n_{k+1}}\right) - f\left(x_{n_k}\right) \geqslant n_{k+1} - n_k \geqslant 1,$$

因此数列 $\{f(x_{n_k})\}$ 是无界的, 从而 $\{f(x_{n_k})\}$ 发散, 得到矛盾.

假设 f 没有下界, 我们可以找到 $[a,b]$ 中的数列 $\{x_n\}$ 满足 $f(x_{n+1}) \leqslant f(x_n)-1$, 用类似的方法得到矛盾. 所以, f 在 $[a,b]$ 上有界.

值得一提的是, 定理中 "闭区间" 这个条件不能缺少, 有限开区间上的连续函数不一定有界, 如 $f(x)=\dfrac{1}{x}$ 在 $(0,1)$ 内连续, 但显然是无界的.

定理 2.4.2 (最大、最小值定理) 设函数 f 在 $[a,b]$ 上连续, 则 f 在 $[a,b]$ 上能取到最大值和最小值.

证明: 由定理 2.4.1, $Y=f([a,b])=\{f(x)\,|x\in[a,b]\}$ 是 $\mathbb{R}$ 的有界子集. 由确界原理, Y 有上确界和下确界, 记为 $M=\sup Y$, $m=\inf Y$.

由于上确界是最小的上界, 对于任何 $n\geqslant 1$, $M-\dfrac{1}{n}$ 不是 Y 的上界, 故存在 $x_n\in[a,b]$ 使得 $M-\dfrac{1}{n}\leqslant f(x_n)\leqslant M$. 而 $\{x_n\}$ 是有界数列, 由波尔查诺–魏尔斯特拉斯定理, 数列 $\{x_n\}$ 存在收敛的子列 $\{x_{n_k}\}$, 记 $\lim\limits_{k\to\infty} x_{n_k}=d$, 则 $d\in[a,b]$. 由于 f 在 $[a,b]$ 上连续, 故 $\lim\limits_{k\to\infty} f(x_{n_k})=f(d)$.

而 $M-\dfrac{1}{n_k}\leqslant f(x_{n_k})\leqslant M$, 令 $k\to+\infty$, 由夹逼定理知 $\lim\limits_{k\to\infty} f(x_{n_k})=M$. 所以存在 $d\in[a,b]$, 使得 $f(d)=M$, 从而 f 在 $[a,b]$ 上能取到最大值.

利用相同的办法可以证明存在 $c\in[a,b]$, 使得 $f(c)=m$, 所以 f 在 $[a,b]$ 上能取到最小值.

定理 2.4.2 对于开区间不成立, 如 $f(x)=x$ 在 $(0,1)$ 内连续, 但取不到最大值和最小值.

定理 2.4.3 (零点存在定理) 设函数 f 在 $[a,b]$ 上连续且 $f(a)f(b)<0$, 则存在 $\xi\in(a,b)$, 使得 $f(\xi)=0$.

证明: 不妨设 $f(a)<0, f(b)>0$. 考虑集合

$$A=\{x\,|x\in[a,b]\,,f(x)\leqslant 0\}.$$

因为 $a\in A$, A 是非空有界集, 根据确界原理, A 有上确界, 记为 $\xi=\sup A$, 所以 $\xi\in(a,b)$. 我们要证明 $f(\xi)=0$.

(a) 假设 $f(\xi)<0$. 由 f 的连续性, 对于 $\varepsilon=-f(\xi)>0$, 存在 $\delta>0$, 当 $|x-\xi|<\delta$ 时, 有 $|f(x)-f(\xi)|<\varepsilon$, 即

$$f(\xi)-\varepsilon<f(x)<f(\xi)+\varepsilon=0.$$

因此 $U(\xi,\delta)\subset A$, 与 ξ 是 A 的上确界矛盾.

(b) 假设 $f(\xi)>0$. 由 f 的连续性, 对于 $\varepsilon=f(\xi)>0$, 存在 $\delta>0$, 当 $|x-\xi|<\delta$ 时, 有 $|f(x)-f(\xi)|<\varepsilon$, 即

$$0=f(\xi)-\varepsilon<f(x)<f(\xi)+\varepsilon.$$

因此 $U(\xi,\delta)\cap A=\varnothing$, 与 ξ 是 A 的上确界矛盾.

综上所述, 必有 $f(\xi)=0$.

零点存在定理在直观上很容易理解, 就像从海底走到山顶一定要经过水平线. 下面的定理说的是, 如果想从二楼走到五楼, 就一定要经过三楼、四楼.

定理 2.4.4 (介值定理) 设函数 f 在 $[a,b]$ 上连续, 则对于任何 $\eta\in[m,M]$, 存在 $\xi\in[a,b]$ 使得 $f(\xi)=\eta$, 其中

$$m=\inf\{f(x)|x\in[a,b]\},\quad M=\sup\{f(x)|x\in[a,b]\}.$$

证明: 如果 f 是常值函数, 结论显然成立.

假设 f 不是常值函数, 则 $M>m$. 由最大、最小值定理, 存在 $c,d\in[a,b]$ 使得 $f(c)=m,f(d)=M$.

对于任何 $\eta\in(m,M),F(x)=f(x)-\eta$ 是 $[c,d]$ (或者 $[d,c]$) 上的连续函数, 且 $F(c)=m-\eta<0$, $F(d)=M-\eta>0$. 由零点存在定理, 存在 $\xi\in[c,d]\subset[a,b]$ (或者 $\xi\in[d,c]\subset[a,b]$), 使得 $F(\xi)=0$, 即 $f(\xi)=\eta$.

例 2.4.5 设函数 f 在 $[a,b]$ 上连续, $x_i\in[a,b]$, $i=1,2,\cdots,n$, 证明: 至少存在一点 $\xi\in[a,b]$, 使得 $f(\xi)=\dfrac{f(x_1)+f(x_2)+\cdots+f(x_n)}{n}$.

证明: 因为 f 在 $[a,b]$ 上连续, 所以 f 在 $[a,b]$ 上有最大值 M、最小值 m, 即有

$$m\leqslant f(x_i)\leqslant M\ (i=1,2,\cdots,n).$$

令 $\eta=\dfrac{f(x_1)+f(x_2)+\cdots+f(x_n)}{n}$, 则有 $m\leqslant\eta\leqslant M$. 根据连续函数的介值定理, 至少存在一点 $\xi\in[a,b]$, 使得

$$f(\xi)=\eta=\frac{f(x_1)+f(x_2)+\cdots+f(x_n)}{n}.$$

定理 2.4.6 设 $f:[a,b]\to[a,b]$ 是连续函数, 证明: 至少存在一点 $c\in[a,b]$, 使得 $f(c)=c$, 称 c 是 f 的不动点.

证明: 考虑函数 $F(x)=f(x)-x$, 因为 $a\leqslant f(x)\leqslant b$, $x\in[a,b]$, 所以

$$F(a)=f(a)-a\geqslant 0,\quad F(b)=f(b)-b\leqslant 0.$$

(a) 如果 $F(a)=0$ 或者 $F(b)=0$, 那么定理得证.

(b) 假设 $F(a)>0$ 且 $F(b)<0$, 由零点存在定理, 至少存在一点 $c\in(a,b)$, 使得 $F(c)=0$, 即 $f(c)=c$.

一维的不动点定理在 1910 年左右由荷兰数学家布劳威尔①推广到高维方体上, 被称为布劳威尔不动点定理, 它可广泛应用于证明方程解的存在性. 随着

① 布劳威尔 (Brouwer, 1881—1966), 荷兰数学家. 布劳威尔获得博士学位后的主要研究领域为拓扑学, 取得不少重要成果, 有著名的布劳威尔不动点定理; 后来开始研究基础问题, 发展了直觉主义数学. 布劳威尔在数学上开创了一个派别, 与他致力于哲学研究分不开.

现代数学的发展, 布劳威尔不动点定理被推广到更为广泛的情况, 得到许多重要的应用. 不动点定理成为近代数学的一个重要的研究方向.

第 2 章习题

习题 2.1

1. 按定义证明下列极限:

(1) $\lim\limits_{x\to 2} x^2 = 4$;

(2) $\lim\limits_{x\to 3} \dfrac{x-3}{x^2-9} = \dfrac{1}{6}$;

(3) $\lim\limits_{x\to 1} \dfrac{x-1}{\sqrt{x}-1} = 2$;

(4) $\lim\limits_{x\to 1} \dfrac{(x-2)(x-1)}{x-3} = 0$;

(5) $\lim\limits_{x\to 0} \dfrac{1-x^2}{1+x^2} = 1$;

(6) $\lim\limits_{x\to 1} \dfrac{x(x-1)}{x^2-1} = \dfrac{1}{2}$;

(7) $\lim\limits_{x\to x_0} 2^x = 2^{x_0}$;

(8) $\lim\limits_{x\to 0}(1+x)^\alpha = 1\ (\alpha\in\mathbb{R})$;

(9) $\lim\limits_{x\to 0} x^n \sin\dfrac{1}{x} = 0,\ n\in\mathbb{N}_+$;

(10) $\lim\limits_{x\to \infty} \dfrac{\arctan x}{x} = 0$;

(11) $\lim\limits_{x\to x_0} \cos x = \cos x_0$;

(12) 当 $x_0 \neq n\pi + \dfrac{\pi}{2}$ 时, $\lim\limits_{x\to x_0} \tan x = \tan x_0$.

2. 证明: $\lim\limits_{x\to x_0} f(x) = A$ 当且仅当 $\lim\limits_{t\to\infty} f\left(x_0+\dfrac{1}{t}\right) = A$.

3. 求下列极限:

(1) $\lim\limits_{x\to 1} \left[\dfrac{1}{x}\right]$;

(2) $\lim\limits_{x\to 0} \dfrac{x^2-1}{2x^2-x-1}$;

(3) $\lim\limits_{x\to 1} \left(x^5-5x+2+\dfrac{1}{x}\right)$;

(4) $\lim\limits_{x\to 0} \dfrac{x}{\sqrt{1+x}-\sqrt{1-x}}$;

(5) $\lim\limits_{x\to 0} \dfrac{\sqrt{x^2+1}-1}{x}$;

(6) $\lim\limits_{x\to 0} \dfrac{\sqrt{x+a}-\sqrt{a}}{\sqrt{x+b}-\sqrt{b}}\ (a,b>0)$;

(7) $\lim\limits_{x\to 0} \dfrac{(1+mx)^n-(1+nx)^m}{x^2}\ (m,n\in\mathbb{N}_+)$;

(8) $\lim\limits_{x\to 3} \dfrac{x^2-5x+6}{x^2-8x+15}$;

(9) $\lim\limits_{x\to 1} \dfrac{x^m-1}{x^n-1}\ (m,n\in\mathbb{N}_+)$;

(10) $\lim\limits_{x\to 0} \dfrac{\sin 3x}{\sin 5x}$;

(11) $\lim\limits_{x\to 0} x\arctan\dfrac{1}{x}$.

4. 求出下列函数在指定点处的左、右极限:

(1) $f(x) = \begin{cases} 0, & x\geqslant 1, \\ 1, & x=1, \\ x^2+2, & x<1, \end{cases}$ 在 $x=1$;

(2) $f(x)=\begin{cases}\dfrac{1}{x-1}, & x<0,\\ x, & 0\leqslant x<1,\\ 1, & x\geqslant 1,\end{cases}$ 在 $x=0$ 及 $x=1$;

(3) $f(x)=[x]$, 在 $x=n$, n 为整数;

(4) $f(x)=\dfrac{|x|}{\sqrt{1+x}-\sqrt{1-x}}$, 在 $x=0$.

5. 求下列极限:

(1) $\lim\limits_{x\to\infty}\dfrac{x^2-1}{2x^2-x-1}$;

(2) $\lim\limits_{x\to\infty}\dfrac{x\left(x^2-1\right)^4}{(x-1)^3\left(2+3x\right)^6}$;

(3) $\lim\limits_{x\to\infty}\left(\dfrac{x^3}{2x^2-1}-\dfrac{x^2}{2x-1}\right)$;

(4) $\lim\limits_{x\to+\infty}\left(\sqrt{x^2+1}-x\right)$;

(5) $\lim\limits_{x\to\infty}\left(\dfrac{x+2}{x-3}\right)^{x-1}$;

(6) $\lim\limits_{x\to\infty}\left(1+\dfrac{2}{x}\right)^{4x}$;

(7) $\lim\limits_{x\to 0}(1-2x)^{\frac{3}{x}}$;

(8) $\lim\limits_{x\to+\infty}\left(\dfrac{x+1}{x-1}\right)^{x}$;

(9) $\lim\limits_{x\to+\infty}\left(\sin\sqrt{x^2+1}-\sin x\right)$.

6. 已知 $\lim\limits_{x\to+\infty}\left(\dfrac{x^2+1}{x+1}-ax-b\right)=0$, 试求常数 a 和 b 的值.

7. 已知 $\lim\limits_{x\to\infty}\left(\dfrac{x+a}{x-a}\right)^{x}=2$, 试求常数 a 的值.

8. 如果对于一切正数 x, 恒有 $\dfrac{1}{\sqrt{x^2+1}}\leqslant\dfrac{f(x)}{x+\sqrt{x^2+1}}\leqslant\dfrac{1}{x}$, 试求 $\lim\limits_{x\to+\infty}f(x)$.

9. 用夹逼定理求:

(1) $\lim\limits_{x\to+\infty}\dfrac{1-[x]}{3x+4}$;

(2) $\lim\limits_{x\to+\infty}\sqrt[x]{a_1^x+a_2^x+\cdots+a_n^x}$ (常数 $a_i\geqslant 0$, $i=1,2,\cdots,n$).

10. 求极限 $\lim\limits_{n\to\infty}(1+x)\left(1+x^2\right)\cdots\left(1+x^{2^n}\right)$ 的值.

11. 设 $\lim\limits_{x\to x_0}f(x)=A$, 证明: $\lim\limits_{x\to x_0}|f(x)|=|A|$.

12. 设 $f,g:D\subset\mathbb{R}\to\mathbb{R}$, $\lim\limits_{x\to x_0}f(x)=A$, $\lim\limits_{x\to x_0}g(x)=B$, 且 $\exists\delta>0$, 当 $0<|x-x_0|<\delta$ 时, $f(x)>g(x)$, 证明: $A\geqslant B$. 等式 $A=B$ 是否可能成立? 为什么?

习题 2.2

13. 按定义证明下列函数在定义域内连续:

(1) $f(x)=|x|$;

(2) $f(x)=ax+b$;

(3) $f(x)=\dfrac{1}{x+1}$;　　　　(4) $f(x)=\sin\dfrac{1}{x}$.

14. 对于无穷多个正数 $\varepsilon>0$, 都存在对应的 $\delta>0$, 使当 $|x-x_0|<\delta$ 时, 有 $|f(x)-f(x_0)|<\varepsilon$, f 在 x_0 处是否连续?

15. 设对于每个形如 $\varepsilon=\dfrac{1}{2^n}$, $n=1,2,\cdots$ 的正数, 都有对应的 $\delta>0$, 使当 $|x-x_0|<\delta$ 时, 有 $|f(x)-f(x_0)|<\varepsilon$, f 在 x_0 处是否连续?

16. 设对于每个 $\delta>0$, 都存在 $\varepsilon>0$, 使当 $|x-x_0|<\delta$ 时, $|f(x)-f(x_0)|<\varepsilon$, f 在 x_0 处是否连续?

17. 若 $f(x)$ 在点 $x=a$ 的邻域内有定义, 极限 $\lim\limits_{h\to0}[f(a+h)-f(a-h)]=0$, 问 $f(x)$ 在 $x=a$ 处是否连续?

18. 设 $b>a$,a,b 为常数, $\forall\delta\in\left(0,\dfrac{b-a}{2}\right)$, $f(x)$ 在闭区间 $[a+\delta,b-\delta]$ 上连续, 试问:

(1) $f(x)$ 在 (a,b) 内是否连续?

(2) $f(x)$ 在 $[a,b]$ 上是否连续?

19. 证明: 若 $f(x)$ 连续, 则 $|f(x)|$ 连续; 反之未必成立. 试举例说明.

20. 如果函数 $f(x),g(x)$ 在区间 I 上连续, 证明: $H_1(x)=\max\{f(x),g(x)\}$ 及 $H_2(x)=\min\{f(x),g(x)\}$ 在 I 上均连续.

21. 设 $f:\mathbb{R}\to\mathbb{R}$ 是连续函数, 证明: 对任何 $c>0$, 函数

$$F(x)=\begin{cases}-c, & f(x)<-c,\\ f(x), & |f(x)|\leqslant c,\\ c, & f(x)>c\end{cases}$$

是连续函数, 并绘出该函数的草图 (提示: 证明 $F=\max\{\min\{f,c\},-c\}$).

22. 设 $f,g:D\subset\mathbb{R}\to\mathbb{R}$, f 在 x_0 处连续, g 在 x_0 处不连续, 试问: $f\pm g$ 与 $f\cdot g$ 在 x_0 处的连续性如何?

23. 若 f,g 都在 x_0 处不连续, 试问: $f\pm g$ 与 $f\cdot g$ 在 x_0 处的连续性如何?

24. 以

$$f(x)=\begin{cases}1, & x\leqslant 1,\\ 2, & x>1,\end{cases}\qquad g(y)=\begin{cases}y, & y\leqslant 1,\\ 3y-5, & y>1\end{cases}$$

为例说明: f 在 x_0,g 在 $y_0=f(x_0)$ 处均不连续, 但 $g(f(x))$ 在 x_0 处仍可能连续.

25. 设 g 在 y_0 处连续, 而 $\lim\limits_{x\to x_0}f(x)=y_0$, 证明: $\lim\limits_{x\to x_0}g(f(x))=g(y_0)$.

26. 分析函数 $f(x)=x-k\sin x\ (0\leqslant k\leqslant 1)$ 是否存在连续的反函数.

27. 研究函数

$$f(x)=\begin{cases}\mathrm{e}^x, & x<0,\\ x+a, & x\geqslant 0\end{cases}$$

的连续性.

28. 研究分段函数

$$f(x)=\begin{cases}x, & x \text{ 为有理数},\\ 1-x, & x \text{ 为无理数}\end{cases}$$

的连续性.

29. 设 $f: D\subset\mathbb{R}\to\mathbb{R}$, 用 "$\varepsilon-\delta$" 语言叙述 f 在 $x_0\in D$ 处不连续.

30. 设 $f(x)=\dfrac{\sin ax}{x(x-1)}$ (a 为常数, 且 $0<a<2\pi$), 试补充定义 $f(x)$ 在 $x=0$ 与 $x=1$ 处的值, 并确定 a 的值, 使补充定义后的函数在闭区间 $[0,1]$ 上连续.

31. 确定下列各式中的常数 a,b, 使得函数在定义区间上连续:

(1) $f(x)=\begin{cases}x+a, & x<-2,\\ 5ax+b, & -2\leqslant x<1,\\ 8x+2b, & x\geqslant 1;\end{cases}$

(2) $f(x)=\begin{cases}\dfrac{\sqrt{1-ax}-1}{x}, & x<0,\\ ax+b, & 0\leqslant x\leqslant 1,\\ \arctan\dfrac{2}{x-1}, & x>1;\end{cases}$

(3) $f(x)=\begin{cases}ax+b, & 0\leqslant x\leqslant 1,\\ \mathrm{e}^{\frac{1}{x}}, & \text{其他}.\end{cases}$

32. 构造一个在 x_0 处不连续的函数, 使 $\lim\limits_{x\to x_0^-}f(x)$ 存在, $\lim\limits_{x\to x_0^+}f(x)$ 不存在.

33. 构造一个在 x_0 处不连续的函数, 使 $\lim\limits_{x\to x_0^-}f(x)$ 与 $\lim\limits_{x\to x_0^+}f(x)$ 均存在但不相等.

34. 构造一个在 x_0 处不连续的函数, 使 $\lim\limits_{x\to x_0^-}f(x)=\lim\limits_{x\to x_0^+}f(x)\neq f(x_0)$.

35. 证明狄利克雷函数

$$D(x)=\begin{cases}1, & x \text{ 为有理数},\\ 0, & x \text{ 为无理数}\end{cases}$$

在 $\mathbb{R}$ 上每一点都不连续.

36. 设符号函数

$$\operatorname{sgn}(x)=\begin{cases}1, & x>0,\\ 0, & x=0,\\ -1, & x<0,\end{cases}$$

研究下列式子在 $x=0$ 处的连续性:

(1) $\operatorname{sgn}(x)-1$;
(2) $x\operatorname{sgn}(x)$;
(3) $\operatorname{sgn}^2(x)$;
(4) $x\operatorname{sgn}^2(x)$.

37. 指出下面函数的间断点并确定其类型:

(1) $f(x)=\dfrac{x^2-1}{x^2-3x+2}$;
(2) $f(x)=\dfrac{1}{1-2^{\frac{x}{x-1}}}$;
(3) $f(x)=[x]\sin\dfrac{1}{x}$;
(4) $f(x)=\dfrac{x}{\sin x}$;
(5) $f(x)=\begin{cases}\dfrac{\sin x}{x}, & x\neq 0,\\ a, & x=0,\end{cases}$ a 为常数;
(6) $f(x)=\mathrm{e}^{\frac{1}{x}}$;
(7) $f(x)=\begin{cases}\cos\dfrac{\pi}{2}x, & |x|\leqslant 1,\\ |x-1|, & |x|>1;\end{cases}$
(8) $f(x)=(1-x)^{\frac{2}{x}}$;
(9) $f(x)=xD(x)$, 其中 $D(x)$ 是狄利克雷函数.

*38. (1) 若函数 f 在区间 I 上一致连续, 当区间 $D\subset I$ 时, f 在 D 上是否一致连续?

(2) 若函数 f,g 在区间 I 上一致连续, 问 $f+g, f\cdot g$ 在区间 I 上是否一致连续?

*39. 分析下列函数的一致连续性:

(1) $f(x)=x^2\arcsin x,\ |x|\leqslant 1$;
(2) $f(x)=\sin\dfrac{1}{x},\ x\in(0,1)$;
(3) $f(x)=x\arctan x,\ x\in\mathbb{R}$;
(4) $f(x)=\sqrt[3]{x},\ x\geqslant 0$;
(5) $f(x)=x\cos\dfrac{1}{x},\ x>0$.

*40. 设函数 f 在开区间 (a,b) 内连续, 且 $f(a+0), f(b-0)$ 存在、有限, 证明: f 在开区间 (a,b) 内一致连续.

*41. 设函数 f 在区间 $[a,+\infty)$ 上连续, 且 $\lim\limits_{x\to+\infty}f(x)$ 存在、有限, 证明: f 在 $[a,+\infty)$ 上一致连续.

*42. 设函数 f 在区间 $[x_0,+\infty)$ 上连续, 若存在常数 a,b, 使得

$$\lim_{x\to+\infty}(f(x)-ax-b)=0,$$

则称直线 $y=ax+b$ 为曲线 $y=f(x)$ 的一条渐近线, 证明: 在此情况下, f 在 $[a,+\infty)$ 上一致连续.

习题 2.3

43. 证明:

(1) 有限多个无穷小的和是无穷小;

(2) 有界函数与无穷小的乘积是无穷小;

(3) 有限多个无穷小的乘积是无穷小.

44. 证明下列函数的等价无穷小或无穷大关系:

(1) $x^3+x^6\sim x^3$, 当 $x\to 0$ 时;　　(2) $\sqrt{x\sin x}\sim x$, 当 $x\to 0^+$ 时;

(3) $\mathrm{e}^x-\mathrm{e}^{-x}\sim 2x$, 当 $x\to 0$ 时;　　(4) $\arcsin x\sim x$, 当 $x\to 0$ 时;

(5) $\arctan x\sim x$, 当 $x\to 0$ 时;

(6) $\sqrt{x^2+\sqrt[3]{x}}\sim\sqrt[6]{x}$, 当 $x\to 0^+$ 时;

(7) $a^x-1\sim x\ln a\ (a>0,a\neq 1)$, 当 $x\to 0$ 时;

(8) $\dfrac{\ln x}{(1-x)^2}\sim\dfrac{1}{x-1}$, 当 $x\to 1$ 时;

(9) $\dfrac{2x^5}{x^3-3x+1}\sim 2x^2$, 当 $x\to\infty$ 时;

(10) $\sqrt{1+\sqrt{1+\sqrt{x}}}\sim\sqrt[8]{x}$, 当 $x\to+\infty$ 时;

(11) $x^2+x\sin x\sim x^2$, 当 $x\to\infty$ 时;

(12) $\dfrac{\arctan x}{2x^2+1}\sim\dfrac{\pi}{4x^2}$, 当 $x\to+\infty$ 时.

45. 当 $x\to 0^+$ 时, 求下列无穷小关于 x 的无穷小阶数:

(1) $\sqrt{x+\sqrt{x+\sqrt[3]{x}}}$;　　(2) $x^2\sin^{\frac{1}{k}}x$, k 为正整数;

(3) $\ln(1+x)-\ln(1-x)$;　　(4) $\sqrt{1+\tan x}-\sqrt{1+\sin x}$.

46. 选择适当的 a,k, 使得

(1) $\dfrac{1}{\sqrt{x}}\sin^3\dfrac{2}{x}\sim\dfrac{a}{x^k}$, $x\to+\infty$;

(2) $\arcsin\left(\sqrt{x^2+\sqrt{x}}-x\right)\sim\dfrac{a}{x^k}$, $x\to+\infty$.

47. 证明当 $x\to 0$ 时 (m,n 为正数), 有

(1) $o\left(x^m\right)+o\left(x^n\right)=o\left(x^k\right)$, 其中 $k=\min\{m,n\}$;

(2) $o\left(x^m\right)\cdot o\left(x^n\right)=o\left(x^{m+n}\right)$.

48. 试用等价无穷小替换的方法计算下列极限:

(1) $\lim\limits_{x\to 0}\dfrac{\sin mx}{\sin nx}$, m,n 为正整数;　　(2) $\lim\limits_{x\to 0}\dfrac{\tan ax}{x}$, a 为常数;

(3) $\lim\limits_{x\to 0}\dfrac{\sin\ \sin x}{x}$;　　(4) $\lim\limits_{x\to 0}\dfrac{\tan x-\sin x}{\sin^3 2x}$;

(5) $\lim\limits_{x\to 0}\dfrac{\arcsin\dfrac{x}{\sqrt{1-x^2}}}{\arctan x}$;　　(6) $\lim\limits_{x\to 0}\dfrac{\arctan(x+a)-\arctan a}{x}$;

(7) $\lim\limits_{x\to 0}\dfrac{1-\cos(1-\cos x)}{x^4}$;　　(8) $\lim\limits_{x\to 0}\dfrac{x(1-\cos x)}{\tan x\ln(1+x^2)}$;

(9) $\lim\limits_{x\to 0}\dfrac{\ln(a+x)-\ln a}{x}(a>0)$;　　(10) $\lim\limits_{x\to 0}\dfrac{\sqrt[n]{1+\sin x}-1}{\tan x}$, n 是正整数;

(11) $\lim\limits_{x\to 0}\dfrac{\sqrt{1+x\sin x}-\sqrt{\cos 2x}}{\tan^2\dfrac{x}{2}}$;　　(12) $\lim\limits_{x\to 0}\dfrac{\sqrt{1+x+x^2}-1}{\sin 2x}$;

(13) $\lim\limits_{x\to 0}\dfrac{\mathrm{e}^x-\mathrm{e}^{-x}}{\sin x}$;　　(14) $\lim\limits_{x\to 0}\dfrac{\sqrt{1+x^2}-1}{1-\cos x}$;

(15) $\lim\limits_{x\to 0}\dfrac{\sqrt{1-x^2}-\sqrt{1-2x^2}}{\ln(1+x)+\ln(1-x)}$;　　(16) $\lim\limits_{x\to\frac{\pi}{3}}\dfrac{\sin\left(x-\dfrac{\pi}{3}\right)}{1-2\cos x}$;

(17) $\lim\limits_{x\to 0}\dfrac{\sqrt{1-\cos x^2}}{1-\cos x}$;　　(18) $\lim\limits_{x\to 0}\dfrac{1-\cos\left(1-\cos\dfrac{x}{2}\right)}{\ln(1+x^4)}$.

49. 计算下列极限:

(1) $\lim\limits_{x\to a}\dfrac{\tan x-\tan a}{x-a}$;　　(2) $\lim\limits_{x\to 0}(x+\mathrm{e}^x)^{\frac{1}{x}}$;

(3) $\lim\limits_{x\to 0^+}\dfrac{\mathrm{e}^x-1+x^2\arctan\dfrac{1}{x}}{1-\cos\sqrt{x}}$;　　(4) $\lim\limits_{x\to\frac{\pi}{2}}(\sin x)^{\tan x}$;

(5) $\lim\limits_{x\to a}\dfrac{\ln x-\ln a}{x-a}$, $a>0$;　　(6) $\lim\limits_{x\to\infty}\left(\dfrac{x+a}{x-a}\right)^x$;

(7) $\lim\limits_{x\to a}\left(\dfrac{\sin x}{\sin a}\right)^{\frac{1}{x-a}}$, $0<a<\pi$;　　(8) $\lim\limits_{x\to\infty}\left(\sin\dfrac{2}{x}+\cos\dfrac{1}{x}\right)^x$;

(9) $\lim\limits_{x\to 0}(\sin x+\mathrm{e}^x)^{\frac{1}{2x}}$;　　(10) $\lim\limits_{x\to+\infty}[\sin\ln(1+x)-\sin\ln x]$;

(11) $\lim\limits_{x\to 0}\dfrac{\ln\cos ax}{\ln\cos bx}$;　　(12) $\lim\limits_{x\to 0}\dfrac{\cos ax-\cos bx}{x^2}$.

习题 2.4

50. 如果 f 在 $[a,b]$ 上连续且没有零点, 证明: f 在 $[a,b]$ 上恒取正值或者恒取负值.

51. 证明: 任何一个奇次 (最高次数为奇数) 实系数多项式至少有一个实根.

52. 证明: 方程 $x\cdot 2^x=1$ 在区间 $[0,1]$ 上有实根.

53. 证明: $ax=\tan x$ ($a>1$ 为常数) 在区间 $\left(0,\dfrac{\pi}{2}\right)$ 内至少有一个实根.

54. 设 $a>0,b>0$, 证明: 方程 $x=a\sin x+b$ 至少有一个不大于 $a+b$ 的正根.

55. 证明: 方程 $x-\sin(x+1)=0$ 在 $\mathbb{R}$ 中有且只有一个根.

56. 证明: 方程 $\frac{1}{x-1}+\frac{1}{x-2}+\frac{1}{x-3}=0$ 在区间 (1,2) 与区间 (2,3) 内各有一个实根.

57. 设 f,g 在 $[a,b]$ 上连续, 且 $f(a)>g(a), f(b)<g(b)$, 证明至少存在一点 $x_0\in(a,b)$, 使得 $f(x_0)=g(x_0)$.

58. 证明: 对于椭圆内任意一点 P, 存在过 P 的一条弦使得 P 是该条弦的中点.

59. 若 $f(x)$ 在闭区间 $[0,2a]$ 上连续, 且 $f(0)=f(2a)$, 证明: 方程 $f(x)=f(x+a)$ 在 $[0,a]$ 上至少有一个实根.

60. 设 $f(x)$ 在闭区间 $[a,b]$ 上连续, 证明:

(1) 若 a_1,a_2 是满足 $a_1+a_2=1$ 的正实数, 则至少存在一点 $\xi\in[a,b]$, 使得

$$a_1f(a)+a_2f(b)=f(\xi);$$

(2) 对任意正实数 k_1,k_2, 至少存在一点 $\eta\in[a,b]$, 使得

$$k_1f(a)+k_2f(b)=(k_1+k_2)f(\eta).$$

61. 如果 f 在 $\mathbb{R}$ 上连续, 且对任何 $x\in\mathbb{R}$, $f(x)$ 是有理数, 证明: f 是常值函数.

62. 若 $f(x)$ 在开区间 (a,b) 内连续, $f(x)$ 在 $x=a$ 处的右极限与 $x=b$ 处的左极限都存在 (或无穷大) 且异号, 证明: $f(x)=0$ 在开区间 (a,b) 内至少有一实根.

63. 设 $f(x)$ 在 (a,b) 内连续, $a<x_1<x_2<\cdots<x_n<b$, 证明: 在 (a,b) 内至少存在一点 ξ, 使得

$$f(\xi)=\frac{2}{n(n+1)}\left[f(x_1)+2f(x_2)+\cdots+nf(x_n)\right].$$

64. 设函数 $f(x)$ 在 (a,b) 内有定义, 具有介值性, 并且是一一对应的 (即若 $x_1\neq x_2$, 则必有 $f(x_1)\neq f(x_2)$), 证明: $f(x)$ 是严格单调的, 值域为某个开区间.

65. 设 $f:[0,1]\to[0,1]$ 连续, $f(0)=0, f(1)=1, f(f(x))=x$, 证明: $f(x)=x$.

第 2 章
重难点讲解

第 2 章
部分习题参考答案与提示

第 3 章　导数与微分

函数的导数是反映函数 (因变量) 的变化相对于自变量的变化的快慢程度. 而微分是利用导数来研究因变量的改变量的一个数学概念. 导数与微分都是讨论函数局部特性的重要概念, 对函数性质的研究起着关键的作用, 并有广泛的应用.

§3.1　导数的概念

设函数 f 在 x_0 的某个邻域内有定义, 考察 f 在 x_0 附近的局部变化率

$$k(x)=\frac{f(x)-f\left(x_0\right)}{x-x_0}.$$

这个变化率有其实际意义, 例如

(1) 如果 $f(t)$ 表示时间 t 内某个物体运动的路程, 那么相应的变化率 $k(t)=\dfrac{f(t)-f\left(t_0\right)}{t-t_0}$ 表示该物体在时间段 $[t_0,t]$ 内的平均速度;

(2) 对某个非均匀质量分布的杆状物, 如果 $f(x)$ 表示离指定端点距离为 x 的这一段质量, 那么变化率 $k(x)$ 为 x_0 到 x 这一段的平均线密度;

(3) 对一般的函数, 从数学上说, 局部变化率 $k(x)$ 在几何上表示平面上过两点 $\left(x_0,f\left(x_0\right)\right)$ 和 $(x,f(x))$ 的直线 (称为过定点 $\left(x_0,f\left(x_0\right)\right)$ 的割线 (图 3.1)) 的斜率.

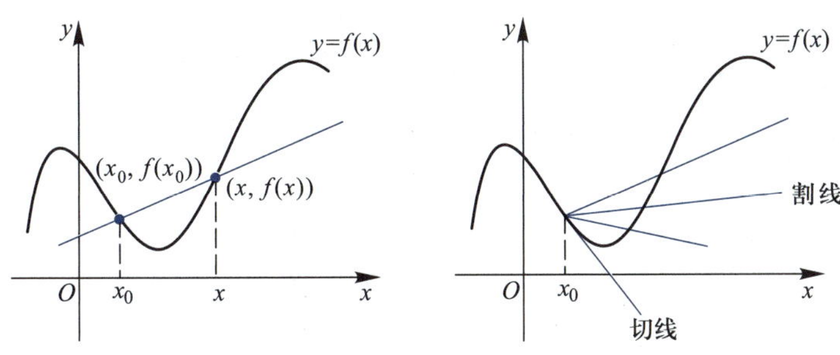

图 3.1　曲线的割线

当 x 充分接近于 x_0 时, 我们可以合理地用极限值

$$\lim_{x \to x_0} k(x) = \lim_{x \to x_0} \frac{f(x) - f(x_0)}{x - x_0} = k_0$$

定义 f 在点 x_0 处的函数值变化关于自变量变化的变化率. 如果这个极限存在, 那么上述 (1)、(2) 和 (3) 中, k_0 分别可以定义为“物体在 $t = t_0$ 时刻的瞬时速度”“非均匀质量分布的杆状物在 $x = x_0$ 处的线密度”和“曲线 $y = f(x)$ 在点 $(x_0, f(x_0))$ 处的切线的斜率”.

以下我们给出导数的定义.

重难点讲解 导数的概念及意义

定义 3.1.1 设函数 $y = f(x)$ 在 x_0 的某个邻域内有定义. 如果极限

$$\lim_{x \to x_0} \frac{f(x) - f(x_0)}{x - x_0}$$

存在, 就称 f 在 x_0 处**可导**, x_0 为 f 的**可导点**, 极限值为 f 在 x_0 处的**导数**, 记为 $f'(x_0)$; 当此极限不存在时, 则称 f 在 x_0 处**不可导**.

函数 $y = f(x)$ 在 $x = x_0$ 处的导数还可以记为 $\left.\frac{\mathrm{d}f}{\mathrm{d}x}\right|_{x=x_0}$, $\left.\frac{\mathrm{d}y}{\mathrm{d}x}\right|_{x=x_0}$, $y'|_{x=x_0}$ 等.

记 $\Delta x = x - x_0$, $x = x_0 + \Delta x$, 则函数 f 在 x_0 处的导数可表示为

$$f'(x_0) = \lim_{\Delta x \to 0} \frac{f(x_0 + \Delta x) - f(x_0)}{\Delta x}.$$

这个极限形式有时计算起来会更方便. 根据定义, 函数 f 在 x_0 处可导, 其首要条件是 f 在 x_0 的某个邻域内有定义, 从而可知某点的导数是函数的一个局部性质. 当我们论述“f 在 x_0 处可导”时, 隐含地假定 f 在 x_0 的某个邻域内有定义, 而不关心这个邻域的大小.

显而易见, 任何常值函数在任何点都可导, 且导数为零, 即 $(c)' = 0$ (c 为实常数).

对一些简单的函数, 可以直接根据定义来判断可导性或计算导数值.

例 3.1.2 求 $f(x) = x^2$ 在 $x_0 = 0$ 和 $x_0 = 3$ 处的导数.

解: $f'(0) = \lim\limits_{x \to 0} \dfrac{f(x) - f(0)}{x - 0} = \lim\limits_{x \to 0} \dfrac{x^2 - 0}{x - 0} = \lim\limits_{x \to 0} x = 0,$

$f'(3) = \lim\limits_{x \to 3} \dfrac{f(x) - f(3)}{x - 3} = \lim\limits_{x \to 3} \dfrac{x^2 - 9}{x - 3} = \lim\limits_{x \to 3} (x + 3) = 6.$

实际上, $f(x) = x^2$ 在任何一点 x_0 处都可导, 且

$$f'(x_0) = \lim_{x \to x_0} \frac{f(x) - f(x_0)}{x - x_0} = \lim_{x \to x_0} \frac{x^2 - x_0^2}{x - x_0} = \lim_{x \to x_0} (x + x_0) = 2x_0.$$

如果函数 $f : (a, b) \to \mathbb{R}$ 在区间 (a, b) 内的任何一点均可导, 那么由 $x \in (a, b)$ 到导数值 $f'(x)$ 的对应关系确定了一个新的函数 $f' : (a, b) \to \mathbb{R}$. 我们称

其为 f 在区间 (a,b) 内的**导函数**, 简称为**导数**. 根据定义, 对于 $x\in(a,b)$,

$$f'(x)=\lim_{\Delta x\to 0}\frac{f(x+\Delta x)-f(x)}{\Delta x}.$$

例 3.1.3 求 $f(x)=x^\alpha,\ x\in(0,+\infty)$ 的导数 $(\alpha\neq 0)$.

解: 根据导数定义,

$$\begin{aligned}f'(x)&=\lim_{\Delta x\to 0}\frac{(x+\Delta x)^\alpha-x^\alpha}{\Delta x}=\lim_{\Delta x\to 0}\frac{(1+\Delta x/x)^\alpha-1}{\Delta x/x}x^{\alpha-1}\\&=x^{\alpha-1}\lim_{t\to 0}\frac{(1+t)^\alpha-1}{t}=\alpha x^{\alpha-1}\ \left(\text{这里 } t=\frac{\Delta x}{x}\right).\end{aligned}$$

例 3.1.4 求 $y=\sin x$ 和 $y=\cos x$ 的导数.

解: 由三角函数的和差化积公式, 有

$$\sin(x+\Delta x)-\sin x=2\sin\frac{\Delta x}{2}\cos\left(x+\frac{\Delta x}{2}\right).$$

因此

$$\lim_{\Delta x\to 0}\frac{\sin(x+\Delta x)-\sin x}{\Delta x}=\lim_{\Delta x\to 0}\frac{\sin\dfrac{\Delta x}{2}}{\dfrac{\Delta x}{2}}\cos\left(x+\frac{\Delta x}{2}\right)=\cos x.$$

即

$$(\sin x)'=\cos x.$$

类似地, 可得到

$$(\cos x)'=-\sin x.$$

例 3.1.5 求 $y=\ln x$ 的导函数 $(x>0)$.

解: 因为

$$\begin{aligned}\lim_{\Delta x\to 0}\frac{\ln(x+\Delta x)-\ln x}{\Delta x}&=\lim_{\Delta x\to 0}\frac{\ln(1+\Delta x/x)}{\Delta x}\\&=\lim_{\Delta x\to 0}\frac{1}{x}\ln\left(1+\frac{\Delta x}{x}\right)^{\frac{x}{\Delta x}}\\&=\frac{1}{x},\end{aligned}$$

所以

$$(\ln x)'=\frac{1}{x}.$$

如果 f 是一个分段函数, x_0 为定义区间的一个分段点, 那么应特别注意 f 在分段点 x_0 处的可导性和导数的计算. 通常 f 在 x_0 处是否可导, 应通过定义来分析计算确定.

例 **3.1.6** 分析函数

$$f(x)=\begin{cases}\sin x, & x\leqslant 0,\\ cx, & x>0\end{cases}$$

在 $x=0$ 处的可导性.

解: $f'(0)=\lim\limits_{x\to 0}\dfrac{f(x)-f(0)}{x-0}$. 要计算此极限, 必须考察其左、右极限:

$$\lim_{\Delta x\to 0^-}\frac{f(x)-f(0)}{x-0}=\lim_{\Delta x\to 0^-}\frac{\sin x-0}{x}=1,$$
$$\lim_{\Delta x\to 0^+}\frac{f(x)-f(0)}{x-0}=\lim_{\Delta x\to 0^+}\frac{cx-0}{x}=c.$$

因此, 只有当 $c=1$ 时, f 在 $x=0$ 处可导且导数为 1.

定理 **3.1.7** 设 f 在 x_0 的某个邻域有定义, 如果 f 在 x_0 处可导, 那么 f 在 x_0 处连续.

证明: 若 f 在 x_0 处可导, 则极限 $\lim\limits_{x\to x_0}\dfrac{f(x)-f\left(x_0\right)}{x-x_0}$ 存在. 记

$$\lim_{x\to x_0}\frac{f(x)-f\left(x_0\right)}{x-x_0}=d_0,$$

则

$$\frac{f(x)-f\left(x_0\right)}{x-x_0}=d_0+\alpha(x),$$

其中

$$\lim_{x\to x_0}\alpha(x)=0.$$

于是

$$f(x)-f\left(x_0\right)=d_0(x-x_0)+\alpha(x)(x-x_0).$$

因此

$$\lim_{x\to x_0}(f(x)-f(x_0))=d_0\lim_{x\to x_0}(x-x_0)+\lim_{x\to x_0}\alpha(x)(x-x_0)=0,$$

即 $\lim\limits_{x\to x_0}f(x)=f(x_0)$, 从而 f 在 x_0 处连续.

上述定理简单地说就是“可导必连续”, 但反之不一定成立, 即 f 在某点处连续, f 在此点处仍然有可能不可导, 下面是一个简单的例子.

例 **3.1.8** 函数 $f(x)=|x|$ 在 $x=0$ 处连续但不可导, 因为极限 $\lim\limits_{x\to 0}\dfrac{|x|}{x}$ 不存在.

图 3.2 给出了 3 个在 $x=0$ 处连续但不可导的函数曲线.

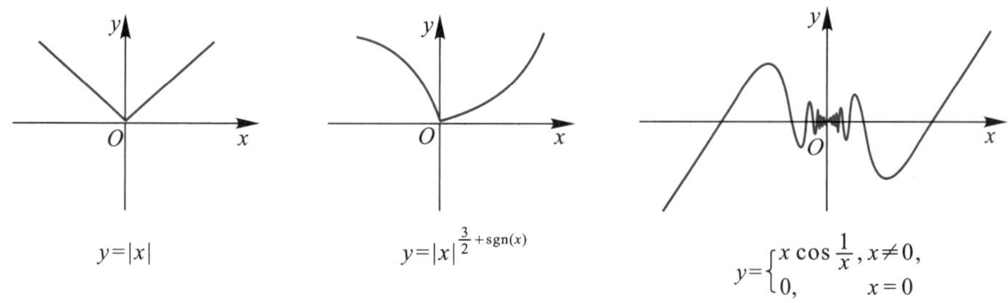

图 3.2　在 $x=0$ 处连续但不可导的函数

分析函数 f 在 x_0 处是否可导, 就是分析极限 $\lim\limits_{x\to x_0}\dfrac{f(x)-f(x_0)}{x-x_0}$ 是否存在. 分析一个极限是否存在, 往往去分析其左、右极限是否存在并且是否相等. 为此, 我们引出函数的单侧可导性和单侧导数.

定义 3.1.9　设函数 f 在 x_0 的某个含 x_0 的右邻域 $[x_0,x_0+\delta)$ 内有定义. 如果右极限 $\lim\limits_{x\to x_0^+}\dfrac{f(x)-f(x_0)}{x-x_0}$ 存在, 就称 f 在 x_0 处右侧可导, 其极限值即为 f 在 x_0 处的右导数, 并记其为 $f'_+(x_0)$; 同样, 设 f 在 $(x_0-\delta,x_0]$ 内有定义, 如果左极限 $\lim\limits_{x\to x_0^-}\dfrac{f(x)-f(x_0)}{x-x_0}$ 存在, 就称 f 在 x_0 处左侧可导, 其极限值即为 f 在 x_0 处的左导数, 并记其为 $f'_-(x_0)$.

例如, 图 3.2 中所示的函数 $f(x)=|x|$ 在 $x=0$ 处的左、右导数都存在, 且 $f'_-(0)=-1$, $f'_+(0)=1$; 函数 $f(x)=|x|^{\frac{3}{2}+\operatorname{sgn}(x)}$ 在 $x=0$ 处的左导数不存在, 因为

$$\lim_{x\to 0^-}\frac{f(x)-f(0)}{x-0}=\lim_{x\to 0^-}\frac{\sqrt{|x|}-0}{x-0}=-\infty,$$

但右导数存在:

$$\lim_{x\to 0^+}\frac{f(x)-f(0)}{x-0}=\lim_{x\to 0^+}\frac{x^{5/2}-0}{x-0}=0;$$

读者可以自行验证函数 $f(x)=x\cos\dfrac{1}{x}(x\neq 0)$, $f(0)=0$ 在 $x=0$ 处的左、右导数都不存在.

定理 3.1.10　设函数 f 在 x_0 的某个邻域内有定义, 则 f 在 x_0 处可导当且仅当 f 在 x_0 处分别左、右可导, 且左、右导数值相等.

就像分析函数的极限是否存在一样, 我们常常通过分析函数的左、右导数是否存在来判断其导数是否存在, 在研究分段函数在分点是否可导时尤其如此.

§3.2　导数的四则运算与反函数的导数

常见的初等函数, 均是一些简单的基本初等函数通过四则运算、求反函数运算和复合运算得到. 对于一般复合函数, 直接利用导数的定义 (即极限计算)

来计算导数值是不方便的或者是很困难的. 我们需要建立一些求导规则或利用一些基本初等函数的导函数, 来简化导函数的计算. 本节将分别介绍函数四则运算、反函数下的求导规则, 并根据这些规则给出基本初等函数的导函数. 复合函数的求导规则将在下一节给出.

重难点讲解
导数的计算

一、导数的四则运算

导数的四则运算法则, 指的是对一个由某些函数经四则运算后得到的函数求导所固有的规则.

定理 3.2.1 (线性性质) 设函数 f 和 g 在 x_0 处均可导, α 和 β 为两个常数, 则函数 $\alpha f+\beta g$ 在 x_0 处也可导, 并且

$$\frac{\mathrm{d}}{\mathrm{d}x}(\alpha f+\beta g)\bigg|_{x=x_0}=\alpha\frac{\mathrm{d}f}{\mathrm{d}x}\bigg|_{x=x_0}+\beta\frac{\mathrm{d}g}{\mathrm{d}x}\bigg|_{x=x_0}.$$

证明: 因为 f 和 g 在 x_0 处均可导, 所以

$$f'(x_0)=\lim_{\Delta x\to 0}\frac{f(x_0+\Delta x)-f(x_0)}{\Delta x},$$
$$g'(x_0)=\lim_{\Delta x\to 0}\frac{g(x_0+\Delta x)-g(x_0)}{\Delta x}.$$

于是

$$\begin{aligned}\frac{\mathrm{d}}{\mathrm{d}x}(\alpha f+\beta g)\bigg|_{x=x_0}&=\lim_{\Delta x\to 0}\frac{[\alpha f(x_0+\Delta x)+\beta g(x_0+\Delta x)]-(\alpha f(x_0)+\beta g(x_0))}{\Delta x}\\&=\alpha\lim_{\Delta x\to 0}\frac{f(x_0+\Delta x)-f(x_0)}{\Delta x}+\beta\lim_{\Delta x\to 0}\frac{g(x_0+\Delta x)-g(x_0)}{\Delta x}\\&=\alpha\frac{\mathrm{d}f}{\mathrm{d}x}\bigg|_{x=x_0}+\beta\frac{\mathrm{d}g}{\mathrm{d}x}\bigg|_{x=x_0}.\end{aligned}$$

因此, 有以下求导公式:

$$(\alpha f(x)+\beta g(x))'=\alpha f'(x)+\beta g'(x).$$

例 3.2.2 计算函数 $f(x)=\log_a x$ 的导函数 $(a>0,a\neq 1)$.

解: 通过对数的换底公式将 $f(x)=\log_a x$ 改写为

$$f(x)=\frac{\ln x}{\ln a}=\frac{1}{\ln a}\ln x.$$

根据例 3.1.5 的结果可得

$$(\log_a x)'=\frac{1}{\ln a}(\ln x)'=\frac{1}{x\ln a}.$$

例 3.2.3 计算函数 $f(x)=2x^3-5\sin x+1$ 的导数.

解: $f'(x)=2\left(x^3\right)'-5(\sin x)'+(1)'=2\left(3x^2\right)-5\cos x+0=6x^2-5\cos x$.

例 **3.2.4** n 次多项式 $(n>1)$ 的导函数是一个 $n-1$ 次多项式.

本题证明请读者完成.

定理 **3.2.5** 设函数 f 和 g 在 x 处均可导, 则积函数 fg 在 x 处也可导, 且有

$$(f(x)g(x))'=f'(x)g(x)+f(x)g'(x).$$

证明:
$$\begin{aligned}
&(f(x)g(x))'\\
=&\lim_{\Delta x\to0}\frac{f(x+\Delta x)g(x+\Delta x)-f(x)g(x)}{\Delta x}\\
=&\lim_{\Delta x\to0}\frac{f(x+\Delta x)-f(x)}{\Delta x}g(x+\Delta x)+\lim_{\Delta x\to0}f(x)\frac{g(x+\Delta x)-g(x)}{\Delta x}\\
=&f'(x)g(x)+f(x)g'(x).
\end{aligned}$$

本定理可推广到多个可导函数之积的情形, 有

$$\begin{aligned}
&(f_1(x)f_2(x)\cdots f_n(x))'\\
=&f_1'(x)f_2(x)\cdots f_n(x)+f_1(x)f_2'(x)\cdots f_n(x)+\cdots+f_1(x)f_2(x)\cdots f_n'(x).
\end{aligned}$$

定理 **3.2.6** 设函数 f 和 g 在 x 处均可导, $g(x)\neq0$, 则商函数 $\dfrac{f}{g}$ 在 x 处也可导, 并且

$$\left(\frac{f(x)}{g(x)}\right)'=\frac{f'(x)g(x)-f(x)g'(x)}{g^2(x)}.$$

特别地,

$$\left(\frac{1}{g(x)}\right)'=-\frac{g'(x)}{g^2(x)}.$$

请读者自行完成此证明.

例 **3.2.7**
$$\begin{aligned}
(\tan x)'&=\left(\frac{\sin x}{\cos x}\right)'=\frac{(\sin x)'\cos x-\sin x(\cos x)'}{\cos^2 x}\\
&=\frac{\cos^2 x-\sin x(-\sin x)}{\cos^2 x}=\frac{1}{\cos^2 x}=\sec^2 x,\\
(\cot x)'&=\frac{-\sin^2 x-\cos^2 x}{\sin^2 x}=-\frac{1}{\sin^2 x}=-\csc^2 x.
\end{aligned}$$

同理可得 $(\sec x)'=\sec x\tan x$, $(\csc x)'=-\csc x\cot x$.

二、反函数的求导法则

定理 **3.2.8** (反函数的求导法则) 设函数 $y=f(x)$ 在 $U(x_0)$ 内严格单调, 在 x_0 处可导且 $f'\left(x_0\right)\neq0$, $y_0=f\left(x_0\right)$, $g:U(y_0)\to U(x_0)$ 为 $y=f(x)$ 的反函数, 则函数 g 在 y_0 处可导, 且 $g'\left(y_0\right)=\dfrac{1}{f'\left(x_0\right)}$.

证明: 令 $\Delta x = g(y_0+\Delta y) - g(y_0)$, 则

$$g(y_0+\Delta y) = x_0+\Delta x, \quad y_0+\Delta y = f(x_0+\Delta x),$$

于是

$$\Delta y = (y_0+\Delta y) - y_0 = f(x_0+\Delta x) - f(x_0).$$

由于 f 在 $U(x_0)$ 内严格单调、连续, 故 g 必在 y_0 的某邻域 $U(y_0)$ 内也严格单调、连续. 因此当 $\Delta y \neq 0$ 时, 上述定义的 $\Delta x \neq 0$, 并且当 $\Delta y \to 0$ 时 $\Delta x \to 0$. 于是, 由 f 在 x_0 处的可导性得

$$g'(y_0) = \lim_{\Delta y\to 0}\frac{g(y_0+\Delta y)-g(y_0)}{\Delta y} = \lim_{\Delta x\to 0}\frac{\Delta x}{f(x_0+\Delta x)-f(x_0)}.$$

$$= \lim_{\Delta x\to 0}\frac{1}{\dfrac{f(x_0+\Delta x)-f(x_0)}{\Delta x}} = \frac{1}{f'(x_0)}.$$

例 3.2.9 证明: 若 $|x|<1$, 则 $(\arcsin x)' = \dfrac{1}{\sqrt{1-x^2}}$.

证明: 令 $y = \arcsin x\ (|x|<1)$, 则其反函数为 $x = \sin y, y \in \left(-\dfrac{\pi}{2}, \dfrac{\pi}{2}\right)$. 根据反函数的求导法则, 有

$$(\arcsin x)' = \frac{1}{(\sin y)'} = \frac{1}{\cos y} = \frac{1}{\sqrt{1-\sin^2 y}} = \frac{1}{\sqrt{1-x^2}}.$$

应特别注意的是: 上式中 $(\arcsin x)'$ 与 $(\sin y)'$ 的求导变量是不同的, 前者关于变量 x, 后者关于变量 y. 类似可得到其他反三角函数的导数.

例 3.2.10 求指数函数 $y = a^x\ (a>0, a\neq 1)$ 的导函数.

解: $y = a^x$ 的反函数为 $x = \log_a y (y>0)$. 因此

$$(a^x)' = \frac{1}{(\log_a y)'} = \frac{1}{1/(y\ln a)} = y\ln a = a^x \ln a.$$

导数问题

特别地, $(\mathrm{e}^x)' = \mathrm{e}^x$.

基本初等函数的导数公式

1. $(C)' = 0$, 其中 C 为实常数;
2. $(x^a)' = ax^{a-1}$, 其中 a 为实常数;
3. $(a^x)' = a^x \ln a\ (a>0$ 且 $a\neq 1)$;
4. $(\mathrm{e}^x)' = \mathrm{e}^x$;
5. $(\log_a x)' = \dfrac{1}{x\ln a}\ (a>0, a\neq 1)$;

6. $(\ln x)' = \dfrac{1}{x}$;

7. $(\sin x)' = \cos x$;

8. $(\cos x)' = -\sin x$;

9. $(\tan x)' = \sec^2 x$;

10. $(\cot x)' = -\csc^2 x$;

11. $(\sec x)' = \sec x \tan x$;

12. $(\csc x)' = -\csc x \cot x$;

13. $(\arcsin x)' = \dfrac{1}{\sqrt{1-x^2}}$ $(|x| < 1)$;

14. $(\arccos x)' = -\dfrac{1}{\sqrt{1-x^2}}$ $(|x| < 1)$;

15. $(\arctan x)' = \dfrac{1}{1+x^2}$;

16. $(\operatorname{arccot} x)' = -\dfrac{1}{1+x^2}$.

§3.3 复合函数的求导法——链式法则

除简单的基本初等函数或经四则运算后得到的函数外, 我们还经常要讨论一些由初等函数复合所得的函数. 本节将讨论复合函数的求导法则.

定理 3.3.1 (链式法则) 设函数 g 在 x_0 处可导, f 在对应点 $u_0 = g(x_0)$ 处可导, 则复合函数 $f \circ g$ 在 x_0 处也可导, 且

$$(f \circ g)'(x_0) = f'(u_0)\, g'(x_0).$$

证明: 记 $y = f(u)$, $u = g(x)$, 复合而成的函数为 $y = f(g(x))$. 由于 f 在 u_0 处可导, 故 $f'(u_0) = \lim\limits_{u \to u_0} \dfrac{f(u) - f(u_0)}{u - u_0}$. 从而

$$\frac{f(u) - f(u_0)}{u - u_0} = f'(u_0) + \alpha(u),$$

其中 $\lim\limits_{u \to u_0} \alpha(u) = 0$. 于是当 $u \neq u_0$ 时, 有

$$f(u) = f(u_0) + f'(u_0)(u - u_0) + \alpha(u)(u - u_0). \tag{$*$}$$

另一方面, 当 $\Delta x \neq 0$ 时, $\Delta u = u - u_0 = g(x_0 + \Delta x) - g(x_0)$ 有可能等于零. 而当 $u = u_0$ (即 $\Delta u = 0$) 时, 虽然有 $\Delta y = f(u) - f(u_0) = 0$, $(*)$ 式依然成立. 但需对 $\alpha(u)$ 作扩充定义:

$$\alpha(u) = \begin{cases} \dfrac{f(u) - f(u_0)}{u - u_0} - f'(u_0), & u \neq u_0, \\ 0, & u = u_0. \end{cases}$$

这样, 无论 u 是否等于 u_0, $(*)$ 式均成立. 因此

$$(f \circ g)(x)=f(g(x))=f\left(g\left(x_0\right)\right)+\left(f^{\prime}\left(u_0\right)+\alpha(u)\right)\left(g(x)-g\left(x_0\right)\right).$$

由于 g 在 x_0 处可导, 故 g 在 x_0 处连续, 从而当 $x \rightarrow x_0$ 时, $u=g(x) \rightarrow g\left(x_0\right)=u_0$. 因此当 $x \rightarrow x_0$ 时, $\alpha(u) \rightarrow 0$. 根据导数定义, 有

$$\begin{aligned}
\lim _{x \rightarrow x_0} \frac{(f \circ g)(x)-(f \circ g)\left(x_0\right)}{x-x_0} & =\lim _{x \rightarrow x_0}\left(f^{\prime}\left(u_0\right)+\alpha(u)\right) \frac{g(x)-g\left(x_0\right)}{x-x_0} \\
& =f^{\prime}\left(u_0\right) g^{\prime}\left(x_0\right).
\end{aligned}$$

所以

$$(f \circ g)^{\prime}\left(x_0\right)=f^{\prime}\left(u_0\right) g^{\prime}\left(x_0\right).$$

一般地, 如果 g 在开区间 (a, b) 内可导, 而 f 在 g 的值域内可导, 那么在 (a, b) 内有定义的复合函数 $f \circ g$ 在 (a, b) 内也可导, 并且

$$(f \circ g)^{\prime}(x)=f^{\prime}(g(x)) g^{\prime}(x),$$

或者表示为

$$\frac{\mathrm{d} f(g(x))}{\mathrm{d} x}=\left.\frac{\mathrm{d} f(u)}{\mathrm{d} u}\right|_{u=g(x)} \frac{\mathrm{d} g(x)}{\mathrm{d} x}.$$

若 $y=f(u), u=g(x)$ 均可导, 则其复合而成的函数 $y=f(g(x))$ 也可导, 且

$$\frac{\mathrm{d} y}{\mathrm{d} x}=\frac{\mathrm{d} y}{\mathrm{d} u} \cdot \frac{\mathrm{d} u}{\mathrm{d} x}=f^{\prime}(u) \cdot g^{\prime}(x).$$

上述公式常被称为复合函数的链式法则. 特别需要强调的是: 当求得 $f^{\prime}(u)$ 后, 应将 $u=g(x)$ 代入. 另外也请注意: $f^{\prime}(g(x))$ 与 $(f(g(x)))^{\prime}$ 是不同的, 读者应明确这两者之间的差异.

通过上述链式法则, 可以方便地计算更为复杂的函数的导函数.

例 3.3.2 求幂函数 $y=x^a(x>0)$ 的导函数.

解: 在上一节中, 我们已经给出了幂函数的求导公式, 下面我们利用复合函数的链式法则重新给出其证明.

将 $y=x^a$ 表示为 $y=x^a=\mathrm{e}^{a \ln x}$. 它可看作 $y=\mathrm{e}^u$ 与 $u=a \ln x$ 的复合函数. 因此

$$\frac{\mathrm{d}}{\mathrm{d} x} x^a=\left.\frac{\mathrm{d}}{\mathrm{d} u} \mathrm{e}^u\right|_{u=a \ln x} \cdot \frac{\mathrm{d}}{\mathrm{d} x}(a \ln x)=\left(\left.\mathrm{e}^u\right|_{u=a \ln x}\right) \cdot \frac{a}{x}=x^a \frac{a}{x}=a x^{a-1}.$$

例 3.3.3 求函数 $f(x)=x^x(x>0)$ 的导函数.

解: 因为 $x^x=\mathrm{e}^{x \ln x}$, 所以

$$\left(x^x\right)^{\prime}=\mathrm{e}^{x \ln x}(1+\ln x)=x^x(1+\ln x).$$

对于形如 $f(x)=u(x)^{v(x)}$ (其中 $u(x)>0$) 的函数, 我们称其为**幂指函数**, 可将其化成 $u(x)^{v(x)}=\mathrm{e}^{v(x)\ln u(x)}$ 的形式, 然后用复合函数的链式法则求得它的导数.

一些由方程确定的函数关系, 我们称为**隐函数**, 相应的方程也称为**隐函数方程**. 在下册里我们将详细介绍隐函数的知识. 下面我们通过例子来说明求隐函数方程所确定的隐函数导数的方法.

例 3.3.4 求由开普勒方程 (常数 $\varepsilon\in(0,1)$) $y-x-\varepsilon\sin y=0$ 确定的隐函数 $y=f(x)$ 的导数.

解: 将 $y=f(x)$ 代入上述方程, 得到恒等式

$$f(x)-x-\varepsilon\sin f(x)\equiv 0.$$

可以证明函数 $y=f(x)$ 是可导的 (将在下册介绍有关理论). 因此, 将上述恒等式两边对变量 x 求导得

$$f'(x)-1-\varepsilon\cos f(x)f'(x)\equiv 0,$$

解得

$$f'(x)=\frac{1}{1-\varepsilon\cos f(x)}.$$

例 3.3.5 设函数 $y=y(x)$ 由方程 $xy+x^2+y^3+\mathrm{e}^{xy}=0$ 确定, 试求 $\left.\dfrac{\mathrm{d}y}{\mathrm{d}x}\right|_{x=0}$.

解: 由方程知, 当 $x=0$ 时,$y=-1$. 将方程两边对 x 求导, 可得

$$y+xy'+2x+3y^2y'+\mathrm{e}^{xy}(y+xy')=0.$$

将 $x=0,\ y=-1$ 代入得 $-1+3y'+(-1)=0$, 解得 $\left.\dfrac{\mathrm{d}y}{\mathrm{d}x}\right|_{x=0}=\dfrac{2}{3}$.

利用对数建立函数恒等式, 将复杂函数简化, 然后通过此恒等式求导, 建立导函数关系式, 进而解得导函数, 这一方法称为**对数求导法**. 这个方法对幂指函数和由连乘或连除形式给出的函数的导数计算尤为有效.

例 3.3.6 求 $f(x)=x^{\sin x}\ (x>0)$ 的导数.

解: 首先对函数 $f(x)=x^{\sin x}$ 取对数, 从而建立一个恒等式

$$\ln f(x)=\sin x\ln x.$$

其次, 将此恒等式两边对 x 求导 (等式左边利用复合函数求导法, 等式右边直接求导), 有

$$\frac{f'(x)}{f(x)}=\cos x\ln x+\frac{\sin x}{x}.$$

最后解之, 得 $f(x)=x^{\sin x}$ 的导函数

$$f'(x)=x^{\sin x}\left(\cos x\ln x+\frac{\sin x}{x}\right).$$

一般地, 若函数 $u(x)$ 和 $v(x)$ 均可导, 且 $u(x)>0$, 则用对数求导法可得

$$\left(u(x)^{v(x)}\right)'=u(x)^{v(x)}\left(v'(x)\ln u(x)+v(x)\frac{u'(x)}{u(x)}\right).$$

建议读者仔细推导这一公式.

例 3.3.7 求函数 $y=\dfrac{(x+1)^2\sqrt{x-1}}{(x+2)^{x-1}x^{1/3}}$ $(x>1)$ 的导数.

解: 两边取对数, 得

$$\ln y=2\ln(x+1)+\frac{1}{2}\ln(x-1)-(x-1)\ln(x+2)-\frac{1}{3}\ln x.$$

将上式两边同时对 x 求导, 注意到 $\ln y(x)$ 是复合函数, 因此有

$$\frac{y'(x)}{y(x)}=\frac{2}{x+1}+\frac{1}{2(x-1)}-\frac{x-1}{x+2}-\ln(x+2)-\frac{1}{3x}.$$

两边乘 $y(x)$ 并将 $y(x)$ 的表示式代入, 得

$$y'(x)=\frac{(x+1)^2\sqrt{x-1}}{(x+2)^{x-1}x^{1/3}}\left[\frac{2}{x+1}+\frac{1}{2(x-1)}-\frac{x-1}{x+2}-\ln(x+2)-\frac{1}{3x}\right].$$

§3.4 参数式函数的导数

在 xOy 平面上, 表示平面曲线 C 的最常用的方程形式是参数方程, 它的表达式为

$$\begin{cases}x=\varphi(t),\\ y=\psi(t)\end{cases}\quad(\alpha\leqslant t\leqslant\beta),$$

即

$$C=\{(x,y)|x=\varphi(t),y=\psi(t),t\in[\alpha,\beta]\}.$$

如果 $\varphi(t)$ 和 $\psi(t)$ 都有连续的导函数, 并且对任何 $t\in[\alpha,\beta],\varphi'(t)$ 和 $\psi'(t)$ 不同时为零, 那么称此平面曲线为光滑曲线. 光滑性要求可以确保参数曲线 C 上的任何一点 $(x_0,y_0)=(\varphi(t_0),\psi(t_0))$ 均有切线. 事实上, 如果参数曲线 C 是光滑的, 那么 $(\varphi'(t_0),\psi'(t_0))\neq(0,0)$. 不妨设 $\varphi'(t_0)\neq0$. 则由 $\varphi'(t)$ 的连续性, 在 t_0 的某个邻域 $U(t_0)$ (如果 t_0 为区间端点, 那么为单侧邻域) 内 $\varphi'(t)$ 非零且保号, 从而 $\varphi(t)$ 严格单调, 并且在 $x_0=\varphi(t_0)$ 的某个小邻域 $U(x_0)$ 内有反

函数 $t=\varphi^{-1}(x)$, 因此在 $U(x_0)$ 内 $y=\psi\left(\varphi^{-1}(x)\right)$. 此函数在 x_0 处可导, 其导数为

$$\left.\frac{\mathrm{d}y}{\mathrm{d}x}\right|_{x=x_0}=\frac{\mathrm{d}y}{\mathrm{d}t}\cdot\frac{\mathrm{d}t}{\mathrm{d}x}=\left.\frac{\psi'(t)}{\varphi'(t)}\right|_{t=\varphi^{-1}(x_0)}.$$

当我们论述“参数式函数的导数”时, 意为 $y=\psi\left(\varphi^{-1}(x)\right)$ 的导函数

$$\frac{\mathrm{d}y}{\mathrm{d}x}=\left.\frac{\psi'(t)}{\varphi'(t)}\right|_{t=\varphi^{-1}(x)}.$$

此时, 导函数仍然可以表示为一个参数式函数:

$$\begin{cases}x=\varphi(t),\\ y'=\dfrac{\psi'(t)}{\varphi'(t)}\end{cases}\quad(\alpha\leqslant t\leqslant\beta).$$

例 3.4.1 求摆线 $\begin{cases}x=a(t-\sin t),\\ y=a(1-\cos t)\end{cases}$ $(0<t<2\pi,a>0)$ 的导数 $\dfrac{\mathrm{d}y}{\mathrm{d}x}$.

解: $\dfrac{\mathrm{d}y}{\mathrm{d}x}=\dfrac{a\sin t}{a(1-\cos t)}=\dfrac{\sin t}{1-\cos t}$.

§3.5 高阶导数

给定函数 f, 如果其在某个区间内可导, 那么可构造一个新函数: f 的导函数 f'. 进一步, 如果函数 f' 也可导, 我们可以构造另一个新函数: f' 的导函数 $(f')'$. 我们称 $(f')'$ 为 f 的二阶导函数, 并简单记为 $f'',f^{(2)}$ 或 $\dfrac{\mathrm{d}^2f}{\mathrm{d}x^2}$, 即可理解为

$$\frac{\mathrm{d}^2}{\mathrm{d}x^2}f=\frac{\mathrm{d}}{\mathrm{d}x}\left(\frac{\mathrm{d}}{\mathrm{d}x}f\right).$$

特别地, 在 $x=x_0$ 处, 如果 $f'(x)$ 在 $U(x_0)$ 内有定义, 且极限

$$\lim_{\Delta x\to0}\frac{f'(x_0+\Delta x)-f'(x_0)}{\Delta x}$$

存在, 记其值为 A, 那么称 f 在 $x=x_0$ 处**二阶可导**, 其极限值 A 即为 f 在 $x=x_0$ 处的二阶导数. 即

$$f''(x_0)=\lim_{\Delta x\to0}\frac{f'(x_0+\Delta x)-f'(x_0)}{\Delta x}.$$

重难点讲解
高阶导数

一般地, 如果已经定义了 f 的 n 阶导函数 $f^{(n)}$, 那么当 $f^{(n)}$ 可导时, 称 $f^{(n)}$ 的导数 $(f^{(n)})'$ 为 f 的 **$n+1$ 阶导函数**, 记为 $f^{(n+1)}$. n 阶导函数也简称为 **n 阶导数**. 二阶及以上阶导数统称为**高阶导数**.

例 3.5.1 计算指数函数 $f(x)=a^x(a>0)$ 的 n 阶导数.

解: 首先, $f'(x)=\ln a\cdot a^x=(\ln a)f(x)$. 因此

$$f''(x)=(\ln a)f'(x)=(\ln a)^2f(x).$$

假设 $f^{(n)}(x)=(\ln a)^nf(x)=(\ln a)^na^x$, 则

$$f^{(n+1)}(x)=[(\ln a)^n(a^x)]'=(\ln a)^{n+1}a^x.$$

所以 $f^{(n)}(x)=(\ln a)^nf(x)=(\ln a)^n\,a^x$.

例 3.5.2 计算 $f(x)=\sin x$ 的 n 阶导数.

解: $f'(x)=\cos x=\sin\left(x+\dfrac{\pi}{2}\right)$,

$$f''(x)=\cos\left(x+\frac{\pi}{2}\right)=\sin\left(x+2\cdot\frac{\pi}{2}\right).$$

同例 3.5.1 类似, 可归纳得

$$f^{(n)}(x)=\sin\left(x+\frac{n\pi}{2}\right).$$

类似地, 有

$$(\cos x)^{(n)}=\cos\left(x+\frac{n\pi}{2}\right).$$

例 3.5.3 若 f 有 n 阶导数, 则

$$[f(ax+b)]^{(n)}=a^nf^{(n)}(ax+b).$$

请读者自己推导并注意 $[f(ax+b)]^{(n)}$ 和 $f^{(n)}(ax+b)$ 的差异.

例 3.5.4 设 $f(x)=\mathrm{e}^x\cos x$, 求 $f^{(2015)}(x)$.

解: $f'(x)=\mathrm{e}^x(\cos x-\sin x)$, 我们改写 $f'(x)$ 为

$$f'(x)=\sqrt{2}\mathrm{e}^x\cos\left(x+\frac{\pi}{4}\right)=\sqrt{2}\mathrm{e}^{-\frac{\pi}{4}}\mathrm{e}^{x+\frac{\pi}{4}}\cos\left(x+\frac{\pi}{4}\right)=\sqrt{2}\mathrm{e}^{-\frac{\pi}{4}}f\left(x+\frac{\pi}{4}\right).$$

假设 $f^{(n)}(x)=\left(\sqrt{2}\mathrm{e}^{-\frac{\pi}{4}}\right)^nf\left(x+\dfrac{n\pi}{4}\right)=2^{\frac{n}{2}}\mathrm{e}^x\cos\left(x+\dfrac{n\pi}{4}\right)$, 则

$$\begin{aligned}f^{(n+1)}(x)&=\left[\left(\sqrt{2}\mathrm{e}^{-\frac{\pi}{4}}\right)^nf\left(x+\frac{n\pi}{4}\right)\right]'\\&=\left(\sqrt{2}\mathrm{e}^{-\frac{\pi}{4}}\right)^n\cdot\left(\sqrt{2}\mathrm{e}^{-\frac{\pi}{4}}\right)f\left(x+\frac{n\pi}{4}+\frac{\pi}{4}\right)\\&=\left(\sqrt{2}\mathrm{e}^{-\frac{\pi}{4}}\right)^{n+1}f\left[x+\frac{(n+1)\pi}{4}\right]\\&=(\sqrt{2})^{n+1}\mathrm{e}^x\cos\left[x+\frac{(n+1)\pi}{4}\right].\end{aligned}$$

因此

$$f^{(2015)}(x)=2^{1007}\mathrm{e}^x(\cos x+\sin x).$$

对于计算两个函数乘积的高阶导数, 我们有下述莱布尼茨[①]公式.

定理 3.5.5 (莱布尼茨公式) 若函数 u 和 v 均 n 阶可导, 则乘积函数 uv 也 n 阶可导, 且

$$(uv)^{(n)} = \sum_{k=0}^{n} \binom{n}{k} u^{(n-k)} v^{(k)}.$$

本定理的证明与二项展开式 $(a+b)^n = \sum_{k=0}^{n} \binom{n}{k} a^{n-k} b^k$ 的证明类似, 读者可参照完成本定理的证明.

一般情况下, 使用莱布尼茨公式求两个函数乘积的高阶导数, 将会使表达式非常烦琐. 但我们注意到 n 次多项式, 当求导阶数高于 n 时, 其导数为零. 所以, 如果 u, v 中有一个是低次的多项式, 那么莱布尼茨公式中的 (非零) 项数大为减少, 此时应用莱布尼茨公式计算高阶导数往往是非常有效的.

例 3.5.6 设 $f(x) = \arctan x$, 求 $f^{(n)}(0)$.

解: 因为 $f'(x) = \dfrac{1}{1+x^2}$, 移项得恒等式

$$(1+x^2) f'(x) = 1.$$

注意到左边第一个因子是二次多项式, 因此对此恒等式两边求 $n-1$ 阶导数时, 对左边应用莱布尼茨公式, 得

$$(1+x^2) f^{(n)}(x) + 2(n-1) x f^{(n-1)}(x) + (n-1)(n-2) f^{(n-2)}(x) \equiv 0.$$

特别地, 令 $x=0$, 有 $f^{(n)}(0) + (n-1)(n-2) f^{(n-2)}(0) = 0$. 由此得到递推式:

$$f^{(n)}(0) = -(n-1)(n-2) f^{(n-2)}(0).$$

注意到 $f(0) = 0, f'(0) = 1$, 得

$$f^{(n)}(0) = \begin{cases} 0, & n \text{ 为偶数}, \\ (-1)^{\frac{n-1}{2}} (n-1)!, & n \text{ 为奇数}. \end{cases}$$

例 3.5.7 设 f 在 $[-1,1]$ 上二阶可导, $g(x) = f(\sin x)$, 求 $g''(x)$.

解: 根据复合函数求导法得 $g'(x) = f'(\sin x)\cos x$, 从而有

$$g''(x) = f''(\sin x) \cos^2 x - f'(\sin x) \sin x.$$

---

① 莱布尼茨 (Leibniz, 1646—1716), 德国哲学家、数学家. 莱布尼茨是历史上少见的通才, 被誉为 17 世纪的亚里士多德. 他是微积分学的主要发明人, 不过莱布尼茨与牛顿谁先发明微积分的争论是数学界至今最大的公案. 莱布尼茨认识到好的数学符号能节省思维劳动, 运用符号的技巧是数学成功的关键之一. 因此, 他所创设的微积分符号远远优于牛顿的符号, 这对微积分的发展有极大影响.

例 **3.5.8** 求参数式函数

$$\begin{cases} x = \ln(\cos t) + \sin t, \\ y = \sin t \end{cases} \left(-\frac{\pi}{2} < t < \frac{\pi}{2}\right)$$

的二阶导数 $\dfrac{\mathrm{d}^2 y}{\mathrm{d}x^2}$.

解: 根据参数式函数的求导法, $\dfrac{\mathrm{d}y}{\mathrm{d}x} = \dfrac{\cos t}{\cos t - \tan t}$, 其仍为参数式函数:

$$\begin{cases} x = \ln(\cos t) + \sin t, \\ \dfrac{\mathrm{d}y}{\mathrm{d}x} = \dfrac{\cos t}{\cos t - \tan t}. \end{cases}$$

再由参数式函数的求导法得

$$\begin{aligned} \frac{\mathrm{d}^2 y}{\mathrm{d}x^2} &= \frac{\left(\dfrac{\cos t}{\cos t - \tan t}\right)'_t}{[\ln(\cos t) + \sin t]'_t} \\ &= \frac{\dfrac{-\sin t(\cos t - \tan t) + \cos t(\sin t + \sec^2 t)}{(\cos t - \tan t)^2}}{\cos t - \tan t} \\ &= \frac{1 + \sin^2 t}{\cos t(\cos t - \tan t)^3}. \end{aligned}$$

例 **3.5.9** 设函数 $y=y(x)$ 由方程 $xy+\ln y=1$ 确定, 求 $\left.\dfrac{\mathrm{d}y}{\mathrm{d}x}\right|_{x=0}$, $\left.\dfrac{\mathrm{d}^2 y}{\mathrm{d}x^2}\right|_{x=0}$.

解: 方程两边同时对 x 求导, 可得

$$y + x \cdot y' + \frac{1}{y} \cdot y' = 0. \tag{$*$}$$

由方程知当 $x = 0$ 时 $y = \mathrm{e}$, 代入 $(*)$ 式得

$$\left.\frac{\mathrm{d}y}{\mathrm{d}x}\right|_{x=0} = -\mathrm{e}^2.$$

将 $(*)$ 式两边同时对 x 求导, 可得

$$y' + y' + x \cdot y'' + \frac{y \cdot y'' - y' \cdot y'}{y^2} = 0.$$

将 $x = 0$, $y = \mathrm{e}$ 和 $y' = -\mathrm{e}^2$ 代入得

$$\left.\frac{\mathrm{d}^2 y}{\mathrm{d}x^2}\right|_{x=0} = 3\mathrm{e}^3.$$

例 3.5.10 设 $f(x)=\begin{cases} x^{\frac{10}{3}}\sin\dfrac{1}{x}, & x\neq 0, \\ 0, & x=0, \end{cases}$ 求 $f''(0)$.

解: 因为 $f'(0)=\lim\limits_{x\to 0}\dfrac{f(x)-f(0)}{x-0}=\lim\limits_{x\to 0}x^{\frac{7}{3}}\sin\dfrac{1}{x}=0$, 所以

$$f'(x)=\begin{cases} \dfrac{10}{3}x^{\frac{7}{3}}\sin\dfrac{1}{x}-x^{\frac{4}{3}}\cos\dfrac{1}{x}, & x\neq 0, \\ 0, & x=0. \end{cases}$$

因此

$$f''(0)=\lim_{x\to 0}\frac{f'(x)-f'(0)}{x-0}=\lim_{x\to 0}\left(\frac{10}{3}x^{\frac{4}{3}}\sin\frac{1}{x}-x^{\frac{1}{3}}\cos\frac{1}{x}\right)=0.$$

§3.6 微　　分

对函数 $y=f(x)$, 自变量的微小改变 Δx, 将导致因变量 y 值的改变. 如果函数是连续的, 那么函数值上的改变量 Δy 也应该是微小的. 我们将用微分的概念来刻画函数值改变量 Δy 对自变量改变量 Δx 的依赖关系.

一、微分的概念与运算

重难点讲解
微分

定义 3.6.1 设 $y=f(x)$ 在 x_0 的某个邻域内有定义, Δx 是自变量的一个改变量 (称为自变量的**增量**). 如果存在不依赖于 Δx 的常数 A, 使得当 $|\Delta x|$ 充分小时, 函数的增量

$$\Delta y=f(x_0+\Delta x)-f(x_0)=A\Delta x+o(\Delta x),\quad \Delta x\to 0,$$

那么称 f 在 x_0 处**可微**, 又称 $A\Delta x$ 为 f 在 x_0 处的**微分**, 记为

$$\mathrm{d}y\,|_{x=x_0}=A\Delta x\quad 或\quad \mathrm{d}f(x_0)=A\Delta x.$$

f 在 x_0 处的微分 $\mathrm{d}f(x_0)$ 是以 Δx 为自变量的线性函数. 从定义 3.6.1 中可以看出, 若 f 在 x_0 处可微, 则 $f(x_0+\Delta x)$ 可以表示为一个关于 Δx 的线性函数 $f(x_0)+A\Delta x$ 与一个 Δx 的高阶无穷小之和. 我们称 $f(x_0)+A\Delta x$ 为 $f(x_0+\Delta x)$ 的**线性主部**. 这个意思是, 当 $|\Delta x|$ 充分小时, 可用 $f(x_0)+A\Delta x$ 作为函数值 $f(x_0+\Delta x)$ 的近似; 或者说, 当 $|\Delta x|$ 充分小时, $A\Delta x$ 是 Δy 的主要部分.

定理 3.6.2 函数 f 在 x_0 处可微当且仅当 f 在 x_0 处可导, 并且在可微时有

$$\mathrm{d}f(x_0)=f'(x_0)\Delta x.$$

证明: 若 f 在 x_0 处可导, 则 $f'(x_0)=\lim\limits_{\Delta x\to 0}\dfrac{f(x_0+\Delta x)-f(x_0)}{\Delta x}$. 于是

$$\frac{f(x_0+\Delta x)-f(x_0)}{\Delta x}=f'(x_0)+\alpha,$$

其中 $\lim\limits_{\Delta x\to 0}\alpha=0$, 即

$$f(x_0+\Delta x)-f(x_0)=f'(x_0)\Delta x+\alpha\Delta x=f'(x_0)\Delta x+o(\Delta x),$$

所以 f 在 x_0 处可微.

若 f 在 x_0 处可微, 则存在常数 A, 使得

$$\Delta y=f(x_0+\Delta x)-f(x_0)=A\Delta x+o(\Delta x)\ (\Delta x\to 0),$$

即有 $\dfrac{f(x_0+\Delta x)-f(x_0)}{\Delta x}=A+\dfrac{o(\Delta x)}{\Delta x}$. 令 $\Delta x\to 0$, 两边取极限可得

$$f'(x_0)=\lim_{\Delta x\to 0}\frac{f(x_0+\Delta x)-f(x_0)}{\Delta x}=A+\lim_{\Delta x\to 0}\frac{o(\Delta x)}{\Delta x}=A,$$

因此 f 在 x_0 处可导, 并且 $\mathrm{d}f(x_0)=f'(x_0)\Delta x$.

作为特别情形, 函数 $y=x$ (在任何 x_0 处) 的微分为 $\mathrm{d}x=\Delta x$. 因此我们也将 Δx 记为 $\mathrm{d}x$, 又记 $\mathrm{d}f(x_0)=f'(x_0)\mathrm{d}x$.

一般地, 函数 $y=f(x)$ 的微分表示为 $\mathrm{d}y=f'(x)\mathrm{d}x$. 从这个表达式, 我们得到 $\dfrac{\mathrm{d}y}{\mathrm{d}x}=f'(x)$, 这就是为什么导数要采用 “$\dfrac{\mathrm{d}y}{\mathrm{d}x}$” 这个记号了. 因此, 导数也称为**微商**.

例 3.6.3 计算 $f(x)=\mathrm{e}^{\sin x}$ 的微分.

解: 因为 $f'(x)=\mathrm{e}^{\sin x}\cos x$, 所以

$$\mathrm{d}f(x)=\mathrm{e}^{\sin x}\cos x\mathrm{d}x.$$

定理 3.6.2 表明可导与可微是等价的, 且导数与微分有着如此紧密的关系, 但导数与微分有着不同的意义. 例如它们的几何意义就完全不同, 读者可以分析比较一下. 导数与微分之间这种紧密的关系表明, 微分运算具有与求导运算相同的基本性质. 读者可以毫无困难地对下列结论逐一加以验证.

定理 3.6.4 假设函数 f 和 g 均可微, α 和 β 为常数, 则 $\alpha f+\beta g$, $f\cdot g$ 和 $\dfrac{f}{g}$ $(g\neq 0)$ 也都可微, 并且

(1) $\mathrm{d}(\alpha f+\beta g)=\alpha\mathrm{d}f+\beta\mathrm{d}g$;

(2) $\mathrm{d}(f\cdot g)=\mathrm{d}f\cdot g+f\cdot\mathrm{d}g$;

(3) $\mathrm{d}\left(\dfrac{f}{g}\right)=\dfrac{\mathrm{d}f\cdot g-f\cdot\mathrm{d}g}{g^2}$.

定理 3.6.5 设函数 f 和 g 均可微, 且复合函数 $f\circ g$ 有定义, 则 $f\circ g$ 仍可微, 且

$$\mathrm{d}f(g(x))=f'(g(x))g'(x)\mathrm{d}x.$$

例 3.6.6 计算 $f(x)=x^2\ln(1+x)$ 的微分.

解: 将 f 看作两个函数的乘积, 则由微分性质, 得

$$\begin{aligned}\mathrm{d}f(x) &= \ln(1+x)\mathrm{d}(x^2) + x^2\mathrm{d}[\ln(1+x)] \\ &= \ln(1+x)\cdot 2x\mathrm{d}x + \frac{x^2}{1+x}\mathrm{d}x \\ &= \left[2x\ln(1+x) + \frac{x^2}{1+x}\right]\mathrm{d}x.\end{aligned}$$

二、一阶微分的形式不变性

假设函数 f, g 均可微, 则复合函数 $y = f(g(x))$ 可微, 其微分为

$$\mathrm{d}y = f'(g(x))\cdot g'(x)\mathrm{d}x.$$

另一方面, 如果设 $y = f(u)$, $u = g(x)$, 那么 $\mathrm{d}u = g'(x)\mathrm{d}x$, 所以有

$$\mathrm{d}y = f'(g(x))\cdot g'(x)\mathrm{d}x = f'(u)\mathrm{d}u.$$

上述关系式表明: 无论是将 $y = f(u)$ 看作是以 u 为自变量的函数, 还是以 u 为中间变量的复合函数, 其一阶微分 $\mathrm{d}y$ 在形式上都是不变的, 均可表示为 $\mathrm{d}y = f'(u)\mathrm{d}u$ 的形式. 所不同的是, 作为自变量 u, $\mathrm{d}u = \Delta u$; 而作为中间变量 u, 微分 $\mathrm{d}u$ 与改变量 Δu 一般是不相等的.

例 3.6.7 求函数 $y = \mathrm{e}^{\sin x}(1+\sin x)$ 的微分.

解: 将函数视为复合函数: $y = \mathrm{e}^u(1+u)$, $u = \sin x$. 由一阶微分的形式不变性, 有

$$\mathrm{d}y = \mathrm{e}^u(2+u)\mathrm{d}u = \mathrm{e}^{\sin x}(2+\sin x)\cos x\mathrm{d}x.$$

利用一阶微分的形式不变性求复合函数的微分, 使计算过程层次分明, 表达式结构清楚.

我们理解了导数与微分的关系之后, 认识到表达式 "$\dfrac{\mathrm{d}y}{\mathrm{d}x}$" 即为微分之商, 那么利用微分来求参数式函数的导数和高阶导数就更方便且容易理解了.

例 3.6.8 已知 $\begin{cases} x = \ln(1+t^2), \\ y = \arctan t, \end{cases}$ 求 $\dfrac{\mathrm{d}y}{\mathrm{d}x}, \dfrac{\mathrm{d}^2y}{\mathrm{d}x^2}$.

解: $\dfrac{\mathrm{d}y}{\mathrm{d}x} = \dfrac{\mathrm{d}(\arctan t)}{\mathrm{d}(\ln(1+t^2))} = \dfrac{1}{1+t^2}\cdot\dfrac{1+t^2}{2t} = \dfrac{1}{2t}$,

$$\frac{\mathrm{d}^2y}{\mathrm{d}x^2} = \frac{\mathrm{d}\left(\dfrac{\mathrm{d}y}{\mathrm{d}x}\right)}{\mathrm{d}x} = \frac{\mathrm{d}\left(\dfrac{1}{2t}\right)}{\mathrm{d}\left[\ln(1+t^2)\right]} = -\frac{1}{2t^2}\cdot\frac{1+t^2}{2t} = -\frac{1+t^2}{4t^3}.$$

例 3.6.9 设函数 $y = y(x)$ 由方程 $x^y = y^x$ $(x>0, y>0)$ 确定, 求 $\mathrm{d}y$.

解: 由 $x^y = y^x$ 可得 $\mathrm{e}^{y\ln x} = \mathrm{e}^{x\ln y}$. 对此方程两边求微分, 可得

$$x^y\left(\ln x\mathrm{d}y + y\cdot\frac{1}{x}\mathrm{d}x\right) = y^x\left(\ln y\mathrm{d}x + x\cdot\frac{1}{y}\mathrm{d}y\right),$$

解得

$$\mathrm{d}y = \frac{xy\ln y - y^2}{xy\ln x - x^2}\mathrm{d}x.$$

三、利用微分作近似计算和误差估计

当 $y = f(x)$ 在 $x = x_0$ 处可微时, 有

$$f(x_0+\Delta x) - f(x_0) = f'(x_0)\Delta x + o(\Delta x)\ (\Delta x \to 0).$$

因此当 $|\Delta x|$ 充分小时, 我们可以用以下近似公式来计算 $x = x_0$ 附近的函数值:

$$f(x_0+\Delta x) \approx f(x_0) + f'(x_0)\Delta x.$$

例 3.6.10 求 $\sin 31^\circ$ 的值.

解: 设 $f(x) = \sin x$, $x_0 = 30^\circ = \dfrac{\pi}{6}$, $\Delta x = 1^\circ = \dfrac{\pi}{180}$, 则有

$$\begin{aligned}\sin 31^\circ &= \sin\left(\frac{\pi}{6} + \frac{\pi}{180}\right) \approx \sin\frac{\pi}{6} + \cos\frac{\pi}{6}\cdot\frac{\pi}{180}\\ &= \frac{1}{2} + \frac{\sqrt{3}}{2}\cdot\frac{\pi}{180} \approx 0.515\ 11.\end{aligned}$$

我们在测量某个值 x^* 时, 得到的 x 往往是一个近似值, 称 $|x - x^*|$ 为近似值 x 的绝对误差, $\dfrac{|x-x^*|}{|x|}$ 为相对误差. 如果存在 $\delta_x > 0$, 使

$$|x - x^*| \leqslant \delta_x,$$

那么称 δ_x 为 x 的绝对误差限, $\dfrac{\delta_x}{|x|}$ 为相对误差限.

例 3.6.11 测量一块正方形土地, 已知边长的测量值为 (50 ± 0.03) m, 试估计此正方形土地面积的绝对误差和相对误差.

解: 此正方形土地的面积为 $S(x) = x^2$, 其中 $x_0 = 50$ m, $\Delta x = \pm 0.03$ m, 则

绝对误差: $|S(x) - S(x_0)| \approx |S'(x_0)\Delta x| \leqslant 2\times 50\times 0.03 = 3\ (\mathrm{m}^2)$.

相对误差: $\dfrac{|S(x) - S(x_0)|}{S(x_0)} \leqslant \dfrac{3}{50^2} = 0.12\%$.

第 3 章习题

习题 3.1

1. 求下列函数的导数:

(1) $y=x^4$;　　(2) $y=\sqrt[3]{x^2}$;

(3) $y=\dfrac{1}{\sqrt{x}}$;　　(4) $y=\dfrac{1}{x^6}$;

(5) $y=x^3\sqrt[5]{x}$;　　(6) $y=\mathrm{e}^x+\ln x$.

2. 设 $y=\cos x$, 求 $y'\big|_{x=\frac{\pi}{6}}$, $y'\big|_{x=\frac{\pi}{3}}$.

3. 讨论下列函数在 $x=0$ 处的连续性和可导性:

(1) $y=x|x|$;　　(2) $y=|\sin x|$;

(3) $y=\dfrac{x+|x|}{2}$;　　(4) $y=\sqrt[3]{x}$;

(5) $y=\dfrac{x(1+x)(2+x)\cdots(n+x)}{(1-x)(2-x)\cdots(n-x)}$;　　(6) $y=x^{\frac{3}{2}}$;

(7) $y=\begin{cases} x^2\sin\dfrac{1}{x}, & x\neq 0,\\ 0, & x=0. \end{cases}$

4. 若 $f'(x_0)$ 存在, 求下列极限的值 (其中 a 为常数):

(1) $\lim\limits_{\Delta x\to 0}\dfrac{f(x_0)-f(x_0-\Delta x)}{\Delta x}$;

(2) $\lim\limits_{\Delta x\to 0}\dfrac{f(x_0+\Delta x)-f(x_0-\Delta x)}{\Delta x}$;

(3) $\lim\limits_{\Delta x\to 0}\dfrac{f(x_0+a\Delta x)-f(x_0)}{\Delta x}$;

(4) $\lim\limits_{n\to\infty} n\cdot\left[f\left(x_0+\dfrac{a}{n}\right)-f(x_0)\right]$.

5. 设 $f(x)=\begin{cases} x^2, & x\leqslant 1,\\ ax+b, & x>1, \end{cases}$ 试确定 a,b, 使 f 在点 $x=1$ 处连续且可导.

6. 设 $f(x)=\begin{cases} 2^x, & x\leqslant x_0,\\ ax+b, & x>x_0, \end{cases}$ 其中 x_0 为已知常数, 试确定常数 a,b, 使 $f(x)$ 在点 x_0 处可导.

7. 研究函数 $f(x)=\begin{cases} \ln x, & 0<x\leqslant 1,\\ x-1, & x>1 \end{cases}$ 的连续性和可导性.

8. 研究函数 $f(x)=\begin{cases} x+x^3\cos\dfrac{1}{x^2}, & x\neq 0,\\ 0, & x=0 \end{cases}$ 的连续性和可导性.

9. 设 $f(x)=(x-1)\varphi(x)$, 其中函数 φ 在 $x=1$ 处连续, 求 $f'(1)$.

10. 设 $f(x)=|x-a|\varphi(x)$, 其中函数 φ 在 $x=a$ 处连续且 $\varphi(a)\neq 0$, 分析计算单侧导数 $f'_+(a)$ 与 $f'_-(a)$ 的值, 并证明 f 在 $x=a$ 处不可导.

11. 设 $\varphi(0)=\varphi'(0)=0$, $f(x)=\begin{cases}\varphi(x)\sin\dfrac{1}{x}, & x\neq 0,\\ 0, & x=0,\end{cases}$ 试求 $f'(0)$.

12. 若 $f(x)$ 在 $x=a$ 处可导, 导数记为 $f'(a)$, 问 $|f(x)|$ 在 $x=a$ 处是否可导?

13. 设 $f(x)$ 的定义域为 $(-\infty,+\infty)$, 且对于任意的 x 和 h, 均有

$$f(x+h)=f(x)f(h),\quad f(0)\neq 0.$$

(1) 证明: $f(0)=1$;

(2) 若 $f'(0)$ 存在, 证明: $f(x)$ 在任一点 x 处均可导, 且 $f'(x)=f(x)f'(0)$.

14. 设 $g(x)=\begin{cases}x\mathrm{e}^{-\frac{1}{x^2}}, & x\neq 0,\\ 0, & x=0,\end{cases}$ 又函数 $f(x)$ 在 $x=0$ 处可导, 求函数 $\varphi(x)=f(g(x))$ 在 $x=0$ 处的导数.

习题 3.2

15. 求下列函数的导数:

(1) $y=ax^2+bx+c$;

(2) $y=\dfrac{ax+b}{cx+d}$;

(3) $y=\dfrac{1-x^2}{1+x^2}$;

(4) $y=\sqrt{x}(x^2+\sqrt[3]{x^2}+1)$;

(5) $y=x^2\cos x+\sin x$;

(6) $y=\dfrac{\sin x}{x}+\dfrac{x}{\sin x}$;

(7) $y=x^5\mathrm{e}^x(\cos x-\sin x)$;

(8) $y=\dfrac{x\tan x}{1+\cot x}$;

(9) $y=\dfrac{\sin x}{\cos x+1}$;

(10) $y=x\ln x+\dfrac{\ln x}{x}$;

(11) $y=\dfrac{1-\ln x}{1+\ln x}$;

(12) $y=3\mathrm{e}^x+\log_a x(a>0,a\neq 1)$;

(13) $y=\log_2 x+\log_x 2+\ln\sqrt{\dfrac{x}{2}}$;

(14) $y=\mathrm{e}^x\sec x$;

(15) $y=(\tan x+\cot x)(\arctan x+\mathrm{arccot} x)$;

(16) $y=\dfrac{\arctan x}{x}$.

16. 求下列函数在指定点处的导数:

(1) $f(x)=x^3-5x^2+5x+1$, $x=0, x=1$;

(2) $f(x)=\dfrac{1-\ln x}{1+\ln x}, x=1, x=2$;

(3) $f(x)=\dfrac{x\cot x}{1+\tan x}, x=\dfrac{\pi}{4}$;

(4) $f(x)=x(x-1)(x-2)\cdots(x-100), x=0, x=1$.

17. 已知直线 $y=x$ 与 $y=\log_a x(a>0, a\neq 1)$ 相切, 求 a 的值及切点的坐标.

18. 求过原点且与曲线 $y=\dfrac{x+9}{x+5}$ 相切的直线.

19. 若 f 在 x_0 处可导, g 在 x_0 处不可导, 证明: $F(x)=f(x)+g(x)$ 在 x_0 处不可导.

20. 若 f, g 在 x_0 处均不可导, 能否断定它们的和在 x_0 处不可导? 以

$$f(x)=\begin{cases} x & x\geqslant 0, \\ -1 & x<0, \end{cases} \quad g(x)=\begin{cases} -1 & x\geqslant 0, \\ x & x<0 \end{cases}$$

为例说明之.

21. 若 f, g 在 x_0 处均不可导, 能否断定 $F(x)=f(x)g(x)$ 在 x_0 处不可导? 以 $f(x)=|x|, g(x)=|x|$ 为例说明之.

22. 若 f 在 x_0 处可导, g 在 x_0 处不可导, 能否断定 $F(x)=f(x)g(x)$ 在 x_0 处不可导? 以 $f(x)=x^2, g(x)=|x|$ 为例说明之.

习题 3.3

23. 求下列函数的导数:

(1) $y=\sqrt[3]{x^2+1}$;

(2) $y=\dfrac{x}{\sqrt{x^2+a^2}}$;

(3) $y=\sin ax+\cos bx+\tan x^2$;

(4) $y=\sin\sqrt{x}+\sqrt{\sin x}+\sqrt{\sin\sqrt{x}}$;

(5) $y=\sin\dfrac{x}{2}+\sin\sin\dfrac{x}{2}+\sin\sin\sin\dfrac{x}{2}$;

(6) $y=\sqrt{\dfrac{1-\sin 2x}{1+\sin 2x}}$;

(7) $y=\sqrt{1+\mathrm{e}^{2x}}$;

(8) $y=\mathrm{e}^{-x}(2\cos 3x+3\sin 2x)$;

(9) $y=\mathrm{e}^{\sqrt{x^2+1}}$;

(10) $y=\mathrm{e}^{\sin^2\frac{x-1}{x+1}}$;

(11) $y=2^{\frac{2x}{\ln x}}$;

(12) $y=10^{x-\sin^3 3x}$;

(13) $y=\mathrm{e}^{\sqrt{\ln(x^2+x+1)}}$;

(14) $y=\ln(x+\sqrt{x^2+a^2})$;

(15) $y=\ln\sqrt{\dfrac{1-x}{1+x}}$;

(16) $y=\sqrt{1+\ln^2 x}$;

(17) $y=(\ln x)^x x^{\ln x}$;

(18) $y=\ln\left[\ln^2\left(\ln^2\dfrac{x}{2}\right)\right]$;

(19) $y=\sqrt{\ln\left(\sin^2\dfrac{1}{x}\right)+\cos^2\dfrac{1}{x}}$;

(20) $y=x^2\arcsin 2x$;

(21) $y=\sqrt{x\arcsin\sqrt{x+1}}$; (22) $y=\arctan\dfrac{x-1}{x+1}$;

(23) $y=x^x+a^x+x^a\ (a>0,a\neq 1)$;

(24) $y=\cos\left(2\arccos\dfrac{x}{2}\right)+\arctan\left(2\tan\dfrac{x}{2}\right)$.

24. 求下列函数的导数:

(1) $y=\left|x^5\right|$; (2) $y=\left|x^2-2\right|$; (3) $y=2^{|1-x|}$.

25. 求由下列方程确定的隐函数 $y=y(x)$ 的导数 $\dfrac{\mathrm{d}y}{\mathrm{d}x}$:

(1) $xy=\mathrm{e}^{x+y}$; (2) $y=1+x\mathrm{e}^y$;

(3) $\mathrm{e}^{x^2-y^2}=\cos 2x$; (4) $x+y^3+\ln(1+y)=1$;

(5) $\cos y-\sin xy=1-x\cos y$.

26. 如果 $\varphi(x)$, $\psi(x)$ 可导, 试求 $\dfrac{\mathrm{d}y}{\mathrm{d}x}$:

(1) $y=\arctan\dfrac{\varphi(x)}{\psi(x)}$; (2) $y=\varphi(x+\psi(x))$.

27. 设 $f\left(x+\dfrac{1}{x}\right)=x^2+\dfrac{1}{x^2}(x>0)$, 求 $f'_+(2)$.

28. 设 $f(x),g(x)$ 可导, $f^2(x)+g^2(x)\neq 0$, 求函数 $\sqrt{f^2(x)+g^2(x)}$ 的导数.

29. 设 $f(x)$ 可导, 求下列函数的导数:

(1) $x=f(x^2)$;

(2) $y=f(\sin^2 x)+f(\cos^2 x)$;

(3) $y=f(\sin 2x)+\sin 2f(x)+f[\sin f(x)]$;

(4) $y=\sqrt{x+f^2[x+f(x)]}$.

30. 设函数 $f(x)=\begin{cases}|x|^\alpha\sin\dfrac{1}{x}, & x\neq 0,\\ 0, & x=0,\end{cases}$ 试问: 当实数 α 满足什么条件时,

(1) f 在 $x=0$ 处连续?

(2) f 在 $x=0$ 处可导?

(3) f 可导, 且导函数 f' 在 $x=0$ 处连续?

31. 在一闭合电路中, 若电阻 R 不变, 电流按 $I=I_{\mathrm{m}}\sin(\omega t+\varphi)$ 变化 ($I_{\mathrm{m}},\omega,\varphi$ 为常数), 则电压 V 也随着变化. 求电压对电流的变化率和电压对时间的变化率.

习题 3.4

32. 求由下列参数方程确定的函数的导数 $\dfrac{\mathrm{d}y}{\mathrm{d}x}$:

(1) $\begin{cases} x = at^2 (a \neq 0), \\ y = bt^2; \end{cases}$

(2) $\begin{cases} x = t - 1, \\ y = t^2 + t; \end{cases}$

(3) $\begin{cases} x = \dfrac{t^3}{3}, \\ y = 1 + t; \end{cases}$

(4) $\begin{cases} x = \dfrac{3at}{1+t^2}, \\ y = \dfrac{3at^2}{1+t^2}; \end{cases}$

(5) $\begin{cases} x = \cos at, \\ y = \sin bt; \end{cases}$

(6) $\begin{cases} x = a(\theta - \sin\theta), \\ y = b(1 - \cos\theta); \end{cases}$

(7) $\begin{cases} x = a\cos^3 t, \\ y = b\sin^3 t; \end{cases}$

(8) $\begin{cases} x = \ln(1+t^2), \\ y = t - \arctan t; \end{cases}$

(9) $\begin{cases} x = 1 + 2t, \\ y^2 - t^2 = 1 - \ln y. \end{cases}$

33. 已知 $\begin{cases} x = \theta(1 - \sin\theta), \\ y = \theta\cos\theta, \end{cases}$ 求 $\dfrac{\mathrm{d}x}{\mathrm{d}y}$.

34. 已知 $\begin{cases} x = \mathrm{e}^t \sin t, \\ y = \mathrm{e}^t \cos t, \end{cases}$ 求 $\dfrac{\mathrm{d}y}{\mathrm{d}x}$ 和 $\dfrac{\mathrm{d}x}{\mathrm{d}y}$.

35. 已知星形线的参数方程为 $\begin{cases} x = a\cos^3 t, \\ y = a\sin^3 t, \end{cases}$ $t \in [0, 2\pi]$.

(1) 求 $\left.\dfrac{\mathrm{d}y}{\mathrm{d}x}\right|_{t=\frac{\pi}{4}}$;

(2) 证明该曲线上任一点的切线夹在两坐标轴间的长为常数.

36. 设 $x = x(t)$, $y = y(t)$ 由方程组

$$\begin{cases} x^2 + 5xt + 4t^3 = 0, \\ \mathrm{e}^y + (t-1)y + \ln t = 1 \end{cases}$$

确定, 求 $\left.\dfrac{\mathrm{d}y}{\mathrm{d}x}\right|_{t=1}$.

习题 3.5

37. 求下列函数的二阶导数:

(1) $y = \dfrac{1}{x^3+1}$;

(2) $y = x^2 \sin x$;

(3) $y = x\mathrm{e}^x$;

(4) $y = \dfrac{\mathrm{e}^x}{x^2}$;

(5) $y = \ln\sin x$;

(6) $y = \mathrm{e}^{-ax}\sin bx$.

38. 设 $\mathrm{e}^y + xy = \mathrm{e}$, 求 $\left.\dfrac{\mathrm{d}^2 y}{\mathrm{d}x^2}\right|_{x=0}$ 的值.

39. 证明: 由参数方程 $\begin{cases} x = \mathrm{e}^t \sin t, \\ y = \mathrm{e}^t \cos t \end{cases}$ 确定的函数 y 满足关系式

$$\frac{\mathrm{d}^2 y}{\mathrm{d}x^2}(x+y)^2 = 2\left(x\frac{\mathrm{d}y}{\mathrm{d}x} - y\right).$$

40. 已知 $f(x) = \dfrac{1}{1-x^2}$, 求 $f^{(n)}(x)$.

41. 设 $f(x) = \sin^6 x + \cos^6 x$, 求 $f^{(n)}(x)$.

42. 设 $x = a\cos t + b\sin t$, $y = a\sin t - b\cos t$, 证明:

$$\frac{\mathrm{d}^m x}{\mathrm{d}t^m}\frac{\mathrm{d}^n y}{\mathrm{d}t^n} - \frac{\mathrm{d}^n x}{\mathrm{d}t^n}\frac{\mathrm{d}^m y}{\mathrm{d}t^m} = (a^2+b^2)\sin\frac{n-m}{2}\pi.$$

43. 已知 $f(x) = x^n$, 证明:

$$f(1) + f'(1) + \frac{f''(1)}{2!} + \cdots + \frac{f^{(n)}(1)}{n!} = 2^n.$$

44. 设 $f(x) = (x^2-1)^n$ (n 为正整数), 证明: 当 k 为小于 n 的正整数时,

$$f^{(k)}(1) = f^{(k)}(-1) = 0, \text{ 且 } f^{(n)}(1) = 2^n n!,\ f^{(n)}(-1) = (-2)^n n!.$$

45. 设 $\varphi(x)$ 在区间 $(-\infty, x_0]$ 上二阶可导, 应如何选择系数 a, b, c 才能使

$$f(x) = \begin{cases} \varphi(x), & x \leqslant x_0, \\ a(x-x_0)^2 + b(x-x_0) + c, & x > x_0 \end{cases}$$

在 $(-\infty, +\infty)$ 内二阶可导?

46. 已知函数 $f(x) = \begin{cases} \mathrm{e}^{-\frac{1}{x^2}}, x \neq 0, \\ 0, \quad\ x = 0, \end{cases}$ 证明在 $x = 0$ 处 $f^{(n)} = 0(n = 1, 2, \cdots)$.

47. 设 $y = \arcsin x$.

(1) 证明: $(1-x^2)y'' - xy' = 0$;

(2) 证明: $(1-x^2)y^{(n+2)} - x(1+2n)y^{(n+1)} - n^2 y^{(n)} = 0,\ n = 1, 2, \cdots$;

(3) 导出递推公式 $y^{(n+2)}(0) = n^2 y^{(n)}(0), n = 0, 1, 2, \cdots$, $y^{(0)}(0) = y(0) = 0$, $y'(0) = 1$, 并求出

$$y^{(n)}(0) = \begin{cases} 0, & n = 2k, \\ [(2k-1)!!]^2, & n = 2k+1, \end{cases} \quad k = 1, 2, \cdots.$$

48. 证明:

(1) $y=\dfrac{\sin x}{x}$ 满足方程 $\dfrac{\mathrm{d}^2y}{\mathrm{d}x^2}+\dfrac{2\mathrm{d}y}{x\mathrm{d}x}+y=0$;

(2) 切比雪夫①多项式

$$T_n(x)=\frac{1}{2^{n-1}}\cos(n\arccos x)$$

满足方程

$$(1-x^2)T_n''(x)-xT_n'(x)+n^2T_n(x)=0\ (n=0,1,2,\cdots);$$

(3) 由方程 $\sqrt{1+y}\sqrt{y}-\ln(\sqrt{y}+\sqrt{1+y})=x$ 确定的函数 $y=y(x)$ 满足

$$\frac{\mathrm{d}^2y}{\mathrm{d}x^2}+\frac{1}{2y^2}=0.$$

49. 证明勒让德① 多项式 $\mathrm{P}_n(x)=\dfrac{1}{2^nn!}\left[(x^2-1)^n\right]^{(n)}$ 满足:

(1) $\mathrm{P}_n(1)=1,\ \mathrm{P}_n(-1)=(-1)^n$;

(2) $(1-x^2)\mathrm{P}_n''(x)-2x\mathrm{P}_n'(x)+n(n+1)\mathrm{P}_n(x)=0$.

习题 3.6

50. 求下列函数的微分:

(1) $y=ax^3+bx^2+c$;　　(2) $y=\sqrt[3]{1+x^2}$;

(3) $y=\dfrac{x^{2n}}{(1+x^2)^n}$;　　(4) $y=\mathrm{e}^x\cos(3-x)$;

(5) $y=\arctan\dfrac{1-x^2}{1+x^2}$;　　(6) $y=\dfrac{x^{\ln x}}{(\ln x)^x}$.

51. 求下列方程确定的隐函数的微分 $\mathrm{d}y$:

(1) $x+\sqrt{xy+y}=4$;　　(2) $y=\tan(x+y)$;

(3) $\mathrm{e}^{xy}-x^2+y^3=1$;　　(4) $y\sin x-\cos(x-y)=0$.

---

① 切比雪夫 (Пафну́тий Льво́вич Чебышёв, 1821—1894), 俄罗斯数学家、力学家. 他是彼得堡数学学派的奠基人和领袖, 在概率论、数学分析等领域有重要贡献; 他一生发表了 70 多篇科学论文, 内容涉及数论、概率论、函数逼近论、积分学等方面; 他证明了贝尔特兰公式、自然数列中素数分布的定理、大数定律的一般公式以及中心极限定理. 他不仅重视纯数学, 还十分重视数学的应用. 在力学方面, 他首次解决了直动机构的理论计算方法, 还发明了四十余种机械, 制造了有名的步行机和计算器.

① 勒让德 (Legendre, 1752—1833), 法国数学家, 1775 年任巴黎军事学院数学教授; 1782 年以外弹道方面的论文获柏林科学院奖, 次年当选为巴黎科学院助理院士, 两年后升为院士; 1787 年成为伦敦皇家学会会员. 勒让德是椭圆积分理论的奠基人之一, 从 1786 年起就这一课题写了大量论著. 他在关于行星形状和球体引力的研究中, 给出了处理特殊函数的“勒让德多项式”. 勒让德对数论的主要贡献是二次互反律; 他还是解析数论的先驱者之一, 归纳出了素数分布律. 勒让德的《几何学原理》第一版于 1792 年出版, 是将近一个世纪中初等几何的权威教科书.

52. 当 $|x|$ 较小时, 证明下列近似公式, 近似值度量为 $o(x)$:

(1) $\sin x \approx x$; (2) $\ln(1+x) \approx x$;

(3) $\tan x \approx x$; (4) $\sqrt[n]{1+x} \approx 1+\dfrac{1}{n}x$;

(5) $\dfrac{1}{1+x} \approx 1-x$.

53. 利用 $\sqrt[n]{1+x} \approx 1+\dfrac{x}{n}$ 求 $\sqrt{0.97}$ 的近似值.

54. 设 $f(x)$ 可微, 利用一阶微分形式不变性求下列函数的微分 $\mathrm{d}y$:

(1) $y=f[f(\sin x)]$; (2) $y=f[\sin f(x)]$.

55. 利用微分证明: 当 $|x|$ 充分小时, 有近似公式

$$\sqrt[n]{a^n+x} \approx a+\frac{x}{na^{n-1}}(a>0).$$

56. 求下列各数的近似值:

(1)$\sqrt{26}$; (2) $\sin 1^\circ$;

(3) $\tan 2^\circ$; (4) $\sqrt[3]{9}$.

57. 已知单摆的振动周期 $T=2\pi\sqrt{\dfrac{l}{g}}$, 其中 $g=980\ \mathrm{cm/s^2}$, l 为摆长. 设原摆长为 20 cm, 为使周期 T 增大 0.05 s, 摆长约需加长多少?

58. 一电路中, 已知电阻 $R=22\ \Omega$, 今用电流表测得电流 $I=10$ A, 测量的绝对误差限是 0.1 A, 问用公式 $P=I^2R$ 计算电功率 P 所产生的绝对误差限 δ_P 是多少? 相对误差限 $\dfrac{\delta_P}{|P|}$ 是多少?

59. 对一圆柱形钢材试件进行轴向拉伸试验, 已知试件直径 $D=1$ cm, 长 $L=10$ cm, 在荷载 $P=1\ 570$ kg 的拉伸下, 测得伸长 $l=0.010$ cm. 已知测量伸长 l 的仪器有测量绝对误差限 0.000 3 cm, 问用公式 $E=\dfrac{4PL}{\pi D^2 l}$ 计算弹性模量 E 时, 绝对误差限 δ_E 和相对误差限 $\dfrac{\delta_E}{|E|}$ 各是多少?

第 3 章
重难点讲解

第 3 章
部分习题参考
答案与提示

第 4 章　微分中值定理及导数应用

微分中值定理和泰勒定理在微积分学中占据非常重要的地位, 它揭示了函数及其导数之间的关系, 是进一步研究函数性态的理论基础. 微分中值定理由多个相互关联的定理组成, 从内容上看, 微分中值定理建立了函数的整体与局部的关系. 本章还着重介绍了利用导数来分析函数的性态, 例如函数的单调性、极值、凹凸性等, 让我们对函数的性质和图像等有一个较完整的了解.

§4.1　微分中值定理

一、极值与费马定理

微分中值定理的建立源于函数极值的研究. 为此, 我们首先介绍函数极值的概念与性质.

定义 4.1.1　设函数 f 在 x_0 的某个邻域内有定义. 如果存在 $\delta > 0$, 使得对任何 $x \in (x_0 - \delta, x_0 + \delta)$, 恒有

$$f(x) \leqslant f(x_0) \quad (\text{或 } f(x) \geqslant f(x_0)),$$

就称 $f(x_0)$ 为函数 f 的一个**极大值** (或**极小值**), $x = x_0$ 为 f 的一个**极大值点** (或**极小值点**). 极大值和极小值统称为**极值**, 极大值点和极小值点统称为**极值点**.

显然, "极大"或"极小"仅是一个局部概念, 不具有整体性. 对给定的函数, 极大 (小) 值点可能不存在, 也可能存在多个. 同样, 同一函数的两个极大值有可能不相等. 从定义来看, 极值点 x_0 必须是 f 定义域的内点 (需要在 x_0 的两侧比较函数的大小). 如果 f 仅在 x_0 的一侧有定义, 那么 x_0 不可能为 f 的一个极值点.

可微函数的极值点有一个非常容易检验的特点. 为说明这一特点, 设 f 在 $x = x_0$ 处可微, 我们不妨假定 x_0 为 f 的一个极小值点, 则当 x 充分接近 x_0 时, 总有 $f(x) - f(x_0) \geqslant 0$. 于是, 由极限的保号性, 有

$$f'_-(x_0) = \lim_{x \to x_0^-} \frac{f(x) - f(x_0)}{x - x_0} \leqslant 0, \quad f'_+(x_0) = \lim_{x \to x_0^+} \frac{f(x) - f(x_0)}{x - x_0} \geqslant 0.$$

注意到 $f'_-(x_0)=f'_+(x_0)=f'(x_0)$, 因此必有 $f'(x_0)=0$. 由此我们证明了下述费马[①]定理.

定理 4.1.2 (费马定理) 设 x_0 为函数 f 的极值点. 如果 f 在 x_0 处可微, 那么

$$f'(x_0)=0.$$

二、罗尔定理

如果可微函数 f 的最大 (小) 值 $f(x_0)$ 在定义区间的内部取到, 那么这个最大 (小) 值必定为 f 的极大 (小) 值, 因此由费马定理, $f'(x_0)=0$.

以下的罗尔[②]定理给出的条件, 可以确保 f 至少有一个最大或最小值在定义区间的内部取到, 然后也就得出在定义区间内部可微函数必有导数等于零的点.

定理 4.1.3 (罗尔定理) 如果函数 f 满足

(1) 在闭区间 $[a,b]$ 上连续;

(2) 在开区间 (a,b) 内可导;

(3) $f(a)=f(b)$,

重难点讲解 费马定理与罗尔定理

那么至少存在一点 $\xi\in(a,b)$, 使得 $f'(\xi)=0$.

证明: (a) 如果 f 在 $[a,b]$ 上为常数, 那么对 (a,b) 内的任何点 ξ, 都有 $f'(\xi)=0$.

(b) 如果 f 在 $[a,b]$ 上不为常数, 那么存在 $x_0\in(a,b)$, 使得 $f(x_0)\neq f(a)$. 不妨设 $f(x_0)<f(a)$. 于是 $f(a)$ 和 $f(b)$ 都不是 f 在 $[a,b]$ 上的最小值, 其最小值必定在区间 (a,b) 的内部某点 $x=\xi$ 取到. 由费马定理, 必有 $f'(\xi)=0$.

从上述证明中我们看到, 罗尔定理中的介值点 ξ 可以是一个最大或最小值点. 当然, 对一般函数, 完全可能存在多个导数为零的点.

例 4.1.4 设 $a\in(0,\pi)$, $f(x)=(x-a)\sin x$, 证明: 存在 $\xi\in(0,\pi)$, 使得 $f''(\xi)=0$.

证明: 显然 f 二阶可导. 因为 $f(0)=f(a)=f(\pi)=0$, 所以根据罗尔定理, 在 $(0,a)$ 和 (a,π) 内分别存在 ξ_1 和 ξ_2, 使得 $f'(\xi_1)=f'(\xi_2)=0$. 易

---

① 费马 (Fermat, 1601—1665), 法国数学家、物理学家. 身为律师, 费马曾担任图卢兹议会的顾问 30 多年, 利用闲暇时间从事数学研究. 费马在笛卡儿之前就系统地引入了直线坐标, 并用于几何学. 他提出了著名的费马大定理. 费马所著《求最大和最小的方法》一书, 在微分与积分演算史上占有重要地位. 他在概率论方面也做出了一定的贡献. 费马还研究了几何光学的基本原理, 在此基础上得出了光的反射和折射定律. 费马在数学和物理学方面的许多发现, 遗留在致朋友们的书信中, 1679 年由其子收集整理, 出版了费马全集, 名为《数学论集》.

② 罗尔 (Rolle, 1652—1719), 法国数学家. 罗尔出生于小店家庭, 只受过初等教育, 年轻时贫困潦倒, 靠充当公证人与律师抄录员的微薄收入养家糊口, 利用业余时间刻苦自学. 罗尔在数学上的成就主要是在代数方面, 专长于丢番图 (Diophantus) 方程的研究. 罗尔曾认为无穷小方法由于缺乏理论基础将导致谬误, 后来罗尔承认他已经放弃了自己的观点, 并且充分认识到无穷小分析新方法的价值. 罗尔于 1691 年在题为《任意次方程的一个解法的证明》的论文中指出: 在多项式方程 $f(x)=0$ 的两个相邻的实根之间, 方程 $f'(x)=0$ 至少有一个根. 1846 年, 尤斯托 · 贝拉维蒂斯将这一定理推广到可微函数, 并把此定理命名为罗尔定理.

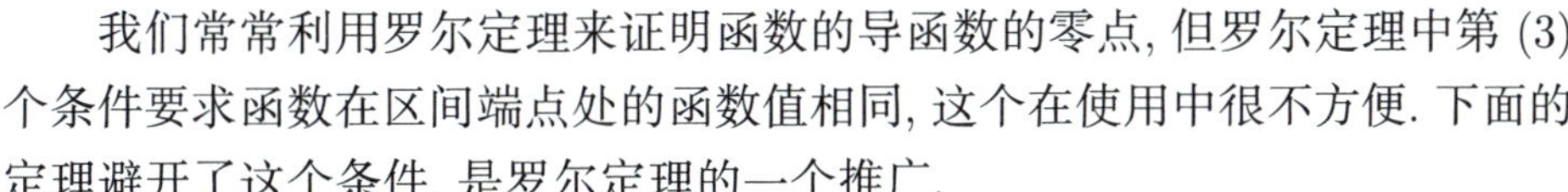

知, f' 在 $[\xi_1,\xi_2]$ 上满足罗尔定理的条件, 故对 f' 再次应用罗尔定理, 可知存在 $\xi\in(\xi_1,\xi_2)\subset(0,\pi)$, 使得 $f''(\xi)=0$.

微分中值定理问题

我们常常利用罗尔定理来证明函数的导函数的零点, 但罗尔定理中第 (3) 个条件要求函数在区间端点处的函数值相同, 这个在使用中很不方便. 下面的定理避开了这个条件, 是罗尔定理的一个推广.

三、拉格朗日中值定理

定理 4.1.5 (拉格朗日[①]中值定理) 如果函数 f 满足

(1) 在闭区间 $[a,b]$ 上连续;

(2) 在开区间 (a,b) 内可导,

那么至少存在一点 $\xi\in(a,b)$, 使得

$$f'(\xi)=\frac{f(b)-f(a)}{b-a}\quad \text{或者}\quad f(b)-f(a)=f'(\xi)(b-a).$$

证明: 作函数

$$\varphi(x)=f(x)-\left[f(a)+\frac{f(b)-f(a)}{b-a}(x-a)\right],$$

那么 $\varphi(x)$ 在闭区间 $[a,b]$ 上连续, 在开区间 (a,b) 内可导, 且 $\varphi(a)=\varphi(b)=0$. 由罗尔定理, 至少存在一点 $\xi\in(a,b)$, 使得 $\varphi'(\xi)=0$, 即

$$\varphi'(\xi)=f'(\xi)-\frac{f(b)-f(a)}{b-a}=0,$$

从而证明了拉格朗日中值定理.

若在拉格朗日中值定理中加上条件 "$f(a)=f(b)$", 即为罗尔定理, 所以罗尔定理是拉格朗日中值定理的特殊情况.

推论 4.1.6 若 f' 在 (a,b) 内存在且恒为零, 则 f 在 (a,b) 内为常数.

证明: 对 (a,b) 内的任意两点 $x_1,x_2(x_1<x_2)$, 根据拉格朗日中值定理, 存在 $\xi\in(x_1,x_2)$, 使得 $f(x_2)-f(x_1)=f'(\xi)(x_2-x_1)=0$, 从而 $f(x_1)=f(x_2)$. 因此 f 在 (a,b) 内为常数.

例 4.1.7 证明恒等式:

(1) $\arcsin x+\arccos x=\dfrac{\pi}{2}\quad(-1\leqslant x\leqslant 1)$;

(2) $\arctan x+\operatorname{arccot} x=\dfrac{\pi}{2}\quad(x\in\mathbb{R})$.

证明: (1) 因为 $(\arcsin x+\arccos x)'\equiv 0$, 所以由拉格朗日中值定理,

$$\arcsin x+\arccos x=C,$$

---

① 拉格朗日 (Lagrange, 1736–1813), 法国数学家、物理学家. 他在数学、力学和天文学三个学科领域中都有历史性的贡献, 但他主要是数学家, 研究力学和天文学的目的是表明数学分析的威力. 他是数学分析的开拓者, 是分析力学的创立者, 也是天体力学的奠基者. 他的全部著作、论文、学术报告记录和学术通讯超过 500 篇.

其中 C 为常数. 再令 $x=\dfrac{\sqrt{2}}{2}$ 即可确定 $C=\dfrac{\pi}{2}$.

(2) 同理可得, 略.

例 4.1.8 证明当 $x>0$ 时, 有不等式 $\dfrac{1}{1+x}<\ln\left(1+\dfrac{1}{x}\right)<\dfrac{1}{x}$.

证明: 令 $f(x)=\ln x\ (x>0)$, 在闭区间 $[x,1+x]$ 上应用拉格朗日中值定理, 有

$$\ln(1+x)-\ln x=\frac{1}{\xi}(1+x-x)=\frac{1}{\xi}\ (\text{其中 } x<\xi<1+x).$$

因此

$$\frac{1}{1+x}<\ln(1+x)-\ln x=\frac{1}{\xi}<\frac{1}{x}.$$

四、柯西中值定理

柯西中值定理是比罗尔定理和拉格朗日中值定理更为一般的结论.

重难点讲解 拉格朗日中值定理与柯西中值定理

定理 4.1.9 (柯西中值定理) 设函数 f 和 g 在 $[a,b]$ 上连续, 在 (a,b) 内可导, 且 g' 在 (a,b) 内没有零点, 则至少存在一点 $\xi\in(a,b)$, 使得

$$\frac{f(b)-f(a)}{g(b)-g(a)}=\frac{f'(\xi)}{g'(\xi)}.$$

证明: 因为 g' 在 (a,b) 内没有零点, 所以

$$g(b)-g(a)=g'(\xi)(b-a)\neq 0.$$

作函数 $\varphi(x)=f(x)-\dfrac{f(b)-f(a)}{g(b)-g(a)}g(x)$, 由条件可知, $\varphi(x)$ 在闭区间 $[a,b]$ 上连续, 在开区间 (a,b) 内可导, 且 $\varphi(a)=\varphi(b)=\dfrac{f(a)g(b)-f(b)g(a)}{g(b)-g(a)}$. 由罗尔定理可得至少存在一点 $\xi\in(a,b)$, 使得 $\varphi'(\xi)=0$, 即

$$\varphi'(\xi)=f'(\xi)-\frac{f(b)-f(a)}{g(b)-g(a)}g'(\xi)=0.$$

从而证明了柯西中值定理.

上述中值定理的点 ξ 可以表示成如下形式: $\xi=a+\theta(b-a)$, 其中 $\theta\in(0,1)$. 这样的表示形式有时使用起来会更加方便.

例 4.1.10 设 $b>a>0$, f 在 $[a,b]$ 上连续, 在 (a,b) 内可导, 证明: 至少存在一点 $\xi\in(a,b)$, 使得

$$f(b)-f(a)=\xi f'(\xi)\ln\frac{b}{a}.$$

证明: 若将与 ξ 无关的因子移到等式另一边, 则可以等价地证明: 至少存在一点 $\xi \in (a,b)$, 使得

$$\frac{f(b)-f(a)}{\ln b-\ln a}=\xi f'(\xi).$$

令 $g(x)=\ln x$, 应用柯西中值定理即得所证结论.

§4.2 洛必达法则

求函数极限时, 我们常常碰到计算分式形式的函数表达式的极限, 如形如 $\lim\limits_{x\to x_0}\dfrac{f(x)}{g(x)}$ 的极限: (1) 当 $\lim\limits_{x\to x_0}f(x)$, $\lim\limits_{x\to x_0}g(x)$ 皆存在且 $\lim\limits_{x\to x_0}g(x)\neq 0$ 时, 我们可以通过极限的四则运算得到 $\lim\limits_{x\to x_0}\dfrac{f(x)}{g(x)}$ 的值; (2) 当 $\lim\limits_{x\to x_0}g(x)=0$ 且 $\lim\limits_{x\to x_0}f(x)=A\neq 0$ (或 ∞) 时, $\lim\limits_{x\to x_0}\dfrac{f(x)}{g(x)}=\infty$; (3) 当 $\lim\limits_{x\to x_0}f(x)=\lim\limits_{x\to x_0}g(x)=0$ 时, $\lim\limits_{x\to x_0}\dfrac{f(x)}{g(x)}$ 的极限可能存在, 也可能不存在. 此时我们称极限 $\lim\limits_{x\to x_0}\dfrac{f(x)}{g(x)}$ 为 "$\dfrac{0}{0}$ 型" **不定式**. 这种无法定性的 "不定式" 可以细分为多种类型, 除了 "$\dfrac{0}{0}$ 型", 类似地还有 "$\dfrac{\infty}{\infty}$ 型" "$0\cdot\infty$ 型" "$\infty-\infty$ 型" "1^∞ 型" "∞^0 型" 和 "0^0 型" 等. 理论上, 其他类型的不定式都可化为 "$\dfrac{0}{0}$ 型" 或 "$\dfrac{\infty}{\infty}$ 型". 下面我们介绍计算 "$\dfrac{0}{0}$ 型" 或 "$\dfrac{\infty}{\infty}$ 型" 不定式极限的方法——洛必达[①]法则.

定理 4.2.1 (洛必达法则 I) 设函数 f 和 g 在 x_0 的某去心邻域 $\mathring{U}(x_0)$ 内可导, 且 $g'\neq 0$. 如果 $\lim\limits_{x\to x_0}f(x)=\lim\limits_{x\to x_0}g(x)=0$, 且极限 $\lim\limits_{x\to x_0}\dfrac{f'(x)}{g'(x)}=A$ (或 ∞), 那么

$$\lim_{x\to x_0}\frac{f(x)}{g(x)}=\lim_{x\to x_0}\frac{f'(x)}{g'(x)}.$$

重难点讲解
洛必达法则

证明: 我们重新定义 $f(x_0)=g(x_0)=0$, 这个定义不影响定理中极限计算. 于是 f 和 g 在 x_0 的某邻域 $U(x_0)$ 内连续. 根据柯西中值定理, 对此邻域 $U(x_0)$ 内每个固定的 $x\neq x_0$, 必定存在介于 x_0 与 x 之间的 ξ, 使得

$$\frac{f(x)}{g(x)}=\frac{f(x)-f(x_0)}{g(x)-g(x_0)}=\frac{f'(\xi)}{g'(\xi)}.$$

① 洛必达 (L'Hospital, 1661—1704), 法国数学家. 他曾受袭侯爵衔, 并在军队中担任骑兵军官. 他 15 岁时就解出帕斯卡 (Pascal) 的摆线难题, 之后又解出约翰 · 伯努利向欧洲挑战的 "最速降曲线问题". 洛必达的《无穷小分析》(1696 年) 一书是微积分学方面最早的教科书, 在 18 世纪时为一模范著作, 书中创造的一种算法, 即洛必达法则.

由于当 $x \neq x_0$ 且 $x \to x_0$ 时, 必然有 $\xi \neq x_0$, 且 $\xi \to x_0$. 从而

$$\lim_{x\to x_0}\frac{f'(\xi)}{g'(\xi)}=\lim_{x\to x_0}\frac{f'(x)}{g'(x)}.$$

因此
$$\lim_{x\to x_0}\frac{f(x)}{g(x)}=\lim_{x\to x_0}\frac{f'(x)}{g'(x)}.$$

例 **4.2.2** 计算下列极限:

(1) $\lim\limits_{x\to 1}\dfrac{x^2+2x-3}{\sin\pi x}$;　　　　(2) $\lim\limits_{x\to 0}\dfrac{1-\cos 2x}{x\tan x}$.

解: (1) 显然当 $x\to 1$ 时, $\lim\limits_{x\to 1}\dfrac{x^2+2x-3}{\sin\pi x}$ 为 "$\dfrac{0}{0}$ 型" 不定式. 又因为

$$\lim_{x\to 1}\frac{(x^2+2x-3)'}{(\sin\pi x)'}=\lim_{x\to 1}\frac{2x+2}{\pi\cos\pi x}=-\frac{4}{\pi},$$

所以
$$\lim_{x\to 1}\frac{x^2+2x-3}{\sin\pi x}=-\frac{4}{\pi}.$$

(2) 显然当 $x\to 0$ 时, $\dfrac{1-\cos 2x}{x\tan x}$ 为 "$\dfrac{0}{0}$ 型" 不定式. 由洛必达法则 I 有

$$\lim_{x\to 0}\frac{1-\cos 2x}{x\tan x}=\lim_{x\to 0}\frac{(1-\cos 2x)'}{(x\tan x)'}=\lim_{x\to 0}\frac{2\sin 2x}{\tan x+x\sec^2 x}.$$

显然, 它仍然为 "$\dfrac{0}{0}$ 型" 不定式, 再次应用洛必达法则 I 有

$$\begin{aligned}\lim_{x\to 0}\frac{2\sin 2x}{\tan x+x\sec^2 x}&=\lim_{x\to 0}\frac{(2\sin 2x)'}{(\tan x+x\sec^2 x)'}\\&=\lim_{x\to 0}\frac{4\cos 2x}{2(1+x\tan x)\sec^2 x}\\&=2.\end{aligned}$$

所以
$$\lim_{x\to 0}\frac{1-\cos 2x}{x\tan x}=2.$$

多次应用洛必达法则在计算不定式的极限时是常见的. 为简单起见, 我们在计算时往往略去上述烦琐的说明过程, 只是简单地表示如下:

$$\begin{aligned}\lim_{x\to 0}\frac{1-\cos 2x}{x\tan x}&\overset{\frac{0}{0}}{=}\lim_{x\to 0}\frac{(1-\cos 2x)'}{(x\tan x)'}=\lim_{x\to 0}\frac{2\sin 2x}{\tan x+x\sec^2 x}\\&\overset{\frac{0}{0}}{=}\lim_{x\to 0}\frac{(2\sin 2x)'}{(\tan x+x\sec^2 x)'}=\lim_{x\to 0}\frac{2\cos 2x}{(1+x\tan x)\sec^2 x}\\&=2.\end{aligned}$$

在理论上, 第一、第三个等式成立的前提是最后一个极限 $\lim\limits_{x\to0}\dfrac{2\cos2x}{(1+x\tan x)\sec^2x}$ 存在. 初学时在等号上标示 "$\dfrac{0}{0}$" 是必要的, 它表明在应用洛必达法则之前, 已确认过不定式的类型, 以免错误地使用洛必达法则.

在用洛必达法则求极限的过程中, 适当结合等价无穷小替换, 往往可以简化计算过程. 例如

$$\lim_{x\to0}\frac{1-\cos2x}{x\tan x}\overset{\frac{0}{0}}{=}\lim_{x\to0}\frac{\frac{1}{2}(2x)^2}{x^2}=2.$$

另一方面, 如果不定式里含有极限不等于零的 (乘) 因子, 可在应用洛必达法则之前, 先计算该因子的极限, 并将其极限值从极限的不定式中分离出来, 以简化计算. (为什么?)

例 4.2.3 计算极限 $\lim\limits_{x\to\pi}\dfrac{e^{x^2}-e^{\pi^2}}{x\tan x}$.

解: $\lim\limits_{x\to\pi}\dfrac{e^{x^2}-e^{\pi^2}}{x\tan x}=\lim\limits_{x\to\pi}\dfrac{1}{x}\cdot\lim\limits_{x\to\pi}\dfrac{e^{x^2}-e^{\pi^2}}{\tan x}\overset{\frac{0}{0}}{=}\dfrac{1}{\pi}\lim\limits_{x\to\pi}\dfrac{2xe^{x^2}}{\sec^2x}=2e^{\pi^2}$.

对 "$\dfrac{\infty}{\infty}$ 型" 不定式, 有类似的洛必达法则. 下面给出更为一般的 "$\dfrac{*}{\infty}$ 型" 极限的计算方法, 其中分子 "$*$" 表示可以不考虑分子的极限是否存在或为 ∞.

定理 4.2.4 (洛必达法则 Ⅱ) 设函数 f 和 g 在 x_0 的某去心邻域 $\mathring{U}(x_0)$ 内可导, 且 $g'\neq0$. 如果 $\lim\limits_{x\to x_0}g(x)=\infty$, 且极限 $\lim\limits_{x\to x_0}\dfrac{f'(x)}{g'(x)}=A$ (或 ∞), 那么

$$\lim_{x\to x_0}\frac{f(x)}{g(x)}=\lim_{x\to x_0}\frac{f'(x)}{g'(x)}=A(\text{或 }\infty).$$

这里我们略去本定理的证明, 其证明可参见数学分析教材.

例 4.2.5 计算极限 $\lim\limits_{x\to+\infty}\dfrac{\ln x}{x^a},a>0$.

解: $\lim\limits_{x\to+\infty}\dfrac{\ln x}{x^a}=\lim\limits_{x\to+\infty}\dfrac{x^{-1}}{ax^{a-1}}=\lim\limits_{x\to+\infty}\dfrac{1}{ax^a}=0$.

例 4.2.6 计算 $\lim\limits_{x\to+\infty}\dfrac{\ln(x-\ln x)}{x}$.

解: 此为 "$\dfrac{*}{\infty}$ 型" 不定式. 由洛必达法则 Ⅱ,

$$\begin{aligned}\lim_{x\to+\infty}\frac{\ln(x-\ln x)}{x}&\overset{\frac{*}{\infty}}{=}\lim_{x\to+\infty}\frac{1-\frac{1}{x}}{x-\ln x}=\lim_{x\to+\infty}\frac{x-1}{x(x-\ln x)}\\&\overset{\frac{\infty}{\infty}}{=}\lim_{x\to+\infty}\frac{1}{2x-\ln x-1}\overset{\frac{*}{\infty}}{=}\lim_{x\to+\infty}\frac{0}{2-\frac{1}{x}}=0.\end{aligned}$$

对于其他形式的不定式，可以转化为上述两种基本形式，再用洛必达法则计算极限值. 下面我们用一些例子说明，如何将其他形式的不定式转化为上述两种基本形式.

例 **4.2.7** 计算 $\lim\limits_{x\to0^+} x\ln x$.

解: $\lim\limits_{x\to0^+} x\ln x \xlongequal{0\cdot\infty} \lim\limits_{x\to0^+} \dfrac{\ln x}{x^{-1}} \xlongequal{t=x^{-1}} -\lim\limits_{t\to+\infty} \dfrac{\ln t}{t} \overset{\frac{*}{\infty}}{=} -\lim\limits_{t\to+\infty} \dfrac{t^{-1}}{1} = 0.$

例 **4.2.8** 计算 $\lim\limits_{x\to0^+} x^{\sin x}$.

解: $\lim\limits_{x\to0^+} x^{\sin x} \overset{0^0}{=} \lim\limits_{x\to0^+} \mathrm{e}^{\sin x\ln x} = \mathrm{e}^{\lim\limits_{x\to0^+} \sin x\ln x} = \mathrm{e}^{\lim\limits_{x\to0^+} x\ln x} = \mathrm{e}^0 = 1.$

例 **4.2.9** 计算 $\lim\limits_{x\to0^+} (1+x)^{\frac{1}{x+\sin x}}$.

解: $\lim\limits_{x\to0^+} (1+x)^{\frac{1}{x+\sin x}} \overset{1^\infty}{=} \mathrm{e}^{\lim\limits_{x\to0^+} \frac{\ln(1+x)}{x+\sin x}} = \mathrm{e}^{\lim\limits_{x\to0^+} \frac{1}{(1+x)(1+\cos x)}} = \mathrm{e}^{\frac{1}{2}}.$

对于“1^∞ 型”不定式，也可用 $\lim\limits_{x\to0}(1+x)^{\frac{1}{x}} = \mathrm{e}$ 或 $\lim\limits_{x\to\infty}\left(1+\dfrac{1}{x}\right)^x = \mathrm{e}$ 来求得.

例 **4.2.10** 计算 $\lim\limits_{x\to0^+}\left(\ln\dfrac{1}{x}\right)^x$.

解: $$\lim_{x\to0^+}\left(\ln\frac{1}{x}\right)^x \overset{\infty^0}{=} \lim_{x\to0^+} \mathrm{e}^{x\ln\ln\frac{1}{x}} = \mathrm{e}^{\lim\limits_{x\to0^+} x\ln\ln\frac{1}{x}} \xlongequal{t=\frac{1}{x}} \mathrm{e}^{\lim\limits_{t\to+\infty} \frac{\ln\ln t}{t}}$$

$$= \mathrm{e}^{\lim\limits_{t\to+\infty} \frac{1}{t\ln t}} = \mathrm{e}^0 = 1.$$

例 **4.2.11** 计算 $\lim\limits_{x\to1}\left(\dfrac{1}{\ln x} - \dfrac{\sin\dfrac{\pi x}{2}}{x-1}\right)$.

解: $$\lim_{x\to1}\left(\frac{1}{\ln x} - \frac{\sin\dfrac{\pi x}{2}}{x-1}\right)$$

$$\xlongequal{\infty-\infty} \lim_{x\to1} \frac{x-1-\sin\dfrac{\pi x}{2}\cdot\ln x}{(x-1)\ln x}$$

$$\overset{\frac{0}{0}}{=} \lim_{x\to1} \frac{1-\dfrac{\pi}{2}\cos\dfrac{\pi x}{2}\cdot\ln x - \sin\dfrac{\pi x}{2}\cdot\dfrac{1}{x}}{\ln x + 1 - \dfrac{1}{x}}$$

$$\overset{\frac{0}{0}}{=} \lim_{x\to1} \frac{\left(\dfrac{\pi}{2}\right)^2\sin\dfrac{\pi x}{2}\cdot\ln x - \pi\cos\dfrac{\pi x}{2}\cdot\dfrac{1}{x} + \sin\dfrac{\pi x}{2}\cdot\dfrac{1}{x^2}}{\dfrac{1}{x}+\dfrac{1}{x^2}}$$

$$= \frac{1}{2}.$$

§4.3 泰勒定理

在某点 x_0 附近, 函数的微分知识告诉我们, 可以用一次多项式 (切线) 函数 $l(x)=f(x_0)+f'(x_0)(x-x_0)$ 来近似地替代曲线函数 $y=f(x)$. 但对于在 x_0 附近变化较大的函数, 用一次多项式去近似是不够的. 例如考虑函数 $f(x)=x^2+\sin^3 x$, 易知在 $x=0$ 处 f 的切线函数为 $y=0$, 显然用 $y=0$ 作为 $f(x)=x^2+\sin^3 x$ 的近似并不理想. 在这种情形下, 我们就设想, 用更高阶的多项式去近似表示 f 是否更理想呢? 例如, 用 x^2 作为 $f(x)=x^2+\sin^3 x$ 的近似应该更为精确. 本节我们介绍泰勒[①]定理 (泰勒公式), 讨论怎样用多项式逼近函数, 并介绍泰勒公式的应用.

假设 f 在 x_0 处 n 阶可导, 我们用一个多项式在 x_0 点附近作为 f 的近似, 称为函数 f 的一个多项式逼近. 那么, 怎样的多项式是比较理想的呢? 如果一个 n 次多项式 $P_n(x)$, 在 x_0 点与函数 f 有相同的函数值、有相同的一阶、二阶直至 n 阶导数值, 那么用 $P_n(x)$ 来逼近 f 应该是合适的. 若将多项式 $P_n(x)$ 表示成

$$P_n(x)=c_0+c_1(x-x_0)+c_2(x-x_0)^2+\cdots+c_n(x-x_0)^n,$$

使得

$$P_n(x_0)=f(x_0),\quad P_n^{(k)}(x_0)=f^{(k)}(x_0),\quad k=1,2,\cdots,n. \tag{$*$}$$

通过计算易得

$$c_0=f(x_0),\quad c_k=\frac{f^{(k)}(x_0)}{k!},\quad k=1,2,\cdots,n.$$

我们称满足 $(*)$ 式的 n 次多项式为函数 f 的**泰勒多项式**, 记为

$$T_n(x)=f(x_0)+f'(x_0)(x-x_0)+\frac{f''(x_0)}{2!}(x-x_0)^2+\cdots+\frac{f^{(n)}(x_0)}{n!}(x-x_0)^n$$

我们用它在 x_0 附近逼近函数 f 时, 两者之间的误差函数

$$R_n(x)=f(x)-T_n(x) \tag{$**$}$$

称为**泰勒余项**. 根据 f 所满足的条件, 泰勒余项有不同的表示形式.

重难点讲解
泰勒定理

定理 4.3.1 (泰勒公式 I) 设 f 在 x_0 处 n 阶可导, 则

$$R_n(x)=o((x-x_0)^n)\quad (x\to x_0),$$

① 泰勒 (Taylor, 1685—1731), 英国数学家. 泰勒 1709 年获法学学士学位, 1712 年当选为英国皇家学会会员, 并于两年后获法学博士学位, 同年出任英国皇家学会秘书. 泰勒的主要著作是 1715 年出版的《正的和反的增量方法》, 书中陈述了著名的泰勒定理, 开创了有限差分理论, 使任何单变量函数都可展开成幂级数; 同时亦使泰勒成了有限差分理论的奠基者. 此书还包括了常微分方程的奇异解、曲率问题之研究等. 泰勒还出版了另一名著《线性透视论》, 其中最突出的贡献是提出和使用"没影点"概念, 这对摄影测量制图学之发展有一定影响.

即

$$f(x)=f(x_0)+f'(x_0)(x-x_0)+\cdots+\frac{f^{(n)}(x_0)}{n!}(x-x_0)^n+o((x-x_0)^n).$$

我们称此公式为带佩亚诺[①]余项的泰勒公式.

证明: 显然, $R_n^{(k)}(x)$ 在 x_0 的某邻域内存在, 并且由 (**) 式知

$$\lim_{x\to x_0}R_n^{(k)}(x)=R_n^{(k)}(x_0)=0\ (k=0,1,2,\cdots,n-1),\ R_n^{(0)}(x)=R_n(x).$$

另一方面, 若令 $Q_n(x)=(x-x_0)^n$, 则也有

$$\lim_{x\to x_0}Q_n^{(k)}(x)=Q_n^{(k)}(x_0)=0\ (k=0,1,2,\cdots,n-1),\ Q_n^{(0)}(x)=Q_n(x).$$

于是, 应用 $n-1$ 次洛必达法则, 得

$$\begin{aligned}\lim_{x\to x_0}\frac{R_n(x)}{Q_n(x)}&\overset{\frac{0}{0}}{=}\lim_{x\to x_0}\frac{R_n'(x)}{Q_n'(x)}\overset{\frac{0}{0}}{=}\cdots\overset{\frac{0}{0}}{=}\lim_{x\to x_0}\frac{R_n^{(n-1)}(x)}{Q_n^{(n-1)}(x)}\\&=\lim_{x\to x_0}\frac{f^{(n-1)}(x)-f^{(n-1)}(x_0)-f^{(n)}(x_0)(x-x_0)}{n!(x-x_0)}\\&=\frac{1}{n!}\left[\lim_{x\to x_0}\frac{f^{(n-1)}(x)-f^{(n-1)}(x_0)}{x-x_0}-f^{(n)}(x_0)\right]=0.\end{aligned}$$

所以

$$R_n(x)=o(Q_n(x))=o((x-x_0)^n)\quad(x\to x_0).$$

通过简单计算, 可以得到在 $x_0=0$ 处常用的带佩亚诺余项的泰勒公式, 当 $x\to 0$ 时,

(1) $\mathrm{e}^x=1+x+\dfrac{x^2}{2!}+\cdots+\dfrac{x^n}{n!}+o(x^n)$;

(2) $\sin x=x-\dfrac{x^3}{3!}+\dfrac{x^5}{5!}-\cdots+(-1)^{n-1}\dfrac{x^{2n-1}}{(2n-1)!}+o(x^{2n})$;

(3) $\cos x=1-\dfrac{x^2}{2!}+\dfrac{x^4}{4!}-\cdots+(-1)^n\dfrac{x^{2n}}{(2n)!}+o(x^{2n+1})$;

(4) $\ln(1+x)=x-\dfrac{x^2}{2}+\dfrac{x^3}{3}-\cdots+(-1)^{n-1}\dfrac{x^n}{n}+o(x^n)$;

(5) $(1+x)^\alpha=1+\alpha x+\dfrac{\alpha(\alpha-1)}{2!}x^2+\cdots+\dfrac{\alpha(\alpha-1)\cdots(\alpha-n+1)}{n!}x^n+o(x^n)$.

由于以上公式中带有一个高阶无穷小形式的余项, 故利用这些公式来计算

① 佩亚诺 (Peano, 1858—1932), 意大利数学家. 佩亚诺因作为符号逻辑的先驱和公理化方法的推行人而著名. 1889 年佩亚诺出版了《几何原理的逻辑表述》, 以简明的符号及公理体系为数理逻辑和数学基础的研究开创了新局面. 佩亚诺编著了《数学公式汇编》《数学百科全书》, 他还做了出色的教学工作和数学史的研究工作.

极限是方便的.

例 4.3.2 求下列极限:

(1) $\lim\limits_{x\to 0}\dfrac{x-\sin x}{x^3}$;　　　　(2) $\lim\limits_{x\to 0}\dfrac{\sin x^2+x\ln(1-x)}{x^3}$.

解: (1) $\lim\limits_{x\to 0}\dfrac{x-\sin x}{x^3}=\lim\limits_{x\to 0}\dfrac{x-\left(x-\dfrac{x^3}{3!}+o(x^4)\right)}{x^3}=\lim\limits_{x\to 0}\dfrac{\dfrac{1}{6}x^3+o(x^4)}{x^3}=\dfrac{1}{6}$.

(2)
$$\lim_{x\to 0}\frac{\sin x^2+x\ln(1-x)}{x^3}=\lim_{x\to 0}\frac{\left(x^2-\dfrac{x^6}{3!}+o(x^8)\right)+x\left(-x-\dfrac{x^2}{2}+o(x^2)\right)}{x^3}$$
$$=\lim_{x\to 0}\frac{-\dfrac{1}{2}x^3+o(x^3)}{x^3}=-\frac{1}{2}.$$

定理 4.3.3 (泰勒公式 II) 设函数 f 在 $[a,b]$ 上存在 n 阶连续的导函数, 在 (a,b) 内存在 $(n+1)$ 阶导数, 则对任意给定的 $x,x_0\in[a,b]$ $(x\neq x_0)$, 存在 $\xi=x_0+\theta(x-x_0)\in(a,b)$ (其中 $\theta\in(0,1)$), 使得
$$R_n(x)=f(x)-T_n(x)=\frac{f^{(n+1)}(\xi)}{(n+1)!}(x-x_0)^{n+1},$$
即
$$f(x)=f(x_0)+f'(x_0)(x-x_0)+\cdots+\frac{f^{(n)}(x_0)}{n!}(x-x_0)^n+\frac{f^{(n+1)}(\xi)}{(n+1)!}(x-x_0)^{n+1}.$$

我们称此公式为 f 在 x_0 处的 n 阶带拉格朗日余项的泰勒公式. 特别地, 当 $x_0=0$ 时, 称为带拉格朗日余项的麦克劳林[①]公式. 以上泰勒公式或麦克劳林公式也称为泰勒展开式或麦克劳林展开式.

证明: 因为 $R_n^{(k)}(x_0)=0$ $(k=0,1,2,\cdots,n)$, 作辅助函数
$$\varphi(t)=R_n(t)-R_n(x)\frac{(t-x_0)^{n+1}}{(x-x_0)^{n+1}}.$$

易验证 $\varphi^{(k)}(x_0)=0$ $(k=0,1,2,\cdots,n)$ 且 $\varphi(x)=0$. 不妨设 $x>x_0$, 则 $\varphi(t)$ 在 $[x_0,x]$ 上连续, 在 (x_0,x) 内可导, 且 $\varphi(x_0)=\varphi(x)$. 根据罗尔定理, 得到 $\varphi'(t)$ 的一个异于 x_0 的零点 ξ_1; 然后对 $\varphi'(t)$ 在 $[x_0,\xi_1]$ 上再应用罗尔定理, 得到 $\varphi''(t)$ 的一个异于 x_0 的零点 ξ_2; 重复这一工作, 可以得到: 存在 $\xi=\xi_{n+1}$, 使得 $\varphi^{(n+1)}(\xi)=0$, 显然 ξ_k $(k=1,2,\cdots,n+1)$ 单调地靠近 x_0. 又因为
$$\varphi^{(n+1)}(t)=R_n^{(n+1)}(t)-R_n(x)\frac{(n+1)!}{(x-x_0)^{n+1}}$$

① 麦克劳林 (Maclaurin, 1698—1746), 英国数学家. 麦克劳林 1715 年获硕士学位, 1717 年任阿伯丁马里歇尔学院数学教授, 1719 年当选为皇家学会会员, 1725 年任爱丁堡大学数学教授. 他最有影响的著作《流数论》为分析形式化的前驱, 他在书中还叙述了级数收敛性的积分判别准则, 并给出了后来以他的名字命名的麦克劳林级数. 他曾因《论潮汐》一文而与欧拉、丹尼尔 · 伯努利共获 1740 年的法国科学院奖.

$$= f^{(n+1)}(t) - R_n(x)\frac{(n+1)!}{(x-x_0)^{n+1}},$$

而 $\varphi^{(n+1)}(\xi)=0$, 所以 $R_n(x)=\dfrac{f^{(n+1)}(\xi)}{(n+1)!}(x-x_0)^{n+1}$.

下面是几个常用函数的麦克劳林展开式, 请读者自行验证:

(1) $\mathrm{e}^x = 1+x+\dfrac{x^2}{2!}+\cdots+\dfrac{x^n}{n!}+\dfrac{\mathrm{e}^{\theta x}}{(n+1)!}x^{n+1},\ \theta\in(0,1)$;

(2) $\sin x=x-\dfrac{x^3}{3!}+\dfrac{x^5}{5!}-\cdots+(-1)^{n-1}\dfrac{x^{2n-1}}{(2n-1)!}+(-1)^n\dfrac{\cos\theta x}{(2n+1)!}x^{2n+1},\ \theta\in(0,1)$;

(3) $\cos x=1-\dfrac{x^2}{2!}+\dfrac{x^4}{4!}-\cdots+(-1)^n\dfrac{x^{2n}}{(2n)!}+(-1)^{n+1}\dfrac{\cos\theta x}{(2n+2)!}x^{2n+2},\ \theta\in(0,1)$;

(4) $\ln(1+x)=x-\dfrac{x^2}{2}+\dfrac{x^3}{3}-\cdots+(-1)^{n-1}\dfrac{x^n}{n}+(-1)^n\dfrac{x^{n+1}}{(n+1)(1+\theta x)^{n+1}}$, $\theta\in(0,1)$;

(5) $(1+x)^\alpha=1+\alpha x+\dfrac{\alpha(\alpha-1)}{2!}x^2+\cdots+\dfrac{\alpha(\alpha-1)\cdots(\alpha-n+1)}{n!}x^n+R_n(x)$,
其中 $R_n(x)=\dfrac{\alpha(\alpha-1)(\alpha-2)\cdots(\alpha-n)}{(n+1)!}\cdot(1+\theta x)^{\alpha-n-1}x^{n+1},\ \theta\in(0,1)$.

例 4.3.4 设 $f(x)$ 在 (a,b) 内二阶可导, 且 $f''(x)\geqslant 0,\ x\in(a,b)$, 证明: $\forall x_1,x_2\in(a,b)$, 有 $f\left(\dfrac{x_1+x_2}{2}\right)\leqslant\dfrac{f(x_1)+f(x_2)}{2}$.

证明: $f(x)$ 在 $x=\dfrac{x_1+x_2}{2}$ 处的一阶泰勒公式为

$$f(x)=f\left(\frac{x_1+x_2}{2}\right)+f'\left(\frac{x_1+x_2}{2}\right)\cdot\left(x-\frac{x_1+x_2}{2}\right)+\frac{f''(\xi)}{2}\left(x-\frac{x_1+x_2}{2}\right)^2,$$

其中 ξ 介于 x 与 $\dfrac{x_1+x_2}{2}$ 之间, 所以有

$$f(x_1)=f\left(\frac{x_1+x_2}{2}\right)+f'\left(\frac{x_1+x_2}{2}\right)\cdot\frac{x_1-x_2}{2}+\frac{f''(\xi_1)}{2}\left(\frac{x_1-x_2}{2}\right)^2,$$
$$f(x_2)=f\left(\frac{x_1+x_2}{2}\right)-f'\left(\frac{x_1+x_2}{2}\right)\cdot\frac{x_1-x_2}{2}+\frac{f''(\xi_2)}{2}\left(\frac{x_1-x_2}{2}\right)^2,$$

其中 ξ_i 介于 x_i 与 $\dfrac{x_1+x_2}{2}$ 之间 $(i=1,2)$. 因此

$$f(x_1)+f(x_2)=2f\left(\frac{x_1+x_2}{2}\right)+\frac{f''(\xi_1)+f''(\xi_2)}{2}\left(\frac{x_1-x_2}{2}\right)^2$$

$$\geqslant 2f\left(\frac{x_1+x_2}{2}\right).$$

即

$$f\left(\frac{x_1+x_2}{2}\right)\leqslant\frac{f(x_1)+f(x_2)}{2}.$$

例 4.3.5 求证: 当 $x>0$ 时, $\forall n\in\mathbb{N}_+$, 有

$$x-\frac{x^2}{2}+\frac{x^3}{3}-\cdots-\frac{x^{2n}}{2n}<\ln(1+x)<x-\frac{x^2}{2}+\frac{x^3}{3}-\cdots+\frac{x^{2n-1}}{2n-1}.$$

证明: 由 $\ln(1+x)$ 的麦克劳林展开式, 有

$$\ln(1+x)-\left(x-\frac{x^2}{2}+\frac{x^3}{3}-\cdots+(-1)^{n-1}\frac{x^n}{n}\right)=(-1)^n\frac{x^{n+1}}{(n+1)(1+\theta x)^{n+1}},\ \theta\in(0,1).$$

因为 $x>0$, 所以等式右边当 n 为偶数时, 取正值; 当 n 为奇数时, 取负值. 即知所证不等式成立.

例 4.3.6 求极限 $\lim\limits_{n\to\infty}\left(1+\frac{1}{n^2}\right)\left(1+\frac{2}{n^2}\right)\cdots\left(1+\frac{n}{n^2}\right)$.

解: 记 $a_n=\left(1+\frac{1}{n^2}\right)\left(1+\frac{2}{n^2}\right)\cdots\left(1+\frac{n}{n^2}\right)$, 则 $\ln a_n=\sum\limits_{k=1}^{n}\ln\left(1+\frac{k}{n^2}\right)$.

由例 4.3.5 知, 当 $x>0$ 时, 有 $x-\frac{x^2}{2}<\ln(1+x)<x$. 因此

$$\frac{k}{n^2}-\frac{k^2}{2n^4}<\ln\left(1+\frac{k}{n^2}\right)<\frac{k}{n^2}\ (k=1,2,\cdots,n).$$

求和得

$$\frac{1}{n^2}\sum_{k=1}^{n}k-\frac{1}{2n^4}\sum_{k=1}^{n}k^2<\ln a_n<\frac{1}{n^2}\sum_{k=1}^{n}k,$$

即有

$$\frac{1}{2}\left(1+\frac{1}{n}\right)-\frac{(n+1)(2n+1)}{12n^3}<\ln a_n<\frac{1}{2}\left(1+\frac{1}{n}\right).$$

由夹逼定理得 $\lim\limits_{n\to\infty}\ln a_n=\frac{1}{2}$, 从而

$$\lim_{n\to\infty}\left(1+\frac{1}{n^2}\right)\left(1+\frac{2}{n^2}\right)\cdots\left(1+\frac{n}{n^2}\right)=\lim_{n\to\infty}a_n=\sqrt{\mathrm{e}}.$$

例 4.3.7 试利用 e^x 的麦克劳林公式计算 e 的近似值, 使误差不超过 10^{-3}.

解: $\mathrm{e}^x=1+x+\frac{x^2}{2!}+\cdots+\frac{x^n}{n!}+\frac{\mathrm{e}^{\theta x}}{(n+1)!}x^{n+1},\ \theta\in(0,1)$. 令 $x=1$, 得

$$\mathrm{e}=1+1+\frac{1}{2!}+\cdots+\frac{1}{n!}+\frac{\mathrm{e}^{\theta}}{(n+1)!},\ \theta\in(0,1).$$

用 $1+1+\frac{1}{2!}+\cdots+\frac{1}{n!}$ 作为 e 的近似值, 其误差为

$$\left|\frac{\mathrm{e}^{\theta}}{(n+1)!}\right|<\frac{3}{(n+1)!}.$$

现取 $n=7$, 得 $\frac{3}{(n+1)!}<0.6\times10^{-3}$, 而 $1+1+\frac{1}{2!}+\cdots+\frac{1}{7!}$ 的最后五项计算时取小数点后面 4 位, 第 5 位四舍五入, 总误差不超过

$$(0.5\times10^{-4})\times5=0.25\times10^{-3},$$

从而

$$\mathrm{e}\approx1+1+0.5+0.1667+0.0417+0.0083+0.0014+0.0002=2.7183,$$

其误差不超过 $0.6\times10^{-3}+0.25\times10^{-3}=0.85\times10^{-3}<10^{-3}$.

§4.4　函数单调性

有了前述的这些中值定理, 分析函数的性态就会方便许多, 在此我们首先分析一下函数在定义区间内的单调性.

定理 4.4.1　设 f 在 $[a,b]$ 上连续, 在 (a,b) 内可导, 则 f 在 $[a,b]$ 上单调增加 (减少) 的充要条件是 $f'(x)\geqslant0$ $(f'(x)\leqslant0)$, $\forall x\in(a,b)$.

证明: (充分性) 如果 $f'(x)\geqslant0$, 那么对 $[a,b]$ 上的任何两点 $x_1,x_2(x_1<x_2)$, 由拉格朗日中值定理, 存在 $\xi\in(x_1,x_2)$, 使得 $f(x_2)-f(x_1)=f'(\xi)(x_2-x_1)\geqslant0$, 即 $f(x_2)\geqslant f(x_1)$, 从而 f 在 $[a,b]$ 上单调增加.

(必要性) 若 f 在 $[a,b]$ 上单调增加, 则对任何 $x\in(a,b)$,

$$\frac{f(x+\Delta x)-f(x)}{\Delta x}\geqslant0.$$

由导数定义和函数极限的保号性, 知

$$f'(x)=\lim_{\Delta x\to0}\frac{f(x+\Delta x)-f(x)}{\Delta x}\geqslant0.$$

同理可证, 函数 f 单调减少的充要条件是 $f'(x)\leqslant0$.

定理 4.4.2　如果 f 在 $[a,b]$ 上连续, 在 (a,b) 内可导, f' 在 (a,b) 内恒正 (恒负), 那么 f 在 $[a,b]$ 上严格单调增加 (减少).

证明留给读者作为练习.

f' 恒正或恒负, 也即 f' 没有零点, 但这并不是严格单调的必要条件. 例如, 函数 $f(x)=x^3$ 严格单调, 但其导函数却有一个零点.

定理 4.4.3 设 f 在 $[a,b]$ 上连续, 在 (a,b) 内可导. 则 f 在 $[a,b]$ 上严格单调增加的充要条件是 $f'(x)\geqslant 0$, 且 f' 的任何一部分零点都不能构成 (非单点) 区间.

例 4.4.4 分析函数 $f(x)=(2x+1)\mathrm{e}^{-x}$ 的单调性.

解: 由于 $f'(x)=(1-2x)\mathrm{e}^{-x}$, 故当 $x>\dfrac{1}{2}$ 时, $f'(x)<0$; 当 $x<\dfrac{1}{2}$ 时, $f'(x)>0$. 因此, f 在 $\left(-\infty,\dfrac{1}{2}\right]$ 内严格单调增加, 在 $\left[\dfrac{1}{2},+\infty\right)$ 内严格单调减少.

利用函数的单调性, 可以简单地证明一些不等式.

例 4.4.5 证明不等式: $\arctan x>x-\dfrac{x^3}{3}\ (x>0)$.

证明: 考虑函数 $f(x)=\arctan x-\left(x-\dfrac{x^3}{3}\right)$, $x>0$. 由于函数 f 在 $[0,+\infty)$ 上连续, 在 $(0,+\infty)$ 内可导, 且

$$f'(x)=\frac{1}{1+x^2}-(1-x^2)=\frac{x^4}{1+x^2}>0,\ x>0.$$

因此 f 在 $[0,+\infty)$ 上严格单调增加, 从而当 $x>0$ 时, $f(x)>f(0)=0$. 所以当 $x>0$ 时, 有 $\arctan x>x-\dfrac{x^3}{3}$.

例 4.4.6 证明: 当 $x\neq 0$ 时, $\mathrm{e}^x>1+x$.

证明: 令 $f(x)=\mathrm{e}^x-(1+x)$, 则 $f'(x)=\mathrm{e}^x-1$.

显然, 当 $x<0$ 时, $f'(x)<0$; 当 $x>0$ 时, $f'(x)>0$.

因此, f 在 $(-\infty,0]$ 上严格单调减少, 在 $[0,+\infty)$ 上严格单调增加.

于是, $f(0)-0$ 是 $f(x)$ 的最小值, 所以当 $x\neq 0$ 时, 总有

$$f(x)=\mathrm{e}^x-(1+x)>f(0)=0.$$

即当 $x\neq 0$ 时, $\mathrm{e}^x>1+x$.

§4.5 函数极值

费马定理给出了可微函数极值点的必要条件: $f'(x_0)=0$. 我们称 f' 的零点为 f 的**驻点** (或**稳定点**). 因此费马定理可以表述为: 可微函数的极值点必定是其驻点. 这个条件仅仅是必要而非充分的, 例如 $f(x)=x^3$, 虽然 $f'(0)=0$, 但 $x_0=0$ 不是极值点. 当然, 极值点也可能在不可导的点取到, 所以函数的极值点一定是驻点或不可导的点. 下面我们考虑可微函数有极值点的充分条件.

重难点讲解
函数的单调性、极值和不等式证明

定理 4.5.1 (极值第一判别法) 如果 f 在 x_0 的某邻域内连续, f' 在 x_0 的两侧异号, 那么 x_0 必定是 f 的极值点. 具体地,

(1) 若 $\exists\delta>0$, $\forall x\in(x_0-\delta,x_0)$, 均有 $f'(x)\geqslant 0$, $\forall x\in(x_0,x_0+\delta)$, 均有 $f'(x)\leqslant 0$, 则 x_0 是 f 的极大值点;

(2) 若 $\exists\delta>0$, $\forall x\in(x_0-\delta,x_0)$, 均有 $f'(x)\leqslant 0$, $\forall x\in(x_0,x_0+\delta)$, 均有 $f'(x)\geqslant 0$, 则 x_0 是 f 的极小值点.

导函数在 x_0 两侧的不同单调性, 确保了 $f(x_0)$ 取到极值. 需要指出的是, 这样的两侧单调性是充分条件, 并非必要条件. 例如

$$f(x)=\begin{cases}x^2\left(1+\sin^2\dfrac{1}{x}\right), & x\neq 0,\\ 0, & x=0\end{cases}$$

显然 $x=0$ 为 f 的极小值点, 但对任意小的 $\delta>0$, f 在 $(-\delta,0)$ 与 $(0,\delta)$ 内都不是单调的, 参见图 4.1.

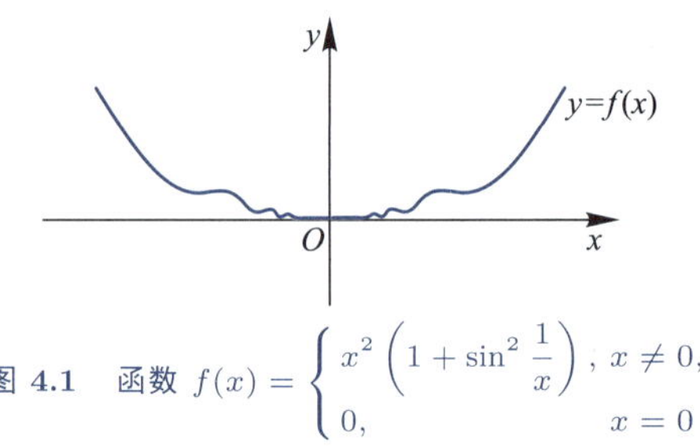

图 4.1　函数 $f(x)=\begin{cases}x^2\left(1+\sin^2\dfrac{1}{x}\right), & x\neq 0,\\ 0, & x=0\end{cases}$

例 4.5.2　求函数 $f(x)=x\sqrt[3]{(x-2)^2}$ 的极值.

解: 令 $f'(x)=\dfrac{5x-6}{3\sqrt[3]{x-2}}=0$, 得函数的驻点为 $x=\dfrac{6}{5}$, 且在 $x=2$ 处函数不可导. 函数的单调性、极值等情况可列表如下:

x	$\left(-\infty,\dfrac{6}{5}\right)$	$\dfrac{6}{5}$	$\left(\dfrac{6}{5},2\right)$	2	$(2,+\infty)$
$f'(x)$	+	0	−	不存在	+
$f(x)$	↗	极大值	↘	极小值	↗

从表中可知, $x=\dfrac{6}{5}$ 为函数的极大值点, 极大值为 $f\left(\dfrac{6}{5}\right)=\dfrac{12}{25}\sqrt[3]{10}$; $x=2$ 为函数的极小值点, 极小值为 $f(2)=0$.

例 4.5.3　证明: 函数 $f(x)=(x-2)\ln(x+1)$ 在区间 $[0,+\infty)$ 上存在唯一极小值点.

解: $f'(x)=\ln(x+1)+\dfrac{x-2}{x+1}$. 由于 f' 在 $[0,+\infty)$ 上连续, 且 $f'(0)<0<$

$f'(3)$, 故 f' 在 $(0,3)$ 内必有零点 x_0. 进一步, 因为

$$f''(x)=\frac{x+4}{(x+1)^2}>0,\ x>0,$$

所以 f' 在 $(0,+\infty)$ 内严格单调增加. 从而

当 $0\leqslant x<x_0$ 时, $f'(x)<f'(x_0)=0$; 当 $x>x_0$ 时, $f'(x)>f'(x_0)=0$.

根据极值第一判别法, x_0 为 $f(x)=(x-2)\ln(x+1)$ 在 $[0,+\infty)$ 上的唯一极小值点.

定理 4.5.4 (极值第二判别法) 设 f 在 x_0 的某邻域内可导, 且在 x_0 处二阶可导. 如果 $f'(x_0)=0$ 且 $f''(x_0)\neq 0$, 那么 x_0 必定是 f 的极值点, 并且有

(1) 若 $f''(x_0)<0$, 则 x_0 是 f 的极大值点;

(2) 若 $f''(x_0)>0$, 则 x_0 是 f 的极小值点.

证明: 由已知条件和 f 在 x_0 处的带佩亚诺余项的泰勒公式有

$$\begin{aligned}f(x)-f(x_0)&=\frac{1}{2}f''(x_0)(x-x_0)^2+o((x-x_0)^2)\\&=\left(\frac{1}{2}f''(x_0)+\alpha(x)\right)(x-x_0)^2,\end{aligned}$$

其中 $\alpha(x)=\dfrac{o((x-x_0)^2)}{(x-x_0)^2}\to 0\ (x\to x_0)$.

注意到当 $x\neq x_0$ 时, $(x-x_0)^2>0$, 并且当 $x\to x_0$ 时, $\dfrac{1}{2}f''(x_0)+\alpha(x)\to\dfrac{1}{2}f''(x_0)$. 因此, 如果 $f''(x_0)\neq 0$, 那么当 x 充分接近 x_0 时, $f(x)-f(x_0)=\left(\dfrac{1}{2}f''(x_0)+\alpha(x)\right)(x-x_0)^2$ 与 $f''(x_0)$ 有完全一致的数值符号, 也即 $f(x)-f(x_0)$ 在 x_0 的某邻域内恒大于零或恒小于零. 从而 x_0 必定是 f 的极值点, 且当 $f''(x_0)<0$ 时, x_0 是 f 的极大值点; 当 $f''(x_0)>0$ 时, x_0 是 f 的极小值点.

用极值第二判别法判别极值有时比用极值第一判别法更为方便, 但要注意的是极值第二判别法要求函数在相应的点处二阶可导, 这对有些函数是不适用的.

例 4.5.5 求 $f(x)=4x^2+3\ln(1-x^2)$ 的极值.

解: f 的定义域为 $-1<x<1$,

$$f'(x)=8x-\frac{6x}{1-x^2}=\frac{2x(1-4x^2)}{1-x^2}.$$

因此函数 f 有三个驻点: $x_1=0$, $x_2=-\dfrac{1}{2}$, $x_3=\dfrac{1}{2}$.

另一方面,

$$f''(x)=8-\frac{6(1+x^2)}{(1-x^2)^2},$$

因此

$$f''(x_1) > 0, \quad f''(x_2) < 0, \quad f''(x_3) < 0.$$

根据极值第二判别法, $f(x_1) = 0$ 为极小值, $f(x_2) = f(x_3) = 1 + 3\ln\dfrac{3}{4}$ 为极大值.

如果函数 f 在 x_0 处的一阶导数 $f'(x_0)$ 和二阶导数 $f''(x_0)$ 同时为零, 怎样判定 x_0 是否为极值点? 请读者根据 f 在 x_0 点的泰勒公式分析之.

§4.6 曲线的凹凸性、曲率与渐近线

一、曲线的凹凸性与拐点

函数的单调性和极值描述了函数曲线的上升、下降形态和“峰”“谷”的情况, 然而, 同样是上升或下降的曲线, 其形态有时也会有很大的差别. 例如, 函数 $y = 1 - x^2$ (图 4.2(a)) 与 $y = \mathrm{e}^{-2x^2}$ (图 4.2(b)) 在 $(-\infty, 0)$ 内均严格单调增加, 在 $(0, +\infty)$ 内均严格单调减少, 同时, $x = 0$ 均为这两个函数的唯一极大值点, 且极大值也都是 1, 但两者的整体形态却大相径庭. 如何来区别以上两类曲线的图形特征呢? 我们注意到, 对于曲线 $y = 1 - x^2$, 其任何一点 x_0 处的切线 (在 x_0 的局部范围内) 均在曲线之上. 这一特点在曲线 $y = \mathrm{e}^{-2x^2}$ 上并不完全是这样. 以下我们从这样的几何特点来给出曲线凹凸性的定义.

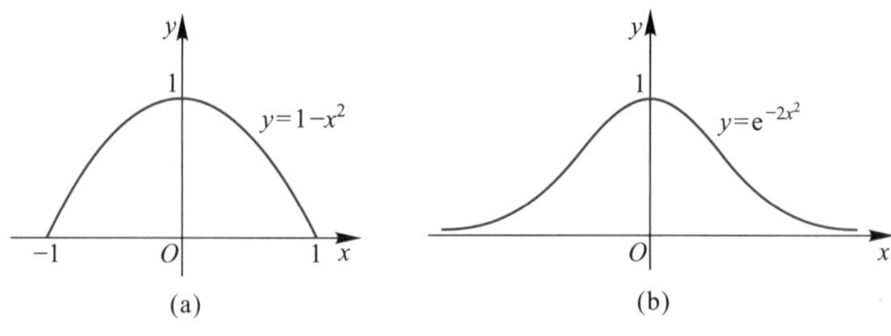

图 4.2 函数 $y = 1 - x^2$ 与 $y = \mathrm{e}^{-2x^2}$ 的图形

定义 4.6.1 如果在区间 (a, b) 内的任一点 x_0 处, 曲线 f 的切线均在曲线之下, 即在 x_0 的某个邻域内总有

$$f(x_0) + f'(x_0)(x - x_0) \leqslant f(x),$$

那么称曲线 f 在 (a, b) 内是凹的; 如果在区间 (a, b) 内的任何一点 x_0 处, 曲线 f 的切线均在曲线之上, 即在 x_0 的某个邻域内总有

$$f(x_0) + f'(x_0)(x - x_0) \geqslant f(x),$$

那么称曲线 f 在 (a, b) 内是凸的.

由于函数仅需要局部地满足

$$f(x_0)+f'(x_0)(x-x_0)\leqslant f(x) \quad \text{或} \quad f(x_0)+f'(x_0)(x-x_0)\geqslant f(x),$$

故我们可以借助泰勒展开式来分析函数曲线的凹凸性. 考虑一阶泰勒展开式

$$f(x)=f(x_0)+f'(x_0)(x-x_0)+\frac{1}{2}f''(\xi)(x-x_0)^2,$$

其中 $\xi=x_0+\theta(x-x_0)$, $\theta\in(0,1)$.

(1) 如果 $f''\geqslant 0$, 那么有 $f(x_0)+f'(x_0)(x-x_0)\leqslant f(x)$, 所以函数曲线为凹的 (图 4.3(a));

(2) 如果 $f''\leqslant 0$, 那么有 $f(x_0)+f'(x_0)(x-x_0)\geqslant f(x)$, 所以函数曲线为凸的 (图 4.3(b)).

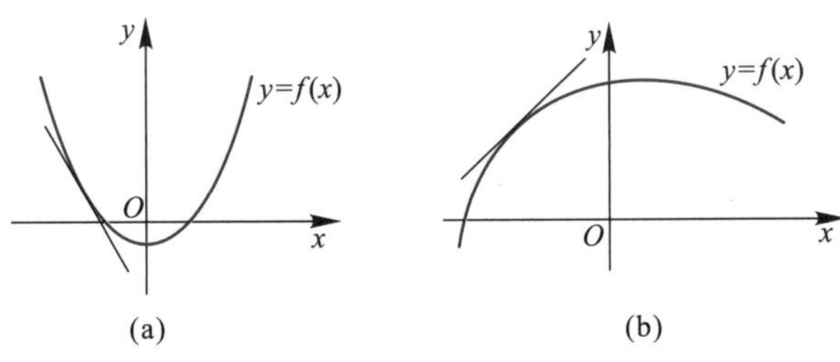

图 4.3 凹与凸

我们有以下凹凸性判别定理.

定理 4.6.2 (凹凸性判别法) 设 f 在区间 $[a,b]$ 上连续, 在 (a,b) 内二阶可导, 则

(1) 曲线 f 在 $[a,b]$ 上是凹的, 当且仅当在 (a,b) 内恒有 $f''\geqslant 0$;

(2) 曲线 f 在 $[a,b]$ 上是凸的, 当且仅当在 (a,b) 内恒有 $f''\leqslant 0$.

例 4.6.3 分析曲线 $f(x)=\sqrt{\dfrac{1+x}{1-x}}$, $x\in(-1,1)$ 的凹凸性.

解: 由于 $f'(x)=\dfrac{1}{\sqrt{(1+x)(1-x)^3}}$, $f''(x)=\dfrac{1+2x}{\sqrt{(1+x)^3(1-x)^5}}$, 故

当 $x\in\left(-1,-\dfrac{1}{2}\right)$ 时, $f''(x)<0$, 从而曲线 f 在 $\left(-1,-\dfrac{1}{2}\right)$ 内为凸的;

当 $x\in\left(-\dfrac{1}{2},1\right)$ 时, $f''(x)>0$, 从而曲线 f 在 $\left(-\dfrac{1}{2},1\right)$ 内为凹的.

若函数 f 在点 x_0 处连续, 且曲线 $y=f(x)$ 经过点 $(x_0,f(x_0))$ 时, 凹凸性发生改变, 则称点 $(x_0,f(x_0))$ 为曲线 $y=f(x)$ 的拐点.

在例 4.6.3 中, 点 $\left(-\dfrac{1}{2},\dfrac{\sqrt{3}}{3}\right)$ 就是曲线 $y=f(x)$ 的拐点.

定理 4.6.4 设 f 在区间 (a,b) 内二阶可导, $(x_0,f(x_0))$ 为曲线 $y=f(x)$

的拐点, 则有 $f''(x_0)=0$.

如同 $f'(x_0)=0$ 仅是极值点的必要条件而非充分条件一样, $f''(x_0)=0$ 也仅是拐点的必要条件. 判定点 $(x_0, f(x_0))$ 是否为拐点还需要进一步的条件. 同极值点类似, 拐点处的二阶导数为零或二阶导数不存在. 请读者试着证明下述定理.

定理 4.6.5 设 f 在 x_0 处存在 n 阶导数 $(n \geqslant 3)$, 且满足

$$f^{(k)}(x_0)=0, \quad k=2,3,\cdots,n-1, \quad f^{(n)}(x_0) \neq 0.$$

那么, 若 n 为奇数, 则 $(x_0, f(x_0))$ 为曲线 $y=f(x)$ 的拐点; 若 n 为偶数, 则 $(x_0, f(x_0))$ 不是曲线 $y=f(x)$ 的拐点.

例 4.6.6 分析下列曲线的凹凸性, 并求拐点:

(1) $f(x)=\dfrac{1}{4}x^4+\dfrac{1}{3}x^3+1$; (2) $f(x)=\sqrt[3]{x(x+3)^2}$.

解: (1) $f'(x)=x^3+x^2$, $f''(x)=3x^2+2x$, 因此曲线的凹凸性与拐点情况如下:

x	$\left(-\infty,-\frac{2}{3}\right)$	$-\frac{2}{3}$	$\left(-\frac{2}{3},0\right)$	0	$(0,+\infty)$
$f''(x)$	$+$	0	$-$	0	$+$
$y=f(x)$	凹	拐点 $\left(-\frac{2}{3},\frac{77}{81}\right)$	凸	拐点 $(0,1)$	凹

(2) 经计算得 $f'(x)=\dfrac{x+1}{\sqrt[3]{x^2(x+3)}}$, $f''(x)=-\dfrac{2}{\sqrt[3]{x^5(x+3)^4}}$, 因此曲线的凹凸性与拐点如下:

x	$(-\infty,-3)$	-3	$(-3,0)$	0	$(0,+\infty)$
$f''(x)$	$+$	不存在	$+$	不存在	$-$
$y=f(x)$	凹	不是拐点	凹	拐点 $(0,0)$	凸

二、曲线的渐近线

所谓"曲线的渐近线"是这样一条直线: 当点 $P(x,y)$ 沿曲线远离原点时, $P(x,y)$ 到此直线的距离趋于零 (图 4.4).

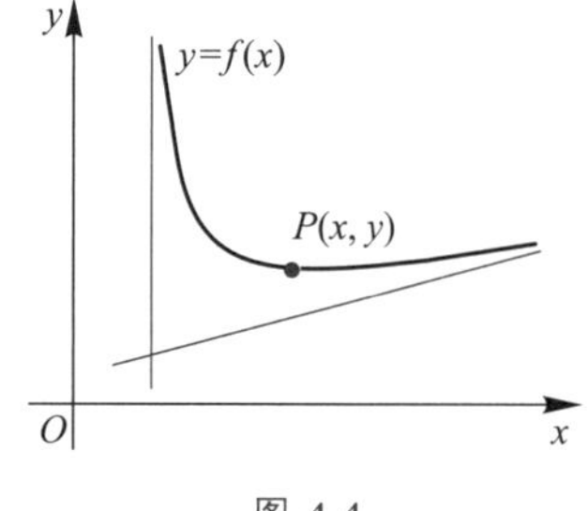

图 4.4

动点 $P(x,y)$ 沿曲线远离原点, 可分两种情形:

(1) 当 $x \to x_0$ 时, $f(x) \to \infty$;

(2) $x \to +\infty$ 或 $x \to -\infty$.

当 $x \to x_0$ 时, $f(x) \to \infty$, 则直线 $x-x_0$ 便是曲线 $y=f(x)$ 的一条垂直渐近线.

当 $x\to+\infty$ 或 $x\to-\infty$ 时, 渐近线可能是水平直线或倾斜直线, 可统一表示为 $y=ax+b$. 在此情形下, 曲线 $y=f(x)$ 上的点 $P(x,y)$ 到此直线的距离为

$$d(x)=\frac{|f(x)-ax-b|}{\sqrt{1+a^2}}.$$

若当 $x\to+\infty$ 时 $d(x)\to 0$, 则 $f(x)-ax-b\to 0$, 从而 $\frac{f(x)-ax-b}{x}\to 0$, 也即

$$a=\lim_{x\to+\infty}\frac{f(x)}{x},$$

从而可确定

$$b=\lim_{x\to+\infty}[f(x)-ax].$$

此时, 若 $a\neq 0$, 则 $y=ax+b$ 称为曲线的**斜渐近线**; 若 $a=0$, 则 $y=b=\lim\limits_{x\to+\infty}f(x)$ 称为曲线的**水平渐近线**.

重难点讲解
曲线的渐近线

同样可以确定当 $x\to-\infty$ 时曲线的水平渐近线或斜渐近线.

例 4.6.7 求曲线 $y=f(x)=\frac{x(x+2)}{x-1}$ 的渐近线.

解: 显然, 曲线 $y=f(x)$ 有垂直渐近线 $x=1$.

另外,

$$a=\lim_{x\to\infty}\frac{f(x)}{x}=\lim_{x\to\infty}\frac{x+2}{x-1}=1,$$

$$b=\lim_{x\to\infty}[f(x)-ax]=\lim_{x\to\infty}\frac{3x}{x-1}=3,$$

曲线 $y=f(x)$ 有斜渐近线 $y=x+3$.

注意: $y=x+3$ 实际上是在 $x\to+\infty$, $x\to-\infty$ 下的两条重合渐近线.

三、函数图形的描绘

我们用函数的导数可以分析出函数的单调性、极值、曲线的凹凸性和拐点以及曲线的渐近线等, 加上可以获得的函数的定义域、值域、连续性等, 已能够比较准确地绘制出函数的图形.

描绘函数 $y=f(x)$ 的图形的主要步骤有

(1) 确定函数的定义域;

(2) 分析函数的奇偶性、周期性等;

(3) 分析函数的单调性、极值;

(4) 分析曲线的凹凸性、拐点;

(5) 求出曲线的渐近线;

(6) 找出特殊点, 例如曲线与坐标轴的交点、不连续点和不可导点等;

(7) 描绘出函数的图形.

通常, 一阶导数用于确定函数单调区间与极值点; 二阶导数用于确定曲线的凹凸性与拐点. 适当地建立一阶导数和二阶导数的信息表, 对绘制函数的图形是有帮助的.

例 4.6.8 绘制函数 $f(x)=\dfrac{x-2}{x-1}x^{\frac{1}{3}}$ 的图形.

解: 经计算得

$$f'(x)=\frac{x^2+2}{3(x-1)^2}x^{-\frac{2}{3}},\quad f''(x)=-\frac{2(x^3+2x^2+8x-2)}{9(x-1)^3}x^{-\frac{5}{3}}.$$

根据三次方程的求根公式 (请读者自行查阅相关参考书), 方程 $x^3+2x^2+8x-2=0$ 只有一个实根:

$$x_0=\omega-\frac{20}{9\omega}-\frac{2}{3}\approx 0.2346,$$

其中 $\omega=(r+\sqrt{r^2+s^3})^{\frac{1}{3}}$, $r=\dfrac{91}{27}$, $s=\dfrac{20}{9}$. 因此, f'' 只有一个零点 x_0.

请注意: f'' 在 $x=0$ 和 $x=1$ 时不存在, 而点 $(0,0)$ 恰恰是曲线 f 的一个拐点. f 的特征信息如下:

	$(-\infty,0)$	0	$(0,x_0)$	x_0	$(x_0,1)$	1	$(1,+\infty)$
f'	$+$	不存在	$+$	$+$	$+$	不存在	$+$
f''	$+$	不存在	$-$	0	$+$	不存在	$-$
f	单调增加, 凹	拐点 $(0,0)$	单调增加, 凸	拐点 $(x_0,f(x_0))$	单调增加, 凹		单调增加, 凸

显然, $x=1$ 是曲线 f 的一条垂直渐近线. 由于当 $x\to\infty$ 时 $\dfrac{f(x)}{x}\to\infty$, 故曲线 f 没有斜渐近线. 易知曲线 f 也没有水平渐近线, 同时函数 f 也没有极值. 函数 $y=f(x)$ 的大致图形见图 4.5.

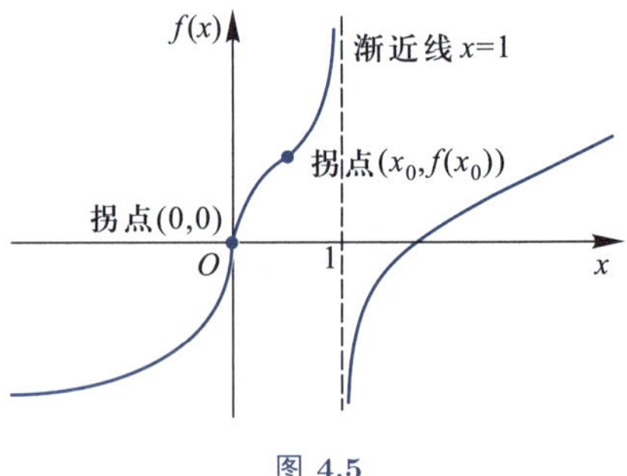

图 4.5

四、曲率与曲率圆

导数的应用

在一个半径为 R 的圆上截取一弧段, 其弧长 l 由半径 R 与弧段的弧度 θ 确定:

$$l=\theta R.$$

当动点从弧段的一端移动到另一端时, 动点处的切线随之转过一个角度. 容易看到, θ 实际上就是切线转过的角度, 也即切线与 x 轴正向的夹角的改变量. 显然, 弧长 l 或切线角度的改变量 θ 单独并不能反映弧段的弯曲程度, 从图 4.6 可以看到, 相等弧长的切线角度的改变量大小可以反映出曲线的弯曲程度, 或者相等切线角度改变量的弧长大小也可以反映出曲线的弯曲程度.

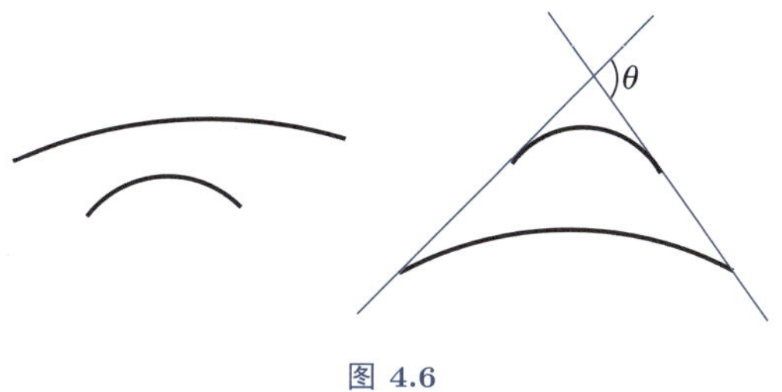

图 4.6

对于圆, 决定弧段的弯曲程度实际上是半径 R. R 越大, 当然 $\dfrac{1}{R}$ 越小, 弧段的弯曲程度越小, 即 $\dfrac{\theta}{l}=\dfrac{1}{R}$ 决定了弧段的弯曲程度. 我们称 $\dfrac{\theta}{l}$ 为弧段的平均弯曲程度.

一般地, 在一个可微函数曲线上点 P 附近截取一曲线段, 记 l 为此曲线段的弧长, θ 为此曲线段起点与终点处两切线的角度的改变量, 我们用 $\dfrac{\theta}{l}$ 定义此曲线段的平均弯曲程度. 显然, l 越小, $\dfrac{\theta}{l}$ 越能准确地反映曲线在 P 点处的弯曲程度. 因此, 若当 l 趋于零时, $\dfrac{\theta}{l}$ 的极限存在, 则我们用此极限值

$$K=\lim_{l\to 0}\frac{\theta}{l}$$

定义曲线在 P 点处的弯曲程度, 又称其为曲率.

容易验证, 半径为 R 的圆上任何点处的曲率均相同, 且为 $K=\dfrac{1}{R}$. 所以我们又称 $R=\dfrac{1}{K}$ 为曲线在点 P 处的曲率半径.

现在我们推导一般可微函数曲线 $y=f(x)$ 的曲率表达式. 首先在曲线上任取一固定点 $P(x,f(x))$, 然后再取动点 $M(x+\Delta x,f(x+\Delta x))$. 由于 P,M 两点处的切线与 x 轴的夹角分别为 $\alpha(x)=\arctan f'(x)$ 和 $\alpha(x+\Delta x)=\arctan f'(x+\Delta x)$, 故两点处的切线角度的改变量为

$$|\Delta\alpha|=|\arctan f'(x+\Delta x)-\arctan f'(x)|.$$

另一方面, 当 $|\Delta x|$ 足够小时, P,M 两点间曲线弧长可表示为 (参见第 6 章)

$$\Delta s=|\sqrt{1+(f'(x))^2}\Delta x+o(\Delta x)|.$$

因此, 点 $P(x,f(x))$ 处的曲率为

$$K(x)=\lim_{\Delta s\to 0}\frac{|\Delta\alpha|}{\Delta s}=\lim_{\Delta x\to 0}\left|\frac{\Delta\alpha/\Delta x}{\Delta s/\Delta x}\right|$$
$$=\left|\frac{\alpha'(x)}{\sqrt{1+(f'(x))^2}}\right|=\frac{|f''(x)|}{[1+(f'(x))^2]^{3/2}}.$$

如果 $K(x)\neq 0$, 在点 $P(x,f(x))$ 处的法线 (过点 P 且与点 P 处切线垂直的直线) 上曲线弯曲一侧取一点 Q, 使其到点 Q 的距离为 $R=\dfrac{1}{K(x)}$; 然后以 Q 为圆心, 以 R 为半径作圆 C. 这样的圆具有如下特点:

(1) 它与曲线 $y=f(x)$ 在点 P 处相切 (即具有相同的切线);

(2) 在此公共的切点, 两者有相同的凹凸性;

(3) 在此公共的切点, 两者有相同的曲率.

我们称这样的圆为曲线 $y=f(x)$ 在点 P 处的**曲率圆**, 曲率半径 $R=\dfrac{1}{K}$ 即为曲率圆半径, 参见图 4.7. 请读者自己推导出如下曲率圆的圆心 Q 点的坐标 (ξ,η):

$$\begin{cases}\xi=x-\dfrac{f'(x)[1+(f'(x))^2]}{f''(x)},\\ \eta=f(x)+\dfrac{1+[f'(x)]^2}{f''(x)}.\end{cases}$$

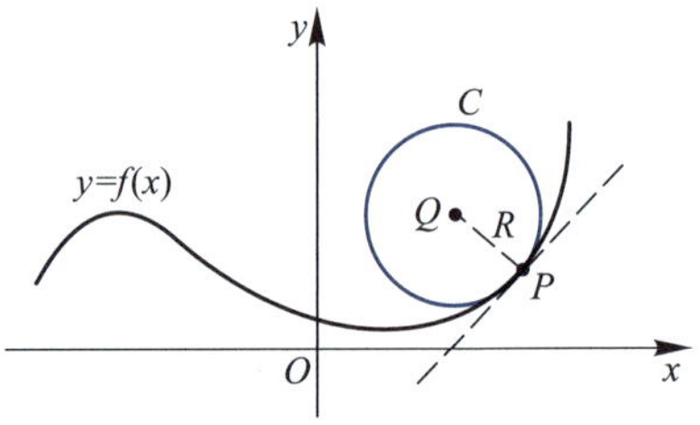

图 4.7

例 4.6.9 求曲线

$$f(x)=\frac{1}{10}\left(x-\frac{1}{2}\right)(x-1)(x+3)$$

在 $x=1$ 处的曲率 K 与曲率半径 R.

解: 因为 $f'(1)=\dfrac{1}{5}$, $f''(1)=\dfrac{9}{10}$, 所以曲线 f 在 $x=1$ 处的曲率

$$K=\frac{225}{52\sqrt{26}}\approx 0.8486,$$

曲率半径

$$R=\frac{1}{K}=\frac{52\sqrt{26}}{225}\approx 1.1784.$$

第 4 章习题

习题 4.1

1. 验证下列函数 f 在指定区间上罗尔定理的正确性, 求出中间值 ξ, 并检验相应的 $f(\xi)$ 是否为 f 在指定区间上的最大值或最小值:

(1) $f(x)=x^3+4x^2-7x-10$, $[-1,2]$;

(2) $f(x)=\ln\sin x$, $\left[\dfrac{\pi}{6},\dfrac{5\pi}{6}\right]$;

(3) $f(x)=\sqrt{2x-x^2}$, $[0,2]$.

2. 在指定区间上对下列函数验证拉格朗日中值定理:

(1) $f(x)=x^2$, $[1,2]$; (2) $f(x)=\sin 3x$, $\left[0,\dfrac{\pi}{3}\right]$;

(3) $f(x)=\tan x$, $\left[-\dfrac{\pi}{4},\dfrac{\pi}{4}\right]$; (4) $f(x)=x^2(x^2-2)$, $[-1,1]$.

3. 证明分段函数

$$f(x)=\begin{cases}\dfrac{20+x^2}{8}, & 0\leqslant x\leqslant 2,\\ \dfrac{x^2+2}{x}, & 2<x<+\infty\end{cases}$$

在区间 $[0,4]$ 上满足拉格朗日中值定理的条件, 并求出中值公式中的中间值 ξ.

4. 证明: 方程 $x^3-3x+1=0$ 在 $[0,1]$ 上不含有两个不同的根.

5. 证明: 若方程 $a_0x^n+a_1x^{n-1}+\cdots+a_{n-1}x=0$ 存在一个正根 x_0, 则方程

$$na_0x^{n-1}+(n-1)a_1x^{n-2}+\cdots+a_{n-1}=0$$

必有一个小于 x_0 的正根.

6. 设函数 $f(x)$ 在 $[0,1]$ 上连续, 在 $(0,1)$ 内可导, 且有 $f(1)=2f(0)$, 证明: 在 $(0,1)$ 内至少存在一点 ξ, 使得 $(1+\xi)f'(\xi)=f(\xi)$ 成立.

7. 若 $f(x)$ 在区间 $[a,b]$ 上连续, 在区间 (a,b) 内有二阶导数, 且 $f(a)=f(b)=0$, $f(c)<0\ (a<c<b)$, 证明: 至少存在一点 $\xi\in(a,b)$, 使得 $f''(\xi)>0$.

8. 设函数 $f(x)$ 在 $(-\infty,+\infty)$ 上有定义, 且存在常数 $k>0$ 与 $\alpha>1$, 使得对任意的 x_1,x_2 有 $|f(x_1)-f(x_2)|\leqslant k|x_1-x_2|^{\alpha}$, 证明: $f(x)$ 在 $(-\infty,+\infty)$ 上是常量.

9. 试对函数 $f(x)=\sin x$, $g(x)=\cos x$, $x\in\left[0,\dfrac{\pi}{2}\right]$ 写出柯西中值定理并求 ξ.

10. 利用微分中值定理证明下列等式:

(1) $\sin^2 x+\cos^2 x=1$; (2) $1+\tan^2 x=\sec^2 x$.

11. 利用微分中值定理证明下列不等式:

(1) $|\sin x-\sin y|\leqslant|x-y|$, $\forall x,y$;

(2) 如果 $0<\beta\leqslant\alpha<\dfrac{\pi}{2}$, 那么 $\dfrac{\alpha-\beta}{\cos^2\beta}\leqslant\tan\alpha-\tan\beta\leqslant\dfrac{\alpha-\beta}{\cos^2\alpha}$.

12. 设在区间 $[0,a]$ 上 $|f''(x)|\leqslant M$, 又 $f(x)$ 在 $(0,a)$ 内取最大值, 证明:

$$|f'(0)|+|f'(a)|\leqslant Ma.$$

13. 设函数 $f(x)$ 在闭区间 $[a,b]$ 上连续, 在开区间 (a,b) 内可导. 又 $f(x)$ 不是线性函数, 且 $f(b)>f(a)$. 证明: $\exists\xi\in(a,b)$, 使得 $f'(\xi)>\dfrac{f(b)-f(a)}{b-a}$.

14. 设函数 $f(x)$ 在区间 $[0,1]$ 上可微, 且 $f(0)=0, f(1)=1$, 证明: 对任意 n 个正数 $\lambda_1,\lambda_2,\cdots,\lambda_n$, 在区间 $[0,1]$ 上存在一组互不相等的数 $x_1,x_2,\cdots,x_n$, 使得 $\displaystyle\sum_{i=1}^{n}\frac{\lambda_i}{f'(x_i)}=\sum_{i=1}^{n}\lambda_i$.

15. 设函数 $f(x)$ 在闭区间 $[a,b]$ 上连续, 在开区间 (a,b) 内可导 $(0\leqslant a<b)$, $f(b)\neq f(a)$, 证明: $\exists\xi,\ \eta\in(a,b)$, 使得 $f'(\xi)=\dfrac{a+b}{2\eta}f'(\eta)$.

16. 设函数 $f(x)$ 在区间 $[0,2]$ 上具有连续导数, $f(0)=f(2)=0, M=\max\limits_{x\in[0,2]}\{|f(x)|\}$, 证明:

(1) 存在 $\xi\in(0,2)$, 使得 $|f'(\xi)|\geqslant M$;

(2) 若对任意的 $x\in(0,2)$, $|f'(x)|\leqslant M$, 则 $M=0$.

习题 4.2

17. 利用洛必达法则求下列极限:

(1) $\displaystyle\lim_{x\to0}\frac{x(x-1)}{\sin x}$;

(2) $\displaystyle\lim_{x\to0^+}x\mathrm{e}^{\frac{1}{x}}$;

(3) $\displaystyle\lim_{x\to1}\frac{x^3-3x+2}{x^3-x^2-x+1}$;

(4) $\displaystyle\lim_{x\to0}\left(\frac{1}{x^2}-\cot^2x\right)$;

(5) $\displaystyle\lim_{x\to0}\frac{x-x\cos x}{x-\sin x}$;

(6) $\displaystyle\lim_{x\to\infty}\left(\sin\frac{2}{x}+\cos\frac{1}{x}\right)^x$;

(7) $\displaystyle\lim_{x\to\frac{\pi}{2}}\frac{\tan x}{\tan 3x}$;

(8) $\displaystyle\lim_{x\to+\infty}\left(x+\sqrt{x^2+1}\right)^{\frac{1}{\ln x}}$;

(9) $\displaystyle\lim_{x\to0}\frac{x-\arctan x}{\arcsin x}$;

(10) $\displaystyle\lim_{x\to0}\frac{\mathrm{e}^x-\mathrm{e}^{-x}}{\sin x}$;

(11) $\displaystyle\lim_{x\to+\infty}\frac{x^b}{\mathrm{e}^{ax}}$, $a,b>0$;

(12) $\displaystyle\lim_{x\to+\infty}\frac{(\ln x)^a}{x^b}$, $a,b>0$;

(13) $\displaystyle\lim_{x\to0}\left(\frac{1}{x}-\frac{1}{\sin x}\right)$;

(14) $\displaystyle\lim_{x\to1}\left(\frac{1}{\ln x}-\frac{1}{x-1}\right)$;

(15) $\displaystyle\lim_{x\to0}\left[\frac{1}{\mathrm{e}^x-1}-\frac{1}{\ln(1+x)}\right]$;

(16) $\displaystyle\lim_{x\to0^+}x^x$;

(17) $\displaystyle\lim_{\varphi\to0}\left(\frac{\sin\varphi}{\varphi}\right)^{\frac{1}{\varphi^2}}$;

(18) $\displaystyle\lim_{x\to0}(1+x)^{\frac{1}{x}}$;

(19) $\displaystyle\lim_{x\to\left(\frac{\pi}{2}\right)^-}(\tan x)^{2x-\pi}$;

(20) $\displaystyle\lim_{x\to0}\frac{(1+x)^{\frac{1}{x}}-\mathrm{e}}{x}$;

(21) $\lim\limits_{x\to 0}\dfrac{\sqrt{1+\tan x}-\sqrt{1+\sin x}}{x\ln(1+x)-x^2}$.

18. 怎样运用洛必达法则求以下数列的极限: $\lim\limits_{n\to\infty}\dfrac{f(n)}{g(n)}$? 试求以下极限 ($n$ 为正整数):

(1) $\lim\limits_{n\to\infty} n^2\left(\arctan\dfrac{a}{n}-\arctan\dfrac{a}{n+1}\right)$;

(2) $\lim\limits_{n\to\infty} n\left[\mathrm{e}^2-\left(1+\dfrac{1}{n}\right)^{2n}\right]$;

(3) $\lim\limits_{n\to\infty}\left(n\tan\dfrac{1}{n}\right)^{n^2}$.

19. 证明下列极限不能用洛必达法则求解, 但极限存在:

(1) $\lim\limits_{x\to\infty}\dfrac{x+\sin x}{x}$; (2) $\lim\limits_{x\to 0}\dfrac{x^2\sin\dfrac{1}{x}}{\sin x}$; (3) $\lim\limits_{x\to+\infty}\dfrac{\mathrm{e}^x+\mathrm{e}^{-x}}{\mathrm{e}^x-\mathrm{e}^{-x}}$.

习题 4.3

20. 求下列函数在指定点处和指定阶数的带拉格朗日余项的泰勒公式:

(1) $f(x)=\arcsin x$, 在 $x=0$ 处, 三阶;

(2) $f(x)=\mathrm{e}^x$, 在 $x=1$ 处, n 阶;

(3) $f(x)=\sin x$, 在 $x=-\dfrac{\pi}{2}$ 处, 五阶;

(4) $f(x)=\cos x$, 在 $x=\pi$ 处, 五阶;

(5) $f(x)=3x^4-5x^3+2x$, 在 $x=1$ 处, 四阶;

(6) $f(x)=\dfrac{1}{1-x}$, 在 $x=0$ 处, 五阶;

(7) $f(x)=\dfrac{1}{\sqrt{x}}$, 在 $x=4$ 处, 三阶;

(8) $f(x)=\operatorname{sh} x=\dfrac{\mathrm{e}^x-\mathrm{e}^{-x}}{2}$, 在 $x=0$ 处, 四阶;

(9) $f(x)=\dfrac{1}{x}$, 在 $x=-1$ 处, n 阶.

21. 利用带佩亚诺余项的泰勒公式求下列极限:

(1) $\lim\limits_{x\to 0}\dfrac{\sin x-x\cos x}{x-\sin x}$; (2) $\lim\limits_{x\to 0}\dfrac{\cos x-\mathrm{e}^{\frac{x^2}{2}}}{2x+\ln(1-2x)}$;

(3) $\lim\limits_{x\to 0}\dfrac{1+\dfrac{x^2}{2}-\sqrt{1+x^2}}{(\cos x-\mathrm{e}^{x^2})\sin x^2}$; (4) $\lim\limits_{x\to\infty}\left[x-x^2\ln\left(1+\dfrac{1}{x}\right)\right]$;

(5) $\lim\limits_{x\to\infty}\left[\left(x^3-x^2+\dfrac{x}{2}\right)\mathrm{e}^{\frac{1}{x}}-\sqrt{x^6+1}\right]$.

22. 确定常数 a, b, 使当 $x \to 0$ 时,

(1) $f(x) = x - (a + b\cos x)\sin x$ 是关于 x 的五阶无穷小;

(2) $f(x) = \arctan x - \dfrac{x + ax^3}{1 + bx^2}$ 关于 x 达到最高阶无穷小, 并求其阶数.

23. 求 $f(x) = \sqrt{1+x}$ 的一阶麦克劳林公式, 并估计近似公式 $\sqrt{1+x} \approx 1 + \dfrac{x}{2}$ $(x > 0)$ 的误差.

24. 设 $f(x) = x^2 \sin x$, 求 $f^{(99)}(0)$.

25. 求 $f(x) = \tan x$ 的三阶麦克劳林公式.

26. 利用 e^x 的麦克劳林公式求下列函数的 k 阶泰勒多项式 $T_k(x)$:

(1) $x\mathrm{e}^x$ $(k = n)$; (2) e^{-x^2} $(k = 2n)$.

27. 设 $f(x) = a_0x^n + a_1x^{n-1} + \cdots + a_n$, 且 $a_0 \neq 0$, $f^{(k)}(a) \geqslant 0$ $(k = 0, 1, 2, \cdots, n)$, 证明: $f(x)$ 在 $(a, +\infty)$ 内无零点.

28. 设函数 $f(x)$ 在 $(-\infty, +\infty)$ 上 $2n$ 阶可导,$f^{(2n)}(x) > 0$, 且当 k 为偶数时, $f^{(k)}(0) > 0$; 当 k 为奇数时, $f^{(k)}(0) < 0 (k = 0, 1, 2, \cdots, 2n-1)$, 证明: 方程 $f(x) = 0$ 无负实根.

29. 设函数 $f(x)$ 在 $[a, b]$ 上具有 n 阶导数, 且

$$f(a) = f(b) = f'(b) = f''(b) = \cdots = f^{(n-1)}(b) = 0,$$

证明: 在 (a, b) 内至少存在一点 ξ, 使 $f^{(n)}(\xi) = 0$.

30. 设函数 $f(x)$ 在 $[0, 1]$ 上具有二阶连续导数, 且满足 $f(1) = f(0)$ 及 $|f''(x)| \leqslant M (x \in [0, 1])$, 证明: 对一切 $x \in [0, 1]$, $|f'(x)| \leqslant \dfrac{M}{2}$.

31. 设函数 $f(x)$ 在 $[a, b]$ 上连续, 在 (a, b) 内二阶可导, 且 $f(a)f(b) < 0$ 及 $f'(c) = 0$, $a < c < b$, 证明: 当 $f(c) > 0$ 时, 在 (a, b) 内至少存在一点 ξ, 使得 $f''(\xi) < 0$.

32. 设 $f(x)$ 在 $[a, b]$ 上连续, 在开区间 (a, b) 内有二阶导数, 证明: $\exists \xi \in (a, b)$, 使得 $f(b) - 2f\left(\dfrac{a+b}{2}\right) + f(a) = \dfrac{(b-a)^2}{4} f''(\xi)$.

33. 设函数 $f(x)$ 在区间 $[-a, a]$ 上具有二阶连续导数, 证明:

(1) 若 $f(0) = 0$, 则存在 $\xi \in (-a, a)$, 使得 $f''(\xi) = \dfrac{1}{a^2}[f(a) + f(-a)]$;

(2) 若 $f(x)$ 在 $(-a, a)$ 内取得极值, 则存在 $\eta \in (-a, a)$, 使得

$$|f''(\eta)| \geqslant \frac{1}{2a^2}[f(a) - f(-a)].$$

34. 设 $f(x)$ 在区间 $[a, b]$ 上二阶可导, 且 $f''(x) < 0$, 证明: 对任意 n 个正

数 k_1, k_2, $\cdots$, k_n, $\sum\limits_{i=1}^{n} k_i = 1$, $[a,b]$ 上任意的 n 个数 x_1, x_2, $\cdots$, x_n, 有

$$f\left(\sum_{i=1}^{n} k_i x_i\right) > \sum_{i=1}^{n} k_i f(x_i).$$

35. 设 $f(x)$ 二阶可导, $f(0)=f(1)=0$, $\max\limits_{0\leqslant x\leqslant 1}\{f(x)\}=2$, 证明:

$$\min_{0\leqslant x\leqslant 1}\{f''(x)\} \leqslant -16.$$

36. 用四阶泰勒公式求下列各式近似值, 并估计误差:

(1) $\sqrt{\mathrm{e}}$; (2) $\ln 1.1$.

习题 4.4

37. 分析下列函数的单调性:

(1) $f(x)=\arctan x - x$; (2) $f(x)=x-2\sin x\ \left(0\leqslant x\leqslant \dfrac{\pi}{3}\right)$;

(3) $f(x)=x-\ln(1+x)(x>0)$; (4) $f(x)=x\mathrm{e}^{-x}(x<0)$.

38. 确定下列函数的单调区间:

(1) $f(x)=3x-2x^3$; (2) $f(x)=\dfrac{2x}{1+x^2}$;

(3) $f(x)=x^{\alpha}\mathrm{e}^{-x},\ x>0$; (4) $f(x)=x^2-\ln x^2$.

39. 试用微分中值定理证明下述达布[①]定理: 设 f 在 (a,b) 内可导, $x_1,x_2\in(a,b)$ 且 $x_1<x_2$, 则对任何介于 $f'(x_1)$ 和 $f'(x_2)$ 之间的实数 η, 必存在 $\xi\in[x_1,x_2]$, 使得 $\eta=f'(\xi)$.

40. 证明下列不等式:

(1) 当 $x>0$ 时, $\dfrac{x}{1+x}<\ln(1+x)<x$;

(2) $\dfrac{1}{x}+\dfrac{1}{\ln(1-x)}<1\ (x<1, x\neq 0)$;

(3) 当 $0<b<a$, $n<1$ 时, $nb^{n-1}(a-b)<a^n-b^n<na^{n-1}(a-b)$.

41. (1) 证明: $\tan x > x+\dfrac{x^3}{3}$, $x\in\left(0,\dfrac{\pi}{2}\right)$;

(2) 利用 $(\tan x)'=(\tan x)^2+1$ 进一步证明:

$$\tan x > x+\frac{1}{3}x^3+\frac{2}{15}x^5+\frac{1}{63}x^7,\quad x\in\left(0,\frac{\pi}{2}\right);$$

(3) 在 (1) 和 (2) 的基础上, 是否还有更强的结果? 请试之.

---

① 达布 (Darboux, 1842—1917), 法国数学家, 1881 年任巴黎大学理学院高等几何学教授, 后任理学院院长、名誉院长. 1884 年达布当选为法国科学院院士, 1900 年任科学院几何学部终身秘书. 达布的主要贡献在数学分析、微分几何和微分方程等领域. 他给出了一个"病态函数", 这个在区间 $[a,b]$ 上的函数取遍了两个给定值之间的一切中间值, 但它却是不连续的. 他在定积分理论中的工作对黎曼 (Riemann) 积分论的发展起到了重要作用.

习题 4.5

42. 求下列函数的极值:

(1) $y = 2x^3 - 3x^2$;　　(2) $y = x + \dfrac{1}{x}$;

(3) $y = x - \sin x$;　　(4) $y = x - \ln(1 + x)$;

(5) $y = \mathrm{e}^x \sin x$;　　(6) $y = \sqrt{x} \ln x$;

(7) $y = \begin{cases} x^{2x}, & x > 0, \\ x\mathrm{e}^x + 1, & x \leqslant 0. \end{cases}$

43. 已知方程 $x^5 - 5x + k = 0$ 有 3 个不同的实根, 求 k 的取值范围.

44. 给出函数在指定区间上的最大值和最小值:

(1) $y = x^4 - 8x^2 + 3$, $-1 \leqslant x \leqslant 3$;

(2) $y = 2x - \sin 2x$, $\dfrac{\pi}{4} \leqslant x \leqslant \pi$;

(3) $y = x + \sqrt{1 - x}$, $-5 \leqslant x \leqslant 1$;

(4) $y = x^2 \mathrm{e}^{x^2}$, $x \in \mathbb{R}$;

(5) $y = \sin 2x - x$, $-\dfrac{\pi}{2} \leqslant x \leqslant \dfrac{\pi}{2}$;

(6) $y = (x - 1)^2 (x - 2)^3$, $0 \leqslant x \leqslant \dfrac{3}{2}$;

(7) $y = \dfrac{x - 1}{x + 1}$, $0 \leqslant x \leqslant 4$;

(8) $y = 2\sin 2x + \sin 4x$, $0 \leqslant x \leqslant \pi$.

45. 利用函数的最大、最小值证明下列不等式:

(1) $1 + x \ln(x + \sqrt{1 + x^2}) > \sqrt{1 + x^2}$ $(x > 0)$;

(2) $\dfrac{2}{\pi} x < \sin x < x$ $\left(0 < x < \dfrac{\pi}{2}\right)$;

(3) $2\sqrt{x} > 3 - \dfrac{1}{x}$ $(x > 1)$.

46. 讨论函数 $y = \left(1 + x + \dfrac{x^2}{2!} + \cdots + \dfrac{x^n}{n!}\right) \mathrm{e}^{-x}$ $(n \in \mathbb{N}_+)$ 的极值.

47. 已知可导函数 $y = y(x)$ 满足 $a\mathrm{e}^x + y^2 + y - \ln(1 + x) \cos y + b = 0$, 且 $y(0) = 0$, $y'(0) = 0$.

(1) 求 a, b 的值;

(2) 判断 $x = 0$ 是不是 $y(x)$ 的极值点.

48. 试求数列 $1, \sqrt{2}, \sqrt[3]{3}, \cdots, \sqrt[n]{n}, \cdots$ 中最大的一项.

49. 建造容积为定值 V_0 的开口圆柱容器, 若底面每平方米的造价是侧面每平方米造价的两倍, 问底半径 R 与高 H 成怎样的比例, 才能使该容器造价最低?

50. 电池的输出功率 $P=VI-RI^2$, 其中 I 为电流. 若电压 V 与电阻 R 为常数, 求输出功率为最大的电流值.

51. 有甲、乙两城, 甲位于一直线形的河岸, 乙和甲位于河岸同侧, 且乙离岸 40 km, 而乙到岸的垂足与甲距离 50 km. 从水厂到甲城及乙城之水管费分别为每千米 500 元和 700 元. 为使水管费最省, 水厂应建在河边何处?

52. 求内接于椭圆 $\dfrac{x^2}{a^2}+\dfrac{y^2}{b^2}=1$ 中面积最大的矩形.

53. 在 n 次试验中, 测得量 A 的 n 个数据 $x_1,x_2,\cdots,x_n$, 问选取怎样的 x 作为 A 的近似值, 才能使误差平方和 $\delta=\sum\limits_{i=1}^{n}(x-x_i)^2$ 达到最小?

习题 4.6

54. 分析下列曲线的凹凸性, 并求其拐点:

(1) $y=x^3+3x^2-1$;　　(2) $y=x^4-2x^2$;

(3) $y=(x-1)^{\frac{5}{3}}$;　　(4) $y=\dfrac{x^2-2x+2}{x-1}$;

(5) $y=x\sin x+2\cos x\left(-\dfrac{\pi}{2}<x<\dfrac{3\pi}{2}\right)$;

(6) $y=x\mathrm{e}^{-\frac{x^2}{2}}$.

55. 利用曲线的凹凸性证明不等式: $\mathrm{e}^{\frac{x+y}{2}}<\dfrac{\mathrm{e}^x+\mathrm{e}^y}{2}$.

56. 求下列曲线的渐近线:

(1) $y=\dfrac{1}{(x+1)(x-2)}$;　　(2) $y=\dfrac{x^2}{x+1}$;

(3) $y=x\ln\left(\mathrm{e}+\dfrac{1}{x}\right)$;　　(4) $y=\dfrac{\sin x}{x}$;

(5) $y=x\mathrm{e}^{\frac{2}{x}}+1$;　　(6) $y=\dfrac{x^{1+x}}{(1+x)^x}\,(x>0)$.

57. 已知函数 $f(x)=\dfrac{x\,|x|}{x+1}$, 求曲线 $y=f(x)$ 的凹凸区间及渐近线.

58. 作出下列函数的图形:

(1) $y=x^3-3x+3$;　　(2) $y=\dfrac{1}{x}+x$;

(3) $y=\mathrm{e}^{-x^2}$;　　(4) $y=x\mathrm{e}^{-x}$;

(5) $y=\dfrac{x}{1+x^2}$;　　(6) $y=\dfrac{\ln x}{x}$.

59. 证明曲线 $y=\dfrac{x+1}{x^2+1}$ 有位于同一直线上的三个拐点.

60. 求抛物线 $y=-x^2+4x+3$ 在其顶点处的曲率.

61. 求曲线 $y=\cos x$ 在点 $(0,1)$ 处的曲率.

62. 设曲线的参数方程为 $\begin{cases}x=\varphi(t),\\ y=\psi(t),\end{cases}$ 验证曲线的曲率为

$$K=\frac{\left|\frac{\mathrm{d}x}{\mathrm{d}t}\cdot\frac{\mathrm{d}^2y}{\mathrm{d}t^2}-\frac{\mathrm{d}^2x}{\mathrm{d}t^2}\cdot\frac{\mathrm{d}y}{\mathrm{d}t}\right|}{\left[\left(\frac{\mathrm{d}x}{\mathrm{d}t}\right)^2+\left(\frac{\mathrm{d}y}{\mathrm{d}t}\right)^2\right]^{\frac{3}{2}}},$$

并分别求椭圆 $\begin{cases}x=a\cos t,\\ y=b\sin t\end{cases}$ 在顶点 $(a,0)$, $(0,b)$ 处的曲率.

63. 试过正弦曲线 $y=\sin x$ 上点 $M\left(\frac{\pi}{2},1\right)$ 作一抛物线 $y=ax^2+bx+c$, 使抛物线与正弦曲线在 M 点具有相同的曲率与凹凸性, 并求 M 点处两曲线的公共曲率圆方程.

64. 设曲线 $y=f(x)$ 在原点与 x 轴相切, 函数 $f(x)$ 具有连续的二阶导数, 且 $x\neq 0$ 时,$f'(x)\neq 0$, 证明该曲线在原点处的曲率半径为

$$R=\lim_{x\to 0}\left|\frac{x^2}{2f(x)}\right|.$$

第 4 章
重难点讲解

第 4 章
部分习题参考答案与提示

第 5 章　不定积分

在前面我们研究了函数的导数和微分及其相关问题, 但在科学技术研究或应用中常常会遇到相反的问题, 即已知某个函数的导数或微分, 求这个函数. 本章就是讨论这类微分学的相反问题.

§5.1　原函数与不定积分的概念

定义 5.1.1　设 f 是定义在区间 I 上的函数, 如果存在可导函数 $F: I \to \mathbb{R}$ 满足

$$F'(x) = f(x),$$

就称 F 为 f 在区间 I 上的一个**原函数**.

例如, $F(x) = \dfrac{1}{2}x^2$ 是 $f(x) = x$ 的原函数, $F(x) = -\cos x$ 是 $f(x) = \sin x$ 的原函数, $F(x) = \arcsin x$ 是 $f(x) = \dfrac{1}{\sqrt{1-x^2}}$ 在 $I = \{x| -1 < x < 1\}$ 上的原函数等. 因为若 F 为 f 的一个原函数, 则 $F + C$ (其中 C 为任意常数) 也为 f 的一个原函数, 所以原函数不唯一. 但是, 在允许相差一个常数的意义下, 原函数是唯一的. 我们有以下定理.

定理 5.1.2　设 F, G 是函数 $f(x)$ 在区间 I 上的两个原函数, 则它们之间最多相差一个常数, 即存在常数 C, 使

$$G(x) = F(x) + C.$$

证明: 因为 $F'(x) = f(x)$ 和 $G'(x) = f(x)$, $x \in I$, 所以

$$[G(x) - F(x)]' = f(x) - f(x) \equiv 0, \quad x \in I.$$

从而 $G(x) - F(x)$ 在区间 I 上为常数, 即有

$$G(x) = F(x) + C.$$

关于原函数的存在性, 也即一个函数在什么条件下存在原函数, 我们将在下一章中进行讨论, 在这里, 我们不加证明地给出以下充分条件: **如果某函数在区间 I 上连续, 那么其在 I 上一定存在原函数**.

例 5.1.3 某物体在离地面高度为 h m 处由静止状态自由下落, 已知由重力产生的加速度为 $g\,\mathrm{m/s^2}$, 试分别求物体在空中下落时, 速度和离地面高度关于时间的函数表达式.

解: 设物体离地面高度函数为 $H(t)$, 速度函数为 $v(t)$, 则有

$$v'(t) = -g.$$

显然, $-gt$ 满足上式. 由定理 5.1.2 得

$$v(t) = -gt + C_1,$$

其中 C_1 为常数. 因为 $v(0) = 0$, 所以 $C_1 = 0$. 因此, 物体速度关于时间的函数表达式为

$$v(t) = -gt.$$

又因为 $H'(t) = v(t) = -gt$, 同理可得

$$H(t) = -g \cdot \frac{1}{2}t^2 + C_2,$$

其中 C_2 为常数. 而 $H(0) = h$, 得 $C_2 = h$, 故物体离地面高度关于时间的函数表达式为

$$H(t) = h - \frac{1}{2}gt^2.$$

例 5.1.3 即是已知一个函数的导函数表达式, 求此函数的问题, 即求函数的原函数问题, 这样的问题其实就是微分的逆运算问题. 以下我们引入不定积分的概念.

定义 5.1.4 若函数 f 在区间 I 上有一个原函数 $F(x)$, 则其所有原函数所组成的集合称为 f 的**不定积分**, 记作 $\int f(x)\mathrm{d}x$. 即

$$\int f(x)\mathrm{d}x = \{F + C, C \in \mathbb{R}\},$$

简记为

$$\int f(x)\mathrm{d}x = F(x) + C,$$

其中 $\int$ 称为**积分号**, x 称为**积分变量**, f 称为**被积函数**, C 称为**积分常数**.

由定义 5.1.4 知, 求某个函数的不定积分, 只要求出该函数的一个原函数即可, 所以求不定积分就归结为求函数的一个原函数.

求已知函数 f 的一个原函数 F, 在几何上就是求一条曲线 $y = F(x)$, 使其上任一点 $M(x, y)$ 处的切线斜率恰好等于 $f(x)$ 的函数值. 这条曲线 $y = F(x)$

称为函数 f 的积分曲线. 因此, 函数 f 的不定积分是一族积分曲线 $y=F(x)+C$, 它们可以看成是曲线 $y=F(x)$ 沿 y 轴方向上下平行移动而得到的.

求一个函数的不定积分都是在相应的定义区间上, 为简便起见, 今后如无特别说明, 求一个函数的不定积分就默认为在其存在区间上的不定积分, 不再注明具体区间.

不定积分有如下性质:

(1) 若 F 是 $\int f(x)\mathrm{d}x$ 集合中的一个函数, 则 $F'=f$, 并且

$$\frac{\mathrm{d}}{\mathrm{d}x}\int f(x)\mathrm{d}x=f(x) \qquad \text{或} \quad \mathrm{d}\int f(x)\mathrm{d}x=f(x)\mathrm{d}x;$$

$$\int \frac{\mathrm{d}}{\mathrm{d}x}F(x)\mathrm{d}x=F(x)+C \quad \text{或} \quad \int \mathrm{d}F(x)=F(x)+C.$$

若把求微分看作一种运算, 则称之为微分运算; 若把求不定积分也看作一种运算, 则称之为积分运算. 以上性质说明了积分运算与微分运算互为逆运算.

(2) 若函数 f,g 皆存在原函数, k 为任意常数, 则

(i) $\int kf(x)\mathrm{d}x=k\int f(x)\mathrm{d}x$;

(ii) $\int [f(x)\pm g(x)]\mathrm{d}x=\int f(x)\mathrm{d}x\pm\int g(x)\mathrm{d}x$.

由基本初等函数的导数公式, 可以得到相应的不定积分公式.

基本积分表

1. $\int 0\mathrm{d}x=C$;

2. $\int x^{\alpha}\mathrm{d}x-\frac{x^{\alpha+1}}{\alpha+1}+C\ (\alpha\neq-1)$;

3. $\int \frac{1}{x}\mathrm{d}x=\ln|x|+C$;

4. $\int a^{x}\mathrm{d}x=\frac{a^{x}}{\ln a}+C\ (a>0$ 且 $a\neq 1)$, 特别地, $\int \mathrm{e}^{x}\mathrm{d}x=\mathrm{e}^{x}+C$;

5. $\int \cos x\mathrm{d}x=\sin x+C$;

6. $\int \sin x\mathrm{d}x=-\cos x+C$;

7. $\int \sec^{2} x\mathrm{d}x=\tan x+C$;

8. $\int \csc^{2} x\mathrm{d}x=-\cot x+C$;

9. $\displaystyle\int \frac{1}{\sqrt{1-x^2}}\mathrm{d}x = \arcsin x + C;$

10. $\displaystyle\int \frac{1}{1+x^2}\mathrm{d}x = \arctan x + C;$

11. $\displaystyle\int \sec x \tan x \mathrm{d}x = \sec x + C;$

12. $\displaystyle\int \csc x \cot x \mathrm{d}x = -\csc x + C.$

例 5.1.5 求 $\displaystyle\int \left(1+\frac{1}{\sqrt{x}}\right)^2 \mathrm{d}x.$

解: 由不定积分的性质和基本积分表有

$$\begin{aligned}
\int \left(1+\frac{1}{\sqrt{x}}\right)^2 \mathrm{d}x &= \int \left(1+\frac{2}{\sqrt{x}}+\frac{1}{x}\right)\mathrm{d}x \\
&= \int 1\mathrm{d}x + 2\int x^{-\frac{1}{2}}\mathrm{d}x + \int \frac{1}{x}\mathrm{d}x \\
&= x + 2\cdot\frac{1}{1+\left(-\frac{1}{2}\right)}x^{1+\left(-\frac{1}{2}\right)} + \ln|x| + C \\
&= x + 4\sqrt{x} + \ln|x| + C.
\end{aligned}$$

当一个不定积分化为几个不定积分的和时, 每个不定积分求出后会有一个积分常数 (任意常数), 因为有限个任意常数之和仍然是任意常数, 所以只要在最后结果中写上一个积分常数即可.

例 5.1.6 求 $\displaystyle\int \frac{x^3+3x^2+x-2}{x^2+1}\mathrm{d}x.$

解: 把被积函数化简为可用基本积分表中公式求出不定积分的形式, 有

$$\begin{aligned}
\int \frac{x^3+3x^2+x-2}{x^2+1}\mathrm{d}x &= \int \frac{x(x^2+1)+3(x^2+1)-5}{x^2+1}\mathrm{d}x \\
&= \int x\mathrm{d}x + \int 3\mathrm{d}x - 5\int \frac{1}{x^2+1}\mathrm{d}x \\
&= \frac{1}{2}x^2 + 3x - 5\arctan x + C.
\end{aligned}$$

例 5.1.7 求 $\displaystyle\int \frac{1}{\sin^2 x\cos^2 x}\mathrm{d}x.$

解: $$\begin{aligned}
\int \frac{1}{\sin^2 x\cos^2 x}\mathrm{d}x &= \int \frac{\sin^2 x+\cos^2 x}{\sin^2 x\cos^2 x}\mathrm{d}x \\
&= \int \sec^2 x\mathrm{d}x + \int \csc^2 x\mathrm{d}x
\end{aligned}$$

$$= \tan x - \cot x + C.$$

例 **5.1.8** 设 $f(x)=\begin{cases}\cos x - x^2+1, & x\leqslant 0,\\ 2\mathrm{e}^x, & x>0,\end{cases}$ 试求 $\int f(x)\mathrm{d}x$.

解: 因为 f 在区间 $(-\infty,+\infty)$ 上连续, 所以 f 的原函数 F 存在, 且

当 $x\leqslant 0$ 时, $\int f(x)\mathrm{d}x=\int(\cos x-x^2+1)\mathrm{d}x=\sin x-\frac{1}{3}x^3+x+C_1$;

当 $x>0$ 时, $\int f(x)\mathrm{d}x=\int 2\mathrm{e}^x\mathrm{d}x=2\mathrm{e}^x+C_2$.

故

$$F(x)=\begin{cases}\sin x-\frac{1}{3}x^3+x+C_1, & x\leqslant 0,\\ 2\mathrm{e}^x+C_2, & x>0.\end{cases}$$

上述 C_1, C_2 相互之间存在关系, 因为 F 是可导函数, 所以必连续, 有

$$\begin{aligned}\lim_{x\to 0^-}F(x)&=\lim_{x\to 0^-}\left(\sin x-\frac{x^3}{3}+x+C_1\right)=C_1=\lim_{x\to 0^+}F(x)\\ &=\lim_{x\to 0^+}(2\mathrm{e}^x+C_2)=2+C_2,\end{aligned}$$

即得 $C_1=2+C_2$. 因此所求不定积分为

$$F(x)=\begin{cases}\sin x-\frac{1}{3}x^3+x+C_2+2, & x\leqslant 0,\\ 2\mathrm{e}^x+C_2, & x>0,\end{cases}$$

其中 C_2 为任意常数.

例 **5.1.9** 设 $f(\ln x)=x+\ln^2 x$, 试求 $\int f'(2x)\mathrm{d}x$.

解: 令 $t=\ln x$, 则 $x=\mathrm{e}^t$, 有 $f(t)=\mathrm{e}^t+t^2$. 从而

$$\int f'(2x)\mathrm{d}x=\frac{1}{2}\int \mathrm{d}(f(2x))=\frac{1}{2}f(2x)+C=\frac{1}{2}\mathrm{e}^{2x}+2x^2+C.$$

§5.2 换元积分法和分部积分法

利用不定积分性质和基本积分表我们可以求出一些简单的不定积分, 但这还是不够的, 还须掌握更多的计算原函数的方法和技巧. 下面我们介绍换元积分法 (简称换元法) 和分部积分法.

一、换元积分法

要计算不定积分 $\int \mathrm{e}^{2x}\mathrm{d}x$, 是否可以机械地套用公式 $\int \mathrm{e}^x\mathrm{d}x=\mathrm{e}^x+C$ 而得到 $\int \mathrm{e}^{2x}\mathrm{d}x=\mathrm{e}^{2x}+C$ 呢? 显然 $\left(\mathrm{e}^{2x}+C\right)'=2\mathrm{e}^{2x}\neq \mathrm{e}^{2x}$, 因此以上计算是错

误的. 事实上, 我们做以下简单运算就可以得到正确答案:

$$\int \mathrm{e}^{2x}\mathrm{d}x = \frac{1}{2}\int \mathrm{e}^{2x}\mathrm{d}(2x) = \frac{1}{2}\left(\mathrm{e}^{2x}+C_0\right) = \frac{1}{2}\mathrm{e}^{2x}+C, \quad C=\frac{C_0}{2}.$$

以上过程可以看成是一个换元的过程, 即将 $2x$ 看成新的变量 t, 然后由公式 $\int \mathrm{e}^t\mathrm{d}t = \mathrm{e}^t + C$ 得到结果. 另外, 我们说积分运算和微分运算互为逆运算, 从上述计算中可以看出, 在计算不定积分时, 和换元积分法相联系的是复合函数的求导法则. 进一步看以下例子.

例 **5.2.1** 求 $\int \sin^2 x\cos x\mathrm{d}x$.

解: 由复合函数的求导公式不难看出 $\left(\frac{1}{3}\sin^3 x\right)' = \sin^2 x\cos x$, 所以

$$\int \sin^2 x\cos x\mathrm{d}x = \frac{1}{3}\sin^3 x + C.$$

事实上, 例 5.2.1 中, 我们是把被积函数作变形:

$$\sin^2 x\cos x\mathrm{d}x = (\sin^2 x)(\sin x)'\mathrm{d}x = (\sin^2 x)\mathrm{d}(\sin x).$$

若令 $u=\sin x$, 则上式即为 $\sin^2 x\cos x\mathrm{d}x = u^2\mathrm{d}u$, 于是

$$\int \sin^2 x\cos x\mathrm{d}x = \int u^2\mathrm{d}u = \frac{1}{3}u^3 + C = \frac{1}{3}\sin^3 x + C.$$

例 **5.2.2** 求 $\int x\mathrm{e}^{x^2}\mathrm{d}x$.

解: 因为 $x\mathrm{e}^{x^2}\mathrm{d}x = \frac{1}{2}\mathrm{e}^{x^2}(x^2)'\mathrm{d}x = \frac{1}{2}\mathrm{e}^{x^2}\mathrm{d}(x^2)$, 若令 $u=x^2$, 则

$$\int x\mathrm{e}^{x^2}\mathrm{d}x = \frac{1}{2}\int \mathrm{e}^{x^2}\mathrm{d}(x^2) = \frac{1}{2}\int \mathrm{e}^u\mathrm{d}u = \frac{1}{2}\mathrm{e}^u + C = \frac{1}{2}\mathrm{e}^{x^2} + C.$$

例 **5.2.3** 求 $\int (ax+b)^{20}\mathrm{d}x,\ a\neq 0$.

解: 若把 $(ax+b)^{20}$ 展开再求各项的不定积分, 表达式会很烦琐, 我们同样可利用复合函数的求导 (求微分) 公式, 有

$$(ax+b)^{20}\mathrm{d}x = \frac{1}{a}(ax+b)^{20}\mathrm{d}(ax+b).$$

令 $u=ax+b$, 再用基本积分表中公式, 得

$$\int (ax+b)^{20}\mathrm{d}x = \frac{1}{a}\int (ax+b)^{20}\mathrm{d}(ax+b) = \frac{1}{a}\int u^{20}\mathrm{d}u$$

$$= \frac{1}{21a}u^{21} + C = \frac{1}{21a}(ax+b)^{21} + C.$$

从以上例子可以看出, 如果被积函数是两个函数的乘积: 一个是某可导函数 φ 与函数 f 的复合函数 $f \circ \varphi$, 另一个恰是 φ 的导函数 φ', 那么有 (其中 $u = \varphi(x)$)

$$\int f(\varphi(x))\varphi'(x)\mathrm{d}x = \int f(\varphi(x))\,\mathrm{d}\varphi(x) = \int f(u)\mathrm{d}u.$$

如果 f 的原函数已求出, 那么不定积分 $\int f(\varphi(x))\varphi'(x)\mathrm{d}x$ 也就求出了.

重难点讲解
不定积分的概念与第一换元积分法

定理 5.2.4 (第一换元积分法) 设 $f(u)$ 存在原函数 $F(u)$, $u = \varphi(x)$ 可导, 则函数 $f(\varphi(x))\varphi'(x)$ 也存在原函数, 且

$$\begin{aligned}\int f(\varphi(x))\varphi'(x)\mathrm{d}x &= \int f(\varphi(x))\mathrm{d}\varphi(x) = \int f(u)\mathrm{d}u \\ &= F(u) + C = F(\varphi(x)) + C. \end{aligned} \tag{5.1}$$

证明: 利用复合函数的求导法则进行验证:

$$\frac{\mathrm{d}}{\mathrm{d}x}[F(\varphi(x))] = F'(\varphi(x))\varphi'(x) = f(\varphi(x))\varphi'(x),$$

所以 $F(\varphi(x))$ 是函数 $f(\varphi(x))\varphi'(x)$ 的一个原函数. 故结论成立.

上述的这个过程事实上就是一个变量替换的过程, 即将积分变量 x 通过变量替换 $u = \varphi(x)$ 变成了积分变量 u, 求出后再回代到积分变量 x, 这样的不定积分方法称为**第一换元积分法**或**凑微分法**.

不定积分的第一换元积分法也可表示为如下简便形式:

$$\int f(\varphi(x))\varphi'(x)\mathrm{d}x = \int f(\varphi(x))\mathrm{d}\varphi(x) = F(\varphi(x)) + C.$$

例 5.2.5 求下列不定积分:

(1) $\displaystyle\int \frac{\mathrm{d}x}{x^2+3}$;　　(2) $\displaystyle\int \frac{x + \arcsin x}{\sqrt{1-x^2}}\mathrm{d}x$;

(3) $\displaystyle\int \frac{\mathrm{d}x}{a^2\sin^2 x + b^2\cos^2 x}\ (ab \neq 0)$;　　(4) $\displaystyle\int \frac{\sin x}{a\cos x + b\sin x}\mathrm{d}x\ (a^2+b^2 \neq 0)$;

(5) $\displaystyle\int \csc x\mathrm{d}x$;　　(6) $\displaystyle\int \sec x\mathrm{d}x$.

解: (1) $$\int \frac{\mathrm{d}x}{x^2+3} = \int \frac{\mathrm{d}x}{3\left(\frac{x^2}{3}+1\right)} = \frac{1}{\sqrt{3}}\int \frac{\mathrm{d}\left(\frac{x}{\sqrt{3}}\right)}{\left(\frac{x}{\sqrt{3}}\right)^2+1} = \frac{1}{\sqrt{3}}\arctan\frac{x}{\sqrt{3}} + C.$$

(2) $$\int \frac{x + \arcsin x}{\sqrt{1-x^2}}\mathrm{d}x = \int \frac{x}{\sqrt{1-x^2}}\mathrm{d}x + \int \frac{\arcsin x}{\sqrt{1-x^2}}\mathrm{d}x$$

$$= -\frac{1}{2}\int \frac{\mathrm{d}(1-x^2)}{\sqrt{1-x^2}} + \int \arcsin x \mathrm{d}(\arcsin x)$$

$$= -\frac{1}{2} \cdot \frac{1}{1+\left(-\frac{1}{2}\right)}(1-x^2)^{1+\left(-\frac{1}{2}\right)} + \frac{1}{2}(\arcsin x)^2 + C$$

$$= -\sqrt{1-x^2} + \frac{1}{2}(\arcsin x)^2 + C.$$

(3) $$\int \frac{\mathrm{d}x}{a^2\sin^2 x + b^2\cos^2 x} = \int \frac{\sec^2 x\mathrm{d}x}{b^2\left(\frac{a^2}{b^2}\tan^2 x + 1\right)}$$

$$= \frac{1}{ab}\int \frac{\mathrm{d}\left(\frac{a}{b}\tan x\right)}{\left(\frac{a}{b}\tan x\right)^2 + 1}$$

$$= \frac{1}{ab}\arctan\left(\frac{a}{b}\tan x\right) + C.$$

(4) 因为 $b(a\cos x + b\sin x) - a(a\cos x + b\sin x)' = (b^2 + a^2)\sin x$, 所以

$$\int \frac{\sin x}{a\cos x + b\sin x}\mathrm{d}x = \frac{1}{a^2+b^2}\int \frac{b(a\cos x + b\sin x) - a(a\cos x + b\sin x)'}{a\cos x + b\sin x}\mathrm{d}x$$

$$= \frac{1}{a^2+b^2}\left[\int b\mathrm{d}x - a\int \frac{\mathrm{d}(a\cos x + b\sin x)}{a\cos x + b\sin x}\right]$$

$$= \frac{1}{a^2+b^2}\left(bx - a\ln|a\cos x + b\sin x|\right) + C.$$

(5) $$\int \csc x\mathrm{d}x = \int \frac{1}{\sin x}\mathrm{d}x = \int \frac{1}{2\sin\frac{x}{2}\cos\frac{x}{2}}\mathrm{d}x$$

$$= \int \frac{1}{\tan\frac{x}{2}\cos^2\frac{x}{2}}\mathrm{d}\left(\frac{x}{2}\right) = \int \frac{1}{\tan\frac{x}{2}}\mathrm{d}\left(\tan\frac{x}{2}\right)$$

$$= \ln\left|\tan\frac{x}{2}\right| + C.$$

因为 $\tan\frac{x}{2} = \frac{\sin\frac{x}{2}}{\cos\frac{x}{2}} = \frac{1-\cos x}{\sin x} = \csc x - \cot x$, 所以上述不定积分也可写为

$$\int \csc x\mathrm{d}x = \ln|\csc x - \cot x| + C.$$

这个不定积分也可用下述“凑微分”的方法求得:

$$\int \csc x\mathrm{d}x = \int \frac{\csc x(\csc x - \cot x)}{\csc x - \cot x}\mathrm{d}x$$

$$= \int \frac{1}{\csc x - \cot x} \mathrm{d}(\csc x - \cot x)$$
$$= \ln|\csc x - \cot x| + C.$$

(6) 因为 $\sec x = \csc\left(x + \frac{\pi}{2}\right)$, 所以

$$\int \sec x \mathrm{d}x = \int \csc\left(x + \frac{\pi}{2}\right) \mathrm{d}x = \int \csc\left(x + \frac{\pi}{2}\right) \mathrm{d}\left(x + \frac{\pi}{2}\right)$$
$$= \ln\left|\csc\left(x + \frac{\pi}{2}\right) - \cot\left(x + \frac{\pi}{2}\right)\right| + C$$
$$= \ln|\sec x + \tan x| + C.$$

本小题也可用下面"凑微分"的方法求得:

$$\int \sec x \mathrm{d}x = \int \frac{\sec x(\sec x + \tan x)}{\sec x + \tan x} \mathrm{d}x = \int \frac{\mathrm{d}(\sec x + \tan x)}{\sec x + \tan x}$$
$$= \ln|\sec x + \tan x| + C.$$

(5)、(6) 两个不定积分可作为公式使用.

重难点讲解 不定积分的第二换元积分法

定理 5.2.6 (第二换元积分法) 设 $f(x)$ 连续, $x = \varphi(t)$ 有连续导数, 且 $\varphi'(t) \neq 0$. 如果 $\int f(\varphi(t))\varphi'(t)\mathrm{d}t = F(t) + C$, 那么

$$\int f(x)\mathrm{d}x = \int f(\varphi(t))\varphi'(t)\mathrm{d}t = F(t) + C = F\left(\varphi^{-1}(x)\right) + C, \tag{5.2}$$

其中 $t = \varphi^{-1}(x)$ 为 $x = \varphi(t)$ 的反函数.

证明: 只要验证 $\frac{\mathrm{d}}{\mathrm{d}x} F\left(\varphi^{-1}(x)\right) = f(x)$ 即可. 由于

$$\frac{\mathrm{d}}{\mathrm{d}x} F\left(\varphi^{-1}(x)\right) = \frac{\mathrm{d}}{\mathrm{d}t} F(t) \cdot \frac{\mathrm{d}t}{\mathrm{d}x} = f(\varphi(t)) \cdot \varphi'(t) \cdot \frac{1}{\varphi'(t)} = f(\varphi(t)) = f(x),$$

故式 (5.2) 成立.

例 5.2.7 求下列不定积分 (以下出现的 $a > 0$ 为实常数):

(1) $\int \frac{x}{\sqrt{x-1}} \mathrm{d}x$; (2) $\int x^2(3x-5)^{100} \mathrm{d}x$;

(3) $\int \sqrt{a^2 - x^2} \mathrm{d}x$; (4) $\int \frac{\mathrm{d}x}{(a^2 + x^2)^{\frac{3}{2}}}$;

(5) $\int \frac{\mathrm{d}x}{\sqrt{x^2 - a^2}}$; (6) $\int \frac{\mathrm{e}^{2x}}{\sqrt{\mathrm{e}^x + 1}} \mathrm{d}x$.

解: (1) 设 $\sqrt{x-1} = t$, 则 $x = t^2 + 1$, $\mathrm{d}x = 2t\mathrm{d}t$. 于是

$$\int \frac{x}{\sqrt{x-1}} \mathrm{d}x = \int \frac{t^2+1}{t} \cdot 2t\mathrm{d}t = 2\int (t^2+1)\mathrm{d}t = \frac{2}{3}t^3 + 2t + C$$

$$= \frac{2}{3}(x-1)^{\frac{3}{2}} + 2\sqrt{x-1} + C = \frac{2}{3}(x+2)\sqrt{x-1} + C.$$

(2) 如果将被积函数中因式 $(3x-5)^{100}$ 用二项式展开, 计算会很麻烦. 令 $t = 3x-5$, 则 $x = \frac{1}{3}(t+5)$, $\mathrm{d}x = \frac{1}{3}\mathrm{d}t$. 于是

$$\begin{aligned}\int x^2(3x-5)^{100}\mathrm{d}x &= \int \left(\frac{t+5}{3}\right)^2 \cdot t^{100} \cdot \frac{1}{3}\mathrm{d}t \\ &= \frac{1}{27}\int (t^{102} + 10t^{101} + 25t^{100})\mathrm{d}t \\ &= \frac{1}{27}\left(\frac{t^{103}}{103} + \frac{10t^{102}}{102} + \frac{25t^{101}}{101}\right) + C \\ &= \frac{(3x-5)^{101}}{27}\left[\frac{(3x-5)^2}{103} + \frac{5}{51}(3x-5) + \frac{25}{101}\right] + C.\end{aligned}$$

(3) 由于被积函数中的根号给计算带来麻烦, 为了去掉根号, 作变换 $x = a\sin t$, $t \in \left[-\frac{\pi}{2}, \frac{\pi}{2}\right]$, 得 $\sqrt{a^2-x^2} = a\cos t$, $\mathrm{d}x = a\cos t\mathrm{d}t$. 于是

$$\begin{aligned}\int \sqrt{a^2-x^2}\mathrm{d}x &= \int a^2\cos^2 t\mathrm{d}t \\ &= \frac{a^2}{2}\int (1+\cos 2t)\mathrm{d}t \\ &= \frac{a^2}{2}\left(t + \frac{1}{2}\sin 2t\right) + C \\ &= \frac{a^2}{2}t + \frac{a^2}{2}\sin t\cos t + C \\ &\xlongequal{\text{代回原变量}} \frac{a^2}{2}\arcsin\frac{x}{a} + \frac{x}{2}\sqrt{a^2-x^2} + C.\end{aligned}$$

这类三角变换在代回原变量时, 可根据变换式 $x = a\sin t$ 画出直角三角形示意图 (图 5.1), 从图中可方便地得出所需的角 t 的三角函数值, 如 $\cos t = \frac{\sqrt{a^2-x^2}}{a}$, $\tan t = \frac{x}{\sqrt{a^2-x^2}}$ 等.

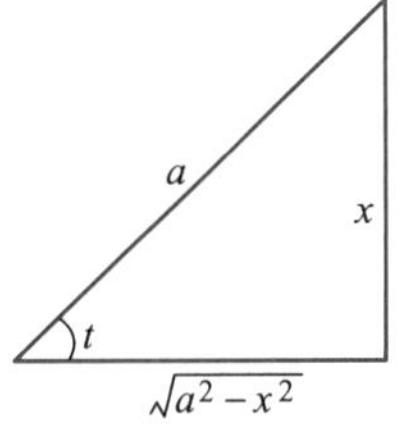

图 5.1

(4) 令 $x = a\tan t\left(-\frac{\pi}{2} < t < \frac{\pi}{2}\right)$, 则 $(a^2+x^2)^{\frac{3}{2}} = a^3\sec^3 t$, $\mathrm{d}x = a\sec^2 t\mathrm{d}t$ (图 5.2). 于是

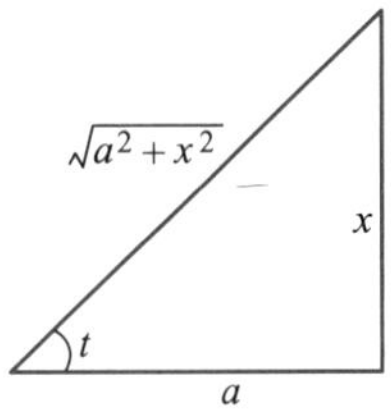

图 5.2

$$\begin{aligned}\int \frac{1}{(a^2+x^2)^{\frac{3}{2}}}\mathrm{d}x &= \int \frac{1}{a^3\sec^3 t} \cdot a\sec^2 t\mathrm{d}t \\ &= \frac{1}{a^2}\int \cos t\mathrm{d}t\end{aligned}$$

$$= \frac{1}{a^2}\sin t + C$$

$$\xlongequal{\text{代回原变量}} \frac{x}{a^2\sqrt{a^2+x^2}} + C.$$

(5) 当 $x > a$ 时, 令 $x = a\sec t$, $0 < t < \frac{\pi}{2}$, 则 $\sqrt{x^2-a^2} = a\tan t$, $\mathrm{d}x = a\sec t\tan t\mathrm{d}t$. 于是

$$\begin{aligned}\int \frac{1}{\sqrt{x^2-a^2}}\mathrm{d}x &= \int \frac{1}{a\tan t}\cdot a\sec t\tan t\mathrm{d}t = \int \sec t\mathrm{d}t \\ &= \ln|\sec t + \tan t| + C_1 \\ &\xlongequal{\text{代回原变量}} \ln\left|\frac{x}{a} + \frac{\sqrt{x^2-a^2}}{a}\right| + C_1 \\ &= \ln\left|x + \sqrt{x^2-a^2}\right| + C_2\ (C_2 = C_1 - \ln a).\end{aligned}$$

当 $x < -a$ 时, 令 $t = -x > a$, 则 $\mathrm{d}x = -\mathrm{d}t$. 于是

$$\begin{aligned}\int \frac{1}{\sqrt{x^2-a^2}}\mathrm{d}x &= -\int \frac{1}{\sqrt{t^2-a^2}}\mathrm{d}t = -\ln\left|t + \sqrt{t^2-a^2}\right| + C_3 \\ &= \ln\left|\frac{1}{t+\sqrt{t^2-a^2}}\right| + C_3 = \ln\left|\frac{t-\sqrt{t^2-a^2}}{a^2}\right| + C_3 \\ &= \ln\left|t - \sqrt{t^2-a^2}\right| + C_4 = \ln\left|-x - \sqrt{x^2-a^2}\right| + C_4 \\ &= \ln\left|x + \sqrt{x^2-a^2}\right| + C_4\ (C_4 = C_3 - \ln a^2).\end{aligned}$$

总之有

$$\int \frac{1}{\sqrt{x^2-a^2}}\mathrm{d}x = \ln\left|x + \sqrt{x^2-a^2}\right| + C.$$

(6) 作变量替换 $\sqrt{\mathrm{e}^x+1} = t$, 则 $x = \ln(t^2-1)$, $\mathrm{d}x = \frac{2t}{t^2-1}\mathrm{d}t$. 于是

$$\begin{aligned}\int \frac{\mathrm{e}^{2x}}{\sqrt{\mathrm{e}^x+1}}\mathrm{d}x &= \int \frac{(t^2-1)^2}{t}\cdot\frac{2t}{t^2-1}\mathrm{d}t = 2\int (t^2-1)\mathrm{d}t \\ &= 2\left(\frac{1}{3}t^3 - t\right) + C = \frac{2}{3}(\mathrm{e}^x+1)^{\frac{3}{2}} - 2\sqrt{\mathrm{e}^x+1} + C.\end{aligned}$$

从以上例子可以看出, 有的不定积分形式比较简单, 很容易看出用什么变量替换, 并可以通过凑成某个函数的微分的形式得到结果, 这种也称为“凑微分法”; 而有些不定积分却很难直接凑成一个函数的微分形式, 就需要通过适当的变量替换来“化简”. 所以用换元积分法求不定积分, 一是要对复合函数的微分形式比较熟悉, 二是要通过练习积累较多的经验, 熟能生巧.

常用的凑微分公式:

$\mathrm{d}x=\frac{1}{a}\mathrm{d}(ax+b)(a\neq 0)$, $x\mathrm{d}x=\frac{1}{2}\mathrm{d}(x^2)$, $\frac{1}{x}\mathrm{d}x=\mathrm{d}(\ln|x|)$, $\frac{1}{x^2}\mathrm{d}x=-\mathrm{d}\left(\frac{1}{x}\right)$,

$\frac{1}{\sqrt{x}}\mathrm{d}x=2\mathrm{d}(\sqrt{x})$, $\sin x\mathrm{d}x=-\mathrm{d}(\cos x)$, $\cos x\mathrm{d}x=\mathrm{d}(\sin x)$, $\mathrm{e}^x\mathrm{d}x=\mathrm{d}(\mathrm{e}^x)$,

$\frac{1}{\sqrt{1-x^2}}\mathrm{d}x=\mathrm{d}(\arcsin x)$, $\frac{1}{1+x^2}\mathrm{d}x=\mathrm{d}(\arctan x)$.

例 5.2.8 求下列不定积分:

(1) $\int\frac{1}{\sqrt{3x^2-2x-1}}\mathrm{d}x\ (x>1)$; (2) $\int\frac{1}{x\sqrt{3x^2-2x-1}}\mathrm{d}x\ (x>1)$.

解: (1) 因为

$$3x^2-2x-1=3\left(x-\frac{1}{3}\right)^2-\frac{4}{3}=\frac{4}{3}\left[\left(\frac{3}{2}x-\frac{1}{2}\right)^2-1\right],$$

所以

$$\int\frac{1}{\sqrt{3x^2-2x-1}}\mathrm{d}x=\int\frac{1}{\sqrt{\frac{4}{3}}\cdot\sqrt{\left(\frac{3}{2}x-\frac{1}{2}\right)^2-1}}\mathrm{d}x=\frac{\sqrt{3}}{2}\int\frac{\mathrm{d}x}{\sqrt{\left(\frac{3}{2}x-\frac{1}{2}\right)^2-1}}.$$

作变量替换 $\frac{3}{2}x-\frac{1}{2}=\sec t$, 则 $x=\frac{2}{3}\sec t+\frac{1}{3}$, $\mathrm{d}x=\frac{2}{3}\sec t\tan t\mathrm{d}t$. 于是

$$\begin{aligned}\int\frac{1}{\sqrt{3x^2-2x-1}}\mathrm{d}x&=\frac{\sqrt{3}}{3}\int\sec t\mathrm{d}t=\frac{\sqrt{3}}{3}\ln|\sec t+\tan t|+C\\&=\frac{\sqrt{3}}{3}\ln\left|\frac{3x-1}{2}+\frac{\sqrt{3(3x^2-2x-1)}}{2}\right|+C.\end{aligned}$$

(2) 这里也可以像 (1) 那样作变量替换, 但因为分母多了一个因子 x, 从而使得变量替换后仍不能方便地计算出结果. 现另作变换 $x=\frac{1}{t}$, 则 $\mathrm{d}x=-\frac{1}{t^2}\mathrm{d}t$. 于是

$$\begin{aligned}\int\frac{1}{x\sqrt{3x^2-2x-1}}\mathrm{d}x&=-\int\frac{t}{\sqrt{\frac{3}{t^2}-\frac{2}{t}-1}}\cdot\frac{1}{t^2}\mathrm{d}t\\&=-\int\frac{1}{\sqrt{3-2t-t^2}}\mathrm{d}t\\&=-\int\frac{1}{\sqrt{4-(t+1)^2}}\mathrm{d}(t+1)\end{aligned}$$

$$
\begin{aligned}
&= -\int \frac{1}{\sqrt{1-\left(\frac{t+1}{2}\right)^2}}\mathrm{d}\left(\frac{t+1}{2}\right)\\
&= -\arcsin\frac{t+1}{2}+C\\
&= -\arcsin\frac{1+x}{2x}+C.
\end{aligned}
$$

一个不定积分有时可以通过不同的变量替换来计算, 如何选择较好的变量替换使计算简单方便, 没有统一的规律可循, 需具体情况具体分析. 从以上例题中, 读者可以了解到一些常见类型的被积函数及其所采用的变量替换, 希望能通过练习, 举一反三.

二、分部积分法

有些不定积分, 用变量替换法进行计算会比较困难, 但用以下介绍的分部积分法可以非常方便地计算出来.

设 u, v 是两个可导函数, 由求导法则知

$$(uv)' = u'v + uv'.$$

对等式两边求不定积分有

$$uv = \int v(x)u'(x)\mathrm{d}x + \int u(x)v'(x)\mathrm{d}x.$$

重难点讲解 不定积分的分部积分法

等式左边没有加上任意常数 C, 是因为右边的不定积分中仍包含任意常数. 移项得

$$\int u(x)v'(x)\mathrm{d}x = u(x)v(x) - \int v(x)u'(x)\mathrm{d}x.$$

上式称为分部积分公式, 可简单写为

$$\int u\mathrm{d}v = uv - \int v\mathrm{d}u.$$

可以看出, 通过分部积分, 将被积函数为 uv' 的不定积分转化为被积函数为 vu' 的不定积分, 因此当 $\int uv'\mathrm{d}x$ 的计算遇到困难时, 可转化成 $\int vu'\mathrm{d}x$ 来计算, 就有可能较为方便地计算出来. 用分部积分法时, 关键是把被积函数分解出 u 与 v' 两部分, 且 $\int vu'\mathrm{d}x$ 要容易计算.

例 5.2.9 求 $\int x\mathrm{e}^x\mathrm{d}x$.

解: 这里被积函数是 x 与 e^x 的乘积, 但是把其中哪一个作为分部积分公式中的 u, 哪一个看成 v' 是有讲究的. 目的是要使 $u'v$ 作为被积函数的不定积分容易计算.

令 $u=x, v'=\mathrm{e}^x$, 可取 $v=\mathrm{e}^x$, 由分部积分公式, 有

$$\int x\mathrm{e}^x\mathrm{d}x = x\mathrm{e}^x - \int \mathrm{e}^x\mathrm{d}x = (x-1)\mathrm{e}^x + C.$$

例 5.2.9 中如果令 $u=\mathrm{e}^x$, $v'=x$, 取 $v=\dfrac{x^2}{2}$, 那么

$$\int x\mathrm{e}^x\mathrm{d}x = \frac{x^2}{2}\mathrm{e}^x - \frac{1}{2}\int x^2\mathrm{e}^x\mathrm{d}x,$$

转化成了比原来的不定积分更复杂的不定积分, 这样做显然是不可取的. 由此可见, 如何把被积函数分成合适的两部分是分部积分的关键, 这需从大量的练习中去细心体会.

例 5.2.10 求 $\int x^2\cos x\mathrm{d}x$.

解: 此不定积分可通过连续两次分部积分计算得到结果.

$$\begin{aligned}\int x^2\cos x\mathrm{d}x &= \int x^2\mathrm{d}\sin x = x^2\sin x - 2\int x\sin x\mathrm{d}x \\ &= x^2\sin x - 2\int x\mathrm{d}(-\cos x) \\ &= x^2\sin x + 2x\cos x - 2\int \cos x\mathrm{d}x \\ &= x^2\sin x + 2x\cos x - 2\sin x + C.\end{aligned}$$

例 5.2.11 求 $\int \ln x\mathrm{d}x$.

解: 令 $u=\ln x$, $v'=1$, 即可取 $v=x$. 于是由分部积分公式, 得

$$\int \ln x\mathrm{d}x = x\ln x - \int x\cdot\frac{1}{x}\mathrm{d}x = x\ln x - x + C.$$

例 5.2.12 求下列不定积分:

(1) $\int \mathrm{e}^x\cos 2x\mathrm{d}x$;　　　　(2) $\int \sec^3 x\mathrm{d}x$.

解: 这两个不定积分在用分部积分法计算时, 会出现与原不定积分相同的式子, 通过解方程可得所求的结果. 这是不定积分计算中常常遇到的循环的情况.

(1)
$$\begin{aligned}\int \mathrm{e}^x\cos 2x\mathrm{d}x &= \int \cos 2x\mathrm{d}(\mathrm{e}^x) \\ &= \mathrm{e}^x\cos 2x + 2\int \mathrm{e}^x\cdot\sin 2x\mathrm{d}x \\ &= \mathrm{e}^x\cos 2x + 2\int \sin 2x\mathrm{d}(\mathrm{e}^x)\end{aligned}$$

$$= e^x\cos 2x + 2(e^x\sin 2x - 2\int e^x\cos 2x dx)$$

$$= e^x\cos 2x + 2e^x\sin 2x - 4\int e^x\cos 2x dx.$$

移项得

$$\int e^x\cos 2x dx = \frac{1}{5}(e^x\cos 2x + 2e^x\sin 2x) + C.$$

(2) $\int \sec^3 x dx = \int \sec x d\tan x$

$$= \sec x\tan x - \int \tan x\cdot\sec x\tan x dx$$

$$= \sec x\tan x - \int \sec x(\sec^2 x - 1)dx$$

$$= \sec x\tan x - \int \sec^3 x dx + \int \sec x dx.$$

移项得

$$\int \sec^3 x dx = \frac{1}{2}\sec x\tan x + \frac{1}{2}\int \sec x dx$$

$$= \frac{1}{2}\sec x\tan x + \frac{1}{2}\ln|\sec x + \tan x| + C.$$

在有些情况下, 被积函数含有一个自然数指标 n, 这时往往可通过分部积分法得到一个递推公式, 从而得到所求的不定积分.

例 **5.2.13** 求下列不定积分:

(1) $\int \cos^n x dx$, $\int \sin^n x dx$; (2) $I_n = \int \frac{dx}{(a^2+x^2)^n}$, $a>0$, $n\geqslant 2$.

解: (1) $\int \cos^n x dx = \sin x\cos^{n-1} x + (n-1)\int \cos^{n-2} x\sin^2 x dx$

$$= \sin x\cos^{n-1} x + (n-1)\int \cos^{n-2} x(1-\cos^2 x)dx$$

$$= \sin x\cos^{n-1} x + (n-1)\int \cos^{n-2} x dx - (n-1)\int \cos^n x dx.$$

移项得以下递推公式:

$$\int \cos^n x dx = \frac{1}{n}\sin x\cos^{n-1} x + \frac{n-1}{n}\int \cos^{n-2} x dx.$$

因此可反复使用此公式, 最后将所求不定积分化为计算 $\int \cos x dx = \sin x + C$ (当 n 为奇数时) 或 $\int dx = x + C$ (当 n 为偶数时).

同理可得递推公式

$$\int \sin^n x dx = -\frac{1}{n}\cos x\sin^{n-1} x + \frac{n-1}{n}\int \sin^{n-2} x dx.$$

例如, 当 $n=3$ 时,

$$\begin{aligned}\int \sin^3 x\mathrm{d}x &= -\frac{1}{3}\cos x\sin^2 x + \frac{2}{3}\int \sin x\mathrm{d}x \\ &= -\frac{1}{3}\cos x\sin^2 x - \frac{2}{3}\cos x + C.\end{aligned}$$

当 $n=4$ 时,

$$\begin{aligned}\int \cos^4 x\mathrm{d}x &= \frac{1}{4}\sin x\cos^3 x + \frac{3}{4}\int \cos^2 x\mathrm{d}x \\ &= \frac{1}{4}\sin x\cos^3 x + \frac{3}{4}\left(\frac{1}{2}\sin x\cos x + \frac{1}{2}\int \mathrm{d}x\right) \\ &= \frac{1}{4}\sin x\cos^3 x + \frac{3}{16}\sin 2x + \frac{3}{8}x + C.\end{aligned}$$

(2) 由分部积分公式有

$$\begin{aligned}I_n &= \frac{x}{(a^2+x^2)^n} + 2n\int \frac{x^2}{(a^2+x^2)^{n+1}}\mathrm{d}x \\ &= \frac{x}{(a^2+x^2)^n} + 2n\int \frac{(a^2+x^2)-a^2}{(a^2+x^2)^{n+1}}\mathrm{d}x \\ &= \frac{x}{(a^2+x^2)^n} + 2nI_n - 2na^2 I_{n+1},\end{aligned}$$

解得

$$I_{n+1} = \frac{x}{2na^2(a^2+x^2)^n} + \frac{2n-1}{2na^2}I_n,$$

可写成递推公式

$$I_n = \frac{x}{2(n-1)a^2(a^2+x^2)^{n-1}} + \frac{2n-3}{2(n-1)a^2}I_{n-1}, \quad n=2,3,\cdots.$$

重复使用这个递推公式, 可把 n 不断降低, 最后转化成不定积分

$$I_1 = \int \frac{\mathrm{d}x}{a^2+x^2} = \frac{1}{a}\arctan\frac{x}{a} + C$$

的计算, 从而得到所需结果.

例如, 当 $n=3$ 时,

$$\begin{aligned}I_3 &= \int \frac{\mathrm{d}x}{(a^2+x^2)^3} \\ &= \frac{x}{4a^2(a^2+x^2)^2} + \frac{3}{4a^2}\int \frac{\mathrm{d}x}{(a^2+x^2)^2} \\ &= \frac{x}{4a^2(a^2+x^2)^2} + \frac{3}{4a^2}\left[\frac{x}{2a^2(a^2+x^2)} + \frac{1}{2a^2}\int \frac{\mathrm{d}x}{a^2+x^2}\right]\end{aligned}$$

$$= \frac{x}{4a^2(a^2+x^2)^2} + \frac{3}{4a^2}\left[\frac{x}{2a^2(a^2+x^2)} + \frac{1}{2a^3}\arctan\frac{x}{a} + C_1\right]$$

$$= \frac{x}{4a^2(a^2+x^2)^2} + \frac{3}{8a^4}\left(\frac{x}{a^2+x^2} + \frac{1}{a}\arctan\frac{x}{a}\right) + C.$$

§5.3 一些特殊被积函数的不定积分

一、有理函数的不定积分

重难点讲解
特殊函数的不定积分

定义 5.3.1 设 $P_n(x)$ 和 $Q_m(x)$ 分别为 n 次和 m 次实系数多项式, 且没有共同的零点, 则其商 $R(x) = \dfrac{P_n(x)}{Q_m(x)}$ 称为**有理函数**. 如果 $n < m$, 那么称 $R(x)$ 为**有理真分式**; 如果 $n \geqslant m$, 那么称 $R(x)$ 为**有理假分式**.

对有理假分式, 可以通过多项式除法将其表示成一个多项式和一个有理真分式之和. 例如, $\dfrac{x^5}{1-x^2}$ 可以化为

$$\frac{x^5}{1-x^2} = \frac{x^5 - x^3 + x^3}{1-x^2} = -x^3 + \frac{x^3 - x + x}{1-x^2} = -x^3 - x + \frac{x}{1-x^2}.$$

由于多项式的积分是容易求的, 故对有理函数的不定积分我们只需研究如何求有理真分式的不定积分. 下面给出一个代数学定理, 其证明过程可在复变函数课程的相关教材中找到, 这里从略.

定理 5.3.2 设 $R(x) = \dfrac{P_n(x)}{Q_m(x)}$ 是一个有理真分式, 且其分母 $Q_m(x)$ 有分解式

$$Q_m(x) = q_0(x-a)^i \cdots (x-b)^j (x^2+px+q)^k \cdots (x^2+sx+t)^l,$$

其中 $q_0, a, \cdots, b; p, q, \cdots, s, t$ 为实数, 且 $p^2 - 4q < 0, \cdots, s^2 - 4t < 0$, $i, \cdots, j$; $k, \cdots, l$ 为自然数, 则 $R(x)$ 可表示成

$$\begin{aligned}
R(x) =& \frac{P_n(x)}{Q_m(x)} \\
=& \frac{A_1}{x-a} + \frac{A_2}{(x-a)^2} + \cdots + \frac{A_i}{(x-a)^i} + \cdots + \\
& \frac{B_1}{x-b} + \frac{B_2}{(x-b)^2} + \cdots + \frac{B_j}{(x-b)^j} + \\
& \frac{C_1x+D_1}{x^2+px+q} + \frac{C_2x+D_2}{(x^2+px+q)^2} + \cdots + \frac{C_kx+D_k}{(x^2+px+q)^k} + \cdots + \\
& \frac{E_1x+F_1}{x^2+sx+t} + \frac{E_2x+F_2}{(x^2+sx+t)^2} + \cdots + \frac{E_lx+F_l}{(x^2+sx+t)^l},
\end{aligned}$$

其中 $A_1,\ A_2,\cdots,A_i;B_1,\ B_2,\ \cdots,B_j;C_1,\ D_1,\ C_2,\ D_2,\cdots,\ C_k,\ D_k;E_1,F_1,E_2,F_2,\cdots,E_l,F_l$ 都是唯一确定的实数.

定理 5.3.2 表明, 有理真分式可以分解成下列两类分式 (称之为部分分式) 之和:

(1) $\dfrac{A}{(x-a)^n}\ (n=1,2,\cdots)$;

(2) $\dfrac{Cx+D}{(x^2+px+q)^n}\ (n=1,2,\cdots)\ (p^2-4q<0)$.

因此, 求有理函数的不定积分问题就归结为求以上两类部分分式的不定积分问题. 当然, 在计算不定积分之前, 需要将有理函数分解成多项式和有理真分式之和, 将有理真分式分解成上述两类部分分式之和.

例 5.3.3 将有理真分式 $\dfrac{x^2-5}{(x+1)(x-2)^2}$ 分解为部分分式之和.

解: 由定理 5.3.2, 可设

$$\frac{x^2-5}{(x+1)(x-2)^2}=\frac{A}{x+1}+\frac{B}{x-2}+\frac{C}{(x-2)^2}.$$

消去分母得 $x^2-5=A(x-2)^2+B(x+1)(x-2)+C(x+1)$, 即

$$x^2-5=(A+B)x^2+(-4A-B+C)x+(4A-2B+C).$$

比较等式两边 x 的同次幂系数有

$$\begin{cases}A+B=1,\\-4A-B+C=0,\\4A-2B+C=-5,\end{cases}$$

解得 $A=-\dfrac{4}{9},\ B=\dfrac{13}{9},\ C=-\dfrac{1}{3}$. 因此, 原有理真分式可分解为

$$\frac{x^2-5}{(x+1)(x-2)^2}=-\frac{4}{9(x+1)}+\frac{13}{9(x-2)}-\frac{1}{3(x-2)^2}.$$

例 5.3.4 将 $\dfrac{x}{x^3+x^2+3x+3}$ 分解为部分分式之和.

解: 首先将分母分解因式, 得 $x^3+x^2+3x+3=(x+1)(x^2+3)$. 由定理 5.3.2, 可设 $\dfrac{x}{x^3+x^2+3x+3}=\dfrac{A}{x+1}+\dfrac{Bx+C}{x^2+3}$, 消去分母得

$$x=A(x^2+3)+(Bx+C)(x+1).$$

令 $x=-1$, 代入得 $A=-\dfrac{1}{4}$. 再代入上式整理得

$$\frac{1}{4}x^2+x+\frac{3}{4}=Bx^2+(B+C)x+C.$$

比较平方项和常数项的系数即得 $B=\dfrac{1}{4}, C=\dfrac{3}{4}$. 因此, 原有理式可分解为

$$\frac{x}{x^3+x^2+3x+3}=-\frac{1}{4}\left(\frac{1}{x+1}-\frac{x+3}{x^2+3}\right).$$

例 5.3.5 将 $\dfrac{x^3+1}{x^4-3x^3+3x^2-x}$ 分解为部分分式之和.

解: 将分母分解因式为 $x^4-3x^3+3x^2-x=x(x-1)^3$, 因此设

$$\frac{x^3+1}{x^4-3x^3+3x^2-x}=\frac{A}{x}+\frac{B}{x-1}+\frac{C}{(x-1)^2}+\frac{D}{(x-1)^3},$$

消去分母得

$$x^3+1=A(x-1)^3+Bx(x-1)^2+Cx(x-1)+Dx.$$

若将等式右边展开再合并同类项, 然后比较等式两边相同幂次的系数, 自然可以解得待定系数 A,B,C 和 D, 但计算会比较烦. 下面我们通过取 x 的不同特殊值来方便地得到待定系数的值:

令 $x=0$, 得 $A=-1$;

令 $x=1$, 得 $D=2$;

令 $x=-1$ 和 $x=2$, 分别有 $\begin{cases}0=8-4B+2C-2,\\ 9=-1+2B+2C+4,\end{cases}$ 解得 $B=2, C=1$.

因此得分解式为

$$\frac{x^3+1}{x^4-3x^3+3x^2-x}=-\frac{1}{x}+\frac{2}{x-1}+\frac{1}{(x-1)^2}+\frac{2}{(x-1)^3}.$$

下面计算上述两类部分分式的不定积分.

(一) 对于第 (1) 类部分分式 $\dfrac{A}{(x-a)^n}\ (n=1,2,\cdots)$, 也就是求 $\displaystyle\int\frac{\mathrm{d}x}{(x-a)^n}$:

当 $n=1$ 时, $\displaystyle\int\frac{1}{x-a}\mathrm{d}x=\ln|x-a|+C.$

当 $n>1$ 时, $\displaystyle\int\frac{1}{(x-a)^n}\mathrm{d}x=\frac{(x-a)^{1-n}}{1-n}+C.$

(二) 对于第 (2) 类部分分式 $\dfrac{Cx+D}{(x^2+px+q)^n}\ (n=1,2,\cdots), p^2-4q<0$:

$$\begin{aligned}&\int\frac{Cx+D}{(x^2+px+q)^n}\mathrm{d}x\\ =&C\int\frac{x+\frac{p}{2}}{(x^2+px+q)^n}\mathrm{d}x+\left(D-\frac{Cp}{2}\right)\int\frac{\mathrm{d}x}{(x^2+px+q)^n}\end{aligned}$$

$$=C\int\frac{x+\frac{p}{2}}{\left[\left(x+\frac{p}{2}\right)^2+\frac{4q-p^2}{4}\right]^n}\mathrm{d}x+\left(D-\frac{Cp}{2}\right)\int\frac{\mathrm{d}x}{\left[\left(x+\frac{p}{2}\right)^2+\frac{4q-p^2}{4}\right]^n}.$$

作变量替换 $u=x+\frac{p}{2}$, 记 $a^2=\frac{4q-p^2}{4}$, 则

$$\int\frac{Cx+D}{(x^2+px+q)^n}\mathrm{d}x=C\int\frac{u}{(u^2+a^2)^n}\mathrm{d}u+\left(D-\frac{Cp}{2}\right)\int\frac{\mathrm{d}u}{(u^2+a^2)^n}.$$

对于等式右边第一个不定积分:

当 $n=1$ 时, $\int\frac{u}{u^2+a^2}\mathrm{d}u=\frac{1}{2}\ln(u^2+a^2)+C$.

当 $n\geqslant 2$ 时, $\int\frac{u}{(u^2+a^2)^n}\mathrm{d}u=\frac{1}{2(1-n)}(u^2+a^2)^{1-n}+C$.

对于等式右边第二个不定积分, 记 $I_n=\int\frac{1}{(u^2+a^2)^n}\mathrm{d}u$, 由例 5.2.13(2) 知, 可反复利用递推关系

$$I_n=\frac{u}{2(n-1)a^2(u^2+a^2)^{n-1}}+\frac{2n-3}{2(n-1)a^2}I_{n-1}$$

将所求不定积分归结为 I_1 的计算, 而 $I_1=\int\frac{\mathrm{d}u}{u^2+a^2}=\frac{1}{a}\arctan\frac{u}{a}+C$.

综上所述, 有理函数的不定积分问题就完全解决了, 且可得: 一切有理函数的原函数可以用有理函数、对数函数及反正切函数表示出来.

例 5.3.6 求不定积分 $\int\frac{x^3+1}{x^4-3x^3+3x^2-x}\mathrm{d}x$.

解: 由例 5.3.5 知

$$\begin{aligned}\int\frac{x^3+1}{x^4-3x^3+3x^2-x}\mathrm{d}x&=\int\left[-\frac{1}{x}+\frac{2}{x-1}+\frac{1}{(x-1)^2}+\frac{2}{(x-1)^3}\right]\mathrm{d}x\\&=-\ln|x|+\ln(x-1)^2-\frac{1}{x-1}-\frac{1}{(x-1)^2}+C\\&=\ln\frac{(x-1)^2}{|x|}-\frac{x}{(x-1)^2}+C.\end{aligned}$$

例 5.3.7 求不定积分 $\int\frac{3x+2}{x^2+3x+4}\mathrm{d}x$.

解: 此不定积分当然可以按照前面所述步骤把它计算出来, 但有时适当用点化简技巧可以使计算更加方便, 如有

$$\frac{3x+2}{x^2+3x+4}=\frac{3}{2}\cdot\frac{(x^2+3x+4)'}{x^2+3x+4}-\frac{5}{2}\cdot\frac{1}{x^2+3x+4},$$

所以

$$\int \frac{3x+2}{x^2+3x+4}\mathrm{d}x = \frac{3}{2}\ln(x^2+3x+4) - \frac{5}{2}\int \frac{\mathrm{d}x}{\left(x+\frac{3}{2}\right)^2+\left(\frac{\sqrt{7}}{2}\right)^2}$$

$$= \frac{3}{2}\ln(x^2+3x+4) - \frac{5}{\sqrt{7}}\arctan\frac{2x+3}{\sqrt{7}} + C.$$

虽然有理函数的积分总可以通过将有理函数化成部分分式之和, 再对每一个部分分式求不定积分的方法来解决, 但此方法往往计算比较复杂, 所以在计算时应尽量寻找其他更为简便的方法.

例 **5.3.8** 求 $\int \frac{x^2+x-3}{(x-1)^{10}}\mathrm{d}x$.

解: 若将被积函数分解成部分分式, 形式上有 10 项之多. 现作变量替换 $x-1=t$, 有

$$\int \frac{x^2+x-3}{(x-1)^{10}}\mathrm{d}x = \int \frac{(t+1)^2+(t+1)-3}{t^{10}}\mathrm{d}t = \int \frac{t^2+3t-1}{t^{10}}\mathrm{d}t$$

$$= \int \frac{1}{t^8}\mathrm{d}t + 3\int \frac{1}{t^9}\mathrm{d}t - \int \frac{1}{t^{10}}\mathrm{d}t = -\frac{1}{7t^7} - \frac{3}{8t^8} + \frac{1}{9t^9} + C$$

$$= \frac{1}{(x-1)^9}\left[\frac{1}{9} - \frac{3}{8}(x-1) - \frac{1}{7}(x-1)^2\right] + C.$$

例 **5.3.9** 求 $\int \frac{x^4}{(1+x^2)^2}\mathrm{d}x$.

解: 用分部积分法得

$$\int \frac{x^4}{(1+x^2)^2}\mathrm{d}x = \frac{1}{2}\int \frac{x^3}{(1+x^2)^2}\mathrm{d}(1+x^2) = -\frac{1}{2}\int x^3\mathrm{d}\frac{1}{1+x^2}$$

$$= -\frac{1}{2}\cdot\frac{x^3}{1+x^2} + \frac{3}{2}\int \frac{x^2}{1+x^2}\mathrm{d}x$$

$$= -\frac{x^3}{2(1+x^2)} + \frac{3}{2}x - \frac{3}{2}\arctan x + C.$$

二、可有理化函数的不定积分

有些不定积分中的被积函数本身并不是有理函数, 但通过适当的变量替换以后, 可以将其化为关于新变量的有理函数的不定积分, 从而可以用前述方法计算出来.

1. 三角有理函数的不定积分

我们称形如 $\sum\limits_{i=0}^{m}\sum\limits_{j=0}^{n} a_{ij}x^i y^j$ 的表达式为 x 和 y 的二元多项式, 其中 $a_{ij} \in \mathbb{R}$ $(i=0,1,2,\cdots,m;j=0,1,2,\cdots,n)$. 称两个二元多项式的商为二元有理函

数, 记为 $R(x,y)$; 称 $R(\sin x,\cos x)$ 为三角有理函数, 例如

$$\frac{3\cos^2 x}{5+\sin x\cos x},\quad \frac{\tan x-2\cos x}{\sec x+\sin x-3}$$

均是三角有理函数. 下面讨论不定积分

$$\int R(\sin x,\cos x)\mathrm{d}x$$

的计算. 设 $t=\tan\dfrac{x}{2},|x|<\pi$, 则 $x=2\arctan t,\mathrm{d}x=\dfrac{2}{1+t^2}\mathrm{d}t$. 于是由三角恒等式可得以下公式:

$$\sin x=\frac{2\tan\dfrac{x}{2}}{1+\tan^2\dfrac{x}{2}}=\frac{2t}{1+t^2},\quad \cos x=\frac{1-\tan^2\dfrac{x}{2}}{1+\tan^2\dfrac{x}{2}}=\frac{1-t^2}{1+t^2}.$$

所以

$$\int R(\sin x,\cos x)\mathrm{d}x=\int R\left(\frac{2t}{1+t^2},\frac{1-t^2}{1+t^2}\right)\cdot\frac{2}{1+t^2}\mathrm{d}t.$$

这就将原三角有理函数的不定积分化成了有理函数的不定积分, 从而可以将不定积分计算出来. 变量替换 $t=\tan\dfrac{x}{2}$ 或 $x=2\arctan t$ 被称作“万能变换”.

例 5.3.10 求 $\displaystyle\int\frac{1}{5+2\cos x}\mathrm{d}x$.

解: 作变量替换 $t=\tan\dfrac{x}{2}$, 有

$$\begin{aligned}\int\frac{1}{5+2\cos x}\mathrm{d}x&=\int\frac{1}{5+2\cdot\dfrac{1-t^2}{1+t^2}}\cdot\frac{2}{1+t^2}\mathrm{d}t=2\int\frac{\mathrm{d}t}{3t^2+7}\\&=\frac{2}{\sqrt{21}}\int\frac{\mathrm{d}\left(\sqrt{\dfrac{3}{7}}t\right)}{\left(\sqrt{\dfrac{3}{7}}t\right)^2+1}=\frac{2}{\sqrt{21}}\arctan\left(\sqrt{\frac{3}{7}}t\right)+C\\&=\frac{2}{\sqrt{21}}\arctan\left(\sqrt{\frac{3}{7}}\tan\frac{x}{2}\right)+C.\end{aligned}$$

由于有理函数的不定积分计算一般比较复杂, 所以在计算三角有理函数的不定积分时也尽量不要采用转化成有理函数不定积分的方法, 灵活运用其他方法, 具体情况具体分析, 以便避开烦琐复杂的计算.

例 5.3.11 求 $\displaystyle\int\frac{\sin^4 x}{\cos^2 x}\mathrm{d}x$.

解: 因为

$$\frac{\sin^4 x}{\cos^2 x}=\frac{\sin^2 x\cdot(1-\cos^2 x)}{\cos^2 x}=\tan^2 x-\sin^2 x$$

$$
\begin{aligned}
&= \sec^2 x - 1 - \frac{1}{2}(1-\cos 2x)\\
&= \sec^2 x + \frac{1}{2}\cos 2x - \frac{3}{2},
\end{aligned}
$$

所以

$$
\int \frac{\sin^4 x}{\cos^2 x}\mathrm{d}x = \tan x + \frac{1}{4}\sin 2x - \frac{3}{2}x + C.
$$

对于一些特殊情形的三角函数, 我们可采取特殊的方法来计算其不定积分. 下面例子中所采用的方法具有一般的意义, 请读者细心体会.

例 **5.3.12** 求下列不定积分:

(1) $\displaystyle\int \sin^3 x\cos^2 x\mathrm{d}x$; (2) $\displaystyle\int \sin^4 x\cos^2 x\mathrm{d}x$; (3) $\displaystyle\int \sin 5x\cos 3x\mathrm{d}x$.

解: (1)

$$
\begin{aligned}
\int \sin^3 x\cos^2 x\mathrm{d}x &= -\int \sin^2 x\cos^2 x\mathrm{d}\cos x\\
&= -\int (1-\cos^2 x)\cos^2 x\mathrm{d}\cos x\\
&= -\frac{1}{3}\cos^3 x + \frac{1}{5}\cos^5 x + C.
\end{aligned}
$$

(2)

$$
\begin{aligned}
\int \sin^4 x\cos^2 x\mathrm{d}x &= \int (\sin x\cos x)^2\sin^2 x\mathrm{d}x\\
&= \int \left(\frac{\sin^2 2x}{4}\cdot\frac{1-\cos 2x}{2}\right)\mathrm{d}x\\
&= \frac{1}{8}\int \sin^2 2x\mathrm{d}x - \frac{1}{8}\int \sin^2 2x\cos 2x\mathrm{d}x\\
&= \frac{1}{16}\int (1-\cos 4x)\,\mathrm{d}x - \frac{1}{16}\int \sin^2 2x\mathrm{d}\sin 2x\\
&= \frac{1}{16}\left(x - \frac{1}{4}\sin 4x - \frac{1}{3}\sin^3 2x\right) + C.
\end{aligned}
$$

(3)

$$
\begin{aligned}
\int \sin 5x\cos 3x\mathrm{d}x &= \frac{1}{2}\int [\sin(5+3)x + \sin(5-3)x]\mathrm{d}x\\
&= -\frac{1}{16}\cos 8x - \frac{1}{4}\cos 2x + C.
\end{aligned}
$$

2. 若干其他可有理化函数的不定积分

例 **5.3.13** 求不定积分 $\displaystyle\int \frac{2\mathrm{e}^x+1}{\mathrm{e}^{2x}+4\mathrm{e}^x+3}\mathrm{d}x$.

一般地, 设 R 为有理函数, 则以 e^x 为变量的有理函数 $R(\mathrm{e}^x)$ 的积分 $\displaystyle\int R(\mathrm{e}^x)\mathrm{d}x$, 可通过变量替换 $x=\ln t$ 化成有理函数的积分 $\displaystyle\int R(t)\frac{1}{t}\mathrm{d}t$.

解: 令 $x=\ln t\ (t>0)$, 即 $t=\mathrm{e}^x$, 则 $\mathrm{d}x=\dfrac{1}{t}\mathrm{d}t$. 于是

$$
\begin{aligned}
&\int \frac{2\mathrm{e}^x+1}{\mathrm{e}^{2x}+4\mathrm{e}^x+3}\mathrm{d}x\\
=&\int \frac{2t+1}{t^2+4t+3}\cdot\frac{1}{t}\mathrm{d}t\\
=&2\int \frac{1}{(t+1)(t+3)}\mathrm{d}t+\int\frac{1}{t(t+1)(t+3)}\mathrm{d}t\\
=&\int\left(\frac{1}{t+1}-\frac{1}{t+3}\right)\mathrm{d}t+\int\left(\frac{\frac{1}{3}}{t}-\frac{\frac{1}{2}}{t+1}+\frac{\frac{1}{6}}{t+3}\right)\mathrm{d}t\\
=&\ln\frac{t+1}{t+3}+\frac{1}{6}\ln\frac{t^2(t+3)}{(t+1)^3}+C.
\end{aligned}
$$

代回原变量并化简得

$$
\int \frac{2\mathrm{e}^x+1}{\mathrm{e}^{2x}+4\mathrm{e}^x+3}\mathrm{d}x=\frac{1}{3}x+\frac{1}{6}\ln\frac{(\mathrm{e}^x+1)^3}{(\mathrm{e}^x+3)^5}+C.
$$

例 5.3.14 求 $\displaystyle\int \sin^3 x\sqrt{\cos x}\mathrm{d}x$.

解:
$$
\begin{aligned}
\int \sin^3 x\sqrt{\cos x}\mathrm{d}x&=-\int(1-\cos^2 x)\sqrt{\cos x}\mathrm{d}\cos x\\
&=-\int\sqrt{\cos x}\mathrm{d}\cos x+\int\cos^{\frac{5}{2}}x\mathrm{d}\cos x\\
&=-\frac{2}{3}\cos^{\frac{3}{2}}x+\frac{2}{7}\cos^{\frac{7}{2}}x+C.
\end{aligned}
$$

例 5.3.15 求 $\displaystyle\int\frac{\mathrm{d}x}{\sqrt{x}\left(1+\sqrt[3]{x}\right)}$.

解: 作变量替换 $t=\sqrt[6]{x}$, 则 $x=t^6$, $\mathrm{d}x=6t^5\mathrm{d}t$. 于是

$$
\begin{aligned}
\int\frac{\mathrm{d}x}{\sqrt{x}\left(1+\sqrt[3]{x}\right)}&=6\int\frac{t^5}{t^3(1+t^2)}\mathrm{d}t=6\int\left(1-\frac{1}{1+t^2}\right)\mathrm{d}t\\
&=6(t-\arctan t)+C=6\left(\sqrt[6]{x}-\arctan\sqrt[6]{x}\right)+C.
\end{aligned}
$$

值得指出的是, 形如 $R(x,\sqrt{ax^2+bx+c})$ 和 $R\left(x,\sqrt[n]{\dfrac{a_1x+b_1}{a_2x+b_2}}\right)$ 的函数是可以有理化的, 前者可通过配方将根号化作形如 $\sqrt{u^2+k^2}$, $\sqrt{u^2-k^2}$ 或 $\sqrt{k^2-u^2}$ 的函数 (其中 k 为常数), 再作三角变量替换便可有理化; 对于后者, 设 $a_1b_2\neq b_1a_2$ (否则根号里面是一个常数, 就不需要有理化了), 作变量替换 $t=\sqrt[n]{\dfrac{a_1x+b_1}{a_2x+b_2}}$,

即 $x=\dfrac{b_2t^n-b_1}{-a_2t^n+a_1}$, $\mathrm{d}x=\dfrac{n(a_1b_2-b_1a_2)t^{n-1}}{(-a_2t^n+a_1)^2}\mathrm{d}t$, 这样原不定积分就化成关于 t 的有理函数的积分.

例 **5.3.16** 求 $\displaystyle\int\frac{1}{x+\sqrt{-x^2+4x-3}}\mathrm{d}x$.

解: 因为 $\sqrt{-x^2+4x-3}=\sqrt{1-(x-2)^2}$, 作变量替换 $x-2=\sin t$, 于是

$$
\begin{aligned}
&\int\frac{1}{x+\sqrt{-x^2+4x-3}}\mathrm{d}x\\
=&\int\frac{\cos t}{2+\sin t+\cos t}\mathrm{d}t\\
=&\frac{1}{2}\int\frac{(2+\sin t+\cos t)+(2+\sin t+\cos t)'-2}{2+\sin t+\cos t}\mathrm{d}t\\
=&\frac{1}{2}\int\mathrm{d}t+\frac{1}{2}\int\frac{\mathrm{d}(2+\sin t+\cos t)}{2+\sin t+\cos t}-\int\frac{\mathrm{d}t}{2+\sin t+\cos t}\\
=&\frac{t}{2}+\frac{1}{2}\ln(2+\sin t+\cos t)-\int\frac{\mathrm{d}t}{2+\sin t+\cos t}.
\end{aligned}
$$

又因为

$$
\begin{aligned}
\int\frac{\mathrm{d}t}{2+\sin t+\cos t}\xlongequal{u=\tan\frac{t}{2}}\int\frac{\dfrac{2}{1+u^2}\mathrm{d}u}{2+\dfrac{2u}{1+u^2}+\dfrac{1-u^2}{1+u^2}}&=\int\frac{2}{u^2+2u+3}\mathrm{d}u\\
=2\int\frac{\mathrm{d}u}{(u+1)^2+2}&=\sqrt{2}\arctan\frac{u+1}{\sqrt{2}}+C\\
&=\sqrt{2}\arctan\frac{\tan\dfrac{t}{2}+1}{\sqrt{2}}+C,
\end{aligned}
$$

所以

$$
\begin{aligned}
&\int\frac{1}{x+\sqrt{-x^2+4x-3}}\mathrm{d}x\\
=&\frac{t}{2}+\frac{1}{2}\ln(2+\sin t+\cos t)-\sqrt{2}\arctan\frac{\tan\dfrac{t}{2}+1}{\sqrt{2}}+C\\
=&\frac{1}{2}\arcsin(x-2)+\frac{1}{2}\ln\left(x+\sqrt{-x^2+4x-3}\right)-\\
&\sqrt{2}\arctan\left[\frac{1}{\sqrt{2}}\left(1+\frac{1-\sqrt{-x^2+4x-3}}{x-2}\right)\right]+C.
\end{aligned}
$$

例 **5.3.17** 求 $\displaystyle\int\sqrt{\frac{x-a}{b-x}}\mathrm{d}x, a<x<b$.

解: (方法一) 作变量替换 $t=\sqrt{\dfrac{x-a}{b-x}}$, 则 $x=\dfrac{bt^2+a}{t^2+1}, \mathrm{d}x=\dfrac{2(b-a)t}{(t^2+1)^2}\mathrm{d}t.$ 于是

$$\begin{aligned}\int\sqrt{\frac{x-a}{b-x}}\mathrm{d}x&=2(b-a)\int\frac{t^2}{(t^2+1)^2}\mathrm{d}t\\&=2(b-a)\int\left[\frac{1}{t^2+1}-\frac{1}{(t^2+1)^2}\right]\mathrm{d}t.\end{aligned}$$

而

$$\int\frac{1}{t^2+1}\mathrm{d}t=\arctan t+C_1,$$

$$\int\frac{1}{(t^2+1)^2}\mathrm{d}t=\frac{t}{2(t^2+1)}+\frac{1}{2}\int\frac{\mathrm{d}t}{t^2+1}=\frac{t}{2(t^2+1)}+\frac{1}{2}\arctan t+C_2,$$

因此

$$\begin{aligned}\int\sqrt{\frac{x-a}{b-x}}\mathrm{d}x&=(b-a)\left(\arctan t-\frac{t}{t^2+1}\right)+C\\&=(b-a)\arctan\sqrt{\frac{x-a}{b-x}}-\sqrt{(x-a)(b-x)}+C.\end{aligned}$$

(方法二) 因为有恒等式 $\dfrac{x-a}{b-a}+\dfrac{b-x}{b-a}\equiv 1$, 再考虑到被积函数有根号, 所以作变量替换 $\dfrac{x-a}{b-a}=\sin^2 t,\ t\in\left(0,\dfrac{\pi}{2}\right)$, 则 $x=a+(b-a)\sin^2 t$, $\mathrm{d}x=2(b-a)\sin t\cos t\mathrm{d}t$. 于是

$$\begin{aligned}\int\sqrt{\frac{x-a}{b-x}}\mathrm{d}x&=2(b-a)\int\tan t\cos t\sin t\mathrm{d}t\\&=(b-a)\int(1-\cos 2t)\mathrm{d}t\\&=(b-a)(t-\sin t\cos t)+C\\&=(b-a)\arcsin\sqrt{\frac{x-a}{b-a}}-\sqrt{(x-a)(b-x)}+C.\end{aligned}$$

一般地, 对于一个不定积分, 可能会有很多方法能将其计算出来, 但最基本的计算不定积分的方法还是换元积分法与分部积分法. 当然, 要熟练掌握计算不定积分的技巧, 就要通过不断练习, 培养自己通过分析不同的被积函数而找出相应处理办法的能力.

不定积分问题

这里还需指出, 对于某些不定积分, 例如

$$\int\frac{\sin x}{x}\mathrm{d}x,\int\mathrm{e}^{-x^2}\mathrm{d}x,\int\sin x^2\mathrm{d}x,\int\frac{\mathrm{d}x}{\ln x}\quad 和\quad\int\sqrt{1-k^2\sin^2 x}\mathrm{d}x\ (0<k<1)$$

等, 它们的被积函数虽然是初等函数, 但它们的原函数却不是初等函数, 所以在计算时得不到简单的原函数表达式, 在第 7 章中我们将用其他形式来表示这些函数的原函数.

第 5 章习题

习题 5.1

1. 计算下列函数的不定积分:

(1) $\displaystyle\int\left(1+x-\frac{1}{x}+\frac{1}{x^2}\right)\mathrm{d}x$;　　(2) $\displaystyle\int\frac{(1-x)^2}{\sqrt{x}}\mathrm{d}x$;

(3) $\displaystyle\int\sqrt{x\sqrt{x}}\mathrm{d}x$;　　(4) $\displaystyle\int\frac{x^2}{1+x^2}\mathrm{d}x$;

(5) $\displaystyle\int\frac{1}{x^2(1+x^2)}\mathrm{d}x$;　　(6) $\displaystyle\int(2^x+3^x)^2\mathrm{d}x$;

(7) $\displaystyle\int\tan^2 x\mathrm{d}x$;　　(8) $\displaystyle\int\left(\frac{\sin x}{2}+\frac{3}{\sin x}+\frac{1}{\sin^2 x}\right)\mathrm{d}x$;

(9) $\displaystyle\int\left(\sin\frac{x}{2}+\cos\frac{x}{2}\right)^2\mathrm{d}x$;　　(10) $\displaystyle\int\frac{\mathrm{e}^{2x}-1}{\mathrm{e}^x+1}\mathrm{d}x$.

2. 一曲线经过原点, 且曲线上每一点切线的斜率等于 $6-2x$, 其中 x 是该点的横坐标, 试求该曲线的方程.

3. 已知函数 $f(x)=\dfrac{1}{2\sqrt{x}}+\sin(x+1), x\in(0,+\infty)$ 的积分曲线经过点 $(4,2)$, 试求 f 的原函数 F.

4. 设函数 $f(x)=\begin{cases}x^3-2, & x\leqslant 0,\\ \cos x-3\mathrm{e}^x, & x>0,\end{cases}$ 求不定积分 $\displaystyle\int f(x)\mathrm{d}x$.

5. 求 $\displaystyle\int\max\left\{x^2,x^3\right\}\mathrm{d}x$.

6. 以函数 $F(x)=\begin{cases}x^2\cos\dfrac{1}{x}, & x\neq 0,\\ 0, & x=0\end{cases}$ 为例说明 "区间 I 上的非连续函数 f 也可能存在原函数" .

7. 证明: 在区间 I 内有第一类间断点的函数 f 不可能存在原函数.

习题 5.2

8. 用换元积分法计算下列不定积分:

(1) $\displaystyle\int\frac{\mathrm{d}x}{(2x-1)^3}$;　　(2) $\displaystyle\int(1-3x)^{20}\mathrm{d}x$;

(3) $\displaystyle\int\frac{1}{x^2-2x+5}\mathrm{d}x$;　　(4) $\displaystyle\int\frac{\mathrm{d}x}{3+x^2}$;

(5) $\int \frac{\mathrm{d}x}{\sqrt{4-2x^2}}$;　　(6) $\int \frac{x\mathrm{d}x}{1+x^4}$;

(7) $\int \frac{\tan x}{\sqrt{\cos x}}\mathrm{d}x$;　　(8) $\int \mathrm{e}^{-\frac{2x}{3}}\mathrm{d}x$;

(9) $\int \frac{\mathrm{d}x}{1+\cos x}$;　　(10) $\int \frac{x\mathrm{d}x}{\sqrt{1-x^2}}$;

(11) $\int \frac{\sin\sqrt{x}}{\sqrt{x}}\mathrm{d}x$;　　(12) $\int \frac{1+\mathrm{e}^{\arctan x}}{1+x^2}\mathrm{d}x$;

(13) $\int \frac{3-x}{\sqrt{5-x^2}}\mathrm{d}x$;　　(14) $\int \frac{\mathrm{d}x}{\sqrt{x(1-x)}}$;

(15) $\int \frac{\mathrm{d}x}{x(1+x^{10})}$;　　(16) $\int \frac{1}{x^2}\sin\frac{1}{x}\mathrm{d}x$;

(17) $\int \frac{\sin^3 x\mathrm{d}x}{2+\cos x}$;　　(18) $\int \frac{\sin^2 x}{\cos^4 x}\mathrm{d}x$;

(19) $\int \frac{\mathrm{d}x}{\mathrm{e}^x+\mathrm{e}^{-x}}$;　　(20) $\int \frac{\mathrm{d}x}{x(1+2\ln x)}$;

(21) $\int \frac{\mathrm{d}x}{x\cdot\ln x\cdot\ln(\ln x)}$;　　(22) $\int \frac{1}{1-\sqrt{3x+2}}\mathrm{d}x$;

(23) $\int \frac{\mathrm{d}x}{(2x^2+1)\sqrt{x^2+1}}$;　　(24) $\int \frac{x^2}{(x-1)^{99}}\mathrm{d}x$;

(25) $\int \frac{x^5}{\sqrt{1-x^2}}\mathrm{d}x$;　　(26) $\int \frac{1}{x^2\sqrt{1+x^2}}\mathrm{d}x$;

(27) $\int \frac{\sqrt{x^2-9}}{x}\mathrm{d}x$;　　(28) $\int \frac{x^2}{\sqrt{-x^2+2x+3}}\mathrm{d}x$;

(29) $\int \frac{1}{\sqrt{1+\mathrm{e}^x}}\mathrm{d}x$;　　(30) $\int \frac{x\mathrm{e}^x}{\sqrt{\mathrm{e}^x-1}}\mathrm{d}x$;

(31) $\int x^9(3-2x^5)^{\frac{2}{3}}\mathrm{d}x$;　　(32) $\int \frac{x-\arctan\sqrt{x}}{\sqrt{x}(1+x)}\mathrm{d}x$.

9. 已知 $\int f(x)\mathrm{d}x=\sqrt{x}+C$, 求不定积分 $\int x^2f(1-x^3)\mathrm{d}x$.

10. 用分部积分法求下列不定积分:

(1) $\int x\mathrm{e}^{2x}\mathrm{d}x$;　　(2) $\int x^3\mathrm{e}^{-x^2}\mathrm{d}x$;

(3) $\int (\pi-x)\cos\frac{n\pi x}{a}\mathrm{d}x$;　　(4) $\int \sqrt{x}\ln^2 x\mathrm{d}x$;

(5) $\int x^2\sin 2x\mathrm{d}x$;　　(6) $\int \frac{\arctan\sqrt{x}}{\sqrt{x}}\mathrm{d}x$;

(7) $\int \sin x\ln\tan x\mathrm{d}x$;　　(8) $\int x^2\arcsin x\mathrm{d}x$;

(9) $\int x\sin^2 x\mathrm{d}x$;　　(10) $\int \ln(x+\sqrt{1+x^2})\mathrm{d}x$;

(11) $\int 3^x(2x+1)\mathrm{d}x$;　　(12) $\int (\arcsin x)^2\mathrm{d}x$;

(13) $\int e^{ax}\sin bx\mathrm{d}x$;

(14) $\int \frac{xe^{\arctan x}}{(1+x^2)^{\frac{3}{2}}}\mathrm{d}x$;

(15) $\int \sin(\ln x)\mathrm{d}x$;

(16) $\int \frac{x}{\cos^2 x}\mathrm{d}x$;

(17) $\int \frac{x^2}{(4+x^2)^2}\mathrm{d}x$;

(18) $\int x\sin\sqrt{x}\mathrm{d}x$;

(19) $\int \frac{xe^x}{(x+1)^2}\mathrm{d}x$;

(20) $\int x^2\sqrt{1+x^2}\mathrm{d}x$.

习题 5.3

11. 求下列不定积分:

(1) $\int \frac{\mathrm{d}x}{3x^2-5}$;

(2) $\int \frac{2x-3}{x^2-3x-4}\mathrm{d}x$;

(3) $\int \frac{x}{x^3-1}\mathrm{d}x$;

(4) $\int \frac{x^2}{x^4-1}\mathrm{d}x$;

(5) $\int \frac{4x-3}{(x^2+2x+5)(x-1)}\mathrm{d}x$;

(6) $\int \frac{1}{x^4+1}\mathrm{d}x$;

(7) $\int \frac{x^2+1}{(x+1)^2(x-1)}\mathrm{d}x$;

(8) $\int \frac{x^3+x+2}{x^4+2x^2+1}\mathrm{d}x$;

(9) $\int \frac{x-1}{(x^2+2x+3)^2}\mathrm{d}x$;

(10) $\int \frac{x^9}{(x^5+3)^4}\mathrm{d}x$.

12. 求下列不定积分:

(1) $\int \cos^3 2x\mathrm{d}x$;

(2) $\int \sin^4 x\mathrm{d}x$;

(3) $\int \frac{\sin^2 x}{\cos^3 x}\mathrm{d}x$;

(4) $\int \frac{\mathrm{d}x}{\sin^3 x\cos x}$;

(5) $\int \frac{\mathrm{d}x}{\sin x\cos^4 x}$;

(6) $\int \tan^5 x\mathrm{d}x$;

(7) $\int \frac{\sin^3 x}{\cos^2 x+1}\mathrm{d}x$;

(8) $\int \sin 7x\cos x\mathrm{d}x$;

(9) $\int \frac{\mathrm{d}x}{3+\cos x}$;

(10) $\int \frac{1-\tan x}{1+\tan x}\mathrm{d}x$;

(11) $\int \frac{1}{5\cos^2 x+3\sin^2 x}\mathrm{d}x$;

(12) $\int \frac{1+\sin x}{1+\cos x}\mathrm{d}x$;

(13) $\int \frac{1}{\cos^4 x+\sin^4 x}\mathrm{d}x$;

(14) $\int \frac{1}{\cos(x+b)\sin(x+a)}\mathrm{d}x$;

(15) $\int \frac{1}{3\sin x+4\cos x+5}\mathrm{d}x$.

13. 求下列不定积分:

(1) $\int \frac{1}{x}\sqrt{\frac{x+1}{x}}\mathrm{d}x$;

(2) $\int \frac{1-\sqrt{x+1}}{1+\sqrt{x+1}}\mathrm{d}x$;

(3) $\int \frac{1}{1+\sqrt{x^2+2x+2}}\mathrm{d}x$;

(4) $\int \frac{\mathrm{d}x}{\sqrt{x}(1+\sqrt[4]{x})^3}$;

(5) $\displaystyle\int \frac{x-1}{x^2\sqrt{2x^2-2x+1}}\mathrm{d}x$;

(6) $\displaystyle\int \frac{\mathrm{d}x}{\sqrt{(x-a)(b-x)}}\ (a<b)$.

(7) $\displaystyle\int x^2\sqrt{\frac{x}{1-x}}\mathrm{d}x$;

(8) $\displaystyle\int \frac{\mathrm{d}x}{x\sqrt{1+x^3+x^6}}$;

(9) $\displaystyle\int \sqrt{\frac{x}{1-x\sqrt{x}}}\mathrm{d}x$;

(10) $\displaystyle\int \frac{\mathrm{d}x}{1+\sqrt{x}+\sqrt{x+1}}$.

第 5 章
重难点讲解

第 5 章
部分习题参考
答案与提示

第 6 章　定积分

数学理论的产生与发展离不开社会实践, 都有其实际应用背景, 定积分的产生也是如此. 为了计算不规则几何图形的度量: 由平面曲线所围成的平面区域的面积, 平面区域绕某转动轴旋转一周所得旋转体的体积、侧面积, 曲线的长度, 等等; 为了解决某些物理学问题: 物体在变力作用下所做的功, 变密度直线段构件的质量, 液体的静压力, 等等, 几代数学家经过长期努力, 创建了积分学. 本章主要介绍定积分的概念、定积分的计算及定积分在几何上、物理上的应用和反常积分等.

§6.1　定积分的概念

一、曲边梯形的面积

例 6.1.1　设 $y=f(x)$ 在 $[a,b]$ 上连续且 $f(x)\geqslant 0$, 由直线 $x=a$, $x=b$, $y=0$ 和曲线 $y=f(x)$ 所围成的平面区域为 D (该区域称为曲边梯形 (图 6.1)), 求区域 D 的面积.

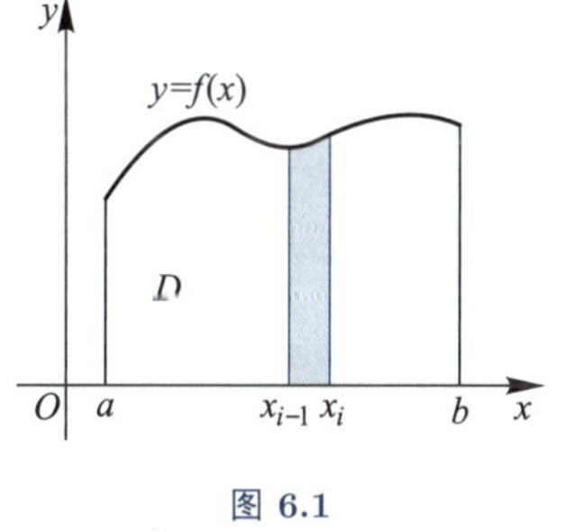

图 6.1

区域 D 可看成以曲线 $y=f(x)$ 为曲边的梯形, 由于其 “高度” $f(x)$ 不断发生变化, 故利用古典的方法很难精确计算区域 D 的面积.

下面我们采用分割、逼近的方法来解决.

1. 分割: 在区间 $[a,b]$ 内任意插入 $n-1$ 个分点:

$$a=x_0<x_1<x_2<\cdots<x_{n-1}<x_n=b,$$

将区间 $[a,b]$ 分割成 n 个小区间 $[x_{i-1},x_i]$ $(i=1,2,\cdots,n)$, 每个小区间的长度分别为 $\Delta x_i(i=1,2,\cdots,n)$, 这样将曲边梯形 D 也分割成 n 个小曲边梯形. 记每个小曲边梯形为 ΔS_i, 其面积也为 ΔS_i $(i=1,2,\cdots,n)$.

记 $\lambda=\max\limits_{1\leqslant i\leqslant n}\{\Delta x_i\}$, 称 λ 为分割

$$T=\{x_0,x_1,x_2,\cdots,x_{n-1},x_n\}$$

的范数或模, 记作 $\lambda = \|T\|$.

2. **取点:** 任取 $\xi_i \in [x_{i-1}, x_i]$, 以 $f(\xi_i)$ 为高, $\Delta x_i (i = 1, 2, \cdots, n)$ 为底的矩形面积为 $f(\xi_i)\Delta x_i$. 用该矩形面积近似小曲边梯形的面积, 即

$$\Delta S_i \approx f(\xi_i)\Delta x_i \ (i = 1, 2, \cdots, n).$$

3. **作和:** 将每个小矩形面积相加, 得到曲边梯形 D 的面积的近似值:

$$S \approx \sum_{i=1}^{n} f(\xi_i)\Delta x_i.$$

4. **求极限:** 随着分割越来越细, 即当分割的模趋于零时, 上述和式的极限定义为曲边梯形的面积, 即

$$S = \lim_{\lambda \to 0^+} \sum_{i=1}^{n} f(\xi_i)\Delta x_i.$$

二、变速直线运动的路程

例 6.1.2 某物体做直线运动, 其速度 $v = v(t)$, 求该物体从时刻 T_0 到时刻 T_1 $(T_0 < T_1)$ 所经过的路程.

如果物体做速度为 v_0 的匀速直线运动, 那么路程 $s = v_0(T_1 - T_0)$.

如果物体做变速直线运动, 可采用类似于例 6.1.1 的方法计算路程.

1. **分割:** 将时间间隔 $[T_0, T_1]$ 分割成 n 小段, 即在区间 $[T_0, T_1]$ 内任意插入 $n-1$ 个分点:

$$T_0 = t_0 < t_1 < t_2 < \cdots < t_{n-1} < t_n = T_1,$$

将 $[T_0, T_1]$ 分割成 n 个小区间 $[t_{i-1}, t_i]$ $(i = 1, 2, \cdots, n)$, 每个小区间的长度分别为 $\Delta t_i (i = 1, 2, \cdots, n)$. 记物体在时间间隔 $[t_{i-1}, t_i]$ 内经过的路程为 $\Delta s_i (i = 1, 2, \cdots, n)$.

记 $\lambda = \max\limits_{1 \leqslant i \leqslant n} \{\Delta t_i\}$, λ 为分割 $T = \{t_0, t_1, t_2, \cdots, t_{n-1}, t_n\}$ 的范数或模, 记作 $\lambda = \|T\|$.

2. **取点:** 任取 $\xi_i \in [t_{i-1}, t_i]$ $(i = 1, 2, \cdots, n)$, 以物体在时刻 $t = \xi_i$ 时的速度 $v(\xi_i)$ 作为物体在 $[t_{i-1}, t_i]$ 这一时间段的速度, 这样便得到物体的近似路程 $v(\xi_i)\Delta t_i$, 即

$$\Delta s_i \approx v(\xi_i)\Delta t_i \quad (i = 1, 2, \cdots, n).$$

3. **作和:** 将每个时间段的路程相加, 得到从 T_0 到 T_1 所经过路程的近似值:

$$s \approx \sum_{i=1}^{n} v(\xi_i)\Delta t_i.$$

4. **求极限:** 随着时间间隔越来越小, 即当分割的模趋于零时, 上述和式的极限定义为该物体在时间 $[T_0, T_1]$ 内经过的路程, 即

$$s = \lim_{\lambda \to 0^+} \sum_{i=1}^{n} v(\xi_i)\Delta t_i.$$

三、变密度直线段构件的质量

例 6.1.3 某截面面积相等的直线段构件, 其线密度为 $\rho = \rho(x)$ $(a \leqslant x \leqslant b)$, 求该物体的质量 (截面面积相等的物体的**线密度**为物体单位长度的质量).

如果物体的线密度为常数 ρ_0, 那么其质量 $m = \rho_0(b-a)$.

如果物体是变密度, 可采用类似于例 6.1.1 的方法计算其质量.

1. **分割:** 在区间 $[a,b]$ 内任意插入 $n-1$ 个分点:

$$a = x_0 < x_1 < x_2 < \cdots < x_{n-1} < x_n = b,$$

将区间 $[a,b]$ 分割成 n 个小区间 $[x_{i-1}, x_i]$ $(i = 1, 2, \cdots, n)$, 每个小区间的长度分别为 Δx_i, 这样将该物体也分割成 n 小段. 记每一小段的质量为 Δm_i $(i = 1, 2, \cdots, n)$.

记 $\lambda = \max\limits_{1 \leqslant i \leqslant n}\{\Delta x_i\}$, λ 为分割 $T = \{x_0, x_1, x_2, \cdots, x_{n-1}, x_n\}$ 的范数或模, 记作 $\lambda = \|T\|$.

2. **取点:** 任取 $\xi_i \in [x_{i-1}, x_i]$ $(i = 1, 2, \cdots, n)$, 以点 $x = \xi_i$ 处的线密度 $\rho(\xi_i)$ 近似物体在 $[x_{i-1}, x_i]$ $(i = 1, 2, \cdots, n)$ 上的密度, 则

$$\Delta m_i \approx \rho(\xi_i)\Delta x_i \quad (i = 1, 2, \cdots, n).$$

3. **作和:** 将每一小段物体质量相加, 得到该直线段物体质量的近似值:

$$m \approx \sum_{i=1}^{n} \rho(\xi_i)\Delta x_i.$$

4. **求极限:** 随着分割越来越细, 即当分割的模趋于零时, 上述和式的极限即为该直线段物体的质量, 即

$$m = \lim_{\lambda \to 0^+} \sum_{i=1}^{n} \rho(\xi_i)\Delta x_i.$$

定义 6.1.4 设 $f(x)$ 是定义在 $[a,b]$ 上的有界函数, 在区间 $[a,b]$ 上任意插入 $n-1$ 个分点:

$$a = x_0 < x_1 < x_2 < \cdots < x_{n-1} < x_n = b,$$

将区间 $[a,b]$ 分割成 n 个小区间 $[x_{i-1},x_i]$, 其长度为 $\Delta x_i = x_i - x_{i-1}$ $(i = 1,2,\cdots,n)$, 记 $\lambda = \max\limits_{1\leqslant i\leqslant n}\{\Delta x_i\}$, 称 λ 为分割

$$T = \{x_0, x_1, \cdots, x_{n-1}, x_n\}$$

的范数或模. 任取 $\xi_i \in [x_{i-1},x_i]$, 作和 $\sum\limits_{i=1}^{n} f(\xi_i)\Delta x_i$, 其中 ξ_i 称为介点.

如果存在常数 J, $\forall\varepsilon > 0$, $\exists\delta > 0$, 当 $\lambda < \delta$ 时, 对任意分割 T 都有

$$\left|\sum_{i=1}^{n} f(\xi_i)\Delta x_i - J\right| < \varepsilon,$$

就称 $f(x)$ 在区间 $[a,b]$ 上可积. 常数 J 称为 $f(x)$ 在 $[a,b]$ 上的定积分. 记作

$$J = \int_a^b f(x)\mathrm{d}x,$$

其中 "$\int$" 称为积分号, $f(x)$ 称为被积函数, x 为积分变量, $f(x)\mathrm{d}x$ 为积分表达式, a,b 分别称为积分下限与积分上限. 即

$$\int_a^b f(x)\mathrm{d}x = \lim_{\lambda\to 0^+}\sum_{i=1}^{n} f(\xi_i)\Delta x_i.$$

【注】 和式 $\sum\limits_{i=1}^{n} f(\xi_i)\Delta x_i$ 称为黎曼[①]和, 因此定积分 $\int_a^b f(x)\mathrm{d}x$ 也称为黎曼积分.

定义在 $[a,b]$ 上的函数 $f(x)$, 对于分割 T, 点集 $\xi = \{\xi_1,\xi_2,\cdots,\xi_n\}$, 其黎曼和可记为 $S(f,T,\xi)$.

根据定积分的定义, 上述例子中,

(1) 曲边梯形的面积 $S = \int_a^b f(x)\mathrm{d}x$;

(2) 变速直线运动的路程 $s = \int_{T_0}^{T_1} v(t)\mathrm{d}t$;

(3) 变密度直线段构件的质量 $m = \int_a^b \rho(x)\mathrm{d}x$.

由定积分的定义容易得到

---

① 黎曼 (Riemann, 1826—1866), 德国数学家, 黎曼几何的创始人, 复变函数论创始人之一. 他对数学分析、微分几何和微分方程都做出了重要贡献. 他引入三角级数理论, 奠定了近代解析数论的基础. 最初引入的黎曼曲面这一概念, 对近代拓扑学影响很大. 黎曼几何学为爱因斯坦 (Einstein) 的广义相对论提供了数学基础. 1859 年, 他提出了著名的"黎曼猜想".

(1) $\int_a^a f(x)\mathrm{d}x = 0$;　　　　(2) $\int_b^a f(x)\mathrm{d}x = -\int_a^b f(x)\mathrm{d}x$.

定积分的几何意义

根据定积分的定义, 当 $f(x) \geqslant 0$ 时, 定积分 $\int_a^b f(x)\mathrm{d}x$ 的值为由曲线 $y = f(x)$ 和直线 $y = 0, x = a, x = b$ 所围成的曲边梯形的面积; 当 $f(x) \leqslant 0$ 时, 它是该曲边梯形面积的负值. 因此, 定积分 $\int_a^b f(x)\mathrm{d}x$ 是由曲线 $y = f(x)$ 和直线 $y = 0, x = a, x = b$ 所围成的曲边梯形面积的代数和 (代数面积).

重难点讲解
定积分的定义及其几何意义

§6.2　可积函数与定积分的性质

根据定积分的定义来判断函数是否存在定积分是有难度的, 下面不加证明地给出函数 $f(x)$ 在区间 $[a,b]$ 上可积的充分条件, 其证明可参阅数学分析教材.

定理 6.2.1　若 $f(x)$ 在区间 $[a,b]$ 上连续, 则 $f(x)$ 在 $[a,b]$ 上可积.

定理 6.2.2　若有界函数 $f(x)$ 在区间 $[a,b]$ 上最多只有有限个间断点, 则 $f(x)$ 在 $[a,b]$ 上可积.

定理 6.2.3　若 $f(x)$ 在区间 $[a,b]$ 上单调, 则 $f(x)$ 在 $[a,b]$ 上可积.

例 6.2.4　根据定积分的定义计算定积分 $\int_0^1 \mathrm{e}^x\mathrm{d}x$ 的值.

解: 由于 $f(x) = \mathrm{e}^x$ 在 $[0,1]$ 上连续, 故定积分 $\int_0^1 \mathrm{e}^x\mathrm{d}x$ 存在; 而定积分 $\int_0^1 \mathrm{e}^x\mathrm{d}x$ 为黎曼和的极限, 且其极限与分割、取点均无关. 现将区间 $[0,1]$ 分割成 n 等份, 其分点为 $x_k = \frac{k}{n}$ $(k = 1, 2, \cdots, n-1)$, 即

$$T = \left\{0, \frac{1}{n}, \frac{2}{n}, \cdots, \frac{n-1}{n}, 1\right\}.$$

在区间 $\left[\frac{k-1}{n}, \frac{k}{n}\right]$ 上取点 $\xi_k = \frac{k}{n}$ $(k = 1, 2, \cdots, n)$, 得

$$S(f, T, \xi) = \sum_{k=1}^{n} \frac{1}{n}\mathrm{e}^{\frac{k}{n}} = \frac{1}{n} \cdot \frac{\mathrm{e}^{\frac{1}{n}}(1-\mathrm{e})}{1-\mathrm{e}^{\frac{1}{n}}}.$$

所以

$$\int_0^1 \mathrm{e}^x\mathrm{d}x = \lim_{n\to\infty} S(f, T, \xi) = \lim_{n\to\infty} \frac{1}{n} \cdot \frac{\mathrm{e}^{\frac{1}{n}}(1-\mathrm{e})}{1-\mathrm{e}^{\frac{1}{n}}} = \mathrm{e} - 1.$$

例 6.2.5 证明狄利克雷函数 $D(x)=\begin{cases}1, & x\text{ 为有理数},\\ 0, & x\text{ 为无理数}\end{cases}$ 在 $[0,1]$ 上不可积.

证明: 将区间 $[0,1]$ 分割成 n 等份, 其分点为 $x_i=\dfrac{i}{n}\ (i=1,2,\cdots,n-1)$, 在区间 $[x_{i-1},x_i]$ 上任取点 $\xi_i(i=1,2,\cdots,n)$.

(1) 当 ξ_i 均为有理数时, $S(D,T,\xi)=1$, 从而有 $\lim\limits_{n\to\infty}S(D,T,\xi)=1$.

(2) 当 ξ_i 均为无理数时, $S(D,T,\xi)=0$, 从而有 $\lim\limits_{n\to\infty}S(D,T,\xi)=0$.

这样便得到狄利克雷函数 $D(x)$ 在区间 $[0,1]$ 上的黎曼和的极限与取点有关, 因此 $D(x)$ 在 $[0,1]$ 上不可积.

根据定积分的定义, 不难得到

定理 6.2.6 假设 $f(x),g(x)$ 在 $[a,b]$ 上可积, 则

(1) $\displaystyle\int_a^b kf(x)\mathrm{d}x=k\int_a^b f(x)\mathrm{d}x$ (k 为实常数);

(2) $\displaystyle\int_a^b [f(x)+g(x)]\mathrm{d}x=\int_a^b f(x)\mathrm{d}x+\int_a^b g(x)\mathrm{d}x$.

定理 6.2.7 假设 $f(x)$ 在 $[a,b]$ 上可积, 则 $\forall c\in[a,b]$, 有

$$\int_a^b f(x)\mathrm{d}x=\int_a^c f(x)\mathrm{d}x+\int_c^b f(x)\mathrm{d}x.$$

证明: 由于 $f(x)$ 在 $[a,b]$ 上可积, 定积分 $\displaystyle\int_a^b f(x)\mathrm{d}x$ 的值与区间 $[a,b]$ 的分割 T 无关, 不妨将点 c 作为区间 $[a,b]$ 的一个分点, 这样 $f(x)$ 在 $[a,b]$ 上关于分割 T 的黎曼和可分为两部分: 区间 $[a,c]$ 上的黎曼和与区间 $[c,b]$ 上的黎曼和, 即

$$\sum_{[a,b]}f(\xi_i)\Delta x_i=\sum_{[a,c]}f(\xi_i)\Delta x_i+\sum_{[c,b]}f(\xi_i)\Delta x_i.$$

记 λ 为区间 $[a,b]$ 关于分割 T 的模, 则

$$\lim_{\lambda\to0^+}\sum_{[a,b]}f(\xi_i)\Delta x_i=\lim_{\lambda\to0^+}\sum_{[a,c]}f(\xi_i)\Delta x_i+\lim_{\lambda\to0^+}\sum_{[c,b]}f(\xi_i)\Delta x_i.$$

所以

$$\int_a^b f(x)\mathrm{d}x=\int_a^c f(x)\mathrm{d}x+\int_c^b f(x)\mathrm{d}x.$$

实际上, 若 $f(x)$ 在 $[a,c]$ $(c>b)$ 上可积, 同样有

$$\int_a^b f(x)\mathrm{d}x=\int_a^c f(x)\mathrm{d}x+\int_c^b f(x)\mathrm{d}x.$$

此性质说明，定积分可以逐段求积分. 该性质常用于分段函数的定积分计算.

定理 6.2.8 若 $f(x)$ 在 $[a,b]$ 上可积, 且 $f(x)\geqslant 0$, 则 $\int_a^b f(x)\mathrm{d}x\geqslant 0$.

推论 6.2.9 若 $f(x),g(x)$ 在 $[a,b]$ 上可积, 且 $\forall x\in[a,b]$, 有 $f(x)\geqslant g(x)$, 则

$$\int_a^b f(x)\mathrm{d}x\geqslant\int_a^b g(x)\mathrm{d}x.$$

推论 6.2.10 若 $f(x)$ 在 $[a,b]$ 上可积, 则 $\left|\int_a^b f(x)\mathrm{d}x\right|\leqslant\int_a^b |f(x)|\mathrm{d}x$.

例 6.2.11 设 $f(x)$ 是区间 $[a,b]$ 上非负的连续函数, 证明: 若 $\int_a^b f(x)\mathrm{d}x=0$, 则 $\forall x\in[a,b]$, 均有 $f(x)=0$.

证明: 若 $f(x)$ 在 $[a,b]$ 上不恒等于零, 则 $\exists x_0\in(a,b)$, 使得 $f(x_0)>0$. 而 $f(x)$ 在 x_0 处连续, 则 $\exists\delta_0>0$, 当 $x_0-\delta_0<x<x_0+\delta_0$ 时, $f(x)>\frac{f(x_0)}{2}$, 且 δ_0 满足 $(x_0-\delta_0,x_0+\delta_0)\subseteq[a,b]$. 因此

$$\begin{aligned}\int_a^b f(x)\mathrm{d}x&=\int_a^{x_0-\delta_0} f(x)\mathrm{d}x+\int_{x_0-\delta_0}^{x_0+\delta_0} f(x)\mathrm{d}x+\int_{x_0+\delta_0}^{b} f(x)\mathrm{d}x\\&\geqslant\int_{x_0-\delta_0}^{x_0+\delta_0} f(x)\mathrm{d}x>\int_{x_0-\delta_0}^{x_0+\delta_0}\frac{f(x_0)}{2}\mathrm{d}x=f(x_0)\delta_0>0.\end{aligned}$$

这与条件 $\int_a^b f(x)\mathrm{d}x=0$ 矛盾. 故 $\forall x\in[a,b]$, 均有 $f(x)=0$.

定理 6.2.12 若 $f(x)$ 在 $[a,b]$ 上可积, 且 $m\leqslant f(x)\leqslant M$, 则

$$m(b-a)\leqslant\int_a^b f(x)\mathrm{d}x\leqslant M(b-a).$$

定理 6.2.13 (定积分中值定理) 设 $f(x)$ 在 $[a,b]$ 上连续, 则 $\exists\xi\in(a,b)$, 使得

$$\int_a^b f(x)\mathrm{d}x=f(\xi)(b-a).$$

证明: (方法一) 设 $\dfrac{\int_a^b f(x)\mathrm{d}x}{b-a}=\mu$, 若 $\forall x\in(a,b)$, 均有 $f(x)\neq\mu$, 由于 $f(x)$ 在 $[a,b]$ 上连续, 故 $f(x)-\mu$ 在 $[a,b]$ 上保号. 不妨设在 (a,b) 内 $f(x)>\mu$, 则

$$\int_a^b f(x)\mathrm{d}x>(b-a)\mu.$$

从而

$$\frac{\int_a^b f(x)\mathrm{d}x}{b-a} > \mu.$$

这与假设 $\frac{\int_a^b f(x)\mathrm{d}x}{b-a} = \mu$ 矛盾. 因此, $\exists\xi \in (a,b)$, 使得

$$\int_a^b f(x)\mathrm{d}x = f(\xi)(b-a).$$

(方法二) 由于 $f(x)$ 在 $[a,b]$ 上连续, 从而 $f(x)$ 在 $[a,b]$ 上存在最大值 M 和最小值 m, 即 $\exists x_1, x_2 \in [a,b]$, 使得 $M = f(x_1)$, $m = f(x_2)$. 不妨令 $x_1 \leqslant x_2$.

若 $f(x)$ 为常函数, 则结论显然成立.

若 $f(x)$ 不是常函数, 则 $M > m$, 从而有 $x_1 < x_2$. 根据例 6.2.11, 有

$$\int_a^b [M - f(x)]\mathrm{d}x > 0, \quad \int_a^b [f(x) - m]\mathrm{d}x > 0.$$

因此

$$m(b-a) < \int_a^b f(x)\mathrm{d}x < M(b-a),$$

即

$$m < \frac{\int_a^b f(x)\mathrm{d}x}{b-a} < M.$$

根据连续函数的介值定理, $\exists\xi \in (x_1, x_2) \subseteq (a,b)$, 使得

$$f(\xi) = \frac{\int_a^b f(x)\mathrm{d}x}{b-a}.$$

故 $\exists\xi \in (a,b)$, 使得

$$\int_a^b f(x)\mathrm{d}x = f(\xi)(b-a).$$

例 **6.2.14** 设 $f(x)$ 在 $[0,3]$ 上连续, 在 $(0,3)$ 内可导, 且满足

$$f(0) + f(1) + f(2) = 3\int_2^3 f(x)\mathrm{d}x,$$

证明: $\exists\xi \in (0,3)$, 使得 $f'(\xi) = 0$.

证明: 由于 $f(x)$ 在 $[0,2]$ 上连续, 根据连续函数的介值定理, $\exists x_1 \in [0,2]$, 使得

$$f(x_1) = \frac{f(0)+f(1)+f(2)}{3}.$$

由积分中值定理, $\exists x_2 \in (2,3)$, 使得 $\int_2^3 f(x)\mathrm{d}x = f(x_2)$. 从而有 $f(x_1) = f(x_2)$. 又 $f(x)$ 在 $[x_1, x_2]$ 上连续, 在 (x_1, x_2) 内可导, 由罗尔定理, $\exists \xi \in (x_1, x_2) \subseteq (0,3)$, 使得 $f'(\xi) = 0$.

定理 6.2.15 (推广的定积分中值定理) 设 $f(x), g(x)$ 在 $[a,b]$ 上连续, 且 $g(x)$ 在 $[a,b]$ 上不变号, 则 $\exists \xi \in (a,b)$, 使得

$$\int_a^b f(x)g(x)\mathrm{d}x = f(\xi)\int_a^b g(x)\mathrm{d}x.$$

此定理的证明可参照定积分中值定理的证明, 由读者自行完成.

例 6.2.16 证明: $1 < \int_0^{\frac{\pi}{2}} \frac{\sin x}{x}\mathrm{d}x < \frac{\pi}{2}$.

证明: 令 $f(x) = \frac{\sin x}{x}$, 由于 $\lim\limits_{x\to 0^+} f(x) = 1$, 补充定义 $f(0) = 1$, 则 $f(x)$ 在 $\left[0, \frac{\pi}{2}\right]$ 上连续, 从而可积. 由于

$$f'(x) = \frac{x\cos x - \sin x}{x^2} = \frac{\cos x(x - \tan x)}{x^2},$$

又当 $0 < x < \frac{\pi}{2}$ 时, $x < \tan x$, 则 $f'(x) < 0$. 因此, $f(x)$ 在 $\left[0, \frac{\pi}{2}\right]$ 上单调减少. 从而

$$f\left(\frac{\pi}{2}\right) < \frac{\sin x}{x} < f(0).$$

即当 $0 < x < \frac{\pi}{2}$ 时, 有

$$\frac{2}{\pi} < \frac{\sin x}{x} < 1.$$

由定理 6.2.12 可得

$$1 < \int_0^{\frac{\pi}{2}} \frac{\sin x}{x}\mathrm{d}x < \frac{\pi}{2}.$$

§6.3 微积分基本公式

根据定积分的定义计算定积分, 即通过计算黎曼和的极限来计算定积分, 具有很大的技巧和计算难度. 为使定积分的应用成为可能, 必须有比较简单且行之有效的计算方法.

假设 $f(x)$ 在 $[a,b]$ 上连续, 则 $\forall x \in [a,b]$, 定积分 $\int_a^x f(t)\mathrm{d}t$ 均存在.

定义 $F(x)=\int_a^x f(t)\mathrm{d}t\ (a \leqslant x \leqslant b)$, 称此函数为**变上限积分**.

定理 6.3.1 (微积分基本定理) 设 $f(x)$ 在 $[a,b]$ 上连续, 则 $F(x)=\int_a^x f(t)\mathrm{d}t$ 在 $[a,b]$ 上可导, 且 $F'(x)=f(x)$.

证明: $\forall x \in [a,b]$, 取增量 Δx 使 $x+\Delta x \in [a,b]$, 则

$$\begin{aligned}F'(x)&=\lim_{\Delta x\to 0}\frac{F(x+\Delta x)-F(x)}{\Delta x}=\lim_{\Delta x\to 0}\frac{\int_a^{x+\Delta x} f(t)\mathrm{d}t-\int_a^x f(t)\mathrm{d}t}{\Delta x}\\&=\lim_{\Delta x\to 0}\frac{\int_a^{x+\Delta x} f(t)\mathrm{d}t+\int_x^a f(t)\mathrm{d}t}{\Delta x}=\lim_{\Delta x\to 0}\frac{\int_x^{x+\Delta x} f(t)\mathrm{d}t}{\Delta x}\\&=\lim_{\Delta x\to 0}\frac{f(x+\theta\Delta x)\cdot\Delta x}{\Delta x}=f(x)\quad(\text{其中 } 0<\theta<1).\end{aligned}$$

因此, $F(x)=\int_a^x f(t)\mathrm{d}t$ 在 $[a,b]$ 上可导, 且 $F'(x)=f(x)$.

【注】 若 $x=a$ 或 $x=b$, 则所求导数分别为 $F(x)$ 的右导数或左导数.

上面定理表明, 函数 $F(x)=\int_a^x f(t)\mathrm{d}t$ 为连续函数 $f(x)$ 的原函数, 因此连续函数一定存在原函数. 这便回答了上一章不定积分中原函数的存在性问题.

重难点讲解
定积分性质及微积分基本公式

定理 6.3.2 (微积分基本公式) 设 $f(x)$ 在 $[a,b]$ 上连续, $F(x)$ 为 $f(x)$ 的一个原函数, 则

$$\int_a^b f(x)\mathrm{d}x=F(x)\Big|_a^b=F(b)-F(a).$$

证明: 设 $G(x)=\int_a^x f(t)\mathrm{d}t$, 则 $G'(x)=f(x)$. 而 $F(x)$ 为 $f(x)$ 的原函数, 故

$$F'(x)=f(x).$$

因此存在常数 C, 使得

$$G(x)=F(x)+C.$$

又 $F(a)+C=G(a)=0$, 则 $C=-F(a)$. 所以

$$\int_a^b f(t)\mathrm{d}t=G(b)=F(b)+C=F(b)-F(a).$$

上面的公式称为牛顿[①] – 莱布尼茨公式, 也称为微积分基本公式. 它揭示了积分与微分之间的内在联系. 有了此公式后, 连续函数的定积分可转化为计算其原函数端点函数值的差, 这便使定积分的计算变得简单, 从而使定积分的应用成为可能.

例 6.3.3 计算下列函数的导数:

(1) $f(x)=\int_0^x x\arctan\sqrt[3]{t}\mathrm{d}t$;　　(2) $g(x)=\int_0^{x^3}\arctan\sqrt[3]{t}\mathrm{d}t$.

解: (1) 由于 $f(x)=x\int_0^x\arctan\sqrt[3]{t}\mathrm{d}t$, 故

$$f'(x)=\int_0^x\arctan\sqrt[3]{t}\mathrm{d}t+x\arctan\sqrt[3]{x}.$$

(2) 令 $x^3=u$, 则

$$g'(x)=\frac{\mathrm{d}g}{\mathrm{d}x}=\frac{\mathrm{d}g}{\mathrm{d}u}\cdot\frac{\mathrm{d}u}{\mathrm{d}x}=\arctan\sqrt[3]{u}\cdot 3x^2=3x^2\arctan x.$$

【注】 上例说明, 求变上限积分的导数, 可以不用计算出其定积分后再求导数.

例 6.3.4 设 $f(x)$ 在 $\mathbb{R}$ 上连续, $\varphi(x),\psi(x)$ 在 $\mathbb{R}$ 上可导, 求 $\frac{\mathrm{d}}{\mathrm{d}x}\int_{\psi(x)}^{\varphi(x)}f(t)\mathrm{d}t$.

解: 因为

$$\int_{\psi(x)}^{\varphi(x)}f(t)\mathrm{d}t=\int_{\psi(x)}^{a}f(t)\mathrm{d}t+\int_a^{\varphi(x)}f(t)\mathrm{d}t=\int_a^{\varphi(x)}f(t)\mathrm{d}t-\int_a^{\psi(x)}f(t)\mathrm{d}t,$$

其中 a 为实常数, 所以

$$\begin{aligned}\frac{\mathrm{d}}{\mathrm{d}x}\int_{\psi(x)}^{\varphi(x)}f(t)\mathrm{d}t&=\frac{\mathrm{d}}{\mathrm{d}x}\left(\int_a^{\varphi(x)}f(t)\mathrm{d}t-\int_a^{\psi(x)}f(t)\mathrm{d}t\right)\\&=f(\varphi(x))\cdot\varphi'(x)-f(\psi(x))\cdot\psi'(x).\end{aligned}$$

例 6.3.5 求极限 $\lim\limits_{x\to0}\dfrac{\int_0^{2x}(\mathrm{e}^{-t^2}-1)\sin t\mathrm{d}t}{\arctan^2 x\cdot\ln(1-2x^2)}$.

---

① 牛顿 (Newton, 1643–1727), 英国著名的物理学家、数学家, 爵士, 英国皇家学会会长, 著有《自然哲学的数学原理》《光学》等. 他在 1687 年发表的论文《自然定律》里, 对万有引力和三大运动定律进行了描述. 这些描述奠定了此后三个世纪里物理世界的科学观点, 并成了现代工程学的基础. 在力学上, 牛顿阐明了动量和角动量守恒的原理, 提出牛顿运动定律. 在光学上, 他发明了反射望远镜, 并基于对三棱镜将白光发散成可见光谱的观察, 发展出了颜色理论. 他还系统地表述了冷却定律, 并研究了音速. 在数学上, 牛顿与莱布尼茨分享了发展出微积分学的荣誉. 他证明了广义二项式定理, 提出了“牛顿法”以趋近函数的零点, 并为幂级数的研究做出了贡献.

解: 该极限为“$\dfrac{0}{0}$ 型”的不定式极限, 可用洛必达法则.

$$\lim_{x\to 0}\frac{\int_0^{2x}(\mathrm{e}^{-t^2}-1)\sin t\mathrm{d}t}{\arctan^2 x\cdot\ln(1-2x^2)}=\lim_{x\to 0}\frac{\int_0^{2x}(\mathrm{e}^{-t^2}-1)\sin t\mathrm{d}t}{x^2\cdot(-2x^2)}$$
$$=\lim_{x\to 0}\frac{2(\mathrm{e}^{-4x^2}-1)\sin 2x}{-8x^3}$$
$$=\lim_{x\to 0}\frac{-16x^3}{-8x^3}=2.$$

例 **6.3.6** 计算下列定积分:

(1) $\int_0^1 \mathrm{e}^x\mathrm{d}x$;　　　　(2) $\int_{-1}^0 \dfrac{x+2}{x^2+2x+2}\mathrm{d}x$.

解: (1) 在例 6.2.4 中, 我们利用定积分的定义计算过定积分 $\int_0^1 \mathrm{e}^x\mathrm{d}x$, 根据微积分基本公式, 可得

$$\int_0^1 \mathrm{e}^x\mathrm{d}x=\mathrm{e}^x\big|_0^1=\mathrm{e}-1.$$

(2) $$\int_{-1}^0\frac{x+2}{x^2+2x+2}\mathrm{d}x=\frac{1}{2}\int_{-1}^0\frac{(2x+2)+2}{x^2+2x+2}\mathrm{d}x$$
$$=\frac{1}{2}\ln(x^2+2x+2)\bigg|_{-1}^0+\int_{-1}^0\frac{1}{(x+1)^2+1}\mathrm{d}x$$
$$=\frac{1}{2}\ln 2+\arctan(x+1)\big|_{-1}^0=\frac{1}{2}\ln 2+\frac{\pi}{4}.$$

例 **6.3.7** 计算 $\int_{-2}^2(|x+1|+|x-1|)\mathrm{d}x$.

解: $$\int_{-2}^2(|x+1|+|x-1|)\mathrm{d}x$$
$$=\int_{-2}^{-1}[-(x+1)+(1-x)]\mathrm{d}x+\int_{-1}^1[(x+1)+(1-x)]\mathrm{d}x+$$
$$\int_1^2[(x+1)+(x-1)]\mathrm{d}x$$
$$=\int_{-2}^{-1}(-2x)\mathrm{d}x+2\int_{-1}^1\mathrm{d}x+\int_1^2 2x\mathrm{d}x=10.$$

例 **6.3.8** 计算下列和式的极限:

(1) $\lim\limits_{n\to\infty}\left(\dfrac{1}{n+1}+\dfrac{1}{n+2}+\cdots+\dfrac{1}{n+n}\right)$;

(2) $\lim\limits_{n\to\infty}\left(\dfrac{\sin\dfrac{\pi}{n}}{n+\dfrac{1}{n}}+\dfrac{\sin\dfrac{2\pi}{n}}{n+\dfrac{2}{n}}+\cdots+\dfrac{\sin\dfrac{n\pi}{n}}{n+\dfrac{n}{n}}\right)$.

解: (1) 记 $S_n=\dfrac{1}{n+1}+\dfrac{1}{n+2}+\cdots+\dfrac{1}{n+n}$, 则

$$S_n=\frac{1}{n}\left(\frac{1}{1+\frac{1}{n}}+\frac{1}{1+\frac{2}{n}}+\cdots+\frac{1}{1+\frac{n}{n}}\right)=\frac{1}{n}\sum_{k=1}^{n}\frac{1}{1+\frac{k}{n}}.$$

令 $f(x)=\dfrac{1}{1+x}$, 则 $f(x)$ 在 $[0,1]$ 上可积.

将区间 $[0,1]$ 等分成 n 个小区间, 分割 $T=\left\{0,\dfrac{1}{n},\dfrac{2}{n},\cdots,\dfrac{n-1}{n},1\right\}$, $\|T\|=\dfrac{1}{n}$, 取点 $\xi_k=\dfrac{k}{n}(k=1,2,\cdots,n)$, 则和式 S_n 为函数 $f(x)$ 在此分割与取点下的黎曼和. 因此

$$\begin{aligned}&\lim_{n\to\infty}\left(\frac{1}{n+1}+\frac{1}{n+2}+\cdots+\frac{1}{n+n}\right)\\&=\lim_{n\to\infty}\frac{1}{n}\sum_{k=1}^{n}\frac{1}{1+\frac{k}{n}}=\int_0^1\frac{\mathrm{d}x}{1+x}\\&=\ln(1+x)\Big|_0^1=\ln 2.\end{aligned}$$

(2) 记 $T_n=\dfrac{\sin\dfrac{\pi}{n}}{n+\dfrac{1}{n}}+\dfrac{\sin\dfrac{2\pi}{n}}{n+\dfrac{2}{n}}+\cdots+\dfrac{\sin\dfrac{n\pi}{n}}{n+\dfrac{n}{n}}$, 则

$$\frac{1}{n+1}\sum_{k=1}^{n}\sin\frac{k\pi}{n}<T_n<\frac{1}{n}\sum_{k=1}^{n}\sin\frac{k\pi}{n}.$$

令 $g(x)=\sin\pi x$, 则 $g(x)$ 在 $[0,1]$ 上可积.

将区间 $[0,1]$ 等分成 n 个小区间, 分割 $T=\left\{0,\dfrac{1}{n},\dfrac{2}{n},\cdots,\dfrac{n-1}{n},1\right\}$, $\|T\|=\dfrac{1}{n}$, 取点 $\xi_k=\dfrac{k}{n}(k=1,2,\cdots,n)$, 则和式 $\dfrac{1}{n}\sum\limits_{k=1}^{n}\sin\dfrac{k\pi}{n}$ 为函数 $g(x)$ 在此分割与取点下的黎曼和. 因此

$$\lim_{n\to\infty}\frac{1}{n}\sum_{k=1}^{n}\sin\frac{k\pi}{n}=\int_0^1\sin\pi x\mathrm{d}x=-\frac{1}{\pi}\cos\pi x\Big|_0^1=\frac{2}{\pi}.$$

同样,

$$\lim_{n\to\infty}\frac{1}{n+1}\sum_{k=1}^{n}\sin\frac{k\pi}{n}=\lim_{n\to\infty}\frac{n}{n+1}\cdot\frac{1}{n}\sum_{k=1}^{n}\sin\frac{k\pi}{n}=\int_0^1\sin\pi x\mathrm{d}x=\frac{2}{\pi}.$$

根据函数极限的夹逼定理, 得

$$\lim_{n\to\infty}\left(\frac{\sin\frac{\pi}{n}}{n+\frac{1}{n}}+\frac{\sin\frac{2\pi}{n}}{n+\frac{2}{n}}+\cdots+\frac{\sin\frac{n\pi}{n}}{n+\frac{n}{n}}\right)=\frac{2}{\pi}.$$

§6.4 定积分的换元积分法与分部积分法

有了牛顿 – 莱布尼茨公式后, 计算连续函数的定积分就转化为求其原函数 (不定积分) 的问题. 本节主要介绍定积分的换元积分法、分部积分法和一些特殊函数类的定积分.

一、定积分的换元积分法

定理 6.4.1 设 $f(x)$ 在 $[a,b]$ 上连续, $\varphi(t)$ 在 $[\alpha,\beta]$ 上有连续导数, 且 $\varphi(\alpha)=a$, $\varphi(\beta)=b$, 其值域 $\varphi([\alpha,\beta])\subseteq[a,b]$, 则

$$\int_a^b f(x)\mathrm{d}x=\int_\alpha^\beta f(\varphi(t))\cdot\varphi'(t)\mathrm{d}t.$$

证明: 由于 $f(x)$ 在 $[a,b]$ 上连续, 故 $f(x)$ 存在原函数. 设其原函数为 $F(x)$, 根据牛顿 – 莱布尼茨公式, 有

$$\int_a^b f(x)\mathrm{d}x=F(b)-F(a).$$

又

$$\frac{\mathrm{d}}{\mathrm{d}t}(F(\varphi(t)))=F'(\varphi(t))\cdot\varphi'(t)=f(\varphi(t))\cdot\varphi'(t),$$

即 $F(\varphi(t))$ 为函数 $f(\varphi(t))\cdot\varphi'(t)$ 的原函数. 由牛顿 – 莱布尼茨公式可得

$$\int_\alpha^\beta f(\varphi(t))\cdot\varphi'(t)\mathrm{d}t=F(\varphi(t))\big|_\alpha^\beta=F(\varphi(\beta))-F(\varphi(\alpha))=F(b)-F(a).$$

重难点讲解
定积分的换元积分法

所以

$$\int_a^b f(x)\mathrm{d}x=\int_\alpha^\beta f(\varphi(t))\cdot\varphi'(t)\mathrm{d}t.$$

定积分的换元积分法, 实际上是通过变换 $x=\varphi(t)$ 将定积分 $\int_a^b f(x)\mathrm{d}x$ 化为 $\int_\alpha^\beta f(\varphi(t))\cdot\varphi'(t)\mathrm{d}t$ 进行计算, 从而简化了计算过程. 与不定积分的换元积分法不同, 此处要求所作变换的函数 $\varphi(t)$ 的值域满足 $\varphi([\alpha,\beta])\subseteq[a,b]$, 且对积分限作相应变化——“换元换限”; 但与不定积分不同, 不需要再将 $t=\varphi^{-1}(x)$ 代回.

例 6.4.2 计算 $\displaystyle\int_0^3\frac{\mathrm{d}x}{1+\sqrt{1+x}}$.

解: 令 $\sqrt{1+x}=t$, 则 $x=t^2-1$, $\mathrm{d}x=2t\mathrm{d}t$. 故

$$\begin{aligned}\int_0^3\frac{\mathrm{d}x}{1+\sqrt{1+x}}&=\int_1^2\frac{2t}{t+1}\mathrm{d}t=2\int_1^2\left(1-\frac{1}{t+1}\right)\mathrm{d}t\\&=2[t-\ln(1+t)]\big|_1^2=2-2\ln\frac{3}{2}.\end{aligned}$$

例 6.4.3 计算 $\displaystyle\int_{-a}^a\sqrt{a^2-x^2}\mathrm{d}x\ (a>0)$.

解: 令 $x=a\sin t$, 则 $\mathrm{d}x=a\cos t\mathrm{d}t$. 所以

$$\begin{aligned}\int_{-a}^a\sqrt{a^2-x^2}\mathrm{d}x&=\int_{-\frac{\pi}{2}}^{\frac{\pi}{2}}a\cos t\cdot a\cos t\mathrm{d}t=\frac{a^2}{2}\int_{-\frac{\pi}{2}}^{\frac{\pi}{2}}(1+\cos 2t)\mathrm{d}t\\&=\frac{a^2}{2}\left(t+\frac{1}{2}\sin 2t\right)\Big|_{-\frac{\pi}{2}}^{\frac{\pi}{2}}=\frac{1}{2}\pi a^2.\end{aligned}$$

事实上, 根据定积分的几何意义, $\int_{-a}^a\sqrt{a^2-x^2}\mathrm{d}x$ 是半径为 a 的半圆面积.

例 6.4.4 设

$$f(x)=\begin{cases}\mathrm{e}^{-x}, & x\leqslant 0,\\ 3x^2+1, & x>0,\end{cases}$$

计算 $\displaystyle\int_0^2 f(x-1)\mathrm{d}x$.

解: 令 $x-1=t$, 则 $x=t+1$, $\mathrm{d}x=\mathrm{d}t$. 于是

$$\begin{aligned}\int_0^2 f(x-1)\mathrm{d}x&=\int_{-1}^1 f(t)\mathrm{d}t=\int_{-1}^0 f(t)\mathrm{d}t+\int_0^1 f(t)\mathrm{d}t\\&=\int_{-1}^0\mathrm{e}^{-t}\mathrm{d}t+\int_0^1(3t^2+1)\mathrm{d}t=-\mathrm{e}^{-t}\big|_{-1}^0+(t^3+t)\big|_0^1\\&=\mathrm{e}+1.\end{aligned}$$

例 6.4.5 计算 $\int_0^1 \frac{\ln(1+x)}{1+x^2}\mathrm{d}x$.

解: 令 $x=\tan u$, 则 $\mathrm{d}x=\sec^2 u\mathrm{d}u$. 于是

$$\int_0^1 \frac{\ln(1+x)}{1+x^2}\mathrm{d}x=\int_0^{\frac{\pi}{4}} \frac{\ln(1+\tan u)}{1+\tan^2 u}\sec^2 u\mathrm{d}u=\int_0^{\frac{\pi}{4}} \ln(1+\tan u)\mathrm{d}u.$$

(方法一) $\int_0^{\frac{\pi}{4}} \ln(1+\tan u)\mathrm{d}u=\int_0^{\frac{\pi}{4}} \ln(\sin u+\cos u)\mathrm{d}u-\int_0^{\frac{\pi}{4}} \ln\cos u\mathrm{d}u.$

又

$$\begin{aligned}\int_0^{\frac{\pi}{4}} \ln(\sin u+\cos u)\mathrm{d}u&=\int_0^{\frac{\pi}{4}} \ln\left[\sqrt{2}\sin\left(u+\frac{\pi}{4}\right)\right]\mathrm{d}u\\&=\frac{\pi}{8}\ln 2+\int_{\frac{\pi}{4}}^{\frac{\pi}{2}} \ln\sin t\mathrm{d}t\\&\xlongequal{t=\frac{\pi}{2}-u}\frac{\pi}{8}\ln 2-\int_{\frac{\pi}{4}}^{0} \ln\cos u\mathrm{d}u\\&=\frac{\pi}{8}\ln 2+\int_0^{\frac{\pi}{4}} \ln\cos u\mathrm{d}u.\end{aligned}$$

因此

$$\int_0^1 \frac{\ln(1+x)}{1+x^2}\mathrm{d}x=\frac{\pi}{8}\ln 2.$$

(方法二) 令 $u=\frac{\pi}{4}-t$, 则 $\mathrm{d}u=-\mathrm{d}t$. 于是

$$\begin{aligned}\int_0^{\frac{\pi}{4}} \ln(1+\tan u)\mathrm{d}u&=\int_0^{\frac{\pi}{4}} \ln\left(1+\frac{1-\tan t}{1+\tan t}\right)\mathrm{d}t\\&=\frac{\pi}{4}\ln 2-\int_0^{\frac{\pi}{4}} \ln(1+\tan t)\mathrm{d}t.\end{aligned}$$

因此

$$\int_0^1 \frac{\ln(1+x)}{1+x^2}\mathrm{d}x=\frac{\pi}{8}\ln 2.$$

(方法三) 根据方法二所作的变换, 本题可直接作如下变化. 令 $x=\frac{1-u}{1+u}$, 则 $\mathrm{d}x=-\frac{2\mathrm{d}u}{(1+u)^2}$. 故

$$\int_0^1 \frac{\ln(1+x)}{1+x^2}\mathrm{d}x=\int_1^0 \frac{\ln\left(1+\frac{1-u}{1+u}\right)}{1+\frac{(1-u)^2}{(1+u)^2}}\left[-\frac{2}{(1+u)^2}\right]\mathrm{d}u$$

$$
\begin{aligned}
&= \int_0^1 \frac{\ln 2 - \ln(1+u)}{1+u^2}\mathrm{d}u \\
&= \frac{\pi}{4}\ln 2 - \int_0^1 \frac{\ln(1+u)}{1+u^2}\mathrm{d}u.
\end{aligned}
$$

因此

$$\int_0^1 \frac{\ln(1+x)}{1+x^2}\mathrm{d}x = \frac{\pi}{8}\ln 2.$$

从本例中可以看出, 适当的变量替换, 即换元的思想在定积分计算中的重要性. 希望读者通过适当的练习, 真正领会并熟练掌握定积分的换元积分法.

例 6.4.6 设函数 $f(x)$ 在 $[-a,a](a>0)$ 上可积, 则

$$\int_{-a}^a f(x)\mathrm{d}x = \int_0^a [f(x)+f(-x)]\mathrm{d}x.$$

证明: $\displaystyle\int_{-a}^a f(x)\mathrm{d}x = \int_{-a}^0 f(x)\mathrm{d}x + \int_0^a f(x)\mathrm{d}x.$

对积分 $\displaystyle\int_{-a}^0 f(x)\mathrm{d}x$, 令 $x=-t$, 则 $\mathrm{d}x = -\mathrm{d}t$. 故

$$\int_{-a}^0 f(x)\mathrm{d}x = \int_a^0 f(-t)(-\mathrm{d}t) = \int_0^a f(-t)\mathrm{d}t = \int_0^a f(-x)\mathrm{d}x.$$

所以

$$\int_{-a}^a f(x)\mathrm{d}x = \int_0^a [f(x)+f(-x)]\mathrm{d}x.$$

由例 6.4.6 可得

(1) 若 $f(x)$ 是区间 $[-a,a]$ 上的奇函数, 则 $\displaystyle\int_{-a}^a f(x)\mathrm{d}x = 0$;

(2) 若 $f(x)$ 是区间 $[-a,a]$ 上的偶函数, 则 $\displaystyle\int_{-a}^a f(x)\mathrm{d}x = 2\int_0^a f(x)\mathrm{d}x$.

例 6.4.7 计算 $\displaystyle\int_{-2}^2 x\ln(1+\mathrm{e}^x)\mathrm{d}x$.

解: 由例 6.4.6 可得

$$
\begin{aligned}
\int_{-2}^2 x\ln(1+\mathrm{e}^x)\mathrm{d}x &= \int_0^2 [x\ln(1+\mathrm{e}^x) + (-x)\ln(1+\mathrm{e}^{-x})]\mathrm{d}x \\
&= \int_0^2 x^2\mathrm{d}x = \frac{8}{3}.
\end{aligned}
$$

例 6.4.8 设 $f(x)$ 是周期为 $T(T>0)$ 的可积函数, 证明: $\forall a\in\mathbb{R}$, 均有

$$\int_a^{a+T} f(x)\mathrm{d}x = \int_0^T f(x)\mathrm{d}x.$$

证明: 根据定积分的性质,

$$\int_a^{a+T} f(x)\mathrm{d}x = \int_a^0 f(x)\mathrm{d}x + \int_0^T f(x)\mathrm{d}x + \int_T^{a+T} f(x)\mathrm{d}x.$$

而

$$\int_T^{a+T} f(x)\mathrm{d}x \xlongequal{x=T+t} \int_0^a f(T+t)\mathrm{d}(T+t) = \int_0^a f(t)\mathrm{d}t.$$

因此

$$\int_a^0 f(x)\mathrm{d}x + \int_T^{a+T} f(x)\mathrm{d}x = 0.$$

所以

$$\int_a^{a+T} f(x)\mathrm{d}x = \int_0^T f(x)\mathrm{d}x.$$

本题说明: 可积的周期函数在一个周期内的积分值为常数.

例 **6.4.9** 设 $f(x)$ 在 $[0,1]$ 上可积.

(1) 证明: $\displaystyle\int_0^{\frac{\pi}{2}} f(\sin x)\mathrm{d}x = \int_0^{\frac{\pi}{2}} f(\cos x)\mathrm{d}x$;

(2) 证明: $\displaystyle\int_0^{\pi} f(\sin x)\mathrm{d}x = 2\int_0^{\frac{\pi}{2}} f(\sin x)\mathrm{d}x$;

(3) 证明: $\displaystyle\int_0^{\pi} xf(\sin x)\mathrm{d}x = \frac{\pi}{2}\int_0^{\pi} f(\sin x)\mathrm{d}x$, 并计算 $\displaystyle\int_0^{\pi} \frac{x\sin x}{1+\cos^2 x}\mathrm{d}x$ 的值.

解: (1) 令 $x = \dfrac{\pi}{2} - t$, 则 $\mathrm{d}x = -\mathrm{d}t$. 于是

$$\int_0^{\frac{\pi}{2}} f(\sin x)\mathrm{d}x = -\int_{\frac{\pi}{2}}^0 f\left[\sin\left(\frac{\pi}{2} - t\right)\right]\mathrm{d}t = \int_0^{\frac{\pi}{2}} f(\cos t)\mathrm{d}t = \int_0^{\frac{\pi}{2}} f(\cos x)\mathrm{d}x.$$

(2) 令 $x = \pi - t$, 则

$$\int_{\frac{\pi}{2}}^{\pi} f(\sin x)\mathrm{d}x = \int_0^{\frac{\pi}{2}} f(\sin t)\mathrm{d}t.$$

因此

$$\int_0^{\pi} f(\sin x)\mathrm{d}x = \int_0^{\frac{\pi}{2}} f(\sin x)\mathrm{d}x + \int_{\frac{\pi}{2}}^{\pi} f(\sin x)\mathrm{d}x = 2\int_0^{\frac{\pi}{2}} f(\sin x)\mathrm{d}x.$$

(3) 令 $x = \pi - t$, 则 $\mathrm{d}x = -\mathrm{d}t$. 故

$$\int_0^{\pi} xf(\sin x)\mathrm{d}x = \int_0^{\pi} (\pi - t)f(\sin t)\mathrm{d}t = \pi\int_0^{\pi} f(\sin t)\mathrm{d}t - \int_0^{\pi} tf(\sin t)\mathrm{d}t.$$

因此

$$\int_0^{\pi} xf(\sin x)\mathrm{d}x = \frac{\pi}{2}\int_0^{\pi} f(\sin x)\mathrm{d}x.$$

而

$$\begin{aligned}\int_0^{\pi} \frac{x\sin x}{1+\cos^2 x}\mathrm{d}x &= \int_0^{\pi} x\cdot\frac{\sin x}{2-\sin^2 x}\mathrm{d}x = \frac{\pi}{2}\int_0^{\pi}\frac{\sin x}{2-\sin^2 x}\mathrm{d}x\\ &= -\frac{\pi}{2}\int_0^{\pi}\frac{\mathrm{d}(\cos x)}{1+\cos^2 x} = -\frac{\pi}{2}\arctan(\cos x)\Big|_0^{\pi}\\ &= \frac{\pi^2}{4}.\end{aligned}$$

例 **6.4.10** 证明: $\int_0^{2\pi}\sin^{2n} x\mathrm{d}x = 4\int_0^{\frac{\pi}{2}}\sin^{2n} x\mathrm{d}x$ (n 为正整数).

证明: 由于 $\sin^{2n} x$ 是周期为 π 的函数, 故

$$\int_0^{2\pi}\sin^{2n} x\mathrm{d}x = 2\int_0^{\pi}\sin^{2n} x\mathrm{d}x.$$

根据例 6.4.9 可得

$$\int_0^{\pi}\sin^{2n} x\mathrm{d}x = 2\int_0^{\frac{\pi}{2}}\sin^{2n} x\mathrm{d}x.$$

所以

$$\int_0^{2\pi}\sin^{2n} x\mathrm{d}x = 4\int_0^{\frac{\pi}{2}}\sin^{2n} x\mathrm{d}x.$$

再根据下一节的沃利斯公式, 可得

$$\int_0^{2\pi}\sin^{2n} x\mathrm{d}x = 4\cdot\frac{(2n-1)!!}{(2n)!!}\cdot\frac{\pi}{2} = 2\pi\cdot\frac{(2n-1)!!}{(2n)!!}.$$

二、定积分的分部积分法

设 $u=u(x)$, $v=v(x)$ 在 $[a,b]$ 上有连续导数, 则

$$\mathrm{d}(uv) = u\mathrm{d}v + v\mathrm{d}u.$$

因此

$$\begin{aligned}\int_a^b u(x)v'(x)\mathrm{d}x &= \int_a^b [\mathrm{d}(u(x)v(x)) - u'(x)v(x)\mathrm{d}x]\\ &= (u(x)v(x))\Big|_a^b - \int_a^b u'(x)v(x)\mathrm{d}x.\end{aligned}$$

这就是定积分的分部积分公式. 在利用其计算定积分时, 不必求出被积函数的原函数后, 再将上下限代入求出其函数值的差, 可计算“一步”代入“一步”.

重难点讲解
定积分的分部积分法

例 6.4.11 计算 $\int_0^1 x\arctan x\mathrm{d}x$.

解: 由定积分的分部积分公式, 得

$$\begin{aligned}\int_0^1 x\arctan x\mathrm{d}x &= \frac{1}{2}\int_0^1 \arctan x\mathrm{d}(x^2)\\ &= \frac{1}{2}(x^2\arctan x)\big|_0^1 - \frac{1}{2}\int_0^1 \frac{x^2}{1+x^2}\mathrm{d}x\\ &= \frac{\pi}{8} - \frac{1}{2}(x-\arctan x)\big|_0^1 = \frac{\pi-2}{4}.\end{aligned}$$

例 6.4.12 计算 $\int_1^{\mathrm{e}} \sin(\ln x)\mathrm{d}x$.

解: 由定积分的分部积分公式, 得

$$\begin{aligned}\int_1^{\mathrm{e}} \sin(\ln x)\mathrm{d}x &= [x\sin(\ln x)]\big|_1^{\mathrm{e}} - \int_1^{\mathrm{e}} \cos(\ln x)\mathrm{d}x\\ &= \mathrm{e}\sin 1 - [x\cos(\ln x)]\big|_1^{\mathrm{e}} - \int_1^{\mathrm{e}} \sin(\ln x)\mathrm{d}x\\ &= \mathrm{e}\sin 1 - \mathrm{e}\cos 1 + 1 - \int_1^{\mathrm{e}} \sin(\ln x)\mathrm{d}x.\end{aligned}$$

因此

$$\int_1^{\mathrm{e}} \sin(\ln x)\mathrm{d}x = \frac{1}{2}(\mathrm{e}\sin 1 - \mathrm{e}\cos 1 + 1).$$

例 6.4.13 设 $f(x) = \int_1^x \frac{\mathrm{d}t}{\sqrt[3]{1+t^3}}$, 计算 $\int_0^1 xf(x)\mathrm{d}x$.

解: 由于计算函数 $f(x)$ 有难度, 通过求 $xf(x)$ 的原函数来计算定积分比较困难, 考虑用分部积分法计算该定积分.

$$\begin{aligned}\int_0^1 xf(x)\mathrm{d}x &= \frac{1}{2}\int_0^1 f(x)\mathrm{d}(x^2)\\ &= \frac{1}{2}[x^2f(x)]\big|_0^1 - \frac{1}{2}\int_0^1 \frac{x^2}{\sqrt[3]{1+x^3}}\mathrm{d}x\\ &= -\frac{1}{6}\cdot\frac{3}{2}(1+x^3)^{\frac{2}{3}}\big|_0^1\\ &= \frac{1-\sqrt[3]{4}}{4}.\end{aligned}$$

例 6.4.14 证明: $\int_0^{\frac{\pi}{2}} \sin^n x\mathrm{d}x = \int_0^{\frac{\pi}{2}} \cos^n x\mathrm{d}x\ (n = 0, 1, 2, \cdots)$, 并计算其值.

解: 令 $x = \frac{\pi}{2} - t$, 则 $\mathrm{d}x = -\mathrm{d}t$. 于是

$$\int_0^{\frac{\pi}{2}} \sin^n x\mathrm{d}x = -\int_{\frac{\pi}{2}}^0 \sin^n \left(\frac{\pi}{2} - t\right) \mathrm{d}t = \int_0^{\frac{\pi}{2}} \cos^n t\mathrm{d}t = \int_0^{\frac{\pi}{2}} \cos^n x\mathrm{d}x.$$

记 $I_n = \int_0^{\frac{\pi}{2}} \sin^n x\mathrm{d}x$, 则 $I_0 = \frac{\pi}{2}$, $I_1 = 1$. 当 $n \geqslant 2$ 时,

$$\begin{aligned} I_n &= -\int_0^{\frac{\pi}{2}} \sin^{n-1} x\mathrm{d}(\cos x) \\ &= (n-1)\int_0^{\frac{\pi}{2}} \sin^{n-2} x \cdot \cos^2 x\mathrm{d}x \\ &= (n-1)I_{n-2} - (n-1)I_n. \end{aligned}$$

因此

$$I_n = \frac{n-1}{n} I_{n-2}.$$

由此可得当 $n = 2m+1\ (m = 1, 2, \cdots)$ 时,

$$\begin{aligned} I_n = I_{2m+1} &= \frac{2m}{2m+1} I_{2m-1} = \frac{2m}{2m+1} \cdot \frac{2m-2}{2m-1} \cdot \cdots \cdot \frac{4}{5} \cdot \frac{2}{3} I_1 \\ &= \frac{2m}{2m+1} \cdot \frac{2m-2}{2m-1} \cdot \cdots \cdot \frac{4}{5} \cdot \frac{2}{3} \cdot 1 = \frac{(2m)!!}{(2m+1)!!}. \end{aligned}$$

当 $n = 2m\ (m = 1, 2, \cdots)$ 时,

$$\begin{aligned} I_n = I_{2m} &= \frac{2m-1}{2m} I_{2m-2} = \frac{2m-1}{2m} \cdot \frac{2m-3}{2m-2} \cdot \cdots \cdot \frac{3}{4} \cdot \frac{1}{2} I_0 \\ &= \frac{2m-1}{2m} \cdot \frac{2m-3}{2m-2} \cdot \cdots \cdot \frac{3}{4} \cdot \frac{1}{2} \cdot \frac{\pi}{2} = \frac{(2m-1)!!}{(2m)!!} \cdot \frac{\pi}{2}. \end{aligned}$$

综上可得

$$\int_0^{\frac{\pi}{2}} \sin^n x\mathrm{d}x = \begin{cases} \frac{n-1}{n} \cdot \frac{n-3}{n-2} \cdot \cdots \cdot \frac{2}{3} \cdot 1, & n\ \text{为奇数}, \\ \frac{n-1}{n} \cdot \frac{n-3}{n-2} \cdot \cdots \cdot \frac{3}{4} \cdot \frac{1}{2} \cdot \frac{\pi}{2}, & n\ \text{为偶数}. \end{cases}$$

上面的公式称为沃利斯[①]公式. 沃利斯公式可作为结论直接应用.

---

① 沃利斯 (Wallis, 1616—1703), 英国数学家、物理学家. 沃利斯认真钻研了同时代数学家笛卡儿、卡瓦列里等人的论著, 翻译了一些古代数学家著作, 1649 年成为牛津大学萨维尔教授, 并保持席位达 54 年之久, 直到逝世. 沃利斯是英国皇家学会创始人之一, 并且是国王的牧师. 沃利斯是微积分的先驱者之一, 主要著作有《论圆锥曲线》《无穷算术》《论摆线》《代数学》《数学文集》等.

【注】 记号 $(2n)!!=2\cdot4\cdot6\cdot\cdots\cdot(2n)$, $(2n-1)!!=1\cdot3\cdot5\cdot\cdots\cdot(2n-1)$, 称为双阶乘.

例 **6.4.15** 计算 $\int_{-1}^{1}(2x+3|x|)^3\sqrt{1-x^2}\mathrm{d}x$.

解: 根据对称区间上奇偶函数定积分的性质,

$$\begin{aligned}&\int_{-1}^{1}(2x+3|x|)^3\sqrt{1-x^2}\mathrm{d}x\\&=\int_{-1}^{1}[(8x^3+54x|x|^2)+(36x^2|x|+27|x|^3)]\sqrt{1-x^2}\mathrm{d}x\\&=2\int_{0}^{1}(36x^2|x|+27|x|^3)\sqrt{1-x^2}\mathrm{d}x\\&=126\int_{0}^{1}x^3\sqrt{1-x^2}\mathrm{d}x.\end{aligned}$$

令 $x=\sin t$, 则 $\mathrm{d}x=\cos t\mathrm{d}t$. 于是

$$\begin{aligned}\int_{0}^{1}x^3\sqrt{1-x^2}\mathrm{d}x=\int_{0}^{\frac{\pi}{2}}\sin^3 t\cos^2 t\mathrm{d}t&=\int_{0}^{\frac{\pi}{2}}(\sin^3 t-\sin^5 t)\mathrm{d}t\\&=\frac{2}{3}\cdot1-\frac{4}{5}\cdot\frac{2}{3}\cdot1=\frac{2}{15}.\end{aligned}$$

因此

$$\int_{-1}^{1}(2x+3|x|)^3\sqrt{1-x^2}\mathrm{d}x=\frac{84}{5}.$$

例 **6.4.16** 计算 $\int_{-\pi}^{\pi}(x\cos^5 x+x\sin^5 x)\mathrm{d}x$.

解: 由于 $x\cos^5 x$ 是奇函数, $x\sin^5 x$ 是偶函数, 故 $\int_{-\pi}^{\pi}x\cos^5 x\mathrm{d}x=0$. 于是

$$\begin{aligned}\int_{-\pi}^{\pi}(x\cos^5 x+x\sin^5 x)\mathrm{d}x=2\int_{0}^{\pi}x\sin^5 x\mathrm{d}x&=2\cdot\frac{\pi}{2}\int_{0}^{\pi}\sin^5 x\mathrm{d}x\\&=\pi\cdot2\int_{0}^{\frac{\pi}{2}}\sin^5 x\mathrm{d}x=2\pi\cdot\frac{4}{5}\cdot\frac{2}{3}\cdot1\\&=\frac{16}{15}\pi.\end{aligned}$$

例 **6.4.17** 计算 $\int_{-\frac{\pi}{2}}^{\frac{\pi}{2}}\frac{\cos^4 x}{1+\mathrm{e}^x}\mathrm{d}x$.

解: $\int_{-\frac{\pi}{2}}^{\frac{\pi}{2}}\frac{\cos^4 x}{1+\mathrm{e}^x}\mathrm{d}x=\int_{0}^{\frac{\pi}{2}}\left(\frac{\cos^4 x}{1+\mathrm{e}^x}+\frac{\cos^4 x}{1+\mathrm{e}^{-x}}\right)\mathrm{d}x$

$$
\begin{aligned}
&= \int_0^{\frac{\pi}{2}} \left(\frac{\cos^4 x}{1+\mathrm{e}^x} + \frac{\mathrm{e}^x \cos^4 x}{1+\mathrm{e}^x}\right) \mathrm{d}x \\
&= \int_0^{\frac{\pi}{2}} \cos^4 x \mathrm{d}x = \frac{3}{4} \cdot \frac{1}{2} \cdot \frac{\pi}{2} \\
&= \frac{3}{16}\pi.
\end{aligned}
$$

三、变上限积分的导数与定积分不等式

上一节曾讨论过变上限积分的可导性问题, 下面我们作进一步研究.

重难点讲解
变上限函数与定积分不等式

例 6.4.18 设 $f(x)$ 在 $x=0$ 的某邻域内连续, 且 $f(0)=0$, $f'(0)=2$, 求

$$
\lim_{x\to 0} \frac{\int_0^x t f(x-t)\mathrm{d}t}{\arcsin x - x}.
$$

解: 记 $F(x) = \int_0^x t f(x-t)\mathrm{d}t$, 令 $x-t=u$, 则 $t=x-u$, $\mathrm{d}t=-\mathrm{d}u$. 故

$$
F(x) = \int_0^x (x-u) f(u)\mathrm{d}u = x\int_0^x f(u)\mathrm{d}u - \int_0^x u f(u)\mathrm{d}u.
$$

因此

$$
F'(x) = \int_0^x f(u)\mathrm{d}u, \quad F''(x) = f(x).
$$

所以

$$
\begin{aligned}
\lim_{x\to 0} \frac{\int_0^x t f(x-t)\mathrm{d}t}{\arcsin x - x} &= \lim_{x\to 0} \frac{\int_0^x f(u)\mathrm{d}u}{\frac{1}{\sqrt{1-x^2}} - 1} = \lim_{x\to 0} \sqrt{1-x^2} \cdot \frac{\int_0^x f(u)\mathrm{d}u}{1-\sqrt{1-x^2}} \\
&= \lim_{x\to 0} \frac{\int_0^x f(u)\mathrm{d}u}{\frac{1}{2}x^2} = \lim_{x\to 0} \frac{f(x)}{x} \\
&= \lim_{x\to 0} \frac{f(x)-f(0)}{x} = f'(0) = 2.
\end{aligned}
$$

例 6.4.19 设 $f(x)$ 在 $(-\infty,+\infty)$ 上连续且严格单调增加, 证明: $F(x) = \dfrac{\int_0^x f(x-t)\mathrm{d}t}{x}$ 在 $(-\infty,0)$ 和 $(0,+\infty)$ 内也严格单调增加.

证明: 记 $g(x) = \int_0^x f(x-t)\mathrm{d}t \xlongequal{x-t=u} \int_0^x f(u)\mathrm{d}u$, 则 $g'(x)=f(x)$. 所以

$$
F'(x) = \frac{x f(x) - \int_0^x f(u)\mathrm{d}u}{x^2}
$$

$$= \frac{f(x)\int_0^x \mathrm{d}u - \int_0^x f(u)\mathrm{d}u}{x^2}$$

$$= \frac{\int_0^x [f(x)-f(u)]\mathrm{d}u}{x^2}.$$

当 $x>0$ 时, 由于 $f(x)$ 在 $(0,+\infty)$ 内严格单调增加, 故

$$\int_0^x [f(x)-f(u)]\mathrm{d}u > 0.$$

当 $x<0$ 时, 由于 $f(x)$ 在 $(-\infty,0)$ 内严格单调增加, 故

$$\int_0^x [f(x)-f(u)]\mathrm{d}u = \int_x^0 [f(u)-f(x)]\mathrm{d}u > 0.$$

因此, 无论 $x<0$ 还是 $x>0$ 均有 $F'(x)>0$, 从而 $F(x)$ 在 $(-\infty,0)$ 和 $(0,+\infty)$ 内均严格单调增加.

例 **6.4.20** 证明: $\displaystyle\int_0^{\frac{\pi}{2}} \frac{\sin x}{1+x^\alpha}\mathrm{d}x \leqslant \int_0^{\frac{\pi}{2}} \frac{\cos x}{1+x^\alpha}\mathrm{d}x\ (\alpha>0)$.

证明: $\displaystyle\int_0^{\frac{\pi}{2}} \frac{\cos x}{1+x^\alpha}\mathrm{d}x - \int_0^{\frac{\pi}{2}} \frac{\sin x}{1+x^\alpha}\mathrm{d}x$

$$= \int_0^{\frac{\pi}{2}} \frac{\cos x - \sin x}{1+x^\alpha}\mathrm{d}x = \sqrt{2}\int_0^{\frac{\pi}{2}} \frac{\sin\left(\frac{\pi}{4}-x\right)}{1+x^\alpha}\mathrm{d}x$$

$$= \sqrt{2}\left[\int_0^{\frac{\pi}{4}} \frac{\sin\left(\frac{\pi}{4}-x\right)}{1+x^\alpha}\mathrm{d}x + \int_{\frac{\pi}{4}}^{\frac{\pi}{2}} \frac{\sin\left(\frac{\pi}{4}-x\right)}{1+x^\alpha}\mathrm{d}x\right].$$

又

$$\int_0^{\frac{\pi}{4}} \frac{\sin\left(\frac{\pi}{4}-x\right)}{1+x^\alpha}\mathrm{d}x \xlongequal{\frac{\pi}{4}-x=u} \int_0^{\frac{\pi}{4}} \frac{\sin u}{1+\left(\frac{\pi}{4}-u\right)^\alpha}\mathrm{d}u,$$

$$\int_{\frac{\pi}{4}}^{\frac{\pi}{2}} \frac{\sin\left(\frac{\pi}{4}-x\right)}{1+x^\alpha}\mathrm{d}x = -\int_{\frac{\pi}{4}}^{\frac{\pi}{2}} \frac{\sin\left(x-\frac{\pi}{4}\right)}{1+x^\alpha}\mathrm{d}x \xlongequal{x-\frac{\pi}{4}=u} -\int_0^{\frac{\pi}{4}} \frac{\sin u}{1+\left(\frac{\pi}{4}+u\right)^\alpha}\mathrm{d}u,$$

因此

$$\int_0^{\frac{\pi}{2}} \frac{\cos x}{1+x^\alpha}\mathrm{d}x - \int_0^{\frac{\pi}{2}} \frac{\sin x}{1+x^\alpha}\mathrm{d}x = \sqrt{2}\int_0^{\frac{\pi}{4}}\left[\frac{\sin u}{1+\left(\frac{\pi}{4}-u\right)^\alpha} - \frac{\sin u}{1+\left(\frac{\pi}{4}+u\right)^\alpha}\right]\mathrm{d}u \geqslant 0.$$

所以

$$\int_0^{\frac{\pi}{2}} \frac{\sin x}{1+x^\alpha}\mathrm{d}x \leqslant \int_0^{\frac{\pi}{2}} \frac{\cos x}{1+x^\alpha}\mathrm{d}x \quad (\alpha>0).$$

例 6.4.21 设 $f(x)$ 在 $[a,b]$ 上有二阶连续导数, 且 $f\left(\dfrac{a+b}{2}\right)=0$. 记 $M=\max\limits_{x\in[a,b]}|f''(x)|$, 证明: $\left|\displaystyle\int_a^b f(x)\mathrm{d}x\right| \leqslant \dfrac{M(b-a)^3}{24}$.

证明: (方法一) 将 $f(x)$ 在 $x_0=\dfrac{a+b}{2}$ 处进行泰勒展开, $\exists \xi_x\in(a,b)$, 使得

$$\begin{aligned} f(x) &= f(x_0)+f'(x_0)(x-x_0)+\frac{f''(\xi_x)}{2}(x-x_0)^2 \\ &= f'(x_0)(x-x_0)+\frac{f''(\xi_x)}{2}(x-x_0)^2. \end{aligned}$$

两边求定积分, 且有 $\displaystyle\int_a^b (x-x_0)\mathrm{d}x=\frac{1}{2}(x-x_0)^2\Big|_a^b=0$, 因此

$$\begin{aligned} \left|\int_a^b f(x)\mathrm{d}x\right| &= \left|\int_a^b \frac{f''(\xi_x)}{2}(x-x_0)^2\mathrm{d}x\right| \\ &\leqslant \frac{M}{2}\left|\int_a^b (x-x_0)^2\mathrm{d}x\right| = \frac{M}{24}(b-a)^3. \end{aligned}$$

(方法二) 设 $F(x)=\displaystyle\int_a^x f(t)\mathrm{d}t$, 将 $F(x)$ 在 $x_0=\dfrac{a+b}{2}$ 处进行泰勒展开, 根据泰勒定理, $\exists \xi_1\in(a,x_0)$, $\xi_2\in(x_0,b)$, 使得

$$\begin{aligned} F(b) &= \int_a^b f(x)\mathrm{d}x \\ &= \int_a^{x_0} f(x)\mathrm{d}x+f(x_0)(b-x_0)+\frac{f'(x_0)}{2!}(b-x_0)^2+\frac{f''(\xi_1)}{3!}(b-x_0)^3 \\ &= \int_a^{x_0} f(x)\mathrm{d}x+\frac{f'(x_0)}{8}(b-a)^2+\frac{f''(\xi_1)}{48}(b-a)^3, \\ F(a) &= \int_a^a f(x)\mathrm{d}x \\ &= \int_a^{x_0} f(x)\mathrm{d}x+f(x_0)(a-x_0)+\frac{f'(x_0)}{2!}(a-x_0)^2+\frac{f''(\xi_2)}{3!}(a-x_0)^3 \\ &= \int_a^{x_0} f(x)\mathrm{d}x+\frac{f'(x_0)}{8}(b-a)^2-\frac{f''(\xi_2)}{48}(b-a)^3. \end{aligned}$$

两式相减可得

$$\left|\int_a^b f(x)\mathrm{d}x\right| = \left|\frac{f''(\xi_1)}{48}(b-a)^3 + \frac{f''(\xi_2)}{48}(b-a)^3\right| \leqslant \frac{M}{24}(b-a)^3.$$

【注】 由方法二可得, $\exists \xi \in (a,b)$, 使得

$$\int_a^b f(x)\mathrm{d}x = \frac{f''(\xi)}{24}(b-a)^3.$$

例 **6.4.22** 证明: $\lim\limits_{n\to\infty} \dfrac{\displaystyle\int_0^{\frac{\pi}{2}} \sin^{2n} x\mathrm{d}x}{\displaystyle\int_0^{\frac{\pi}{2}} \sin^{2n+1} x\mathrm{d}x} = 1$, 并由此推出

$$\lim_{n\to\infty} \frac{1}{2n+1} \cdot \left[\frac{(2n)!!}{(2n-1)!!}\right]^2 = \frac{\pi}{2}.$$

证明: 记 $I_n = \displaystyle\int_0^{\frac{\pi}{2}} \sin^n x\mathrm{d}x \ (n = 1, 2, \cdots)$, 当 $x \in \left[0, \dfrac{\pi}{2}\right]$ 时, $\sin^{n+1} x \leqslant \sin^n x$, 则

$$I_{n+1} < I_n.$$

因此

$$0 < I_{2n+1} < I_{2n} < I_{2n-1}.$$

从而

$$1 < \frac{I_{2n}}{I_{2n+1}} < \frac{I_{2n-1}}{I_{2n+1}} = \frac{\dfrac{(2n-2)!!}{(2n-1)!!}}{\dfrac{(2n)!!}{(2n+1)!!}} = \frac{2n+1}{2n} = 1 + \frac{1}{2n}.$$

根据夹逼定理, 有

$$\lim_{n\to\infty} \frac{\displaystyle\int_0^{\frac{\pi}{2}} \sin^{2n} x\mathrm{d}x}{\displaystyle\int_0^{\frac{\pi}{2}} \sin^{2n+1} x\mathrm{d}x} = \lim_{n\to\infty} \frac{I_{2n}}{I_{2n+1}} = 1.$$

由沃利斯公式,

$$I_{2n} = \frac{(2n-1)!!}{(2n)!!} \cdot \frac{\pi}{2}, \quad I_{2n+1} = \frac{(2n)!!}{(2n+1)!!}.$$

因此

$$\frac{I_{2n+1}}{I_{2n}} = \frac{1}{2n+1} \left[\frac{(2n)!!}{(2n-1)!!}\right]^2 \cdot \frac{2}{\pi}.$$

而 $\lim\limits_{n\to\infty} \dfrac{I_{2n+1}}{I_{2n}} = 1$, 故

$$\lim_{n\to\infty} \frac{1}{2n+1} \cdot \left[\frac{(2n)!!}{(2n-1)!!}\right]^2 = \frac{\pi}{2}.$$

例 6.4.23 (柯西不等式) 设 $f(x), g(x)$ 在 $[a,b]$ 上连续, 则

$$\left(\int_a^b f(x)g(x)\mathrm{d}x\right)^2 \leqslant \int_a^b f^2(x)\mathrm{d}x \cdot \int_a^b g^2(x)\mathrm{d}x.$$

证明: $\forall t \in \mathbb{R}$, 均有 $[tf(x)+g(x)]^2 \geqslant 0$, 则 $\displaystyle\int_a^b [tf(x)+g(x)]^2\mathrm{d}x \geqslant 0$, 即

$$\left(\int_a^b f^2(x)\mathrm{d}x\right)t^2 + 2\left(\int_a^b f(x)g(x)\mathrm{d}x\right)t + \left(\int_a^b g^2(x)\mathrm{d}x\right) \geqslant 0.$$

(1) 当 $\displaystyle\int_a^b f^2(x)\mathrm{d}x = 0$ 时, $\forall x \in [a,b]$, 均有 $f(x)=0$, 结论显然成立.

(2) 当 $\displaystyle\int_a^b f^2(x)\mathrm{d}x > 0$ 时, 由于上式 $\forall t \in \mathbb{R}$ 恒成立, 故

$$\varDelta = 4\left(\int_a^b f(x)g(x)\mathrm{d}x\right)^2 - 4\int_a^b f^2(x)\mathrm{d}x \cdot \int_a^b g^2(x)\mathrm{d}x \leqslant 0.$$

因此

$$\left(\int_a^b f(x)g(x)\mathrm{d}x\right)^2 \leqslant \int_a^b f^2(x)\mathrm{d}x \cdot \int_a^b g^2(x)\mathrm{d}x.$$

例 6.4.24 已知 $f(x)$ 在 $[a,b]$ 上连续, 且 $f(x) \geqslant 0$, $\displaystyle\int_a^b f(x)\mathrm{d}x = 1$, 证明: $\forall k \in \mathbb{R}$, 有

$$\left(\int_a^b f(x)\cos kx\mathrm{d}x\right)^2 + \left(\int_a^b f(x)\sin kx\mathrm{d}x\right)^2 \leqslant 1.$$

证明: 根据柯西不等式,

$$\begin{aligned}\left(\int_a^b f(x)\cos kx\mathrm{d}x\right)^2 &= \left(\int_a^b \sqrt{f(x)}\cdot\sqrt{f(x)}\cos kx\mathrm{d}x\right)^2 \\ &\leqslant \int_a^b f(x)\mathrm{d}x \int_a^b f(x)\cos^2 kx\mathrm{d}x \\ &= \int_a^b f(x)\cos^2 kx\mathrm{d}x.\end{aligned}$$

同理

$$\left(\int_a^b f(x)\sin kx\mathrm{d}x\right)^2 \leqslant \int_a^b f(x)\sin^2 kx\mathrm{d}x.$$

所以

$$\left(\int_a^b f(x)\cos kx\mathrm{d}x\right)^2+\left(\int_a^b f(x)\sin kx\mathrm{d}x\right)^2\leqslant\int_a^b f(x)\mathrm{d}x=1.$$

例 6.4.25 设 $f(x)$ 在 $[a,b]$ 上连续, 且单调增加, 证明:

$$\int_a^b xf(x)\mathrm{d}x\geqslant\frac{a+b}{2}\int_a^b f(x)\mathrm{d}x.$$

证明: (方法一) 构造函数

$$F(x)=\int_a^x tf(t)\mathrm{d}t-\frac{a+x}{2}\int_a^x f(t)\mathrm{d}t,x\in[a,b],$$

可知

$$\begin{aligned}F'(x)&=xf(x)-\frac{1}{2}\int_a^x f(t)\mathrm{d}t-\frac{a+x}{2}f(x)\\&=\frac{x-a}{2}f(x)-\frac{1}{2}f(\xi)(x-a)\\&=\frac{1}{2}(x-a)[f(x)-f(\xi)]\quad(\text{其中 }a<\xi<x).\end{aligned}$$

由于 $f(x)$ 单调增加, 故 $f(x)>f(\xi)$. 因此 $F'(x)>0$, 从而 $F(x)$ 在 $[a,b]$ 上单调增加, 所以 $F(b)\geqslant F(a)=0$. 即

$$\int_a^b xf(x)\mathrm{d}x\geqslant\frac{a+b}{2}\int_a^b f(x)\mathrm{d}x.$$

(方法二) 由于 $f(x)$ 在 $[a,b]$ 上单调增加, 故

$$\left(x-\frac{a+b}{2}\right)\left[f(x)-f\left(\frac{a+b}{2}\right)\right]\geqslant 0.$$

因此

$$\int_a^b\left(x-\frac{a+b}{2}\right)\left[f(x)-f\left(\frac{a+b}{2}\right)\right]\mathrm{d}x\geqslant 0.$$

而

$$\int_a^b\left(x-\frac{a+b}{2}\right)\mathrm{d}x=0,$$

所以

$$\int_a^b xf(x)\mathrm{d}x\geqslant\frac{a+b}{2}\int_a^b f(x)\mathrm{d}x.$$

§6.5 反常积分

在本章前面所讨论的定积分 $\int_a^b f(x)\mathrm{d}x$ 中, 可积函数 $f(x)$ 是有条件限制的, 要求 $f(x)$ 有界, 且积分区间 $[a,b]$ 是有限区间. 但在一些实际问题中, 我们将在无限区间上定义积分, 或对有限区间上的无界函数定义积分, 这样的积分我们称为反常积分 (或广义积分). 相对于反常积分, 前面所讨论的积分通常称为常义积分.

一、无限区间上的反常积分

例 6.5.1 (第二宇宙速度) 在地球表面发射火箭, 要使火箭克服地心引力无限远离地球, 试问火箭的初始速度 v_0 至少要多大?

解: 设地球的半径为 R, 质量为 M, 火箭的质量为 m, 地球表面的重力加速度为 g. 根据万有引力定律, 在距离地心 $x(x>R)$ 处, 火箭所受的地心引力为

$$F(x)=G\frac{Mm}{x^2},$$

其中 G 为引力常量. 因此, 火箭上升到距离地心 $r(r>R)$ 处克服地心引力所做的功为

$$W=\int_R^r F(x)\mathrm{d}x=\int_R^r G\frac{Mm}{x^2}\mathrm{d}x=GMm\left(\frac{1}{R}-\frac{1}{r}\right).$$

当 $r\to+\infty$ 时, 所做功 W 的极限为 $\dfrac{GMm}{R}$, 就是火箭无限远离地球需做的功. 参照定积分的记号, 我们很自然地会把此极限写作上限为"$+\infty$"的"积分"形式, 这便是下面要讨论的无限区间上的反常积分. 即

$$\int_R^{+\infty} F(x)\mathrm{d}x=\int_R^{+\infty} G\frac{Mm}{x^2}\mathrm{d}x=\lim_{r\to+\infty}\int_R^r G\frac{Mm}{x^2}\mathrm{d}x=\frac{GMm}{R}.$$

在地球表面, $mg=G\dfrac{Mm}{R^2}$, 因此 $GM=gR^2$. 设火箭的初始速度为 v_0, 根据能量守恒定律,

$$\frac{1}{2}mv_0^2=\frac{GMm}{R}=gmR.$$

将 $g=9.81\ \mathrm{m/s^2}$, $R=6.371\times10^3\ \mathrm{km}$ 代入可得

$$v_0=\sqrt{2gR}\approx 11.2\ (\mathrm{km/s}).$$

这就是俗称的"第二宇宙速度".

定义 6.5.2 设 $f(x)$ 在 $[a,+\infty)$ 上有定义, 且在任何有限区间 $[a,b]\ (b>a)$ 上可积. 若极限 $\lim\limits_{b\to+\infty}\int_a^b f(x)\mathrm{d}x$ 存在, 则称 $f(x)$ 在 $[a,+\infty)$ 上的反常积分

(记作 $\int_a^{+\infty} f(x)\mathrm{d}x$) 收敛, 即

$$\int_a^{+\infty} f(x)\mathrm{d}x = \lim_{b\to+\infty}\int_a^b f(x)\mathrm{d}x.$$

若此极限不存在, 则称反常积分 $\int_a^{+\infty} f(x)\mathrm{d}x$ 是发散的.

类似地, 可定义函数 $f(x)$ 在 $(-\infty, b]$ 上的反常积分

$$\int_{-\infty}^b f(x)\mathrm{d}x = \lim_{a\to-\infty}\int_a^b f(x)\mathrm{d}x.$$

对于 $f(x)$ 在 $(-\infty, +\infty)$ 上的反常积分, 可通过前两个反常积分来定义:

$$\int_{-\infty}^{+\infty} f(x)\mathrm{d}x = \int_{-\infty}^a f(x)\mathrm{d}x + \int_a^{+\infty} f(x)\mathrm{d}x,$$

其中 a 为任意实数, 当且仅当右边两个反常积分均收敛时它才收敛.

例 **6.5.3** 计算 $\int_{-1}^{+\infty}\frac{\mathrm{d}x}{x^2+4x+5}$.

解:
$$\begin{aligned}\int_{-1}^{+\infty}\frac{\mathrm{d}x}{x^2+4x+5} &= \lim_{b\to+\infty}\int_{-1}^b\frac{\mathrm{d}x}{x^2+4x+5}\\ &= \lim_{b\to+\infty}\int_{-1}^b\frac{\mathrm{d}x}{(x+2)^2+1}\\ &= \lim_{b\to+\infty}\arctan(x+2)\Big|_{-1}^b\\ &= \lim_{b\to+\infty}\arctan(b+2)-\frac{\pi}{4}\\ &= \frac{\pi}{2}-\frac{\pi}{4}=\frac{\pi}{4}.\end{aligned}$$

简便起见, 在计算熟练后, 可免去极限符号的书写, 直接写作如下形式:

$$\int_{-1}^{+\infty}\frac{\mathrm{d}x}{x^2+4x+5} = \arctan(x+2)\Big|_{-1}^{+\infty} = \frac{\pi}{2}-\frac{\pi}{4}=\frac{\pi}{4}.$$

【注】 $\arctan(x+2)$ 在 “$+\infty$” 处的值应看作其在 “$+\infty$” 处的极限值.

例 **6.5.4** 计算 $\int_0^{+\infty} x^2\mathrm{e}^{-x}\mathrm{d}x$.

解:
$$\begin{aligned}\int_0^{+\infty} x^2\mathrm{e}^{-x}\mathrm{d}x &= (-x^2\mathrm{e}^{-x})\Big|_0^{+\infty} + 2\int_0^{+\infty} x\mathrm{e}^{-x}\mathrm{d}x\\ &= (-2x\mathrm{e}^{-x})\Big|_0^{+\infty} + 2\int_0^{+\infty}\mathrm{e}^{-x}\mathrm{d}x\end{aligned}$$

$$= (-2\mathrm{e}^{-x})\big|_0^{+\infty} = 2.$$

例 6.5.5 讨论反常积分 $\displaystyle\int_1^{+\infty}\frac{\mathrm{d}x}{x^p}$ 的敛散性.

解: 由于

$$\int_1^b \frac{\mathrm{d}x}{x^p} = \begin{cases} \dfrac{1}{1-p}(b^{1-p}-1), & p\neq 1, \\ \ln b, & p=1, \end{cases}$$

故

$$\lim_{b\to+\infty}\int_1^b \frac{\mathrm{d}x}{x^p} = \begin{cases} \dfrac{1}{p-1}, & p>1, \\ +\infty, & p\leqslant 1. \end{cases}$$

因此, 当 $p\leqslant 1$ 时, $\displaystyle\int_1^{+\infty}\frac{\mathrm{d}x}{x^p}$ 发散; 当 $p>1$ 时, $\displaystyle\int_1^{+\infty}\frac{\mathrm{d}x}{x^p}$ 收敛, 且其值为 $\dfrac{1}{p-1}$. 上述积分通常称为 p–积分.

例 6.5.6 讨论下列反常积分的敛散性:

(1) $\displaystyle\int_3^{+\infty}\frac{\mathrm{d}x}{x(\ln x)^p}$;　　(2) $\displaystyle\int_1^{+\infty}\frac{\arctan x}{x^3}\mathrm{d}x$.

解: (1) 由于无限区间上的反常积分是通过常义积分的极限来定义的, 故定积分中的换元积分法与分部积分法在反常积分中同样适用, 因此有

$$\int_3^{+\infty}\frac{\mathrm{d}x}{x(\ln x)^p} = \int_3^{+\infty}\frac{\mathrm{d}(\ln x)}{(\ln x)^p} \xlongequal{\ln x=u} \int_{\ln 3}^{+\infty}\frac{\mathrm{d}u}{u^p}.$$

由例 6.5.5 可得, 反常积分 $\displaystyle\int_3^{+\infty}\frac{\mathrm{d}x}{x(\ln x)^p}$ 当 $p\leqslant 1$ 时发散, 当 $p>1$ 时收敛.

(2)
$$\begin{aligned}\int_1^{+\infty}\frac{\arctan x}{x^3}\mathrm{d}x &= -\frac{1}{2}\int_1^{+\infty}\arctan x\,\mathrm{d}\left(\frac{1}{x^2}\right) \\ &= -\frac{\arctan x}{2x^2}\bigg|_1^{+\infty} + \frac{1}{2}\int_1^{+\infty}\frac{1}{x^2(1+x^2)}\mathrm{d}x \\ &= \frac{\pi}{8} + \frac{1}{2}\int_1^{+\infty}\left(\frac{1}{x^2}-\frac{1}{1+x^2}\right)\mathrm{d}x \\ &= \frac{\pi}{8} + \frac{1}{2}\left(-\frac{1}{x}-\arctan x\right)\bigg|_1^{+\infty} \\ &= \frac{1}{2},\end{aligned}$$

故反常积分 $\displaystyle\int_1^{+\infty}\frac{\arctan x}{x^3}\mathrm{d}x$ 收敛.

二、无界函数的反常积分

定义 6.5.7 设函数 $f(x)$ 在 $(a,b]$ 上有定义, 且在 $x=a$ 的任一右邻域内无界, 在任何内闭区间 $[a+\varepsilon,b]$ $(\varepsilon>0)$ 上有界且可积. 若极限

$$\lim_{\varepsilon\to0^+}\int_{a+\varepsilon}^{b}f(x)\mathrm{d}x$$

存在, 则称 $f(x)$ 在 $(a,b]$ 上的反常积分 $\displaystyle\int_a^b f(x)\mathrm{d}x$ 收敛, 即

$$\int_a^b f(x)\mathrm{d}x=\lim_{\varepsilon\to0^+}\int_{a+\varepsilon}^{b}f(x)\mathrm{d}x.$$

若上述极限不存在, 则称此反常积分发散.

在定义 6.5.7 中, 函数 $f(x)$ 在 $x=a$ 的近旁无界, 这时点 a 称为 $f(x)$ 的瑕点 (或奇异点), 故 $f(x)$ 的反常积分 $\displaystyle\int_a^b f(x)\mathrm{d}x$ 也称为瑕积分.

类似地, 可定义瑕点为 b 时的瑕积分.

设函数 $f(x)$ 在 $[a,b)$ 上有定义, 且在 $x=b$ 的任一左邻域内无界, 但在任何内闭区间 $[a,b-\varepsilon]$ $(\varepsilon>0)$ 上有界且可积, 则反常积分

$$\int_a^b f(x)\mathrm{d}x=\lim_{\varepsilon\to0^+}\int_{a}^{b-\varepsilon}f(x)\mathrm{d}x.$$

对于 $f(x)$ 的瑕点 $c\in(a,b)$, 定义瑕积分

$$\begin{aligned}\int_a^b f(x)\mathrm{d}x&=\int_a^c f(x)\mathrm{d}x+\int_c^b f(x)\mathrm{d}x\\&=\lim_{\varepsilon_1\to0^+}\int_a^{c-\varepsilon_1}f(x)\mathrm{d}x+\lim_{\varepsilon_2\to0^+}\int_{c+\varepsilon_2}^{b}f(x)\mathrm{d}x,\end{aligned}$$

其中 $f(x)$ 在 $[a,c)\cup(c,b]$ 上有定义, 且在 $x=c$ 的任一邻域内无界, 但在任何 $[a,u]\subset[a,c)$ 和 $[v,b]\subset(c,b]$ 上均可积. 当且仅当右边两个瑕积分均收敛时, 左边的瑕积分才收敛.

例 6.5.8 讨论瑕积分 $\displaystyle\int_0^1\frac{\mathrm{d}x}{x^q}$ 的敛散性.

解: 被积函数在 $(0,1]$ 上连续, 且在 $x=0$ 的右邻域内无界. 由于

$$\int_\varepsilon^1\frac{\mathrm{d}x}{x^q}=\begin{cases}\dfrac{1}{1-q}(1-\varepsilon^{1-q}), & q\neq1,\\-\ln\varepsilon, & q=1,\end{cases}$$

$$\lim_{\varepsilon\to 0^+}\int_\varepsilon^1 \frac{\mathrm{d}x}{x^q}=\begin{cases}\dfrac{1}{1-q}, & q<1,\\ +\infty, & q\geqslant 1,\end{cases}$$

故当 $q\geqslant 1$ 时, $\int_0^1 \frac{\mathrm{d}x}{x^q}$ 发散; 当 $q<1$ 时, $\int_0^1 \frac{\mathrm{d}x}{x^q}$ 收敛, 且其值为 $\frac{1}{1-q}$.

例 6.5.9 计算 $\int_0^1 \ln x\mathrm{d}x$.

解: 由于 $\lim\limits_{x\to 0^+}\ln x=-\infty$, 故积分 $\int_0^1 \ln x\mathrm{d}x$ 为瑕积分.

$$\int_0^1 \ln x\mathrm{d}x=\lim_{\varepsilon\to 0^+}\int_\varepsilon^1 \ln x\mathrm{d}x=\lim_{\varepsilon\to 0^+}(x\ln x)\big|_\varepsilon^1-\lim_{\varepsilon\to 0^+}\int_\varepsilon^1 \mathrm{d}x=-1,$$

其中

$$\lim_{\varepsilon\to 0^+}\varepsilon\ln\varepsilon=\lim_{\varepsilon\to 0^+}\frac{\ln\varepsilon}{\varepsilon^{-1}}=\lim_{\varepsilon\to 0^+}(-\varepsilon)=0.$$

【注】 当运算熟练后, 可直接写成如下形式:

$$\int_0^1 \ln x\mathrm{d}x=(x\ln x)\big|_0^1-\int_0^1 \mathrm{d}x=-1,$$

函数 $x\ln x$ 在 $x=0$ 处的值视作其右极限.

例 6.5.10 计算 $\int_0^{\frac{\pi}{2}} \ln\sin x\mathrm{d}x$.

解: 令 $I=\int_0^{\frac{\pi}{2}} \ln\sin x\mathrm{d}x$, $J=\int_0^{\frac{\pi}{2}} \ln\cos x\mathrm{d}x \xlongequal{x=\frac{\pi}{2}-u} \int_0^{\frac{\pi}{2}} \ln\sin u\mathrm{d}u=I$,

则

$$\begin{aligned}2I=I+J&=\int_0^{\frac{\pi}{2}} \ln\left(\frac{1}{2}\sin 2x\right)\mathrm{d}x\\&=\int_0^{\frac{\pi}{2}} \ln\sin 2x\mathrm{d}x-\frac{\pi}{2}\ln 2\\&\xlongequal{2x=t}\frac{1}{2}\int_0^{\pi} \ln\sin t\mathrm{d}t-\frac{\pi}{2}\ln 2\\&=\frac{1}{2}\left(\int_0^{\frac{\pi}{2}} \ln\sin x\mathrm{d}x+\int_{\frac{\pi}{2}}^{\pi} \ln\sin x\mathrm{d}x\right)-\frac{\pi}{2}\ln 2\\&=I-\frac{\pi}{2}\ln 2.\end{aligned}$$

因此

$$\int_0^{\frac{\pi}{2}} \ln\sin x\mathrm{d}x=-\frac{\pi}{2}\ln 2.$$

上面的瑕积分通常称为欧拉①积分.

例 6.5.11 计算 $\int_0^{\frac{\pi}{2}} x\cot x\mathrm{d}x$.

解: 记 $f(x)=x\cot x$. 由于 $\lim\limits_{x\to0^+}f(x)=\lim\limits_{x\to0^+}\dfrac{x}{\tan x}=1$, 可补充定义 $f(0)=1$, 则 $f(x)$ 在 $\left[0,\dfrac{\pi}{2}\right]$ 上连续, 积分 $\int_0^{\frac{\pi}{2}} x\cot x\mathrm{d}x$ 为常义积分. 故

$$\int_0^{\frac{\pi}{2}} x\cot x\mathrm{d}x=\int_0^{\frac{\pi}{2}} x\mathrm{d}(\ln\sin x)=(x\ln\sin x)\Big|_0^{\frac{\pi}{2}}-\int_0^{\frac{\pi}{2}}\ln\sin x\mathrm{d}x=\frac{\pi}{2}\ln 2.$$

例 6.5.12 计算 $\int_0^{\frac{\pi}{2}}\sqrt{\tan x}\mathrm{d}x$.

解: 令 $\sqrt{\tan x}=u$, 则 $x=\arctan u^2$, $\mathrm{d}x=\dfrac{2u}{1+u^4}\mathrm{d}u$. 故

$$\int_0^{\frac{\pi}{2}}\sqrt{\tan x}\mathrm{d}x=2\int_0^{+\infty}\frac{u^2}{1+u^4}\mathrm{d}u.$$

记 $p=\int_0^{+\infty}\dfrac{u^2}{1+u^4}\mathrm{d}u=\int_0^1\dfrac{u^2}{1+u^4}\mathrm{d}u+\int_1^{+\infty}\dfrac{u^2}{1+u^4}\mathrm{d}u$, 而

$$\int_0^1\frac{u^2}{1+u^4}\mathrm{d}u\xlongequal{u=\frac{1}{t}}\int_{+\infty}^1\frac{t^{-2}}{1+t^{-4}}\left(-\frac{1}{t^2}\right)\mathrm{d}t=\int_1^{+\infty}\frac{1}{1+t^4}\mathrm{d}t,$$

因此

$$\begin{aligned}p&=\int_1^{+\infty}\frac{1+u^2}{1+u^4}\mathrm{d}u=\int_1^{+\infty}\frac{1+\dfrac{1}{u^2}}{u^2+\dfrac{1}{u^2}}\mathrm{d}u\\&=\int_1^{+\infty}\frac{1}{\left(u-\dfrac{1}{u}\right)^2+2}\mathrm{d}\left(u-\frac{1}{u}\right)\\&=\frac{1}{\sqrt{2}}\arctan\frac{u-\dfrac{1}{u}}{\sqrt{2}}\Bigg|_1^{+\infty}=\frac{\pi}{2\sqrt{2}}.\end{aligned}$$

所以

$$\int_0^{\frac{\pi}{2}}\sqrt{\tan x}\mathrm{d}x=2\int_0^{+\infty}\frac{u^2}{1+u^4}\mathrm{d}u=\frac{\pi}{\sqrt{2}}.$$

---

① 欧拉 (Euler, 1707—1783), 瑞士数学家. 欧拉 13 岁就进入巴塞尔大学读书, 得到著名数学家伯努利的精心指导. 欧拉知识渊博, 具有罕见的记忆力和心算能力, 无穷无尽的创作精力和空前丰富的著作, 令人惊叹不已!《无穷小分析引论》一书是他划时代的代表作, 当时的数学家称之为“分析学的化身”. 欧拉是科学史上一位杰出的多产数学家, 他写了大量的书籍和论文, 其中包括分析、代数、数论、几何、物理和力学、天文学、弹道学、航海学和建筑学等. 在失明后的 17 年间, 他还口述了几本书和 400 篇左右的论文. 彼得堡科学院为了整理他的著作, 足足忙碌了 47 年.

三、反常积分的敛散性判别法

1. 无限区间上反常积分的敛散性判别

定理 6.5.13 (比较判别法) 设 $f(x)$, $g(x)$ 在 $[a,+\infty)$ 上连续, 且 $\forall x \in [a,+\infty)$, 均有 $0 \leqslant f(x) \leqslant g(x)$, 则

(1) 若 $\int_a^{+\infty} g(x)\mathrm{d}x$ 收敛, 则 $\int_a^{+\infty} f(x)\mathrm{d}x$ 也收敛;

(2) 若 $\int_a^{+\infty} f(x)\mathrm{d}x$ 发散, 则 $\int_a^{+\infty} g(x)\mathrm{d}x$ 必发散.

证明: (1) $\forall x \in [a,+\infty)$, 定义 $F(x) = \int_a^x f(t)\mathrm{d}t$, $G(x) = \int_a^x g(t)\mathrm{d}t$. 因为 $F'(x) = f(x) \geqslant 0$, $G'(x) = g(x) \geqslant 0$, 所以 $F(x)$, $G(x)$ 在 $[a,+\infty)$ 上单调增加. 根据定积分的性质及 $0 \leqslant f(x) \leqslant g(x)$, 有

$$0 \leqslant F(x) = \int_a^x f(t)\mathrm{d}t \leqslant \int_a^x g(t)\mathrm{d}t \leqslant \int_a^{+\infty} g(t)\mathrm{d}t.$$

由于 $\int_a^{+\infty} g(x)\mathrm{d}x$ 收敛, 记 $\int_a^{+\infty} g(x)\mathrm{d}x = M$, 故 $0 \leqslant F(x) \leqslant M$. 因为 $F(x)$ 在 $[a,+\infty)$ 上单调增加且有上界, 所以极限 $\lim\limits_{x\to+\infty} F(x)$ 存在. 从而反常积分 $\int_a^{+\infty} f(x)\mathrm{d}x$ 收敛.

(2) 用反证法. 假设 $\int_a^{+\infty} g(x)\mathrm{d}x$ 收敛, 根据 (1), 反常积分 $\int_a^{+\infty} f(x)\mathrm{d}x$ 也收敛. 这与题设矛盾, 因此 $\int_a^{+\infty} g(x)\mathrm{d}x$ 发散.

由于 p–积分 $\int_a^{+\infty} \dfrac{\mathrm{d}x}{x^p}$ $(a>0)$ 当 $p>1$ 时收敛, 当 $p \leqslant 1$ 时发散, 故有下列结论.

推论 6.5.14 设函数 $f(x)$ 在 $[a,+\infty)(a>0)$ 上连续.

(1) 若 $\exists X>0$, 当 $x>X$ 时, 有 $0 \leqslant f(x) \leqslant \dfrac{k}{x^p}$ $(p>1, k>0)$, 则 $\int_a^{+\infty} f(x)\mathrm{d}x$ 收敛;

(2) 若 $\exists X>0$, 当 $x>X$ 时, 有 $f(x) \geqslant \dfrac{k}{x^p}$ $(p \leqslant 1, k>0)$, 则 $\int_a^{+\infty} f(x)\mathrm{d}x$ 发散.

推论 6.5.15 设函数 $f(x)$ 在 $[a,+\infty)$ $(a>0)$ 上连续, 且 $f(x) \geqslant 0$.

(1) 若 $\lim\limits_{x\to+\infty} x^p f(x) = A$ $(0<A<+\infty)$ 存在, 即当 $x \to +\infty$ 时, $f(x) \sim$

$\dfrac{A}{x^p}$, 则反常积分 $\int_a^{+\infty} f(x)\mathrm{d}x$ 与 $\int_a^{+\infty} \dfrac{\mathrm{d}x}{x^p}$ 有相同的敛散性;

(2) 若 $\lim\limits_{x\to+\infty} x^p f(x) = 0$, 且 $p > 1$, 则 $\int_a^{+\infty} f(x)\mathrm{d}x$ 收敛;

(3) 若 $\lim\limits_{x\to+\infty} x^p f(x) = +\infty$, 且 $p \leqslant 1$, 则 $\int_a^{+\infty} f(x)\mathrm{d}x$ 发散.

上面两个推论的证明由读者自己完成.

例 6.5.16 判断反常积分 $\int_1^{+\infty} \dfrac{\ln x}{1+x^2}\mathrm{d}x$ 的敛散性.

解: 记 $f(x) = \dfrac{\ln x}{1+x^2}$, 则 $f(x)$ 在 $[1,+\infty)$ 上连续且非负. 由于

$$\lim_{x\to+\infty} x^{\frac{3}{2}} \frac{\ln x}{1+x^2} = \lim_{x\to+\infty} \frac{x^2}{1+x^2} \cdot \frac{\ln x}{\sqrt{x}} = 0,$$

而反常积分 $\int_1^{+\infty} \dfrac{\mathrm{d}x}{x\sqrt{x}}$ 收敛, 故反常积分 $\int_1^{+\infty} \dfrac{\ln x}{1+x^2}\mathrm{d}x$ 也收敛.

例 6.5.17 判断反常积分 $\int_1^{+\infty} \dfrac{x+1}{\sqrt{x^3+2x^2+1}}\mathrm{d}x$ 的敛散性.

解: 由于 $f(x) = \dfrac{x+1}{\sqrt{x^3+2x^2+1}}$ 在 $[1,+\infty)$ 上连续且非负, 又

$$\lim_{x\to+\infty} \sqrt{x} \cdot \frac{x+1}{\sqrt{x^3+2x^2+1}} = 1.$$

而反常积分 $\int_1^{+\infty} \dfrac{\mathrm{d}x}{\sqrt{x}}$ 发散, 故反常积分 $\int_1^{+\infty} \dfrac{x+1}{\sqrt{x^3+2x^2+1}}\mathrm{d}x$ 也发散.

上述判别法中要求函数 $f(x) \geqslant 0$, 对于在 x 充分大处, $f(x)$ 非正的情况, 可讨论函数 $g(x) = -f(x)$. 若函数 $f(x)$ 在 $[a,+\infty)$ 上不保号, 可用下面的判别法.

定理 6.5.18 若 $f(x)$ 在 $[a,+\infty)$ 上连续, 且 $\int_a^{+\infty} |f(x)|\mathrm{d}x$ 收敛, 则 $\int_a^{+\infty} f(x)\mathrm{d}x$ 收敛.

证明: 由于 $0 \leqslant f(x) + |f(x)| \leqslant 2|f(x)|$, 又 $\int_a^{+\infty} |f(x)|\mathrm{d}x$ 收敛, 根据比较判别法, 反常积分 $\int_a^{+\infty} [f(x)+|f(x)|]\mathrm{d}x$ 收敛, 从而反常积分

$$\int_a^{+\infty} f(x)\mathrm{d}x = \int_a^{+\infty} [f(x)+|f(x)|]\mathrm{d}x - \int_a^{+\infty} |f(x)|\mathrm{d}x$$

也收敛.

【注】 设 $f(x)$ 在 $[a,+\infty)$ 上连续, 反常积分 $\int_a^{+\infty} f(x)\mathrm{d}x$ 收敛. 若 $\int_a^{+\infty} |f(x)|\mathrm{d}x$ 发散, 则称反常积分 $\int_a^{+\infty} f(x)\mathrm{d}x$条件收敛; 若 $\int_a^{+\infty} |f(x)|\mathrm{d}x$ 收敛, 则称反常积分 $\int_a^{+\infty} f(x)\mathrm{d}x$绝对收敛.

定理 6.5.18 说明: 绝对收敛的反常积分 $\int_a^{+\infty} f(x)\mathrm{d}x$ 必定收敛.

例 6.5.19 判断反常积分 $\int_1^{+\infty} \frac{\sin 2x}{x^2}\mathrm{d}x$ 的敛散性.

解: 由于在 $[1,+\infty)$ 上函数 $f(x)=\frac{\sin 2x}{x^2}$ 连续, 且有

$$0 \leqslant \left|\frac{\sin 2x}{x^2}\right| \leqslant \frac{1}{x^2}.$$

而 $\int_1^{+\infty} \frac{\mathrm{d}x}{x^2}$ 收敛, 根据比较判别法知反常积分 $\int_1^{+\infty} \left|\frac{\sin 2x}{x^2}\right| \mathrm{d}x$ 收敛.

再根据定理 6.5.18. 反常积分 $\int_1^{+\infty} \frac{\sin 2x}{x^2}\mathrm{d}x$ 收敛.

2. 无界函数反常积分的敛散性判别

与无限区间的反常积分类似, 无界函数的反常积分也有相应的敛散性判别法, 下面给出以 $x=a$ 为瑕点的反常积分 $\int_a^b f(x)\mathrm{d}x$ 的敛散性判别法.

定理 6.5.20 (比较判别法) 设$f(x)$, $g(x)$在$(a,b]$上连续, 满足 $\lim\limits_{x\to a^+} f(x)=+\infty$, $\lim\limits_{x\to a^+} g(x)=+\infty$, 且 $\forall x\in(a,b]$ 有 $0\leqslant f(x)\leqslant g(x)$, 则

(1) 若 $\int_a^b g(x)\mathrm{d}x$ 收敛, 则 $\int_a^b f(x)\mathrm{d}x$ 也收敛;

(2) 若 $\int_a^b f(x)\mathrm{d}x$ 发散, 则 $\int_a^b g(x)\mathrm{d}x$ 必发散.

定理 6.5.21 设 $f(x)$ 为 $(a,b]$ 上连续的非负函数, 且 $\lim\limits_{x\to a^+} f(x)=+\infty$.

(1) 若 $\lim\limits_{x\to a^+}(x-a)^q f(x)=A\ (0<A<+\infty)$ 存在, 即当 $x\to a^+$ 时,

$$f(x)\sim\frac{1}{(x-a)^q},$$

则反常积分 $\int_a^b f(x)\mathrm{d}x$ 与 $\int_a^b \frac{\mathrm{d}x}{(x-a)^q}$ 有相同的敛散性;

(2) 若 $\lim\limits_{x\to a^+}(x-a)^q f(x)=0$, 且 $q<1$, 则 $\int_a^b f(x)\mathrm{d}x$ 收敛;

(3) 若 $\lim\limits_{x\to a^+}(x-a)^q f(x)=+\infty$, 且 $q\geqslant 1$, 则 $\int_a^b f(x)\mathrm{d}x$ 发散.

上面两个定理的证明与无限区间上反常积分敛散性判别法的证明类似, 由读者自己完成.

定理 6.5.22 设 $f(x)$ 在 $(a,b]$ 上连续, 且 $\lim\limits_{x\to a^+} f(x)=\infty$, 若 $\int_a^b |f(x)|\mathrm{d}x$ 收敛, 则 $\int_a^b f(x)\mathrm{d}x$ 也收敛.

例 6.5.23 判断反常积分 $\int_0^1 \frac{-\ln x}{1+x^2}\mathrm{d}x$ 的敛散性.

解: 记 $f(x)=\frac{-\ln x}{1+x^2}$, 则 $f(x)$ 在 $(0,1]$ 上连续且非负. 由于

$$\lim_{x\to 0^+}\sqrt{x}\frac{-\ln x}{1+x^2}=-\lim_{x\to 0^+}\sqrt{x}\ln x=0,$$

而反常积分 $\int_0^1 \frac{\mathrm{d}x}{\sqrt{x}}$ 收敛, 故反常积分 $\int_0^1 \frac{-\ln x}{1+x^2}\mathrm{d}x$ 也收敛.

例 6.5.24 讨论瑕积分 $\int_0^1 \frac{\ln x}{\sqrt{1-x^2}}\mathrm{d}x$ 的敛散性.

解: 记 $f(x)=\frac{|\ln x|}{\sqrt{1-x^2}}$, 则 $f(x)$ 在 $(0,1)$ 内连续且非负, 且 $x=0$ 为函数 $f(x)$ 的瑕点. 由于

$$\lim_{x\to 1^-} f(x)=\lim_{x\to 1^-}\frac{|\ln x|}{\sqrt{1-x^2}}=\lim_{x\to 1^-}\frac{1-x}{\sqrt{1-x}}\cdot\frac{1}{\sqrt{1+x}}=0,$$

故 $x=1$ 为 $f(x)$ 的可去间断点.

又

$$\lim_{x\to 0^+}\sqrt{x}f(x)=-\lim_{x\to 0^+}\frac{\sqrt{x}\ln x}{\sqrt{1-x^2}}=-\lim_{x\to 0^+}\sqrt{x}\ln x=0,$$

而 $\int_0^1 \frac{\mathrm{d}x}{\sqrt{x}}$ 收敛, 因此瑕积分 $\int_0^1 \frac{|\ln x|}{\sqrt{1-x^2}}\mathrm{d}x$ 收敛.

从而由定理 6.5.22 可知, 瑕积分 $\int_0^1 \frac{\ln x}{\sqrt{1-x^2}}\mathrm{d}x$ 收敛.

例 6.5.25 讨论反常积分 $\int_1^{+\infty}\frac{\ln x}{\sqrt{x^3-1}}\mathrm{d}x$ 的敛散性.

解: 记 $f(x)=\frac{\ln x}{\sqrt{x^3-1}}$, 则 $f(x)$ 在 $(1,+\infty)$ 内连续且非负.

(1) 由于

$$\lim_{x\to1^+}f(x)=\lim_{x\to1^+}\frac{\ln x}{\sqrt{x^3-1}}=\lim_{x\to1^+}\frac{x-1}{\sqrt{x-1}}\cdot\frac{1}{\sqrt{x^2+x+1}}=0,$$

故 $x=1$ 为 $f(x)$ 的可去间断点.

(2) 由于

$$\lim_{x\to+\infty}x^{\frac54}f(x)=\lim_{x\to+\infty}\frac{x\sqrt{x}}{\sqrt{x^3-1}}\cdot\frac{\ln x}{\sqrt[4]{x}}=0,$$

而 $\int_1^{+\infty}\frac{\mathrm{d}x}{x^{\frac54}}$ 收敛, 故反常积分 $\int_1^{+\infty}\frac{\ln x}{\sqrt{x^3-1}}\mathrm{d}x$ 收敛.

3. Γ 函数

考察积分 $\int_0^{+\infty}x^{s-1}\mathrm{e}^{-x}\mathrm{d}x$, 其中 s 为参数. 因为

$$\int_0^{+\infty}x^{s-1}\mathrm{e}^{-x}\mathrm{d}x=\int_0^1x^{s-1}\mathrm{e}^{-x}\mathrm{d}x+\int_1^{+\infty}x^{s-1}\mathrm{e}^{-x}\mathrm{d}x.$$

对于等式右边第一个积分, 当 $s<1$ 时, $x=0$ 为其瑕点; 又

$$\lim_{x\to0^+}x^{1-s}\cdot(x^{s-1}\mathrm{e}^{-x})=1,$$

因此当 $s>0$ 时, $\int_0^1x^{s-1}\mathrm{e}^{-x}\mathrm{d}x$ 收敛.

对于等式右边第二个积分, 由于

$$\lim_{x\to+\infty}x^2\cdot(x^{s-1}\mathrm{e}^{-x})=\lim_{x\to+\infty}\frac{x^{s+1}}{\mathrm{e}^x}=0,$$

由无限区间上反常积分的比较判别法, 无论 s 取何值, $\int_1^{+\infty}x^{s-1}\mathrm{e}^{-x}\mathrm{d}x$ 均收敛.

综上可得, 当 $s>0$ 时, 反常积分 $\int_0^{+\infty}x^{s-1}\mathrm{e}^{-x}\mathrm{d}x$ 收敛.

$\int_0^{+\infty}x^{s-1}\mathrm{e}^{-x}\mathrm{d}x$ 的收敛值与参数 s 有关, 是 s 的函数, 称为 Γ 函数, 记作

$$\Gamma(s)=\int_0^{+\infty}x^{s-1}\mathrm{e}^{-x}\mathrm{d}x\quad(s>0).$$

Γ 函数的递推公式:

$$\Gamma(s+1)=s\Gamma(s)\quad(s>0).$$

事实上, 当 $s>0$ 时,

$$\Gamma(s+1)=\int_0^{+\infty}x^s\mathrm{e}^{-x}\mathrm{d}x=-x^s\mathrm{e}^{-x}\Big|_0^{+\infty}+s\int_0^{+\infty}x^{s-1}\mathrm{e}^{-x}\mathrm{d}x=s\Gamma(s).$$

特别地, 当 n 为正整数时,

$$\Gamma(n+1)=n\Gamma(n)=\cdots=n!\Gamma(1)=n!.$$

根据递推公式, Γ 函数的值可转化为 $0<s<1$ 之间的 $\Gamma(s)$ 的函数值来计算. 特别地,

$$\Gamma\left(\frac{1}{2}\right)=\int_0^{+\infty}x^{-\frac{1}{2}}\mathrm{e}^{-x}\mathrm{d}x\xlongequal{\sqrt{x}=u}2\int_0^{+\infty}\mathrm{e}^{-u^2}\mathrm{d}u=\sqrt{\pi}.$$

积分 $\displaystyle\int_0^{+\infty}\mathrm{e}^{-x^2}\mathrm{d}x=\frac{\sqrt{\pi}}{2}$ 称为泊松[①]积分, 在本书下册二重积分部分会介绍该积分的计算.

§6.6 定积分的应用

根据定积分的思想, 利用定积分的定义与计算可解决一些几何与物理上的问题, 本节主要讨论定积分在几何与物理上的应用.

一、定积分的应用基础 —— 微元分析法

设所求的量 (几何或物理量等) Q 依赖于定义在区间 $[a,b]$ 上的函数 $f(x)$, 且目标量 $Q=Q(x)$ 具有代数可加性.

(1) 当 $f(x)$ 为常数 c 时, 有 $Q=c(b-a)$;

(2) 当 $f(x)$ 不是常数时, $\forall x\in[a,b]$, 给自变量 x 一个增量 Δx, 相应的目标量 Q 得到增量 ΔQ (图 6.2). 由于 x 的变动 Δx 很小, $f(x)$ 可近似看作不变, 故

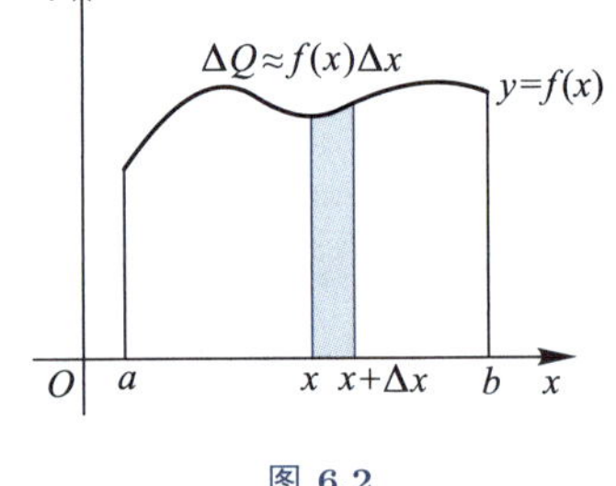

图 6.2

$$\Delta Q\approx f(x)\Delta x.$$

---

① 泊松 (Poisson, 1781–1840), 法国数学家、力学家和物理学家. 他毕生从事数学研究和教学, 曾说生活的乐趣就在于这两件事. 泊松的工作特色是应用数学方法研究各种力学和物理学问题, 并由此得到数学上的发现. 他发表过 300 多篇论文, 所著两卷《力学教程》在很长的时间内被认为是标准的教科书.

当 $f(x)$ 满足一定条件时, 有

$$\Delta Q = f(x)\Delta x + o(\Delta x), \tag{6.1}$$

即

$$\mathrm{d}Q = f(x)\mathrm{d}x. \tag{6.2}$$

称 $\mathrm{d}Q$ 为目标量 Q 的微元. 所求的目标量

$$Q = \int_a^b f(x)\mathrm{d}x.$$

由上面分析可知, 欲求目标量 Q, 关键在于求出目标量 Q 的微元 $\mathrm{d}Q$ 与自变量 x 的微元 $\mathrm{d}x$ 之间的关系: $\mathrm{d}Q = f(x)\mathrm{d}x$.

在实际应用中, 要论证在何种条件下才有 $\Delta Q = f(x)\Delta x + o(\Delta x)$, 从而得到

$$\mathrm{d}Q = f(x)\mathrm{d}x,$$

这是比较麻烦的, 有时甚至是有难度的, 因此对式子 (6.1) 的合理性要特别谨慎. 在本书下面一些典型微元的推导过程中, 均略去其证明过程.

二、平面图形的面积

1. 直角坐标系下平面图形的面积

设平面区域 D 由定义在区间 $[a,b]$ 上的连续曲线 $y = f(x)$, $y = g(x)$ 与直线 $x = a$, $x = b$ 所围成 (图 6.3), 则 $\forall x \in [a,b]$, 区间 $[x, x+\mathrm{d}x]$ 所对应的几何图形的面积

$$\mathrm{d}S = |f(x) - g(x)|\mathrm{d}x.$$

因此, 平面区域 D 的面积

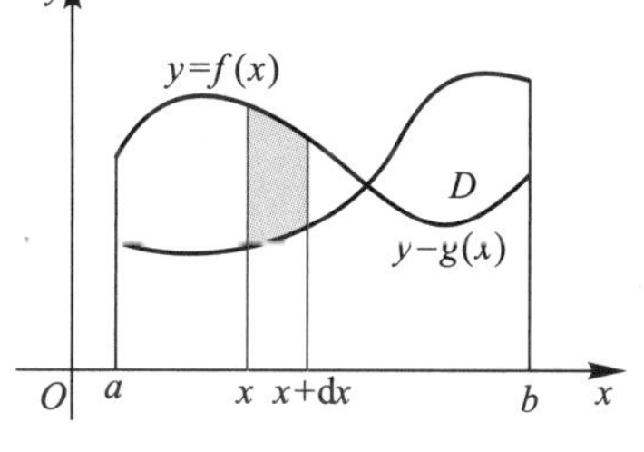

图 6.3

$$S = \int_a^b |f(x) - g(x)|\mathrm{d}x. \tag{6.3}$$

例 6.6.1 计算椭圆 $\dfrac{x^2}{a^2} + \dfrac{y^2}{b^2} = 1$ 所围区域的面积 $(a > b > 0)$.

解: 根据对称性, 椭圆所围区域的面积为第一象限部分面积的 4 倍, 而

$$y = \frac{b}{a}\sqrt{a^2 - x^2}.$$

因此, 椭圆面积

$$S = 4\int_0^a \frac{b}{a}\sqrt{a^2 - x^2}\mathrm{d}x = \frac{4b}{a}\int_0^a \sqrt{a^2 - x^2}\mathrm{d}x = \frac{4b}{a} \cdot \frac{1}{4}\pi a^2 = \pi ab.$$

例 **6.6.2** 计算由曲线 $y^2=x$ 与直线 $x-2y-3=0$ 所围平面图形的面积.

解: 曲线 $y^2=x$ 与直线 $x-2y-3=0$ 的交点 $A(1,-1)$, $B(9,3)$. 若选用 x 为积分变量, 过点 A 作垂直于 x 轴的直线交曲线 $y^2=x$ 于点 $C(1,1)$, 这样将区域分成左、右两部分 (图 6.4). 所求平面区域的面积

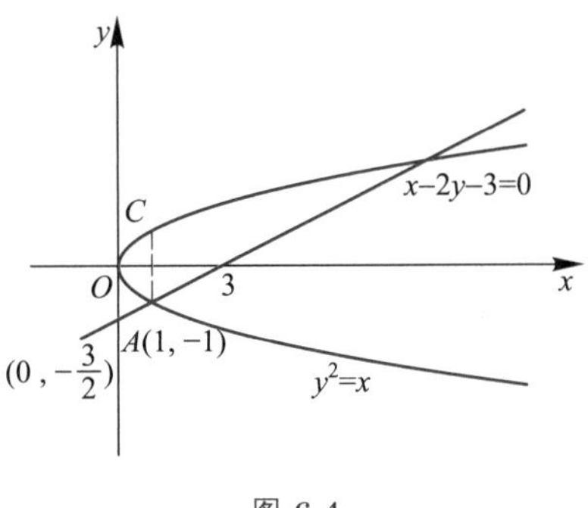

图 6.4

$$S=2\int_0^1\sqrt{x}\mathrm{d}x+\int_1^9\left(\sqrt{x}-\frac{x-3}{2}\right)\mathrm{d}x$$
$$=\frac{4}{3}+\frac{28}{3}=\frac{32}{3}.$$

若选用 y 为积分变元, 将两曲线表示为 $x=y^2$, $x=2y+3$, 则所求区域的面积

$$S=\int_{-1}^3[(2y+3)-y^2]\mathrm{d}y=\frac{32}{3}.$$

例 **6.6.3** 设直线 $y=ax\ (0<a<1)$ 与 $y=x^2$ 所围图形的面积为 S_1, 它们与直线 $x=1$ 所围平面图形的面积为 S_2, 试确定 a 的值, 使 S_1+S_2 最小, 并求此最小值.

解: 直线 $y=ax$ 与抛物线 $y=x^2$ 的交点为 $A(a,a^2)$, $O(0,0)$, 则

$$S(a)=S_1+S_2=\int_0^a(ax-x^2)\mathrm{d}x+\int_a^1(x^2-ax)\mathrm{d}x$$
$$=\left(\frac{a^3}{2}-\frac{a^3}{3}\right)+\frac{1-a^3}{3}-\frac{a-a^3}{2}=\frac{1}{3}a^3-\frac{1}{2}a+\frac{1}{3}.$$

令 $S'(a)=a^2-\dfrac{1}{2}=0$, 则 $a=\dfrac{1}{\sqrt{2}}$, 且 $S''\left(\dfrac{1}{\sqrt{2}}\right)=\sqrt{2}>0$. 所以, 当 $a=\dfrac{1}{\sqrt{2}}$ 时, S_1+S_2 取最小值, 且最小值为 $S_{\min}\left(\dfrac{1}{\sqrt{2}}\right)=\dfrac{1}{3}\left(1-\dfrac{1}{\sqrt{2}}\right)$.

若曲线 C 以参数方程形式给出:

$$C:\begin{cases}x=x(t),\\ y=y(t)\end{cases}\quad(\alpha\leqslant t\leqslant\beta),\tag{6.4}$$

且 $y(t)$ 在 $[\alpha,\beta]$ 上连续, $x(t)$ 在 $[\alpha,\beta]$ 上有连续导数, $x'(t)\neq0$ (对于 $y(t)$ 连续可微且 $y'(t)\neq0$ 的情形可类似讨论).

记 $a=x(\alpha)$, $b=x(\beta)$ ($a<b$ 或 $a>b$), 则由曲线 C 与直线 $x=a$, $x=b$ 所围平面图形的面积

$$S=\int_\alpha^\beta|y(t)x'(t)|\mathrm{d}t.\tag{6.5}$$

例 6.6.4 求星形线 (内摆线) $x^{\frac{2}{3}}+y^{\frac{2}{3}}=a^{\frac{2}{3}}\ (a>0)$ 所围平面图形的面积.

解: 根据对称性, 星形线所围区域的面积为第一象限部分面积的 4 倍, 而星形线的参数方程为

$$\begin{cases} x=a\cos^3 t, \\ y=a\sin^3 t \end{cases} \quad (0\leqslant t<2\pi).$$

因此, 星形线所围平面图形的面积

$$\begin{aligned} S&=4a^2\int_0^{\frac{\pi}{2}}\sin^3 t\cdot 3\cos^2 t\sin t\mathrm{d}t \\ &=12a^2\int_0^{\frac{\pi}{2}}(\sin^4 t-\sin^6 t)\mathrm{d}t \\ &=12a^2\left(\frac{3}{4}\cdot\frac{1}{2}\cdot\frac{\pi}{2}-\frac{5}{6}\cdot\frac{3}{4}\cdot\frac{1}{2}\cdot\frac{\pi}{2}\right)=\frac{3}{8}\pi a^2. \end{aligned}$$

如果由参数方程 (6.4) 给出的曲线是封闭的简单曲线, 有

$$x(\alpha)=x(\beta),\quad y(\alpha)=y(\beta),$$

且在 (α,β) 内曲线不相交, 那么由该曲线所围成的平面图形的面积为

$$S=\left|\int_\alpha^\beta y(t)x'(t)\mathrm{d}t\right|$$

或

$$S=\left|\int_\alpha^\beta x(t)y'(t)\mathrm{d}t\right|.$$

此公式可由 (6.5) 推出.

2. 极坐标系下平面图形的面积

若曲线由极坐标方程

$$C: r=r(\theta)\ (\alpha\leqslant\theta\leqslant\beta)$$

给出, 其中 $r(\theta)$ 在 $[\alpha,\beta]$ 上连续, 且 $\beta-\alpha\leqslant 2\pi$. 由曲线 C 与射线 $\theta=\alpha$, $\theta=\beta$ 所围成的平面图形的面积 (图 6.5)

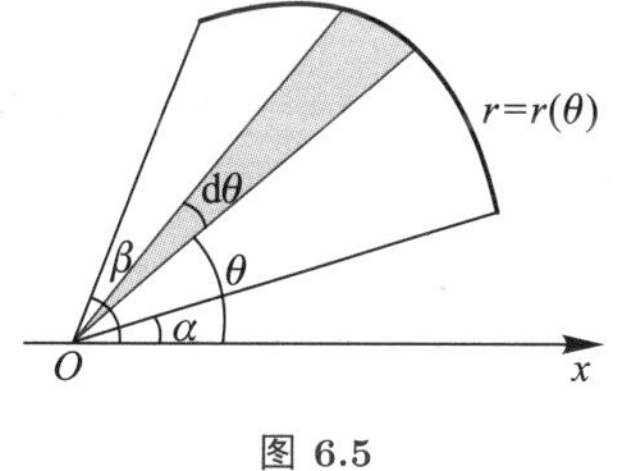

图 6.5

$$S=\frac{1}{2}\int_\alpha^\beta r^2(\theta)\mathrm{d}\theta. \tag{6.6}$$

从原点引射线, 极角为 θ, 给 θ 一个增量 $\Delta\theta$, 由两条射线与曲线 C 所围成的小扇形的面积 $\mathrm{d}S=\dfrac{1}{2}r^2(\theta)\mathrm{d}\theta$. 两边求定积分即可得到上面的结论.

例 6.6.5 计算曲线 $C:(x^2+y^2)^2=a^2(x^2-y^2)\ (a>0)$ 所围平面图形

的面积.

解: 由于曲线关于 x 轴、y 轴均对称, 曲线 C 所围图形的面积是其位于第一象限部分的 4 倍. 曲线的极坐标方程

$$r^2=a^2\cos 2\theta$$

在第一象限部分 $\left(0\leqslant\theta\leqslant\dfrac{\pi}{2}\right)$, 且 $r^2=a^2\cos 2\theta\geqslant 0$, 故 $0\leqslant\theta\leqslant\dfrac{\pi}{4}$. 由 (6.6) 可得该平面图形的面积

$$S=4\times\frac{1}{2}\int_0^{\frac{\pi}{4}}r^2(\theta)\mathrm{d}\theta=2\int_0^{\frac{\pi}{4}}a^2\cos 2\theta\mathrm{d}\theta=a^2.$$

本题中所给出的曲线称为“双纽线”.

例 6.6.6 计算三叶形曲线 $r=a\sin 3\theta\ (a>0)$ 所围平面图形的面积.

解: 由于 $r=a\sin 3\theta\geqslant 0\ (0\leqslant\theta\leqslant 2\pi)$, 故 $\theta\in\left[0,\dfrac{\pi}{3}\right]\cup\left[\dfrac{2}{3}\pi,\pi\right]\cup\left[\dfrac{4}{3}\pi,\dfrac{5}{3}\pi\right]$. 根据对称性, 有

$$S=3\times\frac{1}{2}\int_0^{\frac{\pi}{3}}a^2\sin^2 3\theta\mathrm{d}\theta\overset{3\theta=t}{=\!=\!=}\frac{3}{2}a^2\cdot\frac{1}{3}\int_0^{\pi}\sin^2 t\mathrm{d}t=\frac{1}{4}\pi a^2.$$

三、已知截面面积求体积　旋转体的体积

1. 已知截面面积求体积

根据祖暅原理: 幂势既同, 则积不容异. 即: 夹在两个平行平面间的两个几何体被平行于这两个平行平面的任何平面所截, 如果所截得的两个截面的面积始终相等, 那么这两个几何体的体积相等.

设 Ω 为三维空间中的立体 (图 6.6), 它夹在垂直于 x 轴的两平面 $x=a$ 和 $x=b$ 之间 $(a<b)$, $\forall x\in[a,b]$, 在 x 轴上的点 x 处作垂直于 x 轴的平面 Σ, 记平面 Σ 截立体 Ω 所得的截面面积为 $A(x)$.

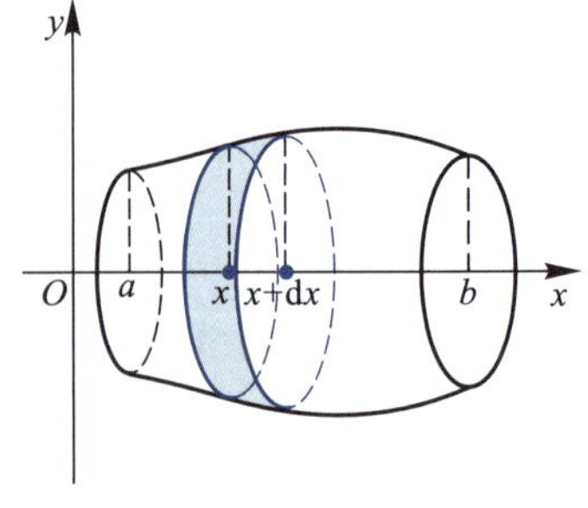

图 6.6

给 x 一个增量 $\mathrm{d}x$, 过点 $x+\mathrm{d}x$ 作与 x 轴垂直的平面 Σ', 则立体 Ω 位于两平面 Σ,Σ' 之间的体积

$$\mathrm{d}V\approx A(x)\mathrm{d}x.$$

因此, 立体 Ω 的体积

$$V=\int_a^b A(x)\mathrm{d}x. \tag{6.7}$$

例 **6.6.7** 求椭球体 $\Omega:\dfrac{x^2}{a^2}+\dfrac{y^2}{b^2}+\dfrac{z^2}{c^2}\leqslant 1$ 的体积.

解: 过 z 轴上任意一点 $M(0,0,z)$ $(-c\leqslant z\leqslant c)$ 作与 z 轴垂直的平面, 截椭球体 Ω 所得的截面为 $\dfrac{x^2}{a^2}+\dfrac{y^2}{b^2}\leqslant 1-\dfrac{z^2}{c^2}$. 其面积

$$S=\pi ab\left(1-\frac{z^2}{c^2}\right)\ (-c\leqslant z\leqslant c).$$

因此, 椭球体的体积

$$V=\int_{-c}^{c}\pi ab\left(1-\frac{z^2}{c^2}\right)\mathrm{d}z=\frac{4}{3}\pi abc.$$

设两个立体 Ω_1,Ω_2 位于两平行平面 $x=a$ 和 $x=b$ 之间, 记其被垂直于 x 轴的平面所截得的截面面积分别为 $A_1(x),A_2(x)$ $(a\leqslant x\leqslant b)$. 如果 $A_1(x)$, $A_2(x)$ 在 $[a,b]$ 上连续, 且 $A_1(x)=A_2(x)$, 那么两立体 Ω_1,Ω_2 的体积分别为

$$V_1=\int_a^b A_1(x)\mathrm{d}x,\quad V_2=\int_a^b A_2(x)\mathrm{d}x,$$

且

$$V_1=V_2.$$

这便是祖暅原理所揭示的.

2. 旋转体的体积

设 $f(x)$ 在 $[a,b]$ 上连续, 由曲线 $y=f(x)$, 直线 $x=a,x=b$ 和 x 轴所围成的曲边梯形 D (图 6.7) 绕 x 轴旋转一周所得的立体为 Ω_x. 容易得到立体 Ω_x 的截面面积

$$A(x)=\pi f^2(x)\quad(a\leqslant x\leqslant b),$$

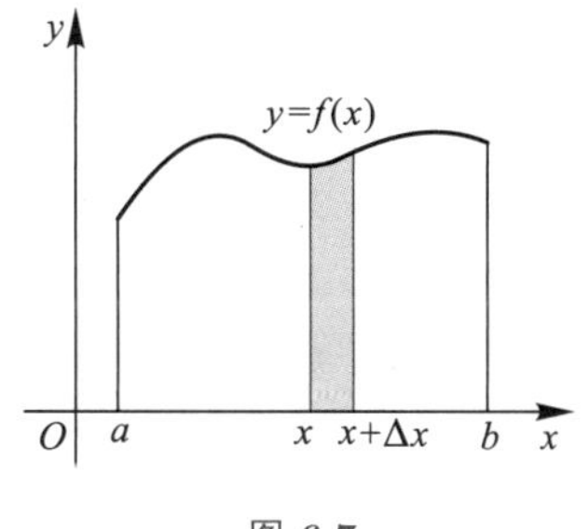

图 6.7

因此该旋转体的体积

$$V_x=\pi\int_a^b f^2(x)\mathrm{d}x.\tag{6.8}$$

若曲边梯形 D 绕 y 轴旋转一周所得的立体为 Ω_y, $\forall x\in[a,b]$, 给 x 一个增量 $\mathrm{d}x$, 则介于 x 与 $x+\mathrm{d}x$ 之间的小曲边梯形绕 y 轴旋转一周所得旋转体的体积为

$$\mathrm{d}V_y\approx 2\pi|xf(x)|\mathrm{d}x.$$

因此

$$V_y=2\pi\int_a^b|xf(x)|\mathrm{d}x.\tag{6.9}$$

上面的方法通常称为“套筒法”或“柱壳法”.

例 6.6.8 若记曲线 $y^2=2x$ 与直线 $y=x-4$ 所围的平面图形为 D.

(1) 求 D 绕 x 轴旋转一周所得旋转体的体积 V_x;

(2) 求 D 绕 y 轴旋转一周所得旋转体的体积 V_y.

解: 抛物线 $y^2=2x$ 与直线 $y=x-4$ 的交点为 $A(2,-2)$, $B(8,4)$.

(1) 计算图形 D 绕 x 轴旋转一周所得旋转体的体积时, x 轴下方部分的曲边三角形 $OAEO$ 并不起作用, 我们只需计算由曲边三角形 $OBEO$ 旋转所得立体的体积 (图 6.8(a)). 记点 B 在 x 轴上的投影为 C, 则 V_x 为曲边三角形 $OBCO$ 与 ΔBCE 绕 x 轴旋转所得立体的体积差. 故

$$V_x=\pi\int_0^8 2x\mathrm{d}x-\pi\int_4^8 (x-4)^2\mathrm{d}x=\frac{128}{3}\pi.$$

(2) 设点 A,B 在 y 轴上的投影分别为 A_1,B_1, 则图形 D 绕 y 轴旋转一周所得立体的体积为梯形 ABB_1A_1 与曲边梯形 $AOBB_1A_1A$ 旋转一周所得立体的体积差 (图 6.8(a)):

$$V_y=\pi\int_{-2}^4 (y+4)^2\mathrm{d}y-\pi\int_{-2}^4\left(\frac{y^2}{2}\right)^2\mathrm{d}y=\frac{576}{5}\pi.$$

图形 D 绕 y 轴旋转一周所得立体的体积还可以用下面的方法计算.

过点 A 作 x 轴的垂线交抛物线于点 F, 将 D 分成两部分: 区域 $AOFA$ 和曲边三角形 $ABFA$ (图 6.8(b)), 则

$$\begin{aligned}V_y&=2\pi\int_0^2 x[\sqrt{2x}-(-\sqrt{2x})]\mathrm{d}x+2\pi\int_2^8 x[\sqrt{2x}-(x-4)]\mathrm{d}x\\&=4\sqrt{2}\pi\int_0^2 x^{\frac{3}{2}}\mathrm{d}x+2\pi\int_2^8(\sqrt{2}x^{\frac{3}{2}}-x^2+4x)\mathrm{d}x=\frac{576}{5}\pi.\end{aligned}$$

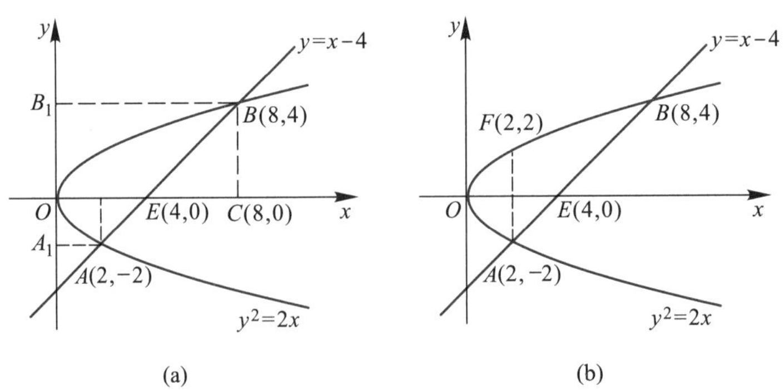

图 6.8

例 6.6.9 从原点引曲线 $C:y=\sqrt{x-4}$ 的切线 l (图 6.9), 计算

(1) 曲线 C、切线 l 及 x 轴所围平面图形 D 的面积;

(2) 平面图形 D 绕 x 轴、y 轴旋转一周所得立体的体积.

解: 设切点为 $A(x_0,y_0)$, 则切线 l 为

$$y-y_0=\frac{1}{2\sqrt{x_0-4}}(x-x_0).$$

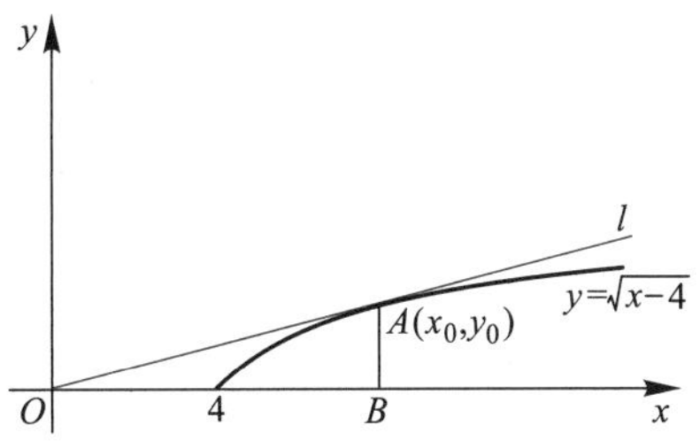

图 6.9

由于切线 l 过原点, 容易得到切点为 $A(8,2)$, 切线 l 的方程为 $y=\dfrac{1}{4}x$.

(1) 平面图形 D 的面积

$$S=\int_0^2[(y^2+4)-4y]\mathrm{d}y=\frac{8}{3}.$$

(2) D 绕 x 轴旋转一周所得立体的体积为

$$V_x=\frac{1}{3}\pi\cdot 2^2\cdot 8-\pi\int_4^8(x-4)\mathrm{d}x=\frac{8}{3}\pi.$$

D 绕 y 轴旋转一周所得立体的体积为

$$V_y=\pi\int_0^2(y^2+4)^2\mathrm{d}y-\frac{1}{3}\pi\cdot 8^2\cdot 2=\frac{256}{15}\pi.$$

或根据“套筒法”可得

$$V_y=2\pi\int_0^8 x\cdot\frac{x}{4}\mathrm{d}x-2\pi\int_4^8 x\sqrt{x-4}\mathrm{d}x=\frac{256}{15}\pi.$$

四、平面曲线的弧长和旋转曲面的侧面积

1. 平面曲线的弧长

首先建立平面曲线弧长的概念. 设平面曲线 $C=\overset{\frown}{AB}$ (图 6.10), 在曲线 C 上从点 A 到点 B 依次取分点:

$$A=P_0,P_1,P_2,\cdots,P_{n-1},P_n=B,$$

图 6.10

它们构成曲线 C 的一个分割 T. 用线段连接 T 中相邻的两个分点, 得到弦 $\overline{P_{i-1}P_i}$ $(i=1,2,\cdots,n)$, 这 n 条线段构成曲线 C 的内接折线, 记

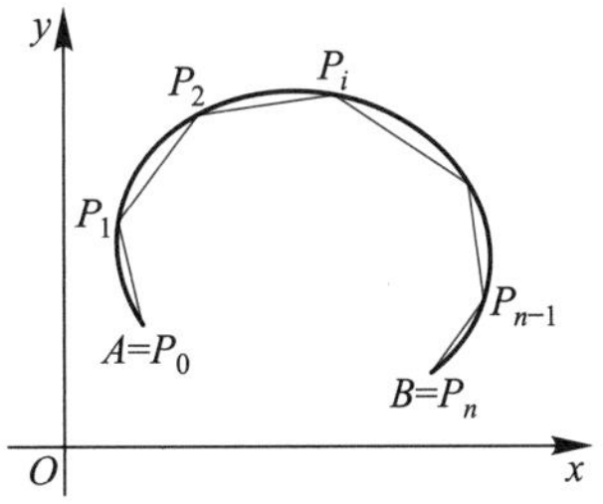

$$\|T\|=\max_{1\leqslant i\leqslant n}\{|\overline{P_{i-1}P_i}|\},$$

表示最长弦的长度. 曲线 C 的所有内接折线的长

$$s(T)=\sum_{i=1}^{n}|\overline{P_{i-1}P_i}|.$$

定义 6.6.10 如果对曲线 C 的任意分割 T, 存在有限极限

$$\lim_{\|T\|\to 0^+}s(T)=\lim_{\|T\|\to 0}\sum_{i=1}^{n}|\overline{P_{i-1}P_i}|=s\ (0<s<+\infty),$$

那么称曲线 C 是**可求长度**的, 并将上述极限 s 称为曲线 C 的**长度**.

定义 6.6.11 设平面曲线 C 由参数方程

$$C:\begin{cases}x=x(t),\\ y=y(t)\end{cases}\quad(\alpha\leqslant t\leqslant\beta)\tag{6.10}$$

给出, $\forall t\in[\alpha,\beta]$, $x'(t),y'(t)$ 连续且不同时为 0, 则称曲线 C 为**光滑曲线**.

我们不加证明引进下面定理.

定理 6.6.12 曲线 C 由参数方程 (6.10) 给出, 若 C 是光滑或分段光滑曲线, 则曲线 C 是可求长度的, 且其弧长

$$s=\int_{\alpha}^{\beta}\sqrt{[x'(t)]^2+[y'(t)]^2}\mathrm{d}t.\tag{6.11}$$

如果曲线 C 由直角坐标方程

$$y=f(x)\quad(a\leqslant x\leqslant b)$$

表示, $f(x)$ 在 $[a,b]$ 上有连续导数, 那么可将曲线 C 看成如下参数方程形式:

$$C:\begin{cases}x=x,\\ y=f(x)\end{cases}\quad(a\leqslant x\leqslant b),$$

曲线 C 的弧长

$$s=\int_{a}^{b}\sqrt{1+[f'(x)]^2}\mathrm{d}x.\tag{6.12}$$

如果曲线 C 由极坐标方程

$$C:r=r(\theta)\quad(\alpha\leqslant\theta\leqslant\beta)$$

表示, 那么可将曲线 C 表示为如下参数方程形式:

$$C:\begin{cases}x=r(\theta)\cos\theta,\\ y=r(\theta)\sin\theta\end{cases}\quad(\alpha\leqslant\theta\leqslant\beta),$$

曲线 C 的弧长

$$s=\int_{\alpha}^{\beta}\sqrt{[r'(\theta)]^2+r^2(\theta)}\mathrm{d}\theta, \tag{6.13}$$

其中 $r(\theta)$ 有连续导数.

例 6.6.13 求摆线 $\begin{cases}x=a(t-\sin t),\\ y=a(1-\cos t)\end{cases}$ $(a>0)$ 一拱的弧长.

解: 由于 $x'(t)=a(1-\cos t)$, $y'(t)=a\sin t$, 则摆线一拱的长度

$$\begin{aligned}s&=\int_0^{2\pi}\sqrt{[x'(t)]^2+[y'(t)]^2}\mathrm{d}t\\&=\int_0^{2\pi}\sqrt{2a^2(1-\cos t)}\mathrm{d}t\\&=2a\int_0^{2\pi}\sin\frac{t}{2}\mathrm{d}t=8a.\end{aligned}$$

例 6.6.14 求曲线 $y=x^{\frac{3}{2}}$ 上从点 $O(0,0)$ 到点 $A(1,1)$ 一段的弧长.

解: 由于 $y'=\dfrac{3}{2}\sqrt{x}$, 由公式 (6.12) 可得

$$s=\int_0^1\sqrt{1+\left(\frac{3}{2}\sqrt{x}\right)^2}\mathrm{d}x=\frac{1}{2}\int_0^1\sqrt{4+9x}\mathrm{d}x=\frac{1}{27}(13\sqrt{13}-8).$$

例 6.6.15 求心形线 $r=a(1+\cos\theta)$ $(a>0)$ 的周长.

解: 由公式 (6.13) 可得

$$\begin{aligned}s&=\int_0^{2\pi}\sqrt{r^2(\theta)+[r'(\theta)]^2}\mathrm{d}\theta\\&=\int_0^{2\pi}\sqrt{2a^2(1+\cos\theta)}\mathrm{d}\theta\\&=2a\int_0^{2\pi}\left|\cos\frac{\theta}{2}\right|\mathrm{d}\theta=8a.\end{aligned}$$

2. 旋转曲面的侧面积

设平面光滑曲线

$$C:\begin{cases}x=x(t),\\ y=y(t)\end{cases}\quad(\alpha\leqslant t\leqslant\beta)$$

绕 x 轴旋转一周所得到的曲面为 Σ, 下面计算曲面 Σ 的侧面积.

任取 $t\in[\alpha,\beta]$, 对应曲线 C 上点 P, 给 t 一个增量 Δt, 对应曲线 C 上点 Q, 则弧 $\widehat{PQ}$ 的长度为

$$\mathrm{d}s=\sqrt{[x'(t)]^2+[y'(t)]^2}\mathrm{d}t,$$

弧 $\widehat{PQ}$ 绕 x 轴旋转一周所得曲面的侧面积

$$dS = 2\pi|y(t)|ds = 2\pi|y(t)|\sqrt{[x'(t)]^2+[y'(t)]^2}dt.$$

因此, 旋转曲面的侧面积

$$S = 2\pi\int_{\alpha}^{\beta}|y(t)|\sqrt{[x'(t)]^2+[y'(t)]^2}dt. \quad (6.14)$$

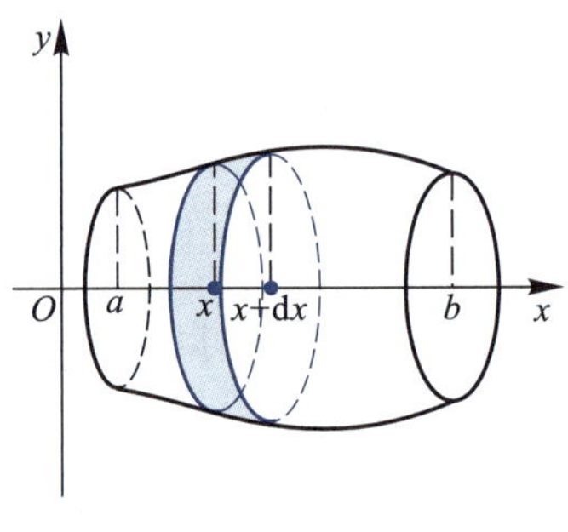

图 6.11

如果曲线 $C: y = f(x)\ (a \leqslant x \leqslant b)$, $f(x)$ 有一阶连续导数, 那么曲线 C 绕 x 轴旋转一周所得旋转曲面的侧面积 (图 6.11)

$$S = 2\pi\int_{a}^{b}|f(x)|\sqrt{1+[f'(x)]^2}dx. \quad (6.15)$$

例 6.6.16 求摆线 $\begin{cases} x = a(t-\sin t), \\ y = a(1-\cos t) \end{cases}$ $(a>0)$ 的一拱绕 x 轴旋转一周所得旋转曲面的侧面积.

解: 根据公式 (6.14), 可得

$$S = 2\pi\int_0^{2\pi}a(1-\cos t)\sqrt{2a^2(1-\cos t)}dt = 8\pi a^2\int_0^{2\pi}\sin^3\frac{t}{2}dt$$

$$\xlongequal{\frac{t}{2}=u} 16\pi a^2\int_0^{\pi}\sin^3 u du = \frac{64}{3}\pi a^2.$$

例 6.6.17 求半径为 $a\ (a>0)$ 的球面的表面积.

解: 半径为 a 的球面可看成是由半圆 $y=\sqrt{a^2-x^2}$ 绕 x 轴旋转一周所得. 由于 $y' = -\dfrac{x}{\sqrt{a^2-x^2}}$, 根据公式 (6.15) 可得球面的表面积

$$S = 2\pi\int_{-a}^{a}\sqrt{a^2-x^2}\cdot\sqrt{1+\frac{x^2}{a^2-x^2}}dx = 4\pi a^2.$$

五、定积分在物理上的应用

定积分在物理上有着广泛的应用, 下面主要介绍液体静压力、万有引力和变力做功等物理问题.

1. 液体的静压力

例 6.6.18 有一半径为 R 的圆形闸门, 试求当水平面通过闸门圆心时, 闸门单侧所受的压力.

解: 建立以圆心为原点, y 轴与水平面上闸门直径重合的直角坐标系 (图 6.12). 圆方程为

$$x^2+y^2=R^2 \quad (R>0).$$

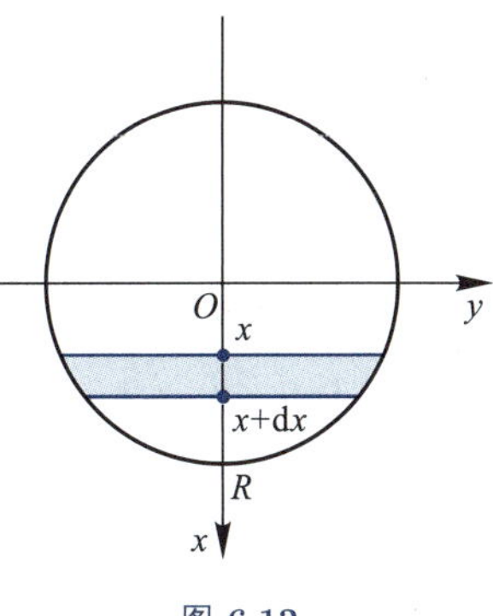

图 6.12

由于在相同深度处, 水的静压强相等, 任取一个从 x 到 $x+\mathrm{d}x$, 宽度为 $\mathrm{d}x$ 的小窄条, 此小窄条所受到的压力

$$\mathrm{d}F=2\rho g x\sqrt{R^2-x^2}\mathrm{d}x,$$

ρ 为水的密度, g 为重力加速度. 因此, 圆形闸门单侧所受的压力

$$F=2\rho g\int_0^R x\sqrt{R^2-x^2}\mathrm{d}x=\frac{2}{3}\rho g R^3.$$

2. 万有引力

例 6.6.19 有一根长为 l 的均匀细棒, 线密度为 μ, 在细棒的中垂线上距细棒为 a 处有一质量为 m 的质点 M, 求细棒对该质点的引力.

解: 如图 6.13 所示, 建立以细棒中心为原点, 细棒所在直线为 x 轴, 质点 M 位于 y 轴正半轴上的直角系. 任取 $[x,x+\mathrm{d}x]$, 由于 $\mathrm{d}x$ 很小, 这一小段近似看成质点, 其质量为

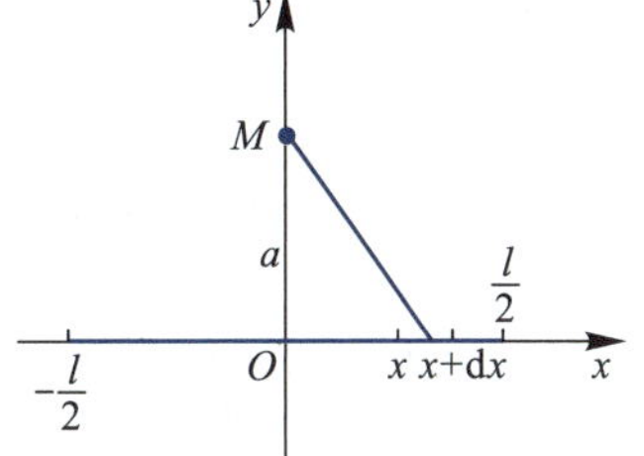

图 6.13

$$\mathrm{d}m=\mu\mathrm{d}x.$$

该小段细棒对质点 M 的万有引力可分解为 x 方向与 y 方向的分量:

$$\mathrm{d}F_x=G\frac{\mu m}{a^2+x^2}\cdot\frac{x}{\sqrt{a^2+x^2}}\mathrm{d}x,$$

$$\mathrm{d}F_y=-G\frac{\mu m}{a^2+x^2}\cdot\frac{a}{\sqrt{a^2+x^2}}\mathrm{d}x,$$

G 为引力常量. 因此

$$F_x=\int_{-\frac{l}{2}}^{\frac{l}{2}}G\frac{\mu m}{a^2+x^2}\cdot\frac{x}{\sqrt{a^2+x^2}}\mathrm{d}x=0,$$

$$\begin{aligned}F_y&=-\int_{-\frac{l}{2}}^{\frac{l}{2}}G\frac{\mu m}{a^2+x^2}\cdot\frac{a}{\sqrt{a^2+x^2}}\mathrm{d}x\\&=-2Gam\mu\int_0^{\frac{l}{2}}\frac{\mathrm{d}x}{(x^2+a^2)^{\frac{3}{2}}}\quad(x=a\tan u)\\&=-\frac{2Gm\mu}{a}\int_0^{\arctan\frac{l}{2a}}\cos u\mathrm{d}u\end{aligned}$$

$$= -\frac{2Gm\mu l}{a\sqrt{4a^2+l^2}}.$$

所以, 细棒对质点的引力为 $\dfrac{2Gm\mu l}{a\sqrt{4a^2+l^2}}$, 方向向下.

3. 变力做功

例 6.6.20 将半径为 R, 密度为 ρ 的铁球从与水面相切的位置提出水面, 试问至少要做多少功?

解: 建立以球心为原点, x 轴垂直于水平面的直角坐标系 (图 6.14). 任取一个从 x 到 $x+\mathrm{d}x$ $(-R\leqslant x\leqslant R)$, 宽度为 $\mathrm{d}x$ 的小圆盘片, 其质量为

$$\mathrm{d}m=\pi\rho(R^2-x^2)\mathrm{d}x.$$

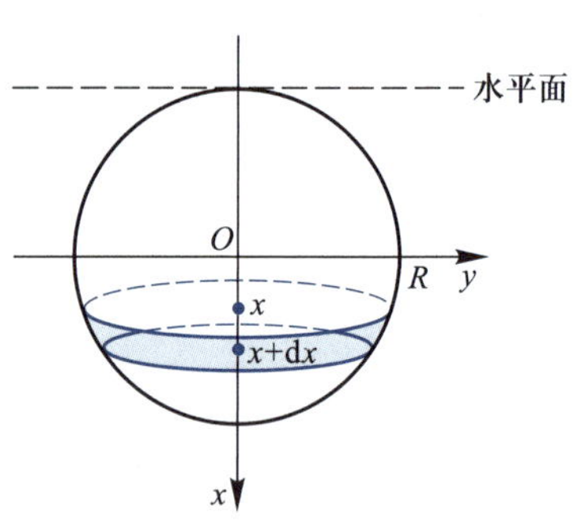

图 6.14

将此圆盘片提升到与水面相切位置所做的功

$$\mathrm{d}W_1=\pi(\rho-1)g(R+x)(R^2-x^2)\mathrm{d}x.$$

再将此圆盘片从水面提升到距离水面 $R-x$ 高度所做的功

$$\mathrm{d}W_2=\pi\rho g(R-x)(R^2-x^2)\mathrm{d}x.$$

因此, 将铁球从与水面相切位置提出水面所做的功

$$\begin{aligned}
W&=\pi(\rho-1)g\int_{-R}^{R}(R+x)(R^2-x^2)\mathrm{d}x+\pi\rho g\int_{-R}^{R}(R-x)(R^2-x^2)\mathrm{d}x\\
&=2\pi(\rho-1)g\int_0^R R(R^2-x^2)\mathrm{d}x+2\pi\rho g\int_0^R R(R^2-x^2)\mathrm{d}x\\
&=\frac{4}{3}\pi(\rho-1)gR^4+\frac{4}{3}\pi\rho gR^4\\
&=(2\rho-1)gRV,
\end{aligned}$$

其中 V 为铁球的体积, $V=\dfrac{4}{3}\pi R^3$.

第 6 章习题

习题 6.1

1. 利用定积分定义计算下列定积分:

(1) $\displaystyle\int_0^2(2x+1)\mathrm{d}x$;　　(2) $\displaystyle\int_0^1 x^2\mathrm{d}x$;

(3) $\displaystyle\int_0^1 x^3\mathrm{d}x$;　　(4) $\displaystyle\int_0^{\pi}\sin x\mathrm{d}x$.

2. 根据定积分的几何意义求下列定积分的值:

(1) $\int_0^a \sqrt{a^2-x^2}\mathrm{d}x\ (a>0)$;　　(2) $\int_{-\pi}^{\pi} x\cos x\mathrm{d}x$;

(3) $\int_0^3 |x-1|\mathrm{d}x$;　　(4) $\int_0^1 (\sqrt{1-x^2}-x)\mathrm{d}x$.

3. 用定积分表示下列和式的极限:

(1) $\lim\limits_{n\to\infty}\left(\dfrac{n}{n^2+1^2}+\dfrac{n}{n^2+2^2}+\cdots+\dfrac{n}{n^2+n^2}\right)$;

(2) $\lim\limits_{n\to\infty}\left(\dfrac{1}{n^2+1^2}+\dfrac{2}{n^2+2^2}+\cdots+\dfrac{n}{n^2+n^2}\right)$;

(3) $\lim\limits_{n\to\infty}\dfrac{1}{n}\left(\sin\dfrac{\pi}{n}+\sin\dfrac{2\pi}{n}+\cdots+\sin\dfrac{n\pi}{n}\right)$;

(4) $\lim\limits_{n\to\infty}\dfrac{1}{n^2}\left[\sqrt{n^2-1^2}+\sqrt{n^2-2^2}+\cdots+\sqrt{n^2-(n-1)^2}\right]$.

4. 求曲线 $y=x^3$ 与直线 $x=1,\ y=0$ 所围平面区域的面积.

习题 6.2

5. 比较下列定积分的大小:

(1) $\int_0^1 \sqrt{x}\mathrm{d}x$ 与 $\int_0^1 x^2\mathrm{d}x$;

(2) $\int_1^{\mathrm{e}} (\ln x)^2\mathrm{d}x$ 与 $\int_1^{\mathrm{e}} (\ln x)^3\mathrm{d}x$;

(3) $\int_0^1 \mathrm{e}^{-x^2}\mathrm{d}x$ 与 $\int_0^1 \mathrm{e}^{-x^3}\mathrm{d}x$;

*(4) $\int_0^1 \arcsin x\mathrm{d}x$ 与 $\int_0^1 \arccos x\mathrm{d}x$ (提示: $\arcsin x+\arccos x=\dfrac{\pi}{2}$; 当 $x\in\left[0,\dfrac{\pi}{2}\right]$ 时, $\sin x\geqslant\dfrac{2}{\pi}x$).

6. 证明下列不等式:

(1) $\dfrac{2}{5}<\int_1^2 \dfrac{x}{1+x^2}\mathrm{d}x<\dfrac{1}{2}$;　　(2) $\dfrac{1}{3}<\int_{\frac{\pi}{4}}^{\frac{\pi}{3}} \dfrac{\tan x}{x}\mathrm{d}x<\dfrac{\sqrt{3}}{4}$;

(3) $\dfrac{1}{3\sqrt{2}}<\int_0^1 \dfrac{x^2}{\sqrt{1+x}}\mathrm{d}x<\dfrac{1}{3}$;　　(4) $\dfrac{\pi}{4}<\int_0^1 \dfrac{\arctan x}{x}\mathrm{d}x<1$.

7. 若函数 f 在 $[a,b]$ 上连续, 且对任意连续函数 g, 等式 $\int_a^b f(x)g(x)\mathrm{d}x=0$ 均成立, 证明: $f(x)=0\ (\forall x\in[a,b])$.

8. 对函数 $f(x)=\mathrm{e}^{x^2}$ 在区间 $[0,x](x>0)$ 上应用积分中值定理, 有

$$\int_0^x \mathrm{e}^{t^2}\mathrm{d}t=x\mathrm{e}^{\theta(x)x^2},\ \text{其中 } \theta(x)\in(0,x),$$

计算 $\lim\limits_{x\to 0^+}\theta(x)$ 和 $\lim\limits_{x\to+\infty}\theta(x)$.

9. 证明推广的定积分中值定理: 设 f 在 $[a,b]$ 上连续, g 在 $[a,b]$ 上连续且不变号, 则 $\exists\xi\in(a,b)$, 使得

$$\int_a^b f(x)g(x)\mathrm{d}x=f(\xi)\int_a^b g(x)\mathrm{d}x.$$

10. 设 $f(x)$ 在 $[a,b]$ 上可积, 记 $F(x)=\displaystyle\int_a^x f(t)\mathrm{d}t(a\leqslant x\leqslant b)$, 若 $f(x)$ 在 $x_0\in(a,b)$ 处连续, 证明: $F'(x_0)=f(x_0)$.

11. 设 f 在 $[0,1]$ 上连续, 在 $(0,1)$ 内可导, 且 $f(1)=3\displaystyle\int_0^{\frac{1}{3}}xf(x)\mathrm{d}x$, 证明: 至少存在一点 $\xi\in(0,1)$, 使得 $f'(\xi)=-\dfrac{f(\xi)}{\xi}$.

12. 假设 f 在 $[0,1]$ 上连续, 在 $(0,1)$ 内可导, 且 $f(1)=2\displaystyle\int_0^{\frac{1}{2}}\mathrm{e}^{1-x^2}f(x)\mathrm{d}x$, 证明: 至少存在一点 $\xi\in(0,1)$, 使得 $f'(\xi)=2\xi f(\xi)$.

习题 6.3

13. 计算下列函数的导数:

(1) $\displaystyle\int_0^x(t+1)\mathrm{e}^{-2t^2}\mathrm{d}t$;　　(2) $\displaystyle\int_0^{2x}\mathrm{e}^{-t^2}\sin t\mathrm{d}t$;

(3) $\displaystyle\int_{\cos x}^{\sin x}\ln(2+\sin t)\mathrm{d}t$;　　(4) $\displaystyle\int_0^x(x^2-t^2)f(t)\mathrm{d}t$ (f 为连续函数).

14. 计算下列极限:

(1) $\lim\limits_{x\to 0}\dfrac{\displaystyle\int_0^x\arctan t^2\mathrm{d}t}{x\ln(1-x^2)}$;　　(2) $\lim\limits_{x\to 0}\dfrac{\displaystyle\int_0^x(x-t)\sin t^2\mathrm{d}t}{x\displaystyle\int_0^x\sin t^2\mathrm{d}t}$;

(3) $\lim\limits_{x\to 0}\dfrac{\displaystyle\int_0^{2x}\ln(1+t^2)\mathrm{d}t}{x\arctan(\sqrt{1+x^2}-1)}$;　　(4) $\lim\limits_{x\to 0^+}\dfrac{\displaystyle\int_0^{x^2}x\arctan\sqrt{t}\mathrm{d}t}{(\mathrm{e}^{-x^2}-1)\ln(1-2x^2)}$.

15. 当 $x\to 0^+$ 时, 将下列无穷小按阶数从小到大的顺序排列:

$$\alpha=\int_0^x(\mathrm{e}^t-1)\sin t^2\mathrm{d}t,$$

$$\beta=\int_0^{x^2}t\arcsin\sqrt{t}\mathrm{d}t,$$

$$\gamma=\int_0^{\sqrt{x}}(\mathrm{e}^{t^2}-1)\cos t\mathrm{d}t.$$

16. 计算下列极限:

(1) $\lim\limits_{n\to\infty}\left(\dfrac{2^{\frac{1}{n}}}{n+1}+\dfrac{2^{\frac{2}{n}}}{n+\frac{1}{2}}+\cdots+\dfrac{2^{\frac{n}{n}}}{n+\frac{1}{n}}\right)$;

(2) $\lim\limits_{n\to\infty}\left[\dfrac{1}{n+1}+\dfrac{1}{n+3}+\cdots+\dfrac{1}{n+(2n+1)}\right]$.

17. 设 f 在 $x=0$ 的某邻域内连续, 且 $f(0)\neq 0$, 计算 $\lim\limits_{x\to 0}\dfrac{\displaystyle\int_0^{x^3}f(t)\mathrm{d}t}{x^2\displaystyle\int_0^x f(t)\mathrm{d}t}$.

18. 设 f 为 $(-\infty,+\infty)$ 上的连续函数, 且 $f(x)=\displaystyle\int_0^x \mathrm{e}^{x-t}f(t)\mathrm{d}t+\mathrm{e}^x$, 求 $f(x)$.

19. 设 f 为连续函数, 且 $f(x)=4\mathrm{e}^{2x}-\displaystyle\int_0^1 f(x)\mathrm{d}x$, 求 $f(x)$.

20. 设 f 为连续函数, 且 $f(x)=4\sin(x^2)-\displaystyle\int_0^{\sqrt{\pi}}xf(x)\mathrm{d}x$, 求 $f(x)$.

21. 计算下列定积分:

(1) $\displaystyle\int_0^1 2^x\cdot\mathrm{e}^{2x}\mathrm{d}x$;　　(2) $\displaystyle\int_{-\frac{\pi}{2}}^{\frac{\pi}{2}}\sqrt{1-\cos^2 x}\mathrm{d}x$;

(3) $\displaystyle\int_0^1\frac{1-x}{\sqrt{4-x^2}}\mathrm{d}x$;　　(4) $\displaystyle\int_0^1\frac{x}{1+x^2}\mathrm{d}x$;

(5) $\displaystyle\int_{\mathrm{e}}^{\mathrm{e}^2}\frac{\mathrm{d}x}{x(\ln x)^3}$;　　(6) $\displaystyle\int_0^a x\sqrt{a^2-x^2}\mathrm{d}x\ (a>0)$;

(7) $\displaystyle\int_0^2\max\{x^2,x^3\}\mathrm{d}x$;　　(8) $\displaystyle\int_0^{\frac{\pi}{2}}\frac{\cos x}{2-\cos^2 x}\mathrm{d}x$;

(9) $\displaystyle\int_0^{\frac{\pi}{2}}\cos^6 x\sin 2x\mathrm{d}x$;　　(10) $\displaystyle\int_0^1\frac{\mathrm{d}x}{\mathrm{e}^x+\mathrm{e}^{-x}}$.

22. 设 f 在 $[0,1]$ 上连续, 且 $\forall x\in[0,1]$, 有 $\dfrac{1}{2}\leqslant f(x)\leqslant 2$, 证明:

(1) $\displaystyle\int_0^1 f(x)\mathrm{d}x+\int_0^1\frac{\mathrm{d}x}{f(x)}\leqslant\frac{5}{2}$;　　(2) $\displaystyle\int_0^1 f(x)\mathrm{d}x\int_0^1\frac{\mathrm{d}x}{f(x)}\leqslant\frac{25}{16}$.

23. 设 f 在 $[a,b]$ 上连续, 且 $f(x)>0$, 证明: 曲线

$$F(x)=\int_a^b|x-t|f(t)\mathrm{d}t$$

在 $[a,b]$ 上为凹的.

24. 设 f 在 $[a,b]$ 上连续可导, 且 $f\left(\frac{a+b}{2}\right)=0$, $|f'(x)|\leqslant M$ (M 为正常数), 证明:

$$\left|\int_a^b f(x)\mathrm{d}x\right|\leqslant\frac{M}{4}(b-a)^2.$$

25. 设 f 在 $[a,b]$ 上连续可导, 且 $f(a)=f(b)=0$, $|f'(x)|\leqslant M$ (M 为正常数), 证明:

$$\left|\int_a^b f(x)\mathrm{d}x\right|\leqslant\frac{M}{4}(b-a)^2.$$

26. 设 $f(x)$ 在 $[a,b]$ 上二阶可导, 且 $f(a)=f(b)=0$, 证明:

$$\max_{a\leqslant x\leqslant b}|f(x)|\leqslant\frac{1}{8}(b-a)^2\max_{a\leqslant x\leqslant b}|f''(x)|.$$

习题 6.4

27. 计算下列定积分:

(1) $\displaystyle\int_0^3(x-1)\sqrt{x+1}\mathrm{d}x$;

(2) $\displaystyle\int_1^5\frac{x}{\sqrt{x-1}+1}\mathrm{d}x$;

(3) $\displaystyle\int_1^2\frac{\sqrt{x^2-1}}{x}\mathrm{d}x$;

(4) $\displaystyle\int_0^1 x(x-1)^6\mathrm{d}x$;

(5) $\displaystyle\int_{-\frac{\pi}{2}}^{\frac{\pi}{2}}\sqrt{\cos x-\cos^3 x}\mathrm{d}x$;

(6) $\displaystyle\int_{-\pi}^{\pi}(|x+1|+|x-1|)\sin^3 x\mathrm{d}x$;

(7) $\displaystyle\int_0^{\pi}\left|x-\frac{\pi}{2}\right|\cos x\mathrm{d}x$;

(8) $\displaystyle\int_{-\frac{\pi}{2}}^{\frac{\pi}{2}}\frac{\mathrm{d}x}{1+\cos x}$;

(9) $\displaystyle\int_{\mathrm{e}^{-1}}^{\mathrm{e}}|\ln x|\mathrm{d}x$;

(10) $\displaystyle\int_0^1(x\ln x)^2\mathrm{d}x$;

(11) $\displaystyle\int_0^1\mathrm{e}^{\sqrt{x}}\mathrm{d}x$;

(12) $\displaystyle\int_0^{\frac{\pi}{2}}\frac{\sin x}{\sin x+\cos x}\mathrm{d}x$;

(13) $\displaystyle\int_0^{\frac{\pi}{2}}\frac{\sqrt{\sin x}}{\sqrt{\sin x}+\sqrt{\cos x}}\mathrm{d}x$;

(14) $\displaystyle\int_0^1 x\sqrt{\frac{x}{2-x}}\mathrm{d}x$;

(15) $\displaystyle\int_0^1\sqrt{\frac{1-x}{1+x}}\mathrm{d}x$;

(16) $\displaystyle\int_0^1\arcsin x\mathrm{d}x$;

(17) $\displaystyle\int_0^1 x\arctan x\mathrm{d}x$;

(18) $\displaystyle\int_0^3\arcsin\sqrt{\frac{x}{x+1}}\mathrm{d}x$;

(19) $\displaystyle\int_0^{\frac{\pi}{4}}\frac{x}{1+\cos 2x}\mathrm{d}x$;

(20) $\displaystyle\int_0^{\pi}x\sin^6 x\mathrm{d}x$;

(21) $\displaystyle\int_0^a x^4\sqrt{a^2-x^2}\mathrm{d}x\ (a>0)$;

(22) $\displaystyle\int_{-1}^1(2x+|x|)^2\sqrt{1-x^2}\mathrm{d}x$;

(23) $\displaystyle\int_{-1}^1\frac{x^4}{1+\mathrm{e}^x}\mathrm{d}x$;

(24) $\int_{-4}^{0} x(x+1)(x+2)(x+3)(x+4)\mathrm{d}x$;

(25) $\int_{0}^{1} \left(\frac{x-1}{x+1}\right)^4 \mathrm{d}x$;　　(26) $\int_{0}^{n\pi} x|\sin x|\mathrm{d}x$;

(27) $\int_{-2}^{6} x(12+4x-x^2)^{\frac{5}{2}}\mathrm{d}x$;　　(28) $\int_{0}^{a} \arctan\sqrt{\frac{a-x}{a+x}}\mathrm{d}x\ (a>0)$;

(29) $\int_{-\pi}^{\pi} |\sin x|\arctan \mathrm{e}^x\mathrm{d}x$;　　(30) $\int_{-\pi}^{\pi} \frac{x\sin x\cdot\arctan \mathrm{e}^x}{1+\cos^2 x}\mathrm{d}x$.

28. 设 $f(x)=\begin{cases}2x+1, & x\leqslant 0,\\ \mathrm{e}^{2x}-1, & x>0,\end{cases}$ 求 $\int_0^4 f(x-2)\mathrm{d}x$.

29. 设 $f(x)$ 在 $\mathbb{R}$ 上连续, 且 $f(x+2)-f(x)=x$, $\int_0^2 f(x)\mathrm{d}x=1$, 计算 $\int_1^3 f(x)\mathrm{d}x$ 的值.

30. 设 $f(x)=\int_1^x \frac{t^2}{\sqrt{1+t^4}}\mathrm{d}t$, 计算 $\int_0^1 f(x)\mathrm{d}x$.

31. 设 $f(x)=\int_0^{1-x} \mathrm{e}^{t(2-t)}\mathrm{d}t$, 求 $\int_0^1 f(x)\mathrm{d}x$.

32. 设函数 f 在 $[-\pi,\pi]$ 上连续, 且 $f(x)=\frac{x}{1+\cos^2 x}+\int_{-\pi}^{\pi} f(x)\sin x\mathrm{d}x$, 求 $f(x)$.

33. 设 f 在 $[0,\pi]$ 上有二阶连续导数, 且 $f(0)=a$, $f(\pi)=b$, 求 $\int_0^{\pi}[f(x)+f''(x)]\sin x\mathrm{d}x$.

34. 设 m,n 为自然数, 求 $I(m,n)=\int_0^1 x^n(\ln x)^m\mathrm{d}x$.

35. 计算下列和式的极限:

(1) $\lim\limits_{n\to\infty}\left(\frac{1^2}{\sqrt{n^6+1^6}}+\frac{2^2}{\sqrt{n^6+2^6}}+\cdots+\frac{n^2}{\sqrt{n^6+n^6}}\right)$;

(2) $\lim\limits_{n\to\infty}\left(\frac{n+1}{n^2+1^2}+\frac{n+2}{n^2+2^2}+\cdots+\frac{n+n}{n^2+n^2}\right)$;

(3) $\lim\limits_{n\to\infty}\frac{\sqrt[n]{n!}}{n}$;

(4) $\lim\limits_{n\to\infty}\frac{1}{n}\sqrt[n]{n(n+1)(n+2)\cdots(2n-1)}$;

(5) $\lim\limits_{n\to\infty}\left(\frac{1^2}{n^3+1^3+1}+\frac{2^2}{n^3+2^3+2}+\cdots+\frac{n^2}{n^3+n^3+n}\right)$.

36. 设 $f(x)=\int_0^1 t|t-x|\mathrm{d}t$, 求:

(1) $f(x)$ 的表达式;　　　　　　　(2) $f(x)$ 的最小值.

37. 设 $|x| \leqslant 1$, 求 $F(x)=\int_{-1}^{1}|t-x|\mathrm{e}^{t}\mathrm{d}t$ 的最大值.

38. 证明下列各题:

(1) $\int_{0}^{\sqrt{2\pi}} \sin(x^2)\mathrm{d}x > 0$;

(2) $\frac{\pi}{4} < \int_{0}^{1}\sqrt{1-x^4}\,\mathrm{d}x < \frac{\sqrt{2}}{4}\pi$;

(3) $\int_{0}^{1}\frac{\cos x}{\sqrt{1-x^2}}\mathrm{d}x \geqslant \int_{0}^{1}\frac{\sin x}{\sqrt{1-x^2}}\mathrm{d}x$.

39. 设 $f(x)$ 在 $[0,1]$ 上单调减少, 证明: $\forall\lambda\in[0,1]$, 有

$$\int_{0}^{\lambda} f(x)\mathrm{d}x \geqslant \lambda\int_{0}^{1} f(x)\mathrm{d}x.$$

40. 设 $f(x)$ 在 $[0,1]$ 上连续, 在 $(0,1)$ 内可导, 且 $0\leqslant f'(x)\leqslant 1$, $f(0)=0$, 证明:

$$\left(\int_{0}^{1} f(x)\mathrm{d}x\right)^{2} \geqslant \int_{0}^{1}[f(x)]^{3}\mathrm{d}x.$$

41. 当 $x\geqslant 0$ 时, 证明: $\int_{0}^{x}(t-t^2)\sin^{2n}t\mathrm{d}t \leqslant \frac{1}{(2n+2)(2n+3)}(n\in\mathbb{N}_{+})$.

42. 设 f 在 $[a,b]$ 上连续, 且 $f(x)>0$, 证明:

$$\int_{a}^{b} f(x)\mathrm{d}x\cdot\int_{a}^{b}\frac{\mathrm{d}x}{f(x)} \geqslant (b-a)^2.$$

43. 设 $a>0$, 证明: $\int_{0}^{\pi} x a^{\sin x}\mathrm{d}x\int_{0}^{\frac{\pi}{2}} a^{-\cos x}\mathrm{d}x \geqslant \frac{\pi^3}{4}$.

44. 设函数 $f(x)$, $g(x)$ 在 $[0,1]$ 上连续, 且有相同的单调性, 证明:

$$\int_{0}^{1} f(x)g(x)\mathrm{d}x \geqslant \int_{0}^{1} f(x)\mathrm{d}x\cdot\int_{0}^{1} g(x)\mathrm{d}x.$$

45. 设 $f(x)$ 在 $\mathbb{R}$ 上有二阶连续导数, 证明: $f''(x)\geqslant 0$ 的充要条件为对任意不同的实数 a,b, 恒有

$$f\left(\frac{a+b}{2}\right) \leqslant \frac{1}{b-a}\int_{a}^{b} f(x)\mathrm{d}x.$$

46. 证明: $\lim\limits_{n\to\infty}\int_{0}^{1}\frac{x^n}{1+x^2}\mathrm{d}x=0$.

47. 设 $f(x)$ 在 [0,1] 上有一阶连续导数, 证明:

(1) $\lim\limits_{n\to\infty}\int_0^1 x^n f(x)\mathrm{d}x=0$;　　(2) $\lim\limits_{n\to\infty} n\int_0^1 x^n f(x)\mathrm{d}x=f(1)$.

48. 设 $f(x)$ 在 [0,1] 上可积, $g(x)$ 在 [0,1] 上连续, 且 $g(x)\geqslant 0$. 证明:

$$\lim_{n\to\infty}\int_0^1 \sqrt[n]{g(x)}f(x)\mathrm{d}x=\int_0^1 f(x)\mathrm{d}x.$$

49. 设 f 在 $[0,1]$ 上连续, 且 $\int_0^1 f(x)\mathrm{d}x=0$, 证明:

(1) $\exists\xi\in(0,1)$, 使得 $\int_0^{\xi} f(x)\mathrm{d}x=f(\xi)$;

(2) $\exists\eta\in(0,1)$, 使得 $\int_0^{\eta} f(x)\mathrm{d}x=-\eta f(\eta)$.

50. 设 f 在 $[0,3]$ 上连续, 在 $(0,3)$ 内可导, 且 $2f(1)=\int_1^3 \mathrm{e}^{1-x}f(x)\mathrm{d}x$, 证明: 存在 $\xi\in(0,3)$, 使得 $f'(\xi)=f(\xi)$.

51. 设 f 在 $[a,b]$ 上连续, 且 $\int_a^b f(x)\mathrm{d}x=\int_a^b xf(x)\mathrm{d}x=0$, 证明: $f(x)$ 在 (a,b) 内至少存在两个零点.

52. 设 f 在 $[0,1]$ 上连续, 且 $f(0)=0$, $\int_0^1 f(x)\mathrm{d}x=0$, 证明:

(1) $\exists\xi\in(0,1)$, 使得 $\int_0^{\xi} f(x)\mathrm{d}x=\xi f(\xi)$;

(2) $\exists\eta\in(0,1)$, 使得 $\int_0^{\eta} f(x)\mathrm{d}x=-\eta f(\eta)$.

53. 设 f 是连续的奇函数, 证明: $F(x)=\int_a^x f(t)\mathrm{d}t$ 是偶函数; 若 f 是连续的偶函数, 试问 $F(x)=\int_a^x f(t)\mathrm{d}t$ 是否为奇函数? 为什么?

54. 设 $f(x)$ 是 [0,1] 上的连续函数, 且 $\int_x^1 f(t)\mathrm{d}t \geqslant \frac{1-x^3}{2}$, 证明: $\int_0^1 [f(x)]^2\mathrm{d}x\geqslant\frac{9}{20}$.

习题 6.5

55. 计算下列反常积分:

(1) $\int_0^{+\infty}\frac{x^2}{(x+1)^4}\mathrm{d}x$;　　(2) $\int_0^{+\infty} x\mathrm{e}^{-x}\mathrm{d}x$;

(3) $\int_0^{+\infty}\frac{\mathrm{d}x}{x^2+4x+1}$;　　(4) $\int_1^{+\infty}\frac{\mathrm{d}x}{x\sqrt{x-1}}$;

(5) $\int_1^{+\infty} \frac{\arctan x}{x^2}\mathrm{d}x$;

(6) $\int_0^{+\infty} \frac{\mathrm{d}x}{\mathrm{e}^x+\sqrt{\mathrm{e}^x}}$;

(7) $\int_0^1 \sqrt{\frac{x}{1-x}}\mathrm{d}x$;

(8) $\int_0^1 x\sqrt{\frac{x}{1-x}}\mathrm{d}x$;

(9) $\int_0^1 \frac{\mathrm{d}x}{\sqrt{x-x^2}}$;

(10) $\int_0^{\frac{\pi}{2}} \ln(\tan x)\mathrm{d}x$;

(11) $\int_0^{\pi} \frac{\mathrm{d}x}{a+\cos x}\ (0<a<1)$;

(12) $\int_0^{\pi} \frac{1}{1+a\cos x}\mathrm{d}x\ (a>1)$;

(13) $\int_0^{+\infty} \frac{\mathrm{d}x}{(1+x^2)(1+x^{\alpha})}$;

(14) $\int_0^{\frac{\pi}{2}} \frac{\mathrm{d}x}{1+\cot^3 x}$.

56. 设 $a>0,b>0$, 计算:

(1) $\int_0^{+\infty} \frac{\mathrm{d}x}{(x^2+a^2)(x^2+b^2)}$;

(2) $\int_0^{+\infty} \frac{x^2}{(x^2+a^2)(x^2+b^2)}\mathrm{d}x$.

57. 已知 $\int_0^{+\infty} \mathrm{e}^{-x^2}\mathrm{d}x=\frac{\sqrt{\pi}}{2}$, 计算 $\int_0^{+\infty} x^2\mathrm{e}^{-x^2}\mathrm{d}x$ 的值.

58. 判断下列反常积分的敛散性:

(1) $\int_0^{+\infty} \frac{\mathrm{d}x}{x\sqrt{x^2+x+1}}$;

(2) $\int_1^{+\infty} \frac{x}{x^3+2x+1}\mathrm{d}x$;

(3) $\int_1^{+\infty} \frac{\ln x}{x\sqrt{x}}\mathrm{d}x$;

(4) $\int_{-\infty}^{+\infty} \frac{\sin x}{\sqrt[3]{x^4+1}}\mathrm{d}x$;

(5) $\int_0^1 \frac{\mathrm{d}x}{\mathrm{e}^x-\cos x}$;

(6) $\int_{\frac{\pi}{3}}^{\frac{2}{3}\pi} \sec^2 x\mathrm{d}x$;

(7) $\int_1^{\mathrm{e}} \frac{\mathrm{d}x}{x(\ln x)^p}$;

(8) $\int_2^4 x\sqrt{\frac{4-x}{x-2}}\mathrm{d}x$;

(9) $\int_1^{+\infty} \frac{\mathrm{d}x}{x\sqrt{x-1}}$;

(10) $\int_0^1 \frac{\ln(1+x)}{x^p}\mathrm{d}x\ (p>0)$;

(11) $\int_0^1 \frac{\ln x}{1-x}\mathrm{d}x$;

(12) $\int_0^1 \frac{\arctan x}{x^3-1}\mathrm{d}x$.

59. 利用 Γ 函数计算下列积分:

(1) $\int_0^{+\infty} x^6\mathrm{e}^{-2x}\mathrm{d}x$;

(2) $\int_0^{+\infty} x^n\mathrm{e}^{-px}\mathrm{d}x$ ($p>0,n$ 为正整数);

(3) $\int_0^{+\infty} x^{2n+1}\mathrm{e}^{-x^2}\mathrm{d}x$;

(4) $\int_0^{+\infty} x^{2n}\mathrm{e}^{-x^2}\mathrm{d}x$;

(5) $\int_0^1 x^3(\ln x)^n\mathrm{d}x$;

(6) $\int_0^1 \left(\ln\frac{1}{x}\right)^p\mathrm{d}x$.

习题 6.6

60. 计算下列曲线所围成的平面图形的面积:

(1) $y^2=2x, y=x-4$;　　　　(2) $xy=1, y=x, y=2x\ (x>0)$;

(3) $y=\ln x, y=0, x=\mathrm{e}$;　　　　(4) $y=2x-x^2, x+y=0$.

61. 抛物线 $y^2=2x$ 把圆 $x^2+y^2\leqslant 8$ 分成两部分, 求这两部分的面积比.

62. 求抛物线 $y=-x^2+4x-3$ 与其在点 $A(0,-3)$ 和 $B(3,0)$ 处的切线所围平面图形的面积.

63. 求曲线 $y^2=x^2-x^4$ 所围平面图形的面积.

64. 求摆线 $\begin{cases}x=a(t-\sin t),\\ y=a(1-\cos t)\end{cases}$ $(a>0)$ 的一拱与 x 轴所围平面图形的面积.

65. 求心形线 $r=a(1-\cos\theta)\ (a>0)$ 被圆 $r=a\cos\theta$ 分割所得两部分的面积比.

66. 求曲线 $\sqrt{\dfrac{x}{a}}+\sqrt{\dfrac{y}{b}}=1\ (a>0,b>0)$ 与坐标轴所围平面图形的面积.

67. 如果曲线 $y=\cos x\left(0\leqslant x\leqslant\dfrac{\pi}{2}\right)$ 与 x 轴, y 轴所围平面区域被曲线 $y=a\sin x, y=b\sin x\ (a>b>0)$ 三等分, 求 a 和 b 的值.

68. 证明: 球缺的体积公式 $V=\pi H^2\left(R-\dfrac{H}{3}\right)$, 其中 R 为球半径, H 为球缺的高.

69. 求圆 $x^2+(y-a)^2=r^2\ (a>r>0)$ 绕 x 轴旋转一周所得立体的体积.

70. 设曲线 $C: y=\sqrt{x-1}$, 过原点作其切线 l, 曲线 C、切线 l 及 x 轴所围平面区域记作 D, 求:

(1) 区域 D 的面积;

(2) 区域 D 绕 x 轴旋转一周所得立体的体积;

(3) 区域 D 绕直线 $x=2$ 旋转一周所得立体的体积.

71. 设曲线 $y=ax^2\ (a>0, x\geqslant 0)$ 与 $y=1-x^2$ 交于点 A, 直线 OA 与曲线 $y=ax^2$ 所围平面区域为 D, 试问: 当 a 取何值时, 区域 D 绕 x 轴旋转一周所得立体的体积最大? 并计算最大体积的值.

72. 证明阿基米德定理: 抛物线与直线所围区域 D 的面积等于同底等高三角形面积的 $\dfrac{3}{4}$ (三角形的高为区域 D 上的点到该直线的最大距离).

73. 求摆线 $\begin{cases}x=a(t-\sin t),\\ y=a(1-\cos t)\end{cases}$ $(a>0)$ 一拱与 x 轴所围区域分别绕 x 轴、y 轴旋转一周所得立体的体积.

74. 已知星形线 $C: x^{\frac{2}{3}}+y^{\frac{2}{3}}=a^{\frac{2}{3}}(a>0)$, 求:

(1) 曲线 C 绕 x 轴旋转一周所得立体的体积;

(2) 曲线 C 的弧长.

75. 计算曲线 $y=\int_0^x \sqrt{\sin t}\mathrm{d}t\ (0\leqslant x\leqslant \pi)$ 的弧长.

76. 求曲线 $\begin{cases} x=\mathrm{e}^t+\mathrm{e}^{-t}, \\ y=2t \end{cases}$ $(0\leqslant t\leqslant 1)$ 绕 x 轴旋转一周所得旋转体的侧面积.

77. 求椭圆 $\dfrac{x^2}{a^2}+\dfrac{y^2}{b^2}=1\ (a>b>0)$ 绕 x 轴旋转一周所得旋转曲面的表面积.

78. 设 $y=f(x)$ 在 $[a,b]$ 上连续且严格单调增加, $f(a)>0$, 证明: 存在唯一的 $\xi\in(a,b)$, 使得曲线 $y=f(x)$ 与直线 $x=a, y=f(\xi)$ 所围区域面积为曲线 $y=f(x)$ 与直线 $x=b, y=f(\xi)$ 所围区域面积的 2 倍.

79. 半径为 $a\ (a>0)$ 的半圆形木板放入水中 (木板直径与水面相齐), 求木板单侧所受的水压力.

80. 有一横断面为等腰梯形的贮水池, 梯形的上底为 6 m, 下底为 4 m, 高为 2 m, 水池长为 8 m. 现在要将满池水全部抽到距离水池上方 20 m 的水塔上, 试问至少要做多少功?

81. 半径为 r 的球体沉入水中, 其密度与水相同, 试问将球体从水中捞出, 至少需做多少功?

82. 有两根长度均为 l, 质量都是 m 的匀质细杆, 放置在同一直线上, 两杆最近两端的距离为 a, 试求两杆之间的万有引力.

83. 设有一半径为 r 的圆形导线, 均匀带电, 电荷密度为 δ, 在圆心正上方距离圆弧所在平面为 a 的地方有一电量为 q 的点电荷, 试求圆弧形导线与点电荷之间的作用力 (引力或斥力) 的大小.

84. 一个质量为 m 的质点绕转动轴 l 的转动惯量 $I_l=md^2$, 其中 d 为质点到转动轴的距离, 试求半径为 $a\ (a>0)$ 的均匀圆盘 (面密度为 ρ) 对直径的转动惯量.

第 6 章
重难点讲解

第 6 章
部分习题参考答案与提示

参考文献

[1] 沃伯格, 柏塞尔, 里格登. 微积分. 8 版. 北京: 机械工业出版社,2002.

[2] 吴迪光, 张彬. 微积分学. 杭州: 浙江大学出版社,1995.

[3] 卢兴江, 金蒙伟. 高等数学竞赛教程. 5 版. 杭州: 浙江大学出版社,2012.

[4] 盛祥耀, 陈魁, 胡金德. 高等学校数学教材习题集: 高等数学. 北京: 国家行政学院出版社,2001.

[5] 吴文俊. 世界著名数学家传记. 北京: 科学出版社,1995.

读者意见反馈

为收集对教材的意见建议，进一步完善教材编写并做好服务工作，读者可将对本教材的意见建议通过如下渠道反馈至我社。

咨询电话　400-810-0598

反馈邮箱　hepsci@pub.hep.cn

通信地址　北京市朝阳区惠新东街 4 号富盛大厦 1 座
高等教育出版社理科事业部

邮政编码　100029

防伪查询说明

用户购书后刮开封底防伪涂层，使用手机微信等软件扫描二维码，会跳转至防伪查询网页，获得所购图书详细信息。

防伪客服电话　(010)58582300

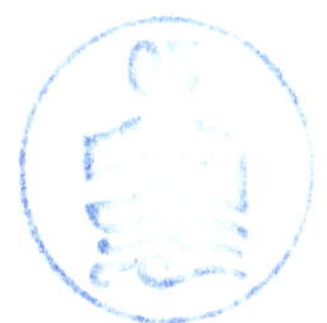